U0536028

毛泽东与湘籍开国将帅

《湖南红色基因文库》编纂出版委员会 / 中共湖南省委党史研究院 ○ 编著

湖南人民出版社

本作品中文简体版权由湖南人民出版社所有。
未经许可，不得翻印。

图书在版编目（CIP）数据

毛泽东与湘籍开国将帅／《湖南红色基因文库》编纂出版委员会，中共湖南省委党史研究院编著. --长沙：湖南人民出版社，2024.9
（湖南红色基因文库）
ISBN 978-7-5561-3563-9

Ⅰ.①毛…　Ⅱ.①湖…　②中…　Ⅲ.①毛泽东（1893—1976）一生平事迹　②军事家一生平事迹—湖南—现代　Ⅳ.①A752　②K825.2

中国国家版本馆CIP数据核字（2024）第104925号

MAO ZEDONG YU XIANGJI KAIGUO JIANGSHUAI
毛泽东与湘籍开国将帅

编　著　者　《湖南红色基因文库》编纂出版委员会　中共湖南省委党史研究院
责任编辑　曹伟明
装帧设计　谢俊平

出版发行　湖南人民出版社［http://www.hnppp.com］
地　　址　长沙市营盘东路3号
邮　　编　410005
经　　销　湖南省新华书店

印　　刷　长沙鸿发印务实业有限公司
版　　次　2024年9月第1版
印　　次　2024年9月第1次印刷
开　　本　787 mm × 1092 mm　1/16
印　　张　25.5
字　　数　452千字
书　　号　ISBN 978-7-5561-3563-9
定　　价　90.00元

营销电话：0731-82221529　（如发现印装质量问题请与出版社调换）

《湖南红色基因文库》
编纂出版委员会

顾　　问：王克英　文选德　杨泰波

主　　任：曹普华　张值恒　卿立新　胡振荣（常务）

成　　员：张志初　庄　超　庄大力　余伟良
　　　　　王文珍　谢承新　王小平　黄　海
　　　　　贺砾辉

办公室成员：彭　岗　赵　云　刘文典　张云峰
　　　　　黄　平　张勤繁

《毛泽东与湘籍开国将帅》编委会

主　　　　编：胡振荣　谢承新
执 行 主 编：朱习文　马　宁　李　玲
统　　　稿：李　玲　田翔尹　曹　阳
编 纂 组 成 员：朱习文　马　宁　李　玲　田翔尹
　　　　　　　曹　阳　丁远远　邓玉香　王文红
　　　　　　　邓晓璇　卢丽祥　刘金凤　汤　泓
　　　　　　　刘　诚　许　兴　刘　传　向　璐
　　　　　　　陈　艳　宋　婕　肖雅馨　李　霞
　　　　　　　陈立香　张欣媚　沈娟华　周　密
　　　　　　　封　静　胡　静　唐一丹　庹晓芹
　　　　　　　曾　欢　董　青　谭　丹　谭　展
　　　　　　　谭　珊　熊　艺
审　　　稿：张学军　莫志斌

总序

习近平总书记反复强调,要把红色资源利用好、把红色传统发扬好、把红色基因传承好。红色基因记录着中国共产党筚路蓝缕、奠基立业的光辉历程,蕴含着共产党人初心如磐、使命如山的坚定信仰,承载着党带领全国各族人民不懈奋斗、实现中华民族伟大复兴的使命担当,是党带领人民战胜一个又一个艰难险阻、不断从胜利走向胜利的精神密码和重要法宝。

湖南是伟人故里、红色圣地、革命摇篮,拥有得天独厚的党史资源和革命胜迹,以毛泽东、刘少奇、任弼时、彭德怀、贺龙、罗荣桓等为代表的一大批革命家、军事家及英雄模范人物群体在这里孕育诞生。百年来,湖南以其砥柱之坚、开创之功、牺牲之众、贡献之大,奠定了在百年党史特别是中国革命史上的重要地位,成为当之无愧的红色基因宝库。

习近平总书记高度赞誉湖南"十步之内,必有芳草""寸土千滴红军血,一步一尊英雄躯",多次嘱托湖南"要教育引导广大党员、干部发扬革命传统,传承红色基因,牢记初心使命,走好新时代长征路"。为深入贯彻习近平总书记系列重要讲话指示精神,推动全省红色资源保护利用,中共湖南省委部署启动《湖南红色基因文库》这一大型党史系列丛书编纂出版项目。

编纂出版《湖南红色基因文库》是一项重要的政治工程、历史工程、文化工程。省委对此高度重视,先后担任省委书记的杜家毫、许达哲、张庆伟多次作出指示批示,省委几任秘书长谢建辉、张剑飞、谢卫江、秦国文多次协调调度并作出批示,省委办公厅、省委组织部、省委宣传部、省教育厅、省财政厅、省社科联、省新闻出版局等部门单位密切配合,省委党史研究院精心组织、周密安排,各市州及相关县市区委高位统筹、协同协作,确保丛书征编、组稿、审核、出版等各项工作稳步推进、有序展开。

《湖南红色基因文库》以中国共产党在湖南百年历史中的重大事件、重要人物为经纬,共编纂百余种图书,包含湖南地方党史基本著作、以新中国成立后国家批准认定的湖南一类革命老区县为基础编纂的地方革命斗争史、以湖南发生的重大党史事件及重要历史经验为内容的专题史书、以湖南重要党史人物及先锋模范人物为内容的史料著作,以及重要红色遗址遗迹、纪念场馆、红色文献资料图书,从史料的时间跨度、覆盖的广度、挖掘的深度上可谓"百科全书"式的党史著作。

丛书编纂出版始终坚持以习近平新时代中国特色社会主义思想为指导,以党的三个历史决议为遵循,坚持辩证唯物主义和历史唯物主义,坚持正确党史观,牢牢把握党的历史发展的主题主线、主流本质,按照突出重点、区分层次、优化设计的要求,以收集整理历史文献资料为主,适当兼顾党史故事叙述宣传,力求融政治性、思想性、资料性、可读性于一体,做到观点正确、史实准确、主题鲜明、图文并茂。

丛书编纂出版从一个侧面显现中国共产党的百年苦难辉煌历程,集中反映百年党史中湖南的重大事件、重要人物及其重要思想,着力阐释宣传中国共产党团结带领全省人民在为实现民族独立、人民解放和国家富强、人民幸福而不懈奋斗中取得的重要成就、成功经验及所锻造形成的伟大精神,为党员干部、社会群众尤其是青少年提供最好的"教科书""营养剂""清醒剂"。

迢迢复兴路,悠悠中国梦。一切向前走,都不能忘记走过的路,走得再远、走到再光辉的未来,也不能忘记走过的过去,不能忘记为什么出发。让我们永远传承弘扬中国共产党的伟大建党精神,紧密团结在以习近平同志为核心的党中央周围,砥砺初心、高举旗帜,不断把红色基因滋养转化为加快建设现代化新湖南、实现中华民族伟大复兴中国梦的强大精神力量。

是为序。

《湖南红色基因文库》编纂出版委员会

前　言

为深入学习贯彻习近平总书记关于党史、新中国史以及关于坚持和创新马克思主义、毛泽东思想和中国特色社会主义理论体系的重要论述，回顾和宣传党的光辉发展历程，讴歌党的丰功伟绩，弘扬革命传统，传承红色基因，为实现"两个一百年"奋斗目标凝聚正能量，献礼建党百年，中共湖南省委党史研究院决定组织编纂《毛泽东与湘籍开国将帅》。

常言道，自古无湘不成军。1955年至1965年间，被授予将帅军衔的湘籍开国人物有202位，占授衔将军总数的12.5%。其中，全国十大元帅中湖南有3位，10位大将中有6位，57名上将中有19位，177名中将中有45位，数量之多，位居诸省（区市）之冠。在革命战争年代，全国牺牲烈士有约2000万人，其中湖南有40万人参加红军和工农地方武装，英名在册的烈士就有15万人。

在艰苦卓绝的革命战争中，无数湘籍革命军事人物抛头颅、洒热血，戎马一生、战死沙场，如为工农红军北上抗日先遣而壮烈牺牲的寻淮洲、刘畴西、王如痴烈士等，构成了一部气吞山河的湘籍群英传。湘籍开国将帅，是中国共产党众多湘籍革命军事人物的一个群体缩影，是数以万计为中华民族、为中国人民解放事业以及社会主义建设事业作出不朽功勋的群体缩影。

本书中介绍的部分湘籍开国将帅，在毛泽东的领导下，怀揣着改变中国面貌，实现共产主义的伟大理想，于湘赣边界的罗霄山脉点燃了中国革命的星星之火，在建党、建军、新中国建设的光辉历史进程中书写了浓墨重彩的一笔。

军事上的运筹帷幄、英勇善谋、决胜千里是毛泽东与他们的共有标志；热爱事业、心系人民、博大宽广的为民情怀是毛泽东与他们的共有特质；实事求是、艰苦朴素、淡泊名利是毛泽东与他们的共有印记。凭借着对崇高理想信念的执着追求，对正确革命道路的执着坚守，对优良工作作风的执着秉持，毛泽东与湘籍开国将帅志趣相投、荣辱与共，他们的命运紧紧相连，他们与中国共产党、中华民族的命运紧紧相连，共同走过中国漫漫革命与建设之路的风风雨雨。

本书通过记述毛泽东与53位湘籍开国将帅结识相交、共赴革命、生死与共、荣辱一体的交往故事，展示一代伟人毛泽东与部分湘籍开国将帅的光辉风采和人格魅力，展现他们在熊熊战火中锤炼出的伟大革命情谊和革命品质，以此窥见中国共产党带领中国人民筚路蓝缕、栉风沐雨、艰苦奋斗的恢宏历史画卷。

毛泽东与湘籍开国将帅的交往和波澜壮阔的中国革命历史一道萌芽、一道成长、一道前行，他们之间生死共荣、惺惺相惜的深厚革命情谊是这部辉煌史册中温暖人心的一页。在记述毛泽东与湘籍开国将帅交往故事时，我们不禁思索，是什么样的力量让这些叱咤风云的湘籍开国将帅们在战火纷飞时坚定拥护毛泽东，在风云变幻时坚定维护毛泽东，在身处逆境时坚定追随毛泽东？

革命道路的正确选择是毛泽东与湘籍开国将帅相知相交之源。道路决定命运，道路的选择决定着中国共产党和中华民族的命运。在风云难测的革命战争年代，寻求一条正确道路并不容易。正是毛泽东和共产党人，基于中国自身实际，选择了将马克思列宁主义与中国革命具体实际相结合，选择了新民主主义道路，并不断在实践中丰富与发展。在革命艰苦岁月里，毛泽东带领湘籍开国将帅们坚持正确的革命方向，探索救国救民的真理之路，沿着红色湘江一路前行，走向井冈山，走向延安，走向西柏坡，用双脚丈量每一寸山川大地，书写一个个经久不衰的传奇。基于革命道路的一致选择，湘籍开国将帅跟随毛泽东南征北战，披肝沥胆，成长为战功赫赫的一代将才。毛泽东曾夸赞彭德怀"谁敢横刀立马？唯我彭大将军"；他极为欣赏粟裕的军事天分与才能，并颇有预见性地说，"粟裕同志将来可以指挥四五十万军队"；他十分欣喜陈赓勇于杀敌，赞许道："陈赓行，可以当军长！"；他相中谭政是"有知识的武官"，赞誉他"谭政者，谈政也"。

毛泽东思想活的灵魂是毛泽东与湘籍开国将帅携手奋战之源。在革命和建设长期实践中，以毛泽东同志为主要代表的中国共产党人，根据马克思列宁主义基本原理，形成了符合中国实际的毛泽东思想。毛泽东思想以独创性理论丰富和发展了马克思列宁主义，它依靠实事求是、群众路线、独立自主，成就了中国共产党和中国革命事业。毛泽东带领湘籍开国将帅紧紧依靠人民，在敌人力量较为薄弱的地区建立革命根据地，团结一切可以团结的力量，结成最广泛的统一战线。湘籍开国将帅作为战争的骨干力量，在毛泽东军事思想指挥下，灵活使用兵力和作战形式，可以说，他们是毛泽东军事思想的坚定践行者。在反"围剿"斗争中，毛泽东指挥李涛等活捉敌军将领；远程电联方正平，指挥他采用游击战术顺利突破敌军的"围剿"；率统帅部接连向前线发送战时电报，打赢解放战争三大战役。

优良的革命传统是毛泽东与湘籍开国将帅同甘共苦之源。毛泽东带领湘籍开国将帅们，对革命队伍中存在的种种弊政，革故鼎新，以理论联系实际、密切联系群众、批评与自我批评，改造党风、学风与作风。他还提出：务必继续保持谦虚、谨慎、不骄不躁的作风，务必继续保持艰苦奋斗的作风。在毛泽东的号召与表率下，湘籍革命家以身作则，发扬湖南人"吃得苦、霸得蛮"的精神，迎难而上，在革命年代作出了巨大贡献。新中国成立后，湘籍将帅依旧保持谦虚谨慎、不骄不躁的作风。在解放军评衔时，不少元帅、将军不为名利争短长，演绎了一段段让衔的佳话。粟裕曾向党中央坚辞授予元帅衔，毛泽东说："论功、论历、论才、论德，粟裕可以领元帅衔，在解放战争中，谁人不晓得华东粟裕呀？"除粟裕外，罗荣桓、许光达等湘籍名将也提出了"降衔申请"。不汲汲于富贵与荣耀，正是湘籍开国将帅群体留给历史最超脱且真实的回应。

除了开国将帅外，还有数不胜数的湘籍开国军事人物战死沙场，没能等到授衔的那一刻。他们无愧于无衔将帅的荣誉，中国革命的丰碑上，仍然镌刻着他们的英名和业绩。

　　一部红色经典理应在传承红色基因上继续发挥作用，只是今天它应该以什么样的新面貌呈现，才能既讲好党史故事，又让这一味"营养剂"契合当下读者的阅读习惯和需求？我们谨以此书作为答案。

　　本书的编纂主要遵循以下三条原则。一是生动反映毛泽东带领湘籍开国将帅进行革命斗争的历程。如毛泽东带领湘籍开国将帅建立与巩固革命根据地、开展抗日武装斗争等，生动展现毛泽东卓越的军事才能、领导才能。二是突出展现大事要事。重点选编毛泽东带领湘籍开国将帅打响的重大战役战斗，发生的重大历史事件，召开的重要会议和撰写的重要决策文章等。三是注重故事性可读性。着眼当下读者阅读习惯，重点选编情节生动、寓意深刻的故事，以激发情感共鸣。

　　历史的车轮滚滚向前，站在"两个一百年"奋斗目标的历史交汇期，我们回望这段百年巨变的岁月往事，发现它并未因历史的磨难与沧桑而残缺褪色，反而在初心与使命的照耀下焕发出了新的荣光。我们希冀激励后人，在习近平新时代中国特色社会主义思想指导下，秉承共产党人的初心与使命，为实现中华民族伟大复兴的中国梦不懈奋斗、砥砺前行！

目录

毛泽东与湘籍元帅　001

"谁敢横刀立马？唯我彭大将军"
　　　——毛泽东与彭德怀　002
"贺龙是红二方面军的旗帜"
　　　——毛泽东与贺龙　011
"国有疑难可问谁？"
　　　——毛泽东与罗荣桓　019

毛泽东与湘籍大将　027

"有一个最会带兵打仗的人"
　　　——毛泽东与粟裕　028
"他是个敢讲真话的人"
　　　——毛泽东与黄克诚　036
"你真不愧是陈赓"
　　　——毛泽东与陈赓　044
"谭政者，谈政也"
　　　——毛泽东与谭政　052
"只要他在，海军司令员不易人"
　　　——毛泽东与萧劲光　060

"几番让衔，英名天下扬"
　　——毛泽东和许光达　　　　　　　　　　　　　　　　　　069

毛泽东与湘籍开国上将　　　　　　　　　　　　　　　　　077

"革命猛将、建设闯将"
　　——毛泽东和王震　　　　　　　　　　　　　　　　　　078

"你去了，我放心"
　　——毛泽东与邓华　　　　　　　　　　　　　　　　　　086

"共产党人'神农'"
　　——毛泽东与甘泗淇　　　　　　　　　　　　　　　　　093

"军事上过硬，政治上合格"
　　——毛泽东与朱良才　　　　　　　　　　　　　　　　　099

"他是工农分子知识化的典型"
　　——毛泽东与苏振华　　　　　　　　　　　　　　　　　105

"什么时候再发表个谈话啊"
　　——毛泽东与李涛　　　　　　　　　　　　　　　　　　111

"志民，志民，立志为民"
　　——毛泽东与李志民　　　　　　　　　　　　　　　　　117

"你们在前面开路，由你们决定"
　　——毛泽东与李聚奎　　　　　　　　　　　　　　　　　123

"杨勇上将，上将扬勇"
　　——毛泽东与杨勇　　　　　　　　　　　　　　　　　　130

"此人大名叫杨得志"
　　——毛泽东与杨得志　　　　　　　　　　　　　　　　　135

"我们第一次见面是在资兴的龙溪洞吧"
　　——毛泽东与萧克　　　　　　　　　　　　　　　　　　144

"原子弹能不能爆炸，就看你的了"
　　——毛泽东与宋任穷　　　　　　　　　　　　　　　　　153

"要你去朝鲜，是用人之长"
　　——毛泽东与宋时轮　　　　　　　　　　　　　　　　　160

"参加人民革命，义旗昭著"
　　——毛泽东与陈明仁　　　　　　　　　　　　　　　　166

"延安有个清凉山，南京有个紫金山"
　　——毛泽东和钟期光　　　　　　　　　　　　　　　　174

"在这么大的问题上，主动让位，令人敬佩"
　　——毛泽东与唐亮　　　　　　　　　　　　　　　　　180

"这一做法有利于全局，是明智之举"
　　——毛泽东与陶峙岳　　　　　　　　　　　　　　　　186

"我有我的共产党"
　　——毛泽东与傅秋涛　　　　　　　　　　　　　　　　191

"你比孔夫子还高明啊"
　　——毛泽东与彭绍辉　　　　　　　　　　　　　　　　197

毛泽东与湘籍开国中将　　　　　　　　　　　　　　　205

"生产教育二者兼顾"
　　——毛泽东与文年生　　　　　　　　　　　　　　　　206

"就说是我毛泽东给他开的药方"
　　——毛泽东与方强　　　　　　　　　　　　　　　　　213

"仗打得好，电报也写得好"
　　——毛泽东与方正平　　　　　　　　　　　　　　　　221

从挖煤工人到开国中将
　　——毛泽东与刘先胜　　　　　　　　　　　　　　　　230

毛泽东的第一任警卫员
　　——毛泽东与杨梅生　　　　　　　　　　　　　　　　235

四个"第一次"
　　——毛泽东与张震　　　　　　　　　　　　　　　　　241

"毛主席的教导，就是我的本钱"
　　——毛泽东与张令彬　　　　　　　　　　　　　　　　247

毛泽东亲点的中央驻藏代表
　　——毛泽东与张经武　　　　　　　　　　　　　　　　255

"需要的就是具有这种素质的干部"
　　——毛泽东与欧阳毅　　　　　　　　　　　　　　　264

"是个好同志，工作有能力，有魄力"
　　——毛泽东与钟赤兵　　　　　　　　　　　　　　　270

"你的教育方法还挺生动的呀"
　　——毛泽东与唐天际　　　　　　　　　　　　　　　278

"天下英雄谁敌手？曹刘"
　　——毛泽东与曹里怀　　　　　　　　　　　　　　　284

"将军当大使好"
　　——毛泽东与彭明治　　　　　　　　　　　　　　　290

"从现在起，你是光荣的共产党员了！"
　　——毛泽东和赖毅　　　　　　　　　　　　　　　　297

"沙家店这一仗打得好"
　　——毛泽东与廖汉生　　　　　　　　　　　　　　　302

"跟着毛委员，革命一定能够成功"
　　——毛泽东与谭希林　　　　　　　　　　　　　　　310

"以三对三，冠能盖石"
　　——毛泽东与谭冠三　　　　　　　　　　　　　　　317

"你命大，我们红军命也大"
　　——毛泽东与丁秋生　　　　　　　　　　　　　　　325

"讲内蒙古革命史，不得不提到我的小老乡"
　　——毛泽东与姚喆　　　　　　　　　　　　　　　　333

"坚持执行屯田政策"
　　——毛泽东与晏福生　　　　　　　　　　　　　　　338

毛泽东与湘籍开国少将　　　　　　　　　　　　　　345

"现在要靠民兵，民兵组织要搞好"
　　——毛泽东和龙书金　　　　　　　　　　　　　　　346

"黎东汉同志肩负的工作很重要"
　　——毛泽东与黎东汉　　　　　　　　　　　　　　　350

"革命不分先后嘛"
　　——毛泽东与姜齐贤　　　　　　　　　　　　358

"龙开富真是一头'茶陵牛'啊"
　　——毛泽东与龙开富　　　　　　　　　　　　365

"管图参谋当了警卫团长"
　　——毛泽东与黄霖　　　　　　　　　　　　　373

参考文献　　　　　　　　　　　　　　　　　　381

后　记　　　　　　　　　　　　　　　　　　　391

毛泽东与湘籍元帅

"谁敢横刀立马？唯我彭大将军"

——毛泽东与彭德怀

毛泽东和彭德怀，两位出生地相距不过百里的革命巨匠，在数十年的峥嵘岁月里，携手为民族独立、人民解放立下了不朽功勋，他们曾荣辱与共过，肝胆相照过，也曾阴差阳错过。毛泽东一直是彭德怀"自己的大哥""了不起的老师""英明的领袖"，彭德怀也永远是毛泽东打恶仗、险仗、硬仗最多的横刀立马的"彭大将军"。

★
"感谢你对我毛泽东的支持"

彭德怀1898年出生于湘潭县乌石寨，自小磨难滋养了他不畏强暴、敢于斗争、坚韧不屈的性格。1916年,彭德怀投奔湘军,开始了长达40多年的戎马生涯。1922年考入湖南陆军讲武堂系统学习军事课程,1923年毕业,任湘军连长。1926年随部队编入国民革命军,参加北伐。在武昌战役中,结识了国民革命军第一师政治部秘书长、共产党人段德昌,确立了共产主义信仰。在革命最低潮的时候,经段德昌介绍,彭德怀于1928年4月正式加入中国共产党,开始了他生命历程的决定性转折。

1928年7月22日,彭德怀与滕代远、黄公略等领导平江起义,组建中国工农红军第五军,任军长兼十三师师长。平江起义震惊了反动营垒,面对敌军的大举围攻,彭德怀等率部撤出平江。12月,红五军主力700多人突破重重围追堵截,与朱德、毛泽东领导的红四军在井冈山茨坪胜利会师。

1929年1月上旬,红四军前委、湘赣边界特委、红四军军委、红五军军委在宁冈县柏露村召开联席会议,决定由彭德怀、滕代远指挥红五军留守井冈山,毛泽东、朱德、陈毅率领红四军主力4000多人出击赣南。井冈山是毛泽东一手创建的全国第一个农村革命根据地,他曾在此挥毫写下磅礴大气的《西江月·井冈山》。毛泽东把心中的圣地托付给彭德怀,撤离时语重心长地对他说:"如果不下山转移,就有全军覆没的危险,留下你来拖敌人,这副担子是很重的,你勇于挑重担,真是受命于危险之时。"敌军来势汹汹,彭德怀率红五军800余人以五大哨口为轴心,予以周密部署,英勇抗击20倍于己的敌军。因寡不敌众,井冈山保卫战最终失利了,但拖住了大部分敌军兵力,成功掩护了红四军向赣南、闽西转移。

为保存有生力量,彭德怀率红五军冲破敌人的重重包围,撤离井冈山。3月20日,毛泽东在汀州召开前委扩大会议,决定回师赣南,与彭德怀率领的红五军会合。3月底,毛泽东差人送信给彭德怀,让红五军先行抵达瑞金,等待与红四军会合。

4月1日,红四军、红五军在瑞金实现了第二次会合。在一个大祠堂里,彭德怀紧紧握住毛泽东的手,深感痛惜地说:"毛委员、朱军长,井冈山失守了,我彭德怀心痛啊!这次失败,我有责任呀!小井100多个伤病员殉难了,没有带出来……"毛泽东真诚地对他说:"井冈山失守,原因是多方面的,不能怪你们。"事后,毛泽东给中央写信,"1月26日至29日,井冈山彭德怀同志率两连兵抵抗很大的会剿军至四日四夜,终于被敌军攻破之",并"提出5条败因"。毛泽东没有丝毫责备,还特意将彭德怀的5连兵力说成了"两连",庇护之心可见一斑。

4月3日,红四军前委收到中央的"二月来信","因为朱毛两同志留在部队中目标既大,徒惹敌人更多的注意";"乃决定朱毛两同志有离开部队来中央的需要"。

毛泽东深感忧虑、苦闷。彭德怀坚决不同意，亲笔上书中央。寄出去之前，彭德怀将信亲自送给毛泽东看。彭德怀信如其人，襟怀坦白，旗帜鲜明地支持毛泽东的战略思想："在反革命高潮时期不宜分兵……中国需要红军存在，年轻的红军需要毛泽东、朱德来领导。"毛泽东知道这封信的分量很重，因为彭德怀的想法代表了红五军的政治态度。他紧紧握住彭德怀的手，激动地说："写得太好了！感谢你对四军的支持！感谢你对我毛泽东的支持。在目前情况下，太需要你们的支持了！"

4月11日，毛泽东主持召开红四军前委扩大会议，主要讨论两军何去何从，并介绍了汀州前委会议关于开辟赣南闽西苏区并与湘赣边界老割据区域相连的计划。井冈山是朱毛亲手创建的根据地，理应由红四军去恢复，但为了让红四军在更广阔的天地驰骋，彭德怀主动提出："让我们红五军回井冈山去吧！我们回去了，争取早日收复失地，尽快与赣南闽西割据区域连成一片。"毛泽东再一次感受到彭德怀的忠诚、担当和忍辱负重。

毛泽东《六言诗·给彭德怀同志》

由于第五次反"围剿"的失败，1934年10月10日，中央红军开始了长征。长征开始后，彭德怀身先士卒，率领红三军团，浴血奋战，突破敌人四道封锁线，掩护中央纵队、军委纵队渡过湘江。1935年1月在遵义，彭德怀作为中央候补委员参加政治局扩大会议。会上，他坚决拥护毛泽东的主张，指责李德、博古"八万铁骑不及半数，这是崽卖爷田心不痛"。会后，彭德怀严格执行毛泽东机动灵活的作战方针，率部四渡赤水河并抢夺天险娄山关、再占遵义城，佯攻贵阳，威逼昆明，巧渡金沙江，甚至不惜杀掉自己的黑骡子率领红三军团爬雪山、过草地，坚决、勇敢、默契地将毛泽东一次次的神机妙算书写为人间奇迹和兵家传奇。

1935年6月，中央红军与红四方面军会合。张国焘妄图乘机夺取党和红军的最高领导权，彭德怀派员秘密保卫毛泽东的安全，后把周恩来、王稼祥接到红三军团驻地医病，巧妙地将中央会议转移到红三军团司令部召开，挫败了张国焘的阴谋。10月19日，毛泽东、彭德怀分别率部抵达陕北吴起镇。至此，中央红军结束了长征，取得了战略转移的胜利。蒋介石意图趁陕北红军刚会师根基不稳，火速电令装备精良的东北军何柱国的第六骑兵师与甘肃马鸿宾的第三十五骑兵师近万人，气势汹汹扑向红军。而此时的中央红军刚经长征，包括老弱病残只有6000多人，且疲惫不堪，兵马粮草极其匮乏。毛泽东说："我们疲劳，敌人也疲劳，利用吴起多山的地形，打他个胜战，作为'礼物'送给陕北人民。"10月21日，彭德怀奉命迎敌，运用诱敌深入、各个击破的战术，指挥英勇的红军歼敌1个团，击溃3个团，俘敌800多人，缴获1200匹战马和部分武器装备。毛泽东目睹了这场英勇的战斗。在战斗当天上午，他带领警卫员在作战科科长伍修权的陪同下进入阵地，通过望远镜看到彭德怀提枪勒马、指挥部队冲杀，英姿飒爽，宛如一尊战神，深感彭德怀是骁勇过人、不可多得的战将。毛泽东心情大好，即兴吟诵一首诗送给彭德怀：

　　　　山高路远坑深，大军纵横驰奔。
　　　　谁敢横刀立马？唯我彭大将军。

　　战斗结束后，彭德怀来到毛泽东住所汇报作战情况，无意间看到毛泽东已写好的这首诗。他清楚地记得，诗的第一句话来自毛泽东签发的作战命令"路小，山大，沟深"。当他读到最后一句时，觉得功劳应归于红军战士，随即挥笔改为"唯我英勇红军"，并送还了毛泽东。

　　1945年8月23日，中共中央组成毛泽东任主席，朱德、刘少奇、周恩来、彭德怀任副主席的军事委员会，彭德怀同时兼任军委总参谋长，承担起保卫党中央、保卫毛泽东、保卫陕甘宁边区的历史重任。1947年，彭德怀指挥西北野战军取得沙家店战役大捷，使西北野战军由战略防御转为战略进攻。毛泽东对此非常满意，他出席旅以上干部参加的祝捷大会，并在会议间隙重新吟诵了这首诗，最后一句，毛泽东仍用了"唯我彭大将军"。

　　毛泽东这首《六言诗·给彭德怀同志》热情洋溢地赞扬了彭德怀卓越的军事才能、无畏的作战精神和无与伦比的赫赫战功，至今广为传颂，成为彭德怀一生最简洁、生动的写照。

"这担子，还得你来挑"

1950年10月1日，是新中国成立后的第一个国庆节。然而就在这天，"联合国军"总司令麦克阿瑟向朝鲜发出"放下武器停止战斗"的最后通牒，"联合国军"越过了三八线，向中朝国境线进犯。2日下午的中央书记处会议上，毛泽东认为出兵朝鲜已是十万火急，原拟派林彪率军入朝，林彪称病推辞。毛泽东想到了彭德怀。彭德怀当时是中央军委副主席、解放军副总司令，身经百战，屡立奇功，深受全军将士爱戴，无疑是最理想的人选。毛泽东要周恩来派专机去西安接正在西北军政委员会主持工作的彭德怀回京。4日下午，毛泽东主持召开中央政治局扩大会议，主要讨论是否出兵以及出兵的利弊。会议气氛很紧张，大部分人主张不出兵。时任解放军代总参谋长的聂荣臻后来回忆起会议的发言倾向是："不到万不得已的时候，最好不打这一仗。"毛泽东最后讲了一句话："你们说的都有理由，但是别人处于国家危急时刻，我们站在旁边看，不论怎样说，心里也难过。"

10月5日上午，毛泽东单独约见了彭德怀，表示："这担子，还得你来挑。"彭德怀沉默了片刻，坚定地说："我服从中央的决定。"5日下午，中央政治局再次讨论是否出兵朝鲜的问题。发言还是充斥着两种意见，彭德怀义正词严地说："出兵朝鲜是必要的，打烂了，等于解放战争晚胜利几年。如美军摆在鸭绿江和台湾，它要发动侵略战争，随时都可以找到借口。如让美国占领了朝鲜半岛，将来的问题更复杂，所以迟打不如早打。"彭德怀的讲话促使中央政治局和毛泽东下定决心抗美援朝，毛泽东郑重宣布由彭德怀挂帅出征，还诚挚地说道："德怀同志，我谢谢你，中国人民谢谢你！你是临危受命哪，有你去我们就放心了。"

10月8日，毛泽东发布命令将东北边防军改为中国人民志愿军，协同朝鲜与侵略者作战，正式任命彭德怀为中国人民志愿军司令员兼政治委员。同日，周恩来乘专机抵达莫斯科请求支援，彭德怀乘专机抵达沈阳。10日，毛泽东收到周恩来从莫斯科发回的急电，斯大林担心与美军发生冲突会诱发第三次世界大战，以苏联空军未准备好为由，取消原答应的支援中国人民志愿军作战计划。12日，毛泽东命聂荣臻深夜电告彭德怀回京讨论要事。13日，毛泽东主持召开中央政治局扩大会议，再次征求大家特别是彭德怀的意见。彭德怀毫不犹豫地表示："我还是那句话，'晚打不如早打'。"毛泽东明确表示支持彭德怀的意见。19日傍晚，彭德怀先志愿军大部队1小时进入烽火连天的朝鲜。当晚，数十万志愿军雄赳赳、气昂昂，在夜幕的掩护下，神不知鬼不觉地跨过鸭绿江，赶赴朝鲜前线。

根据毛泽东关于"部队渡江之前务必严格保密和伪装""志愿军必须越过'三八'线""轮番作战""多打小规模的歼灭战""以打促谈"等指示，彭德怀认真研究敌我态势，率领中国人民志愿军同朝鲜人民军一起，在7个多月内连续进行5次战役，把以美国为首的"联合国军"赶回到"三八"线以南，迫使其转入战略防御，接受停战谈判。这场保卫和平、反抗侵略的国际主义正义战争迎来了伟大的胜利，也打出了新中国的国威军威。朝鲜民主主义人民共和国最高人民会议常任委员会授予彭德怀"朝鲜人民共和国英雄"称号。

★ 庐山会议

1959年7月至8月，中央政治局扩大会议和中共八届八中全会在庐山举行。为反映"大跃进"和人民公社化运动中存在的严重问题，彭德怀在西北组会上先后作了7次发言和讲话，有的直涉毛泽东："毛主席与党中央在中国人民心目中的威信之高，是全世界找不到的，但滥用这种威信是不行的。"因担心达不到预期效果，彭德怀在7月11日晚彻夜未眠。12日清早，彭德怀去往200多米之外的毛泽东住所，希望毛泽东把当前存在的严重问题在会上再敲打敲打。不料，警卫人员告诉彭德怀：主席刚躺下。彭德怀不忍打扰，却遗憾地错过了这次促膝面谈的好机会。14日晚，彭德怀提笔写下万言书交给毛泽东，就1958年以来"大跃进"中的成绩和工作中的经验教训提出了中肯的意见，他这样开篇：

"主席，这次庐山会议是重要的。我在西北小组有几次插言，在小组会还没有讲完的一些意见，特写给你作参考。但我这个简单人类似张飞，确有其粗，而无其细。因此，是否有参考价值请斟酌。不妥之处，烦请指示。"

从组织上说，一个政治局委员给党的主席写信对党的工作提意见，也是正常的。但是这封信被严重地曲解了。7月16日，毛泽东在彭德怀信上题名《彭德怀同志意见书》，并批示："印发各同志参考。"7月23日，毛泽东在讲话中认为彭德怀的信是"资产阶级的动摇性"，是"向党进攻"。从此，庐山会议由"反左"转而"反右"，逐步开始对彭德怀进行所谓右倾机会主义的错误批判。8月2日，八届八中全会通过了《关于以彭德怀同志为首的反党集团的错误的决议》，决定撤销彭德怀国防部长一职。庐山会议上的这场斗争，错误地打击了彭德怀等一批同志，在政治上损害了党内的民主生活，在经济上打断了纠正左倾错误的进程，使错误延续了更长时间。

★ "也许真理在你那一边"

1959年9月30日，撤职后的彭德怀举家从中南海永福堂迁到了北京西郊颐和园附近的挂甲屯吴家花园，这是传说中杨六郎北征辽邦挂甲歇马的地方。10月13日，毛泽东打来电话约彭德怀去中南海一晤。

两个月前庐山会议的场景历历在目，毛泽东在彭德怀心中是伟大的领袖，但不是神："99.9%的正确，难道就没有0.1%的错误吗？"彭德怀在1945年华北座谈会上坦言自己是"高山上倒马桶，臭气出了名的"，也总结了自己对毛泽东的认识"三部曲"：

"从井冈山到中央苏区认为毛泽东无论学习上还是指挥打战，是自己的大哥；从中央红军主力离开江西苏区，经过长征路上那么多曲折斗争，把给中国革命和中国红军造成重大损失的洋顾问李德轰下台，的确很了不起，在革命的领导艺术上比自己强得多，是自己的老师；到达陕北后这么多年，从我党领导敌后抗日的实践中才真正感到毛泽东的英明，的确是党的领袖。"

彭德怀来到中南海，刘少奇、周恩来、朱德等也在，主要商量他今后的工作、学习问题。根据彭德怀的来信，毛泽东亲自安排专人负责他在中央党校学习，并表示"2年就够了""到工厂和农村去参观和调查研究也是很好""你年纪大了，就不要去人民公社劳动了"。最后，毛泽东久久注视着彭德怀，似乎在等待着什么。彭德怀默不作声，起身告辞，感谢毛泽东和中央的关心。两个历史巨人在彼此的倔强和沉默中又一次丧失了和解的机会。后来，毛泽东还多次提出，要彭德怀出来做点事。

1961年10月30日至12月25日，彭德怀第二次回到故乡乌石进行农村调查，写下5份调查报告送到中央办公厅主任杨尚昆手里，请他转呈毛泽东和党中央。

1962年中央召开扩大的工作会议（即"七千人大会"）后，彭德怀为了进一步说明自己的情况，将一封长达8.2万字的信交给毛泽东和党中央，主要阐述了庐山会议、高饶联盟、同外国人的一些接触、本人历史过程和军事路线等5个方面的问题。

1965年3月，美国侵略越南。9月，中共中央决定"以国防建设第一，加速三线建设，逐步改变工业布局"。23日上午，毛泽东亲自找彭德怀谈话。毛泽东在门口等候着，看到彭德怀来了，远远就伸出了手，彭德怀也疾步迎上去紧紧握住他的手。毛泽东推心置腹地说："历史上，真正的同志绝不是什么争论都没有，不是从始到终，从生到死都是一致的。现在看来，也许真理在你那边，让历史去做结论吧。""我没有忘了你，日久见人心，这些年我一直想你的事。我们共事几十年了，不要庐山一别，分手分到底。我们都是六七十岁的人了，应当为后代多想事，多出力，我们再一起往前走吧。""派你去西南，这是党的决定，如有人不同意，要他同我来谈。我过去反对你彭德怀同志是积极的，现在要支持你也是真心诚意的。""对你老彭的看法应当是一分为二，我自己也是这样。"

11月30日，根据党中央的安排，彭德怀到成都任西南三线建设委员会第三副主任。他顾全大局，兢兢业业，在那里工作了1年零25天。

1974年9月，彭德怀直肠癌晚期病势垂危，挣扎着说："毛主席发展了马列主义……我们国家建设、战略防御设施不完备，国防工业和科研跟不上需要，这是我最担心的。"11月29日，彭德怀在北京逝世。1978年中共十一届三中全会为彭德怀平反昭雪，恢复名誉；12月24日，在人民大会堂举行了隆重的追悼大会。

人物简介：

彭德怀（1898—1974），湖南湘潭人。1928年4月加入中国共产党。领导了平江起义。曾任红五军军长兼十三师师长，红三军团总指挥，中华苏维埃共和国中央革命军事委员会副主席，陕甘支队司令员，西北革命军事委员会副主席，红一方面军司令员，红军前敌总指挥部总指挥，八路军副总指挥，中共中央北方局代理书记，中央军委副主席兼总参谋长，中共中央西北局书记，西北野战军司令员兼政委，中国人民解放军副总司令，西北局第一书记等职。新中国成立后，历任西北军政委员会主席，西北军区司令员，中央人民政府人民革命军事委员会副主席，中国人民志愿军司令员兼政委，国务院副总理兼国防部部长和国防委员会副主席，西南局三线建设委员会第三副主任等职。1955年被授予元帅军衔。第六、七、八届中央政治局委员。

(刘金凤)

"贺龙是红二方面军的旗帜"

——毛泽东与贺龙

贺龙是毛泽东忠实的追随者，他由衷敬佩毛泽东，毕生都在维护毛泽东的领导；而毛泽东对贺龙爱才惜才，不断委以重任。在延安时期，贺龙被任命为陕甘宁晋绥五省联防军司令员，担负起保卫党中央、保卫延安的重任。新中国成立后，毛泽东曾让贺龙主持军委日常工作，对他非常信任。

"我对毛泽东敬仰得很"

贺龙认识毛泽东是从他的笔名开始的。贺龙曾听朋友说过，湖南第一师范学校有个学生名叫"二十八画生",不仅精通文学、历史、哲学,还口才极佳。贺龙第一次听到这样的名字,觉得十分有趣。朋友还让他猜这个名字的来历,贺龙想了又想,实在猜不出来,朋友见状便解释:"28画正好是'毛泽东'(繁体)3个字的笔画数。"贺龙这才恍然大悟,啧啧连声道:"果真是旷世奇才,平常人怎么也想不到这样取名字。"当时,正逢毛泽东在湖南第一师范学校的同班同学肖珍元回到了桑植,贺龙特意登门拜访。他一看到肖珍元就激动地和他说:"在我们湖南人中,听说有个毛泽东,他诲人不倦,常与青年学生或群众讲演,湖南的学生都说毛泽东是革命领袖,而和我说的这些人,又都是我们县里有学问的人,因而我对毛泽东敬仰得很,认为他是个了不起的人物。"肖珍元见贺龙十分感兴趣,便同他讲了许多毛泽东在学校的故事。这使得贺龙对毛泽东多了一份熟悉和认同,并且在心里埋下了一颗追随毛泽东的种子。

★ 欣赏两把菜刀闹革命的胆略

贺龙的一生充满了传奇色彩,在湘西大山里长大的他,沾染上那片土地的气质,有着与生俱来的抗争精神。4岁时,贺龙跟着堂曾祖父学武,这一学便是十几年,寒冬夏暑从未停下,练就了一身硬功夫。

1916年,年仅20岁的贺龙做了一件大事——两把菜刀闹革命。这年2月,爱国将领蔡锷发动护国战争,在四川与北洋军对垒激战。当贺龙听到这个消息后,按捺不住自己爱国的赤子之心,一面四处奔走派人前往四川搬兵,一面在湘西积极筹备再度起义。年轻的贺龙凭着一腔热血走村串户,最后集中了贺勋臣、韦青卿、马玉堂等21个青年,计划夺取当地盐局的枪支。3月16日,这21位壮士冒着夺枪不成就要掉脑袋、株连九族的危险,仅仅带着1支火枪、3把马刀、10杆梭镖和2把菜刀,趁着黑夜从洪家关出发,翻山越岭90里,直奔芭茅溪。凌晨时分,贺龙带领着这帮年轻人冲进了盐局。贺龙明白擒贼先擒王的道理,他快速找到了税警队长姜玉清,手起刀落,劈死了姜玉清,后又生擒了盐局局长李佩卿。没多久,盐局就完全被贺龙一行人所控制,他们最终缴获了枪支12支,并且烧掉了盐局账本,打开盐库将盐和其他物资分给当地群众。第二天，贺龙又集合了150人左右的队伍，在群众的欢呼声中，回到洪家关。

这件事过后，贺龙到了长沙，和当地中华革命党人取得联系，继续参加革命斗争。但贺龙不知道的是，当时的毛泽东因为他"两把菜刀闹革命"的故事，十分欣赏他的胆略和一心革命的坚强意志。1927年，毛泽东率领秋收起义部队在三湾举行改编动员会时，还用了贺龙的精神鼓励大家："贺龙同志两把菜刀起家，现在当了军长，带了一军人。我们现在不只有两把菜刀，我们有两营人，还怕干不起来吗？"

★ "我们对你贺老总的大名早就是如雷贯耳哟！"

1935年11月，红二、六军团由贺龙、任弼时和关向应等人统一指挥，从湖南桑植的刘家坪出发开始长征。1936年7月到达四川甘孜后，与红四方面军会师。中央立即电令红二、六军团和红三十二军合编为红二方面军，由贺龙任总指挥。1936年10月22日，红一、二、四方面军终于在将台堡胜利会师，贺龙也第一次来到了毛泽东的身边。

当时的毛泽东率领中央红军到达陕北已一年有余。两人此前虽未曾谋面，但神交已久，对彼此都十分熟悉。在黄土高原的窑洞里，当两人的手紧紧相握时，贺龙的激动之情溢于言表。毛泽东深深注视着贺龙，用彼此熟悉的湖南口音说道："我们对你贺老总的大名早就是如雷贯耳哟！"贺龙的嘴角情不自禁地飞扬，他朗声回道："主席，我对您敬仰得很呢！"

交谈中，毛泽东还竖起大拇指夸赞贺龙："二、六军团在乌蒙山打转转，不要说敌人，连我们也被你们转昏了头。硬是转出来了嘛！出贵州、过乌江，我们（指中央红军）付出了大代价，二、六军团讨了巧，就没有吃亏。你们一万人，走过来还是一万人，没有蚀本，是个了不起的奇迹，是一个大经验，要总结，要大家学。"

初次相见，毛泽东对贺龙高超的指挥艺术给予了很高的评价，并且对他坚定的革命立场有了进一步的了解。贺龙也对毛泽东由衷敬佩，为能够在毛泽东直接领导下工作感到莫大欣慰。

"党中央和我的这个就交给你了"

毛泽东曾多次说过"贺龙同志是红二方面军的旗帜",这个褒奖的分量很重。在红军三大主力会师后,贺龙被选为中央革命军事委员会主席团成员之一。并不是中央委员的他,却已经连续参加过好几次中央政治局扩大会议,由此可见党中央对他的信任,以及毛泽东对他的重视。接触毛泽东后,贺龙也默默地在心底认定毛泽东便是中国共产党当之无愧的领袖,是挽救民族危亡、让人民脱离苦海的引路人,他决心要跟随毛泽东将中国革命进行到底。

1937年7月,全面抗战爆发后,国共第二次合作开始,中国工农红军改编为国民革命军第八路军,贺龙被任命为第一二〇师师长。当他远赴晋西北后,曾多次与毛泽东进行思想、战略方面的交流,贯彻执行毛泽东游击战战略方针,和日军顽强战斗,由此撑起了晋西北抗日的局面。

1940年11月,在山西兴县李家湾成立了晋西北军区,贺龙被任命为晋西北军区司令员,毛泽东放心地将保卫党中央的任务交给了他。在艰苦的条件下,部队的饮食起居非常拮据,时常连粗粮也吃不上,冬天有的战士只能穿草鞋。但即使是这样,贺龙心里依然惦记着毛泽东和党中央。若战斗中缴获了生活物资,贺龙总是会命令部队将这些珍贵的物资先送往延安。他说过:"我们这里很困难,可延安、党中央更困难!人不能没有自己的头,一个党、一个军队也不能没有自己的头。这个头就是以毛泽东为首的党中央,任何时候我们都要维护好这个头。"

1942年春,由于陕甘宁边区受到了国民党顽固派的三面威胁,中共中央决定成立陕甘宁晋绥联防军司令部,统一领导五省内的八路军部队。在这危急时刻,毛泽东又一次想到了贺龙。他非常信任贺龙的军事和政治才能,于是签署命令,决定贺龙担任陕甘宁晋绥联防军司令员。命令发布后,毛泽东还指着自己的头和贺龙开玩笑说:"党中央和我的这个就交给你了。"毛泽东的这番话,和贺龙两年前说过的话有着异曲同工之妙。

"毛主席叫我干，中央叫我干，我就干"

新中国成立后，毛泽东在全党、全军和全国人民中的威望越来越高，贺龙对毛泽东也始终保持着一颗热忱之心，真心实意地崇敬着毛泽东，竭力维护毛泽东的威望和领导。

1952年8月，政务院决定组建全国体育运动委员会，计划让贺龙来担任主任委员。11月的一天，老战友、政务院主持日常工作的副总理邓小平给贺龙打来电话，向他说明了这个情况，并询问当时忙于西南军区工作的贺龙的想法。邓小平说："团中央和全国体育总会建议请你当主任，我和总理商量了，也感到由你来当最合适。"贺龙问道："毛主席的意见呢？"邓小平回答："毛主席也赞成。"贺龙听到这便也不多说了，毫不犹豫地一口答应："毛主席叫我干，中央叫我干，我就干！"就这样，贺龙不计个人得失，到北京担任了国家体委主任。

毛泽东对贺龙是十分信任的。1954年6月，贺龙被补选为中央军委副主席。1959年9月，中央政治局决定中央军委由毛泽东任主席，贺龙、聂荣臻等3位为副主席。同年底，贺龙兼任国防工业委员会主任。1963年9月，贺龙主持中央军委日常工作。贺龙深知，在国家重工业，特别是军事科学技术还没有发展起来的情况下，主持军委日常工作一定不是件易事。他也十分理解当时国际、国内形势的困境带给毛泽东压力有多大。毛泽东能将主持军委日常工作的重任交给他，可见毛泽东对他的重视，以及对国防工业未来发展的殷切期盼。贺龙在心底下定决心：无论是多重的担子，也要为了中国人民、为了毛主席挑起来！于是，他在接到任命的第二天就投入繁杂的工作中。他不仅多次主持召开国防工业委员会会议，明确组织形式、关系和职责任务，还从基层进行广泛全面的调查，了解国家重点军工企业的现状。贺龙曾在会议上说过："毛主席、党中央要我管，我就要真管，我要把工作扎扎实实地抓起来。"他不负众望，在工作期间积极完成毛泽东的战略部署，狠抓军工产品质量，为大力推进军队建设服务，使国防工业有了很大的起色。

毛泽东破例亲自迎接访苏代表团

　　1964年发生了一件外交大事：10月16日，苏联高层解除赫鲁晓夫的职务。之后，我国政府收到了苏联政府邀请，参加11月7日苏联十月革命47周年纪念活动。党中央决定，派出以周恩来为团长、贺龙为副团长的高规格代表团去苏联，意在利用这个契机来改善与苏联共产党的关系。但是在7日晚的盛大宴会上，苏联国防部长马利诺夫斯基元帅却多次向中国代表团挑衅。他别有用心地对贺龙说："贺龙同志的元帅服很漂亮，这已经不像当年的布棉袄了。"当时贺龙并不理会他的暗讽，一本正经地回答："当年的棉衣好，我舍不得它！"马利诺夫斯基见贺龙不为所动，便继续说道："我也认为棉衣好……我们的元帅服被斯大林玷污了，你们的元帅服被毛泽东玷污了。"不仅如此，他还放肆地大声说："我们已经把赫鲁晓夫搞掉了，你们也会把毛泽东搞掉的，只是时间未到。"贺龙听到这一番话，勃然大怒，瞪着眼睛，指着马利诺夫斯基说："你的话完全是错误的！我根本不能同意！"说罢，便走到周恩来身边，向他报告了刚才马利诺夫斯基的言行。周恩来听后也十分气愤，并当面予以驳斥，率领中国代表团的全体成员愤然离场，以示抗议。

　　第二天，当苏共主要领导拜会中国代表团时，我方又一次向他们郑重提出：马利诺夫斯基在宴会上的挑衅，是对中国人民伟大领袖毛泽东同志的侮辱，是对中国共产党、中国人民和中国党政代表团的侮辱！然而，苏联主要领导人虽然就马利诺夫斯基11月7日晚的言论向代表团表示道歉，但实则毫无诚意可言。周恩来和贺龙始终都不认为这是一件小事，他们认为从这件事情上能反映出苏联对中国的态度。因此，11月14日，两人带领中国党政代表团提前回到了北京，毛泽东破例第一次亲自到机场迎接他们，以此来表达自己对代表团的重视，以及对周恩来、贺龙的赞赏。

"我看贺龙没有问题"

"文化大革命"开始后，林彪的死党吴法宪向毛泽东写信诬告贺龙，说贺龙"要篡党夺权"。毛泽东听到这个消息后，当然是不信的。他特意把诬告信给贺龙看，并语重心长地对贺龙说："我对你还是过去那三条：忠于党、忠于人民，对敌斗争狠，能联系群众。"为了保贺龙，毛泽东还多次找林彪等人进行谈话。后来，贺龙被监禁于北京西山。失去自由后的他，仍然十分认真地学习毛泽东著作，关心时事。他曾无怨无悔地说："我相信，党和人民是了解我的，毛主席总有一天会说话的。"1969年6月9日，贺龙逝世。

1973年2月，毛泽东曾在一次谈话中提道："我看贺龙没有问题。"并指示要为贺龙平反。同年12月，毛泽东在中央军委常委扩大会议上，再一次提出要为贺龙平反。1974年9月29日，经毛泽东批准，中共中央发出《关于为贺龙同志恢复名誉的通知》，对贺龙的一生给予了全面、公正的评价。1975年，贺龙的骨灰安放仪式上，周恩来的发言传达了党中央的意见，他明确指出："贺龙同志是一个好同志，在毛主席、党中央的领导下，几十年来为党、为人民的革命事业曾作出重大的贡献。贺龙同志的逝世，使我们失去了一位老同志、老战友，是我党、我军的重大损失。"

从战火纷攘的战争年代到不断发展的新中国时期，毛泽东和贺龙的情谊历经了无数大风大浪的考验，始终保持思想和工作上的密切交流；从挥斥方遒的青年到老骥伏枥的暮年，两人为了相同的理想和信念携手奋进：这些都被一同镌刻在新中国的丰碑上，为后人所铭记。

人物简介：

贺龙（1896—1969），湖南桑植人。参与领导南昌起义、桑植起义。1927年加入中国共产党。曾任红四军军长，湘鄂西前敌委员会书记，红二军团军团长，红二军团总指挥，红二、六军团总指挥兼湘鄂川黔省革命委员会主席，湘鄂川黔军区司令员，红二方面军总指挥，八路军一二〇师师长，晋西北军区司令员，陕甘宁晋绥联防军司令员，西北军区司令员，中共中央西北局第二书记等职。新中国成立后，曾任西南军区司令员，中共中央西南局第三书记，国家体委主任，国务院副总理，中共中央军事委员会副主席，国防工业委员会主任等职。1955年9月，被授予元帅军衔。第七届中央委员，第八届中央政治局委员。

（邓晓璇）

"国有疑难可问谁?"

——毛泽东与罗荣桓

毛泽东称罗荣桓为"一生共事的人"。罗荣桓逝世后,毛泽东亲自参加追悼会,一句"君今不幸离人世,国有疑难可问谁?"表达了对罗荣桓的信赖和惋惜之情。

文家市初见毛泽东

1902年11月26日,罗荣桓出生于湖南省衡山县(今属衡东县)一个书香门第。1919年起,他先后在长沙协均中学和青岛大学读书。其间,罗荣桓与毛泽东有神交。罗荣桓对毛泽东在驱张运动中展示的卓越才能,极为钦佩。毛泽东曾到罗荣桓的家乡湖南衡山等县考察农民运动，后撰写《湖南农民运动考察报告》。罗荣桓读后，觉得考察报告内容翔实、说理透彻、文笔犀利，给他留下了深刻印象。

1927年4月，罗荣桓来到武昌中山大学学习，并加入中国共产主义青年团，不久转入中国共产党。

大革命失败后，毛泽东根据中央指示回湖南领导湘赣边界秋收起义。任武昌国民革命军第二方面军总指挥部警卫团特务连党代表的罗荣桓也参加了秋收起义。在敌我力量悬殊、战斗经验不足、部队严重受挫的情况下，9月19日毛泽东率领起义部队来到浏阳文家市集结。当晚，毛泽东在里仁学校主持召开了前敌委员会会议，主张队伍要向敌人统治力量薄弱的山区转移。第二天上午，毛泽东在学校操场作动员讲话："同志们，斗争刚刚开始，万事开头难，只要我们团结一致，继续勇敢战斗，胜利是一定属于我们的。我们现在力量很小，好比是一块小石头。蒋介石好比是一口大水缸，总有一天，我们这块小石头要打破蒋介石那口大水缸……"

正当罗荣桓为部队缺乏明确方向而焦虑时，听到毛泽东形象生动、深入浅出的讲话，感觉像是久渴之后饮进了甘泉。罗荣桓认为，毛泽东的讲话既符合客观事实，又闪耀着睿智的光芒。这是罗荣桓第一次见到毛泽东。

"这个同志是个人才"

秋收起义失利后，毛泽东带领部队向井冈山进军。红军处境艰难，士气低落，减员严重。9月下旬的一天，罗荣桓正在组织队伍练兵，通讯员焦急地对罗荣桓说："党代表，你救救谭铁匠，他母亲病得快不行了，他想回家安排后事，但怕部队不同意，没办法只好逃走了，连长知道了，要枪毙他。"听完，罗荣桓赶紧追了上去。

罗荣桓赶到时，特务连副连长张明已拿枪对着谭铁匠，罗荣桓立即大声制止。

"你们想回家，就公开说，为什么要逃跑呢？"罗荣桓向谭铁匠问道。

"党代表，我不想当逃兵，我也希望打白狗子，可我母亲病重……"谭铁匠解释。

罗荣桓沉思了一下说："好，我同意你走，可你别忘了你是红军战士，我希望你把革命火种带回去，在家坚持斗争，迎接最后的胜利。如果将来想回来，我第一个欢迎。"说完，罗荣桓摸出身上仅有的4块大洋，送到谭铁匠手里。谭铁匠惭愧地低下头，然后与罗荣桓依依惜别。

　　罗荣桓放走逃兵还给路费的事很快传开了。对此，支持、反对的人都有。而毛泽东对罗荣桓的做法极为认可，并就枪毙逃兵、打骂士兵等问题与罗荣桓进行探讨。最后，毛泽东决定在三湾对红军部队进行改编。

　　10月1日清晨，毛泽东发表了鼓舞人心的讲话后，宣布一个声明：愿留则留，不愿留的可以回去。就在这时，谭铁匠赶来归队。罗荣桓连忙走上前，嘘寒问暖。逃跑士兵的归队，把现场气氛推向高潮。大家斗志昂扬，振臂高呼，"打倒蒋介石、打倒土豪劣绅"的口号荡气回肠，响彻山谷。

　　三湾改编后，红军部队建设逐步走上正轨。罗荣桓给自己定了一条规矩：凡是要求别人做到的，自己首先做到。打仗时，他在最前面冲锋；撤退时，他在最后面掩护；行军时，他经常扛着病号或掉队战士的枪。自己病了，咬牙工作；可战士病了，他却一天几趟嘘寒问暖。罗荣桓凭着过硬的作风和务实的工作赢得了官兵的爱戴。毛泽东也把这一切都看在眼里，对罗荣桓有了更深的认识。

　　在古田会议召开期间的一天，毛泽东和前委秘书冯文彬一起散步。这时罗荣桓恰巧从路旁经过，看到毛泽东后，连忙行军礼并致问候，然后匆匆离开。毛泽东驻足伫立，凝望着这位沉稳踏实的红军干部的背影，点燃一支烟，对冯文彬说："这个同志是个人才，是一位很好的领导干部，对这个同志，可惜我们发现得晚了！"欣赏之情溢于言表。

受毛泽东称赞的"老实人"

　　1932年10月的宁都会议后，由于王明"左"倾冒险主义的影响，毛泽东的正确主张受到批评，并被撤销红一方面军总政委的职务，失去了对红军的指挥权。而罗荣桓因多次在会上支持毛泽东的主张，被说成是"宗派主义者"，随之受到排挤，并被撤销红一军团政治部主任的职务。直到1935年遵义会议后，才恢复了毛泽东的军事指挥权。后来，毛泽东在谈起这段往事时说："在与王明'左'倾冒险主义错误的斗争中，罗荣桓表现了坚定的原则性，并且遭到了撤职。虽蒙受冤屈，但他始终坚持共产主义信念，仍旧老老实实地为党工作。"

1937年，抗日战争全面爆发后，罗荣桓被任命为八路军——五师政治部主任，即将奔赴抗日前线。一天，毛泽东派警卫员把罗荣桓的新婚妻子林月琴叫到他的窑洞。毛泽东亲切地同林月琴拉起家常。接着，毛泽东高兴地向林月琴讲起了罗荣桓的经历和为人。毛泽东说："荣桓同志是个老实人，又有很强的原则性，能顾全大局，一向对己严、待人宽，做政治工作就需要这样的干部。当然，老实人免不了受人欺负，这也没有什么，历史是会正确评定人们的功过是非。在世界上要办成几件事，没有老老实实的态度是不行的，我们共产党人都要做老实人。"最后，毛泽东关切地问林月琴："你们新婚不久就要离别，我是不是有点残酷？"林月琴立刻回答："这是革命需要嘛！"林月琴回到家里，向罗荣桓讲述了毛泽东接见她的情景。罗荣桓很感动，他把毛泽东的关怀和赞誉深深埋进心底，加紧奔赴前线的准备工作。

分别的那天，罗荣桓对林月琴说："我走了，你留在延安好好学习、工作。我们都是共产党员，记住毛主席的话，永远做老实人，忠诚于党的事业。"罗荣桓是这么说的，也一直是这么做的。

★ "留得青山在，不怕没柴烧"

1939年3月初，八路军一一五师代师长陈光、政委罗荣桓率师部和1个主力团进入山东后，罗荣桓坚决执行党中央制定的正确方针，抗日民主武装力量和抗日民族统一战线得到扩大和巩固，山东局面发生了明显的变化。对于罗荣桓在山东7年工作间的功绩，毛泽东曾有过这样的评价："山东只换上一个罗荣桓，全局的棋就下活了。山东的棋下活了，全国的棋也就活了。山东把所有的战略点线都抢占和包围了——北占东北，南下长江。"

1942年是山东抗战中最艰苦、最紧张的一年。罗荣桓曾将这一年比喻为"拂晓前的黑暗"。这年底，罗荣桓因劳累过度，出现尿血，日见消瘦。1945年9月，为了贯彻"向北发展、向南防御"的方针，中央决定调罗荣桓去东北工作。此时罗荣桓的身体已非常虚弱。罗荣桓抵达东北后，在林月琴陪同下到医院做了体检。医生诊断为肾癌，必须马上动手术。东北局把罗荣桓的病情报告给了中共中央。毛泽东经慎重考虑后，主张送罗荣桓到朝鲜平壤的苏军医院治疗。在平壤苏军医院，罗荣桓再次被确诊为肾癌。由于医院是野战医院，不具备施行肾切除手术的条件，建议尽快去莫斯科治疗。毛泽东以中共中央和他本人的名义给斯大林发报称："罗荣桓同志是我党重要财富和久经考验的忠诚干部，希给予最好的治疗。"1946年7月，林月琴陪罗荣桓赴莫斯科接受治疗。手术很顺利，调养数月后，罗荣桓夫妇乘火车回国。

一回到哈尔滨，罗荣桓又投入紧张、繁忙的工作中。1949年5月初，罗荣桓在天津视察时，又突然病倒了。毛泽东得知后，派北京医院院长黄树则赴天津为罗荣桓治疗。临行前，毛泽东给罗荣桓写了一封信，托黄树则转交。他在信中要求罗荣桓在天津安心养病，暂时不要随军南下，还用"留得青山在，不愁没柴烧"这样的谚语来安慰和鼓励罗荣桓。

新中国成立后，毛泽东对罗荣桓的健康仍然十分关心。罗荣桓在担任总政治部主任兼总干部部部长期间，工作十分繁忙。他经常批改文件到深夜，还时常要去参加军委召开的会议。有时一个会开完，他需要靠在沙发上休息好长时间才能缓过来。毛泽东知道后，在罗荣桓上报的一份干部任免书上写道："荣桓同志，你宜少开会，甚至不开会，只和若干干部谈话及批阅文件，对你身体好些，否则难于持久，请考虑。"

不幸辞世，毛泽东亲致哀诗

1963年12月15日，罗荣桓的病情恶化，一度陷入昏迷。苏醒后，他看着床前的林月琴和孩子们，拉着林月琴的手对孩子们说："我一生选择了革命的道路，这一步是走对了，你们要记住这一点。我没有遗产留给你们，没有什么可以分给你们的。爸爸就留给你们一句话，坚信共产主义这一伟大真理，永远干革命。"罗荣桓临终前说的最后一句话是:"我革命这么多年,选定一条,就是要跟着毛主席走。"林月琴和孩子们悲痛不舍,身边的工作人员无不热泪盈眶。当时负责他医疗工作的黄树则后来写道:

> 罗荣桓同志病危之时,对其子女,谆谆告诫。现按其意,写为短诗。
>
> 我尽力争取不死,
>
> 继续为革命奋斗,
>
> 如果死已经来临,
>
> 我也绝不畏惧,绝不发愁。
>
> 我给你们留下的只是党的事业,
>
> 别的什么都没有。
>
> 我的遗嘱是一句话,
>
> 永远跟着共产党走,
>
> 跟着毛主席走!

12月16日下午,罗荣桓逝世。惊悉罗荣桓逝世的噩耗,毛泽东沉痛地说:"罗荣桓同志是1902年生的。这个同志有一个优点,很有原则性,对敌人狠;对同志有意见,背后少说,当面多说,不背地议论人,一生始终如一。一个人几十年如一日不容易。原则性强,对党忠诚。对党的团结起了很大作用。"12月19日,毛泽东参加了罗荣桓的追悼会。对于罗荣桓逝世,毛泽东十分悲痛,一天深夜,毛泽东写下了《七律·吊罗荣桓同志》:

> 记得当年草上飞,
>
> 红军队里每相违。
>
> 长征不是难堪日,
>
> 战锦方为大问题。
>
> 斥鷃每闻欺大鸟,
>
> 昆鸡长笑老鹰非。
>
> 君今不幸离人世,
>
> 国有疑难可问谁?

这首诗充分表达了毛泽东对罗荣桓的高度评价和痛惜之情。在长期的革命和建设实践中,毛泽东始终倡导党员干部"做老实人"。正是在毛泽东、罗荣桓等老一辈无产阶级革命家的大力倡导下,"做老实人,说老实话,办老实事",成为中国共产党人的优良传统和宝贵精神财富，激励着一代又一代中国共产党人脚踏实地前行。

人物简介：

罗荣桓（1902—1963），湖南衡山（今衡东）人。1927年4月加入中国共产党。参加了秋收起义。曾任红四军政委、军委书记，军委后方政治部主任，红一军团政治部主任，江西军区政治部主任，红八军团政治部主任，八路军一一五师政训处主任、师政委，山东军区司令员兼政委，山东分局书记，东北民主联军副政委、第四野战军政委兼东北军区第一副政委，华中局第二书记等职。新中国成立后，曾任最高检察署检察长，解放军总政治部主任、总干部部部长，解放军政治学院院长等职。1955年被授予元帅军衔。第七届中央委员，第八届中央政治局委员，第二届全国人大常委会副委员长。

（张欣媚）

毛泽东与湘籍大将

"有一个最会带兵打仗的人"

——毛泽东与粟裕

毛泽东与粟裕相识于井冈山时期。粟裕说："我在毛泽东、朱德同志领导下学会了带兵打仗。"将帅起于卒伍，在血与火的淬炼中，他逐渐锻炼成长为优秀的高级指挥员。解放战争时期，更是成为毛泽东极为倚重的方面军统帅。毛泽东称赞他："在我的战友中，有一个最会带兵打仗的人，这个人叫粟裕。"

"我在毛泽东、朱德同志领导下学会了带兵打仗"

1928年，粟裕参加湘南起义后随朱德、陈毅转移到井冈山，这支部队与毛泽东领导的部队会师，合编为中国工农红军第四军。在这里，粟裕见到了毛泽东。他一直以毛泽东为师，默默跟着"学打仗"，不断琢磨毛泽东用兵遣将的指挥艺术。但在很长一段时间里，毛泽东都不大熟悉这位勤勉的"学生"。

1929年6月，红四军党的第七次代表大会后，毛泽东离开红四军的主要领导岗位，到闽西协助指导地方工作。遵朱德命令，粟裕带领一个连负责保卫毛泽东的安全。粟裕第一次与毛泽东有了长时间近距离的接触，他对保卫工作十分尽责。毛泽东很欣赏粟裕的细心周到，对身边这位"卫士长"开始有所了解。觉得安全有了保障，毛泽东便放心地埋头写文章，这些文章中包括了后来古田会议的决议。

多年后，粟裕的老部下、二十三军原政委陈茂辉奉命到福建参加撰写纪念古田会议召开40周年的材料，回来后向粟裕汇报说："古田会议也有你一份功劳，写党史时应写一笔。"粟裕坚决不同意，他说："当时毛泽东同志起草古田会议决议时，我只是带着一个连替他做警卫，我当时只是个基层干部，怎么能写我呢？"

从井冈山到中央苏区，跟着毛泽东学习战争指挥艺术的粟裕，逐渐从一名基层指挥员成长为优秀的高级指挥员。1930年底，粟裕被任命为红六十四师师长。这支部队虽然装备以梭镖为主，却直属于红一方面军总部，粟裕与毛泽东的接触便多了起来。

在中央苏区第一次反"围剿"中，当时仅23岁的粟裕献策，以一个营的兵力诱敌十八师张辉瓒部到龙冈予以歼灭，被毛泽东和朱德采纳。此次战斗全歼国民党精锐十八师，并且活捉了师长张辉瓒。毛泽东颇为高兴，为此填词《渔家傲·反第一次大"围剿"》，词曰：万木霜天红烂漫，天兵怒气冲霄汉。雾满龙冈千嶂暗，齐声唤，前头捉了张辉瓒……粟裕因为这次献策，就在毛泽东心里"挂上号"了。

1934年第五次反"围剿"斗争失败后，粟裕任北上抗日先遣队参谋长，率部离开中央苏区执行战略牵制任务，从此离开红军主力部队。多年天涯孤旅，各在一方。粟裕在晚年回忆说："我们即将远征，中央苏区的前景使我们分外关注。聊以自慰的是，我在毛泽东、朱德同志领导下学会了带兵打仗。"

怀着革命事业必定胜利的信念，粟裕踏上了漫漫征途。北上抗日先遣队失利后，遵中央指示，粟裕率800余人进入浙江，在此坚持了三年游击战争。由于唯一一部电台在作战中被敌人打坏，粟裕和中央长期失去联系，大家都以为他已经牺牲。因此，在1937年5月陕北召开的苏区代表会议上，粟裕被当作烈士予以纪念。1938年初，新四军副参谋长周子昆得知粟裕仍在浙江坚持斗争的情况后，立即向延安报告：“粟裕还在。”毛泽东知悉后非常高兴。后来，粟裕带领部队走出沟壑纵横的深山老林，编入新四军行列，开赴抗日战场。

★ "粟裕同志将来可以指挥四五十万军队"

在抗日战争、解放战争时期，粟裕打了很多有名的大胜仗，得到了毛泽东的高度信任。如抗战时期的黄桥决战、车桥大捷、天目山战役，解放战争时期的苏中七战七捷、孟良崮战役、淮海战役等都堪称经典。毛泽东曾极为赞赏地说："谁人不晓得华东粟裕呀！"

抗战初期，粟裕就打了许多胜仗，一时声名大噪。重庆《新华日报》发表了粟裕撰写的《芜湖近郊官陡门的奇袭》，介绍战斗经验。不久，延安还翻印了粟裕和参谋长罗忠毅合著的《实战经验录》，向八路军和新四军将士推广其作战经验。

皖南事变之后，粟裕担任新四军第一师师长。1944年3月，粟裕率部取得车桥战役胜利，"以雄厚兵力"打了一个"大歼灭战"，成为华中抗战史上最大的一次攻势作战。八路军总部评价车桥战役在抗日战争史上是1944年以前我军俘敌最多的一次战役。捷报传到延安，陈毅给粟裕发来嘉奖电，盛赞第一师"首创了华中生俘日寇之新纪录"。

粟裕作战胜利的消息频频传到毛泽东的窑洞，毛泽东极为欣赏他的军事天分与才能，颇有预见性地说过一句话："粟裕同志将来可以指挥四五十万军队。"历史最终验证了他的这一预见，从士兵成长起来的粟裕将在更广阔的解放战场上纵横驰骋，所向披靡。

"一年三百六十日，多是横戈马上行。"解放战争时期，粟裕接连在苏中战场七战七捷，创造了世界军事史上的一个奇迹。朱德后来回忆说："粟裕在苏中战役中消灭的敌人，比他自己的兵力还要多。"1946年7月13日至8月31日，粟裕在绝对劣势下连战连捷，40天内几乎消灭了数量两倍于己的敌军。中共中央机关报《解放日报》由此称赞粟裕为"常胜将军"，说"他的军事天才和保卫人民利益卓著的功绩，光辉地照耀着苏皖解放区"。8月28日，毛泽东为中央军委起草致各野战军、各军区首长电,通令全军效仿粟裕七战七捷的作战经验。毛泽东指出,这一经验是很好的经验,希望各区仿照办理。

1947年5月,粟裕指挥华东野战军在孟良崮全歼国民党军整编七十四师。就在孟良崮战役前夕,毛泽东电示粟裕:"当机决断,立付施行,我们不遥制。"整编七十四师号称国民党军"五大主力"之首,华东野战军以牺牲1.2万余人之代价,歼敌3.3万余人。这一战果出乎毛泽东意料,毛泽东说:"能歼灭七十四师,有两个人没想到,一是蒋介石,一是我毛泽东本人。"5月22日,毛泽东致电陈毅和粟裕:"歼灭七十四师,付出代价较多,但意义极大。"

★ "淮海战役粟裕同志'立了第一功'"

1947年底,毛泽东拟派粟裕率领华野3个纵队渡江南进,迫使国民党调其中原主力回防江南。但一直关注着全局的粟裕认为,中原战场的争夺已成为国共交战双方的焦点,分兵渡江南进不如留在中原。他分析,尽管渡江南进会给敌人以相当的威胁,可以调动部分蒋军回防江南,但是调动不了敌人在中原战场上的4个主力军。改变战局的关键在于集中更大兵力在中原地区打几个大的歼灭战,在长江以北大量消灭敌人有生力量。

1948年1月7日,粟裕接到中央军委命他率部渡江南下的电令。经过深思熟虑,1月22日,粟裕将其战略构想电告中央军委和刘伯承、邓小平,申明他主张暂不过江、集中华东野战军和中原野战军之主力,在中原黄淮地区打几个大规模歼灭战的理由。这就是华野战史上著名的"子养电"。但粟裕的电报并未能改变中央军委既定的渡江方略。虽然有过犹豫,有过顾虑,但经过缜密思考,此后1月31日、4月18日,粟裕还是向中央军委进行了第二次、第三次直陈,重申他在"子养电"中的观点和建议。

看着粟裕发来的第三封电报,他的坚持让毛泽东大感震惊之余,也引起了毛泽东的高度重视。毛泽东认为有必要请粟裕向书记处当面汇报,于是电告陈毅和粟裕立即前往中央驻地"商量行动问题"。4月29日,陈毅、粟裕二人到达西柏坡。第二天，来到毛泽东在阜平县城南庄住处，毛泽东一改会见党内同志从不出门迎接的习惯，亲自站在门口迎接。一别17年，毛泽东与粟裕终于又见面了。听完粟裕的汇报，经过书记处激烈商讨，毛泽东终于放弃了渡江南下计划，而粟裕也立下"军令状"，承诺在4个月到8个月内歼灭五六个至十一二个正规旅，完成准备渡江的任务。

粟裕不负众望，随后率部在豫东战役歼敌9万，济南战役歼敌10万，使华东、华北两大战略区连成一片，拉开了战略决战的序幕。济南战役结束后，粟裕认为在江北进行大决战的时刻已经到来。1948年9月24日，他致电中央军委"建议即进行淮海战役"。第二天毛泽东便复电："我们认为举行淮海战役，甚为必要。"11月6日，淮海战役打响，毛泽东授权粟裕："情况紧张时，独立处置，不要请示。"战役至1949年1月10日结束，基本解放了长江以北的华东、中原地区，使南京直接处于解放军威胁之下。粟裕向毛泽东圆满完成了8个月前"军令状"的任务。毛泽东曾感慨地说，这个战役是粟裕同志在济南战役快结束时提出来的，淮海战役粟裕同志"立了第一功"。

1961年，毛泽东接见英国蒙哥马利元帅时，蒙哥马利称赞毛泽东是高明的军事家，特别是淮海战役用兵如神。毛泽东却很谦虚，他说："在我的战友中，有一个最会带兵打仗的人，这个人叫粟裕，淮海战役就是他指挥的。"毛泽东这句话，可以说是对粟裕戎马一生的最高褒奖。

"难得粟裕！竟三次辞让"

革命战争时期，粟裕创造了一个又一个震惊天下的战争奇迹，但他从不居功自傲，总以全局为重。"两让司令一让元帅"的故事被人们传为美谈。"生死沉浮寻常事，乐将宏愿付青山"这两句诗，是粟裕旷远阔达一生的真实写照。

1945年10月24日，为统一指挥山东和华中部队，中央决定成立华中军区，拟由粟裕任司令员，张鼎丞任副司令员。10月27日，华中局发出通知转达中央任命。粟裕认为张鼎丞革命经历长，德高望重，对中央的各项方针政策理解更为深刻，比自己更适合当司令员。接通知当天，粟裕就向华中局申明辞让理由，但再三请求，未获允许。无奈之下，粟裕只能电呈中央，"请求中央以鼎丞同志为司令，职当尽力协助，以完成党中央所给予之光荣任务"。他还在电报中说："鼎丞同志不论在才德资各方面均远较职为高超……为慎重并更有利今后工作起见，特再电呈。"诚恳之情溢于言表。10月29日，中央复示，认为粟裕的提议"是有理由的"，同意了他的请求。粟裕这才安下心来，并积极主动地配合张鼎丞，出色完成了中央交给华中军区的战略任务。

1948年5月，陈毅调任中原军区后，粟裕被中央拟定为华东野战军司令员兼政委。然而，大局在先的粟裕请求中央保留陈毅司令员兼政委的职务，自己仅任代司令员兼代政委。粟裕认为留任陈毅是众望所归，更有利于团结协作。因此，粟裕再一次辞让，不受司令之职。在此情况下，中央发出补充通知，决定陈毅继续任华东野战军司令员兼政委。陈毅赴中原军区履职后，代司令员粟裕全面担负起华东野战军的领导与指挥之责。粟裕虽让掉了名义上的职务，却并没有让掉肩头的责任与担当。

粟裕一直以来的谦虚淡泊，没有让毛泽东这个伯乐失望。1955年，中国人民解放军首次授衔，毛泽东力主授粟裕元帅衔，他曾说："粟裕可以领元帅衔，在解放战争中，谁人不知华东粟裕，蒋介石的几大'金刚'谁不害怕粟裕！"然而，粟裕却依然坚辞不受。闻此，毛泽东说："难得粟裕！竟三次辞让，1945年让了华中军区司令员，1948年让了华东野战军司令员，现在辞了元帅衔！"周恩来也说："粟裕二让司令一让元帅，人才难得，大将还是要当的。"毛泽东补充道："而且是第一大将。"1955年9月27日，粟裕参加授衔仪式，名列1038位将军之首。

★
"主席对我是非常爱护的"

毛泽东心目中的粟裕，不仅是可以信赖的大将，更是一位值得关怀的战友。粟裕一生曾6次负伤，由于战时医疗条件有限，致使左臂萎缩，右臂子弹也一直未能取出，头颅内留下3块残碎弹片。由于战伤后遗症和长期过度劳累，粟裕长期患有高血压，有时头晕得厉害，严重时甚至处于半昏迷状态，经常带病指挥作战。新中国成立后，毛泽东特嘱粟裕住院手术，将其右臂子弹取出。

1950年，粟裕身体状况急转直下，连左右环视都困难，被迫向中央军委和毛泽东请假，毛泽东特批粟裕到青岛疗养。粟裕7月14日前往青岛，休养一段时间后，见"头晕头痛症并未见有何好转，文件书籍均不能阅读"，又为被耽搁的任务着急，心中甚为焦虑，就写了一封信给毛泽东，请罗瑞卿带回北京。毛泽东收到信后异常关切，特复信粟裕"病情仍重，甚为系念。目前新任务不甚迫切，你可以安心休养，直至病愈"。

多年后，这封亲笔信被粟裕捐赠给中央文献研究室，他还提笔作了说明："这是1950年我在青岛休养时向主席写信报告我的病情后，主席给我的回信。"1950年11月，在毛泽东的关怀下，粟裕赴苏联治疗。经过近一年的精心治疗，1951年9月，粟裕终于康复回到了北京。

粟裕回到北京后，为进一步发挥他的军事才华，毛泽东和刘少奇、朱德、周恩来商量后，决定调粟裕到人民革命军事委员会总参谋部担任副总参谋长。1951年11月，粟裕被正式任命为第二副总参谋长。到总参谋部后，粟裕对军队的革命化、正规化、现代化建设作出了重大贡献。他日夜操劳，亲自下部队搞调查研究，对全军作战、教育训练等方面存在的问题进行了思考，向毛泽东写了很多有分量的报告和建议。毛泽东对粟裕的报告很重视，总是看得十分认真、细致。在批回来的报告上，常常可以看到毛泽东"同意""很好""极为正确"等批语字样。

对粟裕到总参谋部后所做的工作，毛泽东非常肯定，说"粟裕在半年中所反映的情况和看出的问题……好得多"。粟裕担任副总参谋长期间展现的层出不穷、高屋建瓴的韬略，令毛泽东刮目相看，一度令他颇费思量的总参谋长人选也在心中圈定。

1954年10月，毛泽东找粟裕谈话，要他担任总参谋长。总参谋部工作繁重，粟裕感到有些突然，马上表示："主席！我不能胜任！"毛泽东肯定地说："根据我的了解，你可以胜任！"还说："不过牡丹虽好，还需绿叶扶持。你努力干吧！"10月31日，中共中央正式通知粟裕任总参谋长。与此同时，毛泽东给他配备了张宗逊、李克农、陈赓等11位副总参谋长。

多年后，粟裕回忆这一场景时说："当总参谋长是毛主席坚持才确定的，主席当时还讲，牡丹虽好还要绿叶扶持，是要大家扶持我的工作，主席对我是非常爱护的。"

人物简介：

粟裕（1907—1984），侗族，湖南会同人。1925年加入中国共产主义青年团，1927年转为中国共产党党员。参加了南昌起义。曾任红四军参谋长，红十一军参谋长，红一军团教导师政委兼政治部主任，红七军团参谋长，红十军团参谋长，闽浙边临时省军区司令员，新四军第二支队副司令员、代司令员，新四军江南指挥部副指挥，新四军第一师师长，苏浙军区司令员，华中军区副司令员，华中野战军司令员，华东野战军副司令员，华东野战军代司令员等职。新中国成立后，曾任副总参谋长、总参谋长，国防部副部长兼军事科学院副院长，军事科学院第一政委等职。1955年被授予大将军衔。第三、四、五届全国人大常委会常委，第五届全国人大常委会副委员长；第七届中央候补委员，第八、九、十、十一届中央委员，在党的十二大上当选为中顾委常委。

（庹晓芹）

"他是个敢讲真话的人"

——毛泽东与黄克诚

  毛泽东对于黄克诚的政治智慧、战略眼光和领导才能高度认可。新中国成立伊始，毛泽东在接管大城市、建设新湖南等需要披荆斩棘式开创新局面的时候，接连点将黄克诚，体现了他对黄克诚的绝对信任与器重。

投身革命的领路人

  1922年秋，20岁的黄克诚进入衡阳省立第三师范学校就读。在这里，他接受了新思想的洗礼，开阔了眼界，进而走上了革命道路。也正是从这时起，黄克诚越来越多地听到"毛泽东"这个名字，并受到毛泽东的影响。

湖南三师具有革命传统，毛泽东领导的中共湘区委员会把这里作为一个革命据点。早在1920年，毛泽东、易礼容等人创办文化书社时，就在湖南三师设立了衡阳分社。1921年，毛泽东参加完党的一大回长沙不久，又坐船到衡阳考察。1922年4月，毛泽东再次来到衡阳，在湖南三师的操场发表了关于社会主义、中国农民运动的讲演，并在衡阳建立了党的支部，发展了一批共产党员。

黄克诚就是在这样的环境中，渐渐地开始接触到马克思主义的。其间，他阅读了大量进步书刊，接触了许多进步师生。1925年，黄克诚加入共产党。

入党后不久，黄克诚见到了仰慕已久的毛泽东。1925年8月，毛泽东又一次来到衡阳，在湖南三师附近的东山庙召开了一次党员会议，提出派一批人到广州去学习，以培养工农运动的骨干。黄克诚有幸成为其中的一员，他受中共湖南党组织的派遣，到广州考取了国民党中央政治讲习班。

1925年冬，黄克诚参加了第六期国民党中央政治讲习班。在这里，他听毛泽东讲授中国农民问题、农村教育、地理等课程，毛泽东的授课深深地打动了他。

每次课上，黄克诚都聚精会神，仔细捕捉着老师的每一句话，每一个动作，唯恐落下一个字。毛泽东的讲课在他眼前展现了一个全新的世界，毛泽东对农民运动的独到见解更令他折服。在当时，不仅反动派疯狂反对、谩骂农民运动，党内和整个社会舆论也都指责农民运动"过火"。只有毛泽东，经过实地调查研究，用十分鲜明的立场和极其生动的语言驳斥了各种非议。毛泽东分析中国农民阶级状况和农民运动，作出了中国的问题主要是农民问题的判断，使黄克诚茅塞顿开。

如果说，同乡关系使黄克诚对毛泽东有一种自然的亲切感，那师生关系又使这份亲切感加重了。黄克诚的幸运之处，在于他一开始便直接受到毛泽东的影响。

党内最敢提意见的人

1934年10月，因党内"左"倾冒险主义的错误领导，加上寡不敌众，第五次反"围剿"遭到失败。中央红军不得不进行战略转移，开始了长征。

1935年9月，中央红军到达哈达铺进行了整编，改称"陕甘支队"，辖3个纵队。黄克诚所在的红三军团教导营编入了第三纵队。营没有了，他的营政治委员也随之免掉了。

刚开始整编时，上级本来准备派黄克诚担任第二纵队政治部组织部部长，因有位领导同志向组织反映黄克诚反对整顿纪律，历史上一贯"右倾"，不适宜做领导工作，故而作罢。其实，黄克诚并不是反对整顿纪律，他反对的是借"整顿纪律，审查干部"之机，不顾实际情况，采用最严厉的打击甚至处死违纪的人。

黄克诚把自己内心的真实想法表达了出来，那位领导则认为他不可靠，不适宜从事政治工作，更不能带兵。之后，黄克诚被安排担任第二纵队政治部军事裁判所所长。

11月30日，毛泽东专门找彭雪枫谈话，了解黄克诚的情况。毛泽东关切地询问道，听说黄克诚带头反对整顿纪律，有没有这回事？彭雪枫如实汇报了黄克诚的情况后，直言不讳地表达了自己支持黄克诚，并认为他的意见是正确的。由于黄克诚提了意见，领导就认为他不可靠，不宜担任领导工作，更不能带兵，那是不对的。毛泽东听后点点头，说道："黄克诚这个人，优点很突出，但缺点也突出，是个敢讲真话的人。"

几天之后，黄克诚被任命为军委卫生部部长。自投身党的事业以来，黄克诚一直坚持独立思考，始终把党和人民的利益摆在最高位置，从来不为一己私利而随波逐流。虽然多次建言遭到领导的误解、批评，甚至处分，但是丝毫不影响他对党的事业的坚守和执着，他仍然保持着入党时的一颗初心，服从大局，遵守纪律，敢于说真话、提意见。

此后，毛泽东一直关注着黄克诚，对黄克诚的政治智慧、战略眼光和领导才能高度认可。黄克诚实事求是、敢讲真话、顾全大局的政治品质正是毛泽东如此看重和信任他的原因。

给毛泽东发电报，建议撤离盐城

1941年1月，皖南事变发生，中央决定在苏北盐城重建新四军军部。2月，中央军委重新任命了新四军的领导和所属各师的主要负责人。新四军由7个师组成，将原来的八路军第五纵队改编为新四军第三师，任命黄克诚为师长兼政委。

由此，盐城成了华中敌后抗日根据地的军事、政治、经济、文化中心，人称"苏北小延安"。盐城就像一根插在日伪军心脏上的钢针，引起日伪军的极大不安。

1941年7月上旬，日伪军调集1.7万余人，以飞机、大炮、装甲汽艇为掩护，对以盐城为中心的苏北抗日根据地发动了大规模"扫荡"，将盐城三面合围。此时，华中局和新四军军部发出"保卫盐城"的号召，军部命令黄克诚对敌人实行迎击。

黄克诚则明确表示不同意保卫盐城，他坦率地说："现在的任务，第一是保存部队实力，第二才是保卫根据地。根据地丢了，以后可以夺回来。而部队损失了，短期内难以恢复。我建议华中局与军部尽快从盐城撤离，转移到农村去。至于部队，则应实行分散游击，待机反击。"

军情如火，不容长时间讨论。陈毅以军长身份下达命令："军部决定，你率三师与一师共同保卫盐城。必须全力以赴，否则按军纪处置。"

黄克诚立即表示，坚决执行军部命令，并严格按军部作战部署调动部队布防。之后的战局如黄克诚所料，虽然第三师将士英勇顽强，取得了不小的胜利，但部队伤亡惨重。

眼前的一切让黄克诚忧心如焚。他一面指挥作战，一面紧急给延安发报，直接向党中央、毛泽东建议：新四军军部必须尽快撤离盐城。毛泽东看了黄克诚的来电，立即发电报给新四军军部询问情况。刘少奇报告了军部的争论和当前的情况，表示已在重新考虑黄克诚的意见。

7月10日，华中局和新四军军部开始撤离盐城，转移到阜宁县农村。7月22日，日军占领盐城。新四军军部不得不再次进行转移。8月上旬，日军又将大部分兵力南调苏中，进行凶残的报复"扫荡"。在日军回师苏中之际，黄克诚指挥北线的第三师和第一师第二旅，乘机进行反击，先后收复阜宁、东沟、湖垛等地，使盐城之敌极为恐慌，首尾难顾。

到 9 月上旬，日军被迫停止对苏北、苏中根据地的"扫荡"，战局有所缓解，赢得了相对平静的时期。

1942 年 3 月，刘少奇从华中返回延安途中，给陈毅、张云逸发电报肯定了黄克诚在盐城保卫战中坚持的按照实际情况决定作战方针的意见是正确的。

毛泽东接连点将黄克诚

1948 年 11 月 18 日，辽沈战役刚刚结束 16 天，中央军委决定发起平津战役。11 月 20 日，黄克诚又接到中央新的任命，让他率部队南下，准备担任天津军管会主任兼天津市委书记。此次天津任职是毛泽东点的将。

1949 年 1 月 14 日，解放军发起了对天津的总攻，经过 29 个小时的激战，全歼守敌 13 万，这座坚固设防和重兵守备的大城市被攻克。15 日，黄克诚便率领军管干部进入天津，开始全面接管天津的工作。

因事先准备充分，部队遵守纪律，入城后便执行了"各按系统，自上而下，原封不动，先接后管"的方针和"避免乱，必须稳"的工作原则，仅一周的时间就完成了接收工作，全面恢复了生产，开始进行城市的建设和管理。

2 月 25 日，黄克诚将接收天津的前期准备、经过、问题、教训等进行了总结，并形成了一份详细的汇报材料呈给总前委并中共中央。这份报告不仅总结了经验，还如实反映了存在的问题，体现了黄克诚实事求是的作风，也得到了毛泽东的赞赏。毛泽东看了报告以后，认为黄克诚总结的经验教训可以推广到以后新解放城市的军管工作，想召他到香山，当面听他汇报，掌握些自己不了解的情况。

5 月，接到去香山汇报工作的通知后，黄克诚难掩内心的激动。毛泽东是他投身革命的领路人，也是他最崇拜的人，他一直盼着有机会与毛泽东近距离地交流。

来到香山双清别墅，黄克诚紧紧握住毛泽东的手，激动地说："主席，您辛苦了，身体还好吗？"这是黄克诚第一次如此近距离与毛泽东接触，他的内心既紧张又幸福。

"身体还好，就是睡眠有点问题，老毛病了！"毛泽东打量着黄克诚，关切地说："嗯，你在第一线，百事扰心，更辛苦啊！不过，也正是因为有了我们的辛苦，才换来今天的胜利，值得！"黄克诚慨叹道："主席为全中国操劳，更辛苦啊！"

随后，毛泽东又肯定黄克诚天津的工作干得好，要请他详细谈一些经验。黄克诚将接管天津工作的详细情况向毛泽东一一汇报。毛泽东听后，大加赞赏，并告诉他中央已经决定派他去接管湖南的工作。

"是我点名让你去的。你有天津的经验，又是去我们的家乡，风土人情熟悉，你去我放心。"毛泽东说。黄克诚深感这是一项新的重要使命，这是党中央和毛泽东对自己的信任。他说："谢谢党中央和主席对我的信任！我一定在党中央和主席的领导下，带领全省人民建设一个新湖南，让桑梓之地的山山水水变得更美好，让父老乡亲过上幸福日子！"毛泽东要的就是他这份信心和决心。

毛泽东当初点将黄克诚接管天津的工作，正是看中了黄克诚沉稳、老练，富有开创新局面的经验，又善于总结经验、发现问题，处理棘手问题时举重若轻，放到哪个位置上，都能让人放心。

两个人聊着聊着，不觉窗外已经晚霞如火。黄克诚起身告辞，不料，毛泽东兴致还浓，笑着说道："你我革命二三十年，我知道克诚你干工作是把好手，可还从来没有这么面对面谈过话，更不要说坐在一起吃饭了！今天机会难得，我为你设个'盛宴'，你吃完饭再走。"

黄克诚心中觉得一阵温暖，这是关爱更是荣誉啊！席间，毛泽东又与黄克诚谈到了派他去湖南工作的原因，希望黄克诚能在湖南开创新局面。

1949年10月，黄克诚到达湖南，开始履职中共湖南省委书记。他遵照中央的指示，在稳定社会秩序、恢复发展生产、调整城乡关系、发展文化教育事业的同时，完成了剿匪、土改、支援抗美援朝、镇反、"三反"、"五反"等一系列工作，消灭了封建势力，根绝了百年匪患，发展了生产，培养了大批人才，安定了社会。短短3年间，湖南人民安居乐业，一个崭新的湖南展现在世人面前。黄克诚也兑现了对毛泽东的承诺。

正确评价毛泽东和毛泽东思想

1980年11月14日至29日,中共中央纪律检查委员会在北京召开第三次贯彻《关于党内政治生活的若干准则》座谈会。当时,中纪委常务书记黄克诚身体不适,没有准备参加会议并发言。

会议开了十多天,27日上午,黄克诚突然出现在会场。他的到来令很多同志感到惊讶。虽然黄克诚前一天跟中央纪委副书记王鹤寿打了电话,说要参会并讲话。但是,他要讲什么,王鹤寿也不知道。

其实,黄克诚是想把关于对毛泽东的态度问题与同志们讲一讲,这些话压在他心里许久了。会上,黄克诚首先明确提出,如何认识和评价毛泽东,如何对待毛泽东思想,对我们党和国家来说,是一个根本问题。然后,他从大革命时期讲起,对毛泽东在中国革命各个历史时期的贡献做了系统深刻的阐述。关于如何对待毛泽东和毛泽东思想,他表示赞同邓小平同志的意见,即"在我们党和国家的历史上,毛主席的功绩是第一位的,他的错误是第二位的……没有毛主席,至少我们中国人民还要在黑暗中摸索更长的时间"。

黄克诚认为,要从10亿人民的根本利益出发,正确评价毛泽东。对于毛泽东晚年所犯的错误,黄克诚认为主要有两条:一条是"在建立了社会主义政权,完成了社会主义的三大改造后,没有及时地明确地把工作的重点转移到社会主义建设上来,并且在社会主义革命和建设的具体指导上犯了贪多求快的错误";另一条是"混淆了两类不同性质的矛盾,把许多人民内部的矛盾当作敌我矛盾,把阶级斗争扩大化、绝对化了"。他指出:毛泽东晚年犯错误,有深刻的历史和社会原因,把党曾经犯的错误都算在毛泽东一个人头上,是不符合历史事实的。

黄克诚认为,毛泽东思想不是偶然发生的,它是几亿人民革命斗争中的产物,是"马列主义同中国革命的具体实践相结合的产物,是在中国革命实践中发展了的马列主义,有中国的特点,有自己独特的风格"。中国共产党人曾经在马列主义、毛泽东思想的旗帜下为人民作出过伟大的贡献,现在我们要团结人民、战胜困难、聚精会神搞"四化",还要靠毛泽东思想。

黄克诚最后指出:毛泽东思想的基本原理,是我们党和国家的指导思想,这是写在我们党章和《关于党内政治生活的若干准则》中的,是中央一再申明的重大原则。否定和诋毁毛泽东思想的行为,是违反党章党纪的行为,"真正为人民的事业而奋斗的共产党员,要同诋毁毛泽东思想,丑化毛泽东形象的现象作斗争,维护党和人民的利益"。

黄克诚的这个讲话约1.3万字,他当时眼睛已经完全失明,讲话没有稿子也没有提纲,全凭脑子记忆。

黄克诚因为坚持真理、敢于直言,在"文革"中被打倒。虽历经坎坷,但他视党和人民的利益高于一切,从不计较个人恩怨得失。他的发言掷地有声,为人们正确评价毛泽东和毛泽东思想发挥了积极作用。

人物简介:

黄克诚(1902—1986),湖南永兴人。1925年加入中国共产党。参加湘南起义。曾任红四军游击队党代表,红三军师政委、军政治部主任,红军总政治部组织部部长,八路军一一五师旅政委,八路军第二、第四纵队政委,第五纵队司令员兼政委,新四军第三师师长兼政委,苏北军区司令员兼政委,苏北区党委书记,西满分局代理书记,东北军区副司令员兼后勤司令员,中共冀察热辽分局书记兼军区政委,天津市委书记等职。新中国成立后,曾任湖南省委书记,副总参谋长兼总后勤部部长,中央军委秘书长兼国防部副部长,解放军总参谋长,山西省副省长,中央军委顾问,中央纪律检查委员会常务书记、第二书记等职。1955年被授予大将军衔。第一届全国人大常委会委员,第五届全国政协常委;党的第七届中央候补委员,第八届中央委员、中央书记处书记,第十一届中央委员。

(宋　婕)

"你真不愧是陈赓"

——毛泽东与陈赓

陈赓既是毛泽东的同乡，又是毛泽东非常赏识的得力战将。无论是在革命战争年代还是和平建设时期，毛泽东都十分器重陈赓，且常在关键时刻委以重任。当陈赓所部轻敌，毛泽东会及时提醒批评；当陈赓提出的意见正确，毛泽东从谏如流；当陈赓取得辉煌战绩，毛泽东通报全军予以表彰。陈赓一生对党、对毛泽东忠心耿耿，坚决捍卫毛泽东思想，为共和国的建立和军队的现代化建设立下了不朽功勋。

"陈赓行，可以当军长"

1915年，陈赓在家乡湘乡念了几年私塾后，来到毛泽东曾经就读的湘乡东山高等小学堂读书，开始接受新思想。1921年秋，他来到长沙，进入毛泽东倡导开办的湖南自修大学。陈赓从此开始与毛泽东接触，聆听毛泽东的教导，并受到共产主义的启蒙教育，为成为一个马克思主义者打下了基础。陈赓毅然投身革命后，成为中国共产党领导的人民军队中一名杰出的指挥员。他出类拔萃的军事指挥才能，受到毛泽东的肯定和赞扬。

长征开始后，陈赓被任命为军委直属干部团团长，率领干部团随红一方面军长征。陈赓在遵义会议期间率领干部团负责会议的警卫工作，保证会议的安全。

1935年1月27日下午，中央军委纵队抵达土城镇。毛泽东决定利用有利地形，集中优势兵力，对尾追我军的川军实施合围夹击。毛泽东部署红一军团北上夺取赤水城，以红三军团3个师、红五军团2个师占领土城镇以东地区的两侧，迎击敌人。总司令朱德亲临红三军团指挥，参谋长刘伯承坐镇红五军团。

第二天拂晓，土城战役打响了。红军在丰村坝、青杠坡与敌展开激战。然而，尽管红军英勇顽强，但因敌人兵力有4个旅8个团，共1万余人，红军难以抵挡敌军的攻势，因此受到严重挫折。毛泽东立即派人通知林彪率红一军团速返增援，但红一军团已北上奔袭赤水城，一时难以马上返回。很快，敌人突破了红五军团的阵地，抢占了山头，步步逼近城镇，并进至设在镇东面白马山的中央军委指挥部前沿。此时红军伤亡很大，面临覆灭的危险。

在情况万分危急之时，毛泽东想起了陈赓。他对身边的参谋说："赶快通知陈赓，让他带干部团向敌人发起反攻，一定要堵住敌人的进攻！"陈赓临危受命，他认真察看了地形后，一面命令营长韦国清组织迫击炮向敌人的机枪阵地进行轰击，一面迅速率领头戴钢盔、手握刺刀的干部团一营、二营向敌人发起冲锋。很快，敌军决堤似的溃退。下午2点多，红一军团第二师也赶到了白马山增援。干部团与红一军团协同作战，勇敢反击，重创敌军。看着溃败下去的敌军，站在山头上指挥战斗的毛泽东十分欣喜，高兴地赞许道："陈赓行，可以当军长！"

"看他张国焘还敢来杀人不"

1935年6月，红一、四方面军在四川懋功地区会师。由于陈赓曾担任过红四方面军第十二师师长，在鄂豫皖苏区工作过，毛泽东和党中央便要他对这次会师多做点工作。

一次，张国焘问陈赓："你在一、四方面军都干过，你觉得哪一个部队好？"陈赓性格向来忠诚直率，他以实事求是的态度作了客观分析："一方面军打仗勇敢，群众纪律好，政治工作好；四方面军打仗勇敢，政治工作、群众纪律较差。"红四方面军纪律较差正是张国焘推行军阀主义所造成的，所以这正戳中了张国焘的痛处，他勃然大怒，拍案大骂。以后到了卓克基，张国焘又对陈赓进行政治迫害，诬陷陈赓是国民党的侦探，挟持川陕省委作出了杀害陈赓的决定。

毛泽东、周恩来觉察到张国焘的阴谋之后，即刻派人给陈赓送信，命他速回毛儿盖。陈赓见信后马上回到毛儿盖。听说陈赓回来了，毛泽东把他安排在自己身边住下，并对陈赓说："看他张国焘还敢来杀人不？"不久，毛泽东派他到新成立的红一方面军司令部工作，这样一来就摆脱了张国焘的魔掌。

后来，在同张国焘的分裂主义作斗争的时候，陈赓一方面坚定站在毛泽东所代表的正确路线一边，坚决抵制、揭露张国焘企图另立"中央"的阴谋；另一方面本着对党负责的公心，积极地向毛泽东反映客观情况，提出意见。毛泽东非常重视陈赓反映的情况和所提出的意见，亲自去找被逮捕的同志谈话，征求意见，使当时工作中的偏差得以马上纠正，使一些被错误关押的同志很快获得释放。

★
"必须把勇敢与谨慎精神联系起来"

1937年8月，红军改编为国民革命军第八路军。陈赓任一二九师三八六旅旅长后，率部开赴华北敌后战场，配合正面战场国民党军保卫忻口和太原，初战娘子关，斩获大胜。但不久，因为轻敌，三八六旅七七一团阻击日军不利，损失较重。毛泽东发电报斥责："屡胜之后必生骄气，轻视敌人以为自己了不得，第七七一团七亘村受袭击就是这种胜利冲昏头脑的结果。""凡那种自称天下第一、骄气洋溢、目无余子的干部，须以深刻的话告诉他们。必须把勇敢和谨慎精神联系起来，反对军队中的片面观点与机械主义。"轻敌失利，让陈赓这位常胜将军始料不及。接到毛泽东的电文后，陈赓认为批评很严厉，但也十分中肯，是忠言良药，他能理解这恰恰体现的是毛泽东对干部的真正关心和无限爱意。

11月13日，毛泽东在一封电报中提到"陈赓旅位于太行山脉地区，多打几个小胜仗"，陈赓谨记毛泽东的要求，先后指挥神头岭伏击战、响堂铺伏击战等，均获全胜。这也为毛泽东关于平原游击战的战略理论提供了一定的根据。

1946年7月，国民党军胡宗南部整编第一师等5万余人，大举进攻太岳解放区。陈赓指挥第四纵队和地方部队，采取集中主力打敌一部、各个击破的方针，发起闻夏战役，以每战三倍、四倍于敌的优势，连续攻击，先后歼灭国民党军2个团又3个营。整个战役步骤清晰，干净利落，被攻击的敌军全部就歼。毛泽东接到战报，非常兴奋，立即为中央军委起草电报，将陈赓部队的作战经验通报全军："我各地部队亦应采取此种方法，每次集中大力打敌一部，其比例应为三对一，最好是四对一，以求全胜。望将此种战法普遍教育团级以上将领，是为至要。"

★
"说吧，我今天就洗耳恭听了"

1947年夏天，国民党部队从东、西进犯我解放区。一方面，国民党军队在西线从西安北进，直逼延安；另一方面，国民党军队在东线从苏北往北打，逼近山东兖州地区。解放军两支主力部队，避开敌人的锋芒，绕到鲁西南打过黄河。这两支克敌的力量，一支是陈粟大军，他们从鲁西南打过黄河转战。另一支是刘邓大军，他们突破黄河防线，挺进大别山区，但打得十分艰苦。而此时，在陕北战线，胡宗南占领延安后，正往北逼近。中央军委决定：调正在晋南转战的陈赓纵队西渡黄河，配合彭德怀部保卫陕甘宁地区。而这时陈赓的部队刚打完晋南战役，集结在曲沃翼城地区整训。6月25日，陈赓接到党中央、毛泽东发来的电报，要陈赓"即日来中央，到陕北开重要军事会议，研究部队下一步行动"。

当时，党中央已经撤出延安，转战陕北农村。晋陕交界的黄河两岸为胡宗南和阎锡山部所控制。胡宗南从南往北打，阎锡山则从东往西挤。陕甘宁边区虽有彭德怀率领的野战军保卫，但是野战军还要迎战从西北方面扑来的国民党军队，实在是难以周全，陕甘宁边区仍无法摆脱险境。所以毛泽东作出决策：调陈赓部回陕北，在黄河两岸，东扼阎锡山，西挡胡宗南，既可保卫党中央安全，又可增援彭德怀部队。当陈赓得知要调他的部队西渡黄河参加陕甘宁边区保卫战时，不禁眉头紧锁。但毛泽东作出这样的决定是有他的考虑的。陈赓琢磨出了两套方案：一套是执行毛泽东西上行动方案；一套是劝说毛泽东进行南下行动方案。

7月19日，陈赓经过长途跋涉，冒着西北高原的炎热，来到党中央驻地——靖边县小河村。毛泽东听说陈赓来了，高兴地到窑洞外迎接。陈赓见到毛泽东的第一句话就说："主席，你可经受了不少艰险啊，你带的警卫部队太少了，武器又不好，我们实在担心呀，旅长们都要求过河保卫你呢！"毛泽东握着陈赓的手，笑了笑："这次就是叫你们过黄河的。不过，可不是来保护我。好武器也应该给你们用，我这里你不用担心。"

接着，毛泽东亲自主持会议，主要研究粉碎敌人对山东和陕北的进攻。会议开了6天，一向幽默活跃的陈赓却有些沉默不语，他思考着如何将自己的那两套方案表达出来。毛泽东早已看在眼里，想找个机会和陈赓好好谈谈。

一天，毛泽东对陈赓说："今晚到我那去吃饭，我为你接风。"晚间，毛泽东在自己住处备了几样酒菜，除了洗尘和饯行，也想要掏掏陈赓肚里的话。席间，毛泽东先端起酒杯说："来吧，薄酒一杯，略表乡情。先为你接风洗尘，祝贺你在晋南大捷，这是一杯庆功酒。会议将要结束，近日你将登程到前方杀敌，这也是一杯送行酒，祝你一路顺风。"陈赓忙站起身回敬毛泽东。一杯酒下肚，陈赓打开了话匣："主席，恕我直言了，你调我西渡黄河，令我回师陕北来保卫党中央，是消极防御，而不是主动进攻。"毛泽东微笑着："说吧，我今天就洗耳恭听了。"陈赓鼓足勇气说："主席，你命刘邓大军的主力挺进大别山区，令陈粟大军挺进鲁西南地区，都是英明决策。这两路大军，南逼武汉，东逼南京，就像两把钢刀直插敌人心脏。可是，对我这个小棋子儿，你应该把我拿出去，南渡黄河，东杀西砍，再给敌人胸膛插进一把刀子。有了这三把刀子直插敌人心脏，敌人还有什么进攻的力量！"毛泽东听完，腾地站起来，一把握住陈赓的手："好，好，你真不愧是陈赓，我知道你肚里就有绝的。刘邓野战军主力挺进大别山，把蒋介石搞得手忙脚乱，到处抽兵去堵。胡宗南又被彭老总牵在陕北，想拔腿而不能。此时，豫西一带确是个空子，你乘虚而入，南渡黄河，出师豫西，在西至潼关东到郑州的800里地区，打它个天翻地覆。东向，你支援了刘邓和陈粟两路大军南进。西向，你配合了陕北作战，从背后抽他胡宗南一鞭子,他胡宗南脚下的八百里秦川必动摇。"接着,毛泽东又讲起了项羽救巨鹿破釜沉舟的故事:"两千年前,就在你们将要渡河的渡口以东,项羽去巨鹿打秦军章邯,他率部队过河后就把船沉了,把锅也砸了,向全军表示只能前进,不能后退。你们这次过黄河,应当要有这样大的决心和勇气。你看有什么困难吗?"

毛泽东虚怀若谷的胸怀和气度令陈赓打心眼里钦佩,陈赓端起酒杯:"主席啊,就冲你这胸怀,冲你这大度和韬略,我陈赓服气。有道是'过河小卒顶条车',请接受我陈赓这杯敬酒!我要请你放心了。"毛泽东表示将陈赓的南下方案拿到会上讨论。在陕北小河村会议上,中央军委最终接受了陈赓的建议,改变原调陈赓西渡黄河的决定,通过了他提出的南下作战方案。随后的战势发展印证了陈赓提议和毛泽东决策的正确,陈赓率领的兵团给国民党军队制造了很大的"麻烦",从而配合了党中央的整体战略部署。

"你陈赓就是好战"

1950年,为使越南打开抗法战争的局面,陈赓被派往越南。在陈赓等人出色的指挥作战下,边界战役圆满结束。陈赓于11月返回国内。此时,正值中国人民志愿军出兵抗美援朝之际,全国掀起了一股保家卫国的热潮,这也让陈赓的内心激动不已。在陈赓的日记中曾提道:"战争始终不可避免,宜早不宜迟,打美军一个措手不及。工作是艰辛与残酷的,我准备贡献出我的一切。"抱着奉献一切的陈赓刚回到北京,就立马前往中央,主动请缨赴朝参战。面对陈赓的这一请求,毛泽东笑着对他说道:"你陈赓就是好战!刚和法军打完仗,身子骨还没康复,这又想着与美军过过招。看你这精神,病也好了一半,看来你要感谢杜鲁门喽!"陈赓挠挠头,傻笑道:"我这不是看彭老总打美帝,心痒痒嘛。"

1951年3月,中央军委经过商议之后,决定任命陈赓为第三兵团司令员,率十二军、十五军和六十军前往朝鲜作战。令陈赓没想到的是,因越南条件太艰苦,导致他腿伤复发不能行走,只得留下来接受治疗。经过几个月的积极治疗,他的腿伤依旧没痊愈,但此时的陈赓也不管他人的劝阻,迫不及待地直接拄着拐杖赶往硝烟弥漫的朝鲜战场。陈赓先是被任命为志愿军第三兵团司令员兼政治委员,后被任命为志愿军副司令员,协助彭德怀工作。

"你隔行,我们党内还有哪位懂行"

新中国成立后,中国人民解放军的职能任务,由推翻国民党反动统治、夺取全国政权,转为保卫社会主义建设,保卫国家领土、主权和安全,防御帝国主义侵略。面对新的历史条件和新的任务,毛泽东决定创办一所军事工程学院,以培养我军的高素质人才队伍。毛泽东深知,要办好军事院校,选好校长非常关键。可谁来当校长最合适呢?毛泽东又想到了陈赓。陈赓身经百战,不仅有丰富的实践经验,还有优秀的政治素养和文化基础,创办军事院校,陈赓是最合适的人选。

1952年6月,正当抗美援朝战争打得热火朝天之际,陈赓从朝鲜奉调回国。6月23日,陈赓走进中南海丰泽园,在这里,毛泽东、周恩来、朱德等亲切接见了他。毛泽东握着他的手说:"我们'最可爱的人'回来了,辛苦了!"大家在沙发就座后,陈赓向毛泽东汇报战争形势,说到我军政治上强,技术上弱,技术成了决定战争的重要因素;为了取得战争的彻底胜利,必须加紧培养技术人才,掌握现代化技术,改善我军落后状态,把我军建设成为优良的现代化军队,以利于在将来有把握地战胜帝国主义的侵略。这时,毛泽东就向陈赓谈到中央关于创办军事工程学院的决定。"中央决定创办军事工程学院,那个草案你看到了吧?""你来办吧!这次调你陈赓回来,就是要你创建这所军事工程学院。"

陈赓一下慌了:"这个我可是隔行,恐怕办不好。"

"你隔行,你说我们党内还有哪位懂行?你指出来。办学过程中有什么困难可随时找总理,找我。还有苏联顾问的帮助。凭你陈赓的才智和干劲,一定能干好。你放手去干好啦。"陈赓这时已经意识到,在朝鲜战争进行得如火如荼的时候,毛泽东等党和国家领导人把这样一个任务交给他,其意义不亚于打一场抗美援朝战争。陈赓以洪亮的声音回答说:"请主席放心,请总理、总司令放心,我一定完成任务！"

1952年7月11日，毛泽东任命陈赓为军事工程学院院长兼政委。就任后，摆在陈赓面前的是，没有校舍，没有教师，也没有教材和设备。然而想起毛泽东对他的信任，陈赓没有被困难吓倒。他对工作人员说："解放军是一只猛虎，创办军事工程学院，就是为猛虎添翼。创业是艰难的，但是革命的一切都是从无到有的，军事工程学院也一定能够从无到有。我要是办不好军事工程学院，誓不为人！"

1953年9月1日，中国历史上第一所军事工程学院正式成立，首任院长兼政委陈赓主持了开学典礼。1953年7月10日，陈赓向毛泽东报告，请毛泽东为学院写训词。8月26日，经毛泽东修改审定的《中央人民政府人民革命军事委员会训词》颁布。《训词》规定了"哈军工"的办学宗旨、培养目标、工作与学习作风等。毛泽东在《训词》中盛赞："中国人民解放军军事工程学院的创办，对于我国的国防事业具有极其重大的意义。"后来，毛泽东还亲自修改并审定通过学院第一期教学计划，并嘱咐陈赓："陈赓同志，要把哈军工建设好哟，让她成为中国的第二个黄埔军校。"

人物简介：

陈赓（1903—1961），湖南湘乡人。1922年加入中国共产党。参加了南昌起义。曾任红四军十三师三一八团团长，红十二师师长，红四军参谋长，红军步兵学校校长，红军干部团团长，陕甘支队第十三大队队长，红一军团第一师师长，八路军一二九师三八六旅旅长，太岳军区太岳纵队司令员，晋冀鲁豫野战军第四纵队司令员，解放军第四兵团司令员兼政委等职。新中国成立后，任西南军区副司令员兼云南军区司令员，云南省主席，志愿军第三兵团司令员兼政委，志愿军副司令员，中国人民解放军军事工程学院院长兼政委，中国人民解放军副总参谋长，国防科学技术委员会副主任，国防部副部长等职。1955年被授予大将军衔。第七届候补中央委员，第八届中央委员。

（陈　艳）

"谭政者,谈政也"

——毛泽东与谭政

作为毛泽东的首任秘书,谭政坚定地跟着毛泽东开展革命斗争、著书立说。在毛泽东指导下,谭政勤勤恳恳地从事军队的思想政治工作,并颇有建树。毛泽东曾评价他:"谭政者,谈政也。"

初见毛泽东

谭政,原名谭世铭,1906年出生在湖南湘乡东台山楠竹村,16岁便进入毛泽东、陈赓曾就读的东山学堂念书。1927年春，谭政毅然辞去小学教师的工作，来到了汉口，投奔自己的同学、妻兄——国民革命军第四方面军总部特务营营长陈赓。

为表明自己参加革命的决心，谭政对陈赓说："我想好了，投笔从戎，参加革命，首先要把这个名字改了，我不求'一世留名，光宗耀祖'，我就改叫'谭政'吧！"从此，他开启了谈军论政的一生。

1927年9月，谭政参加了湘赣边界秋收起义。因战事失利，部队放弃攻打长沙，转入罗霄山脉中段进行游击战争。在山高林密、人烟稀少的三湾村，谭政遇到了改变他命运的人——毛泽东。

在三湾改编中，毛泽东给士气低落的部队鼓劲："同志们，敌人只是在我们后面放冷枪嘛，这有什么了不起？大家都是娘生的，敌人有两只脚，我们也有两只脚，贺龙同志两把菜刀起家，现在当军长，带了一个军。我们现在不只两把菜刀，我们有两营人，还怕干不起来吗？你们都是起义出来的，一个可以当敌人10个，10个可以当他100个。我们现在有几百人的队伍，还怕什么？没有挫折和失败，就不会有成功！"

听了毛泽东这番讲话，谭政和其他战友的精神为之一振。他拿出仅剩的铅笔头，在一张毛边纸上把毛泽东的讲话默默记了下来，后来关于三湾改编的回忆录，大都来自谭政的这份原始记录。

★ "有知识的武官"

三湾改编后的工农革命军往南转移，到敌人力量薄弱的地方，再图发展。1927年10月27日，毛泽东率工农革命军到达井冈山茨坪，谭政所在的军官队改为教导队。在井冈山，21岁的谭政加入了中国共产党。有一天，谭政训练结束，碰见毛泽东，两人坐在一棵樟树下拉起了家常。

当听说谭政毕业于湘乡县立东山学堂时，毛泽东兴奋地说："你是从东山学堂毕业的，我也是东山学堂的毕业生，那么我们就是同学哦！"

"你应该是我的先生。"

"哪能这么说？同学就是同学嘛！我是东山学堂的戊班，算你的师兄。你是哪班的？"

"我是十六班的。"

当了解到谭政在国民革命军第四军相继担任连部司书、书记官，因而有同志称呼他为"师爷"的经历后，毛泽东说："叫你师爷，说明你是有知识的武官。我们都是知识分子，不管师爷也好，书记官也好，革命了，要在中国实行工农武装革命，就要好好向工人、农民、士兵学习，在革命斗争中好好磨炼自己。"

刚刚加入中国共产党的谭政，在与毛泽东的促膝长谈中，加深了对革命的了解。此后，谭政跟随毛泽东克茶陵、占遂川，在发动群众开展土地革命工作中不断得到锻炼提高。

★ 担任毛泽东的首任秘书

谭政曾回忆说："我很幸运，一开始就得到毛泽东思想的哺育，更难得的是得到了毛泽东同志的亲自哺育。"他做梦也没想到，在22岁的时候，组织会选定他去给毛泽东当秘书。

1928年初，红军主力攻占遂川，井冈山革命根据地打开新局面。由于谭政表现突出，革命立场坚定，且具有一定的文化知识，组织上安排他担任毛泽东的秘书。2月的一天，谭政刚从遂川县草林回到井冈山，就被工农革命军第一师第一团政治部主任宛希先告知，前委书记毛泽东要他去一趟。

毛泽东正在砻市驻地的房间里批改文件，见谭政进来，连忙指着凳子让他坐。

"你东山学堂毕业是个小学教员，拿枪杆子后不是一直在军队当书记官吗？"

"是，我一直做文书工作。"谭政回答。

"你这个书记官不错嘛，三湾改编被编到军官队，不少人跑掉了，你没有跑，上了井冈山，还入了党。我听希先同志讲，你的古文基础好，字也写得工整，也算咱们工农革命军一位秀才啰。我看你就到前委来做书记官吧。"

听到这里，谭政掩饰不住内心的激动，一下就站起来，表示现在就要去前委报到。

毛泽东笑着示意他坐下："前委就在这儿，我一个书记，加上你一个秘书，实际工作的人员就咱两个。"就这样，谭政正式上任做了"前委的书记官"。毛泽东让谭政把行李搬来，毛泽东住里间，谭政住外间。

1928年3月上旬，中共湘南特委指责以毛泽东为书记的前委"工作太右""烧杀太少"，决定取消中共前敌委员会，成立"师委"，毛泽东改任师长。

这样一来，谭政的前委秘书一职自然不复存在，但他依旧坚持与毛泽东住在一起，一道工作。

6月，毛泽东恢复了前委书记一职，并兼任湘赣边界特委书记、湘赣边界工农兵政府主席。毛泽东对谭政开玩笑地说："前委是军队、地方一起管。还是我一个书记，你一个秘书。"

从这以后，毛泽东肩负的担子更重了，熬夜的时候更多了。谭政也陪着他熬夜，在誊写、修改毛泽东文稿的过程中，潜移默化地学会了考虑和解决问题的方式方法。

★ "我这个大烟筒，熏出个二烟筒"

毛泽东写的调查报告，起草的决议，或者发给中央的文书，很多是在指挥作战的战斗间隙、夜深人静的时候写的。常常是毛泽东写完改好，谭政还没有誊写好。

"八月失败"之后，对于有人提出"红旗到底能打多久"的疑问，毛泽东有针对性地撰写了《湘赣边界各县党的第二次代表大会决议案》。谭政回忆说："起草和撰写这篇纲领性的文章，是在井冈山时期极端困难情况下写成的。所有问题的提出与回答，都是有针对性的。但是，落实到文字，写成稿子，不知需要多少次的反复。常常听了些意见，毁掉重写重抄……其他部分，也由毛泽东审订，文字上作修改，然后形成一个总决议。"决议案的第一部分后来改名为《中国的红色政权为什么能够存在？》。

1928年11月，毛泽东又给党中央写了全面总结井冈山工农武装割据经验的长篇报告《井冈山的斗争》。经过反复修改、誊写，谭政几乎能把报告的内容背下来。

定稿后，谭政将报告复写了两套交给毛泽东。毛泽东边看，边夸赞道："抄得好啊，想得也很周到。两套文件，一套由湖南省委转中央，一套由江西省委转中央。"

谭政的秘书工作虽然很累，但对于他来说，这是学习毛泽东思想的宝贵机会。毛泽东兢兢业业、废寝忘食为革命事业奉献的精神，也深深地感染了谭政。慢慢地，谭政跟着学会抽烟了。毛泽东开玩笑说："我这个大烟筒，熏出个二烟筒。"

初显政工将军风范

1928年4月，朱德、陈毅率领的部队与毛泽东领导的部队在宁冈砻市会师，成立了工农革命军（后称中国工农红军）第四军，谭政担任红四军三十一团党委秘书。从这时起，谭政除了要做秘书工作外，还负责从政治上训练官兵。从此他与军队思想政治工作结下了不解之缘。

革命的道路，从来都是不平坦的。1929年6月22日，红四军第七次代表大会召开，在选举前委书记时，原由中共中央指定的前委书记毛泽东没有当选。会后的7月8日，毛泽东离开红四军主要领导岗位，到闽西休养并指导地方工作。

这时，谭政升任红四军军委秘书长兼政治部训练部部长，他对如何从政治上训练红军官兵非常忧虑。当看到自毛泽东离开红四军后，部队战斗接连失利，部队建设暴露出来的问题也日趋严重，他深感红四军不能没有毛泽东。

1929年11月底，毛泽东重新担任了红四军前委书记。此时，他离开红四军已有四个半月多，急切想要了解部队情况。

令毛泽东欣慰的是，谭政早已经做好准备，并向他汇报了当前部队存在的问题。毛泽东深情地握着谭政的手："你的汇报很详细也很重要，这些问题，看来要召开一次大会才好解决。"毛泽东建议谭政在大会召开前安排几次座谈会进行调研，广泛听取意见。之后，谭政对调研成果进行归纳汇总，经过连续几日不间断的工作，将毛泽东需要的资料准备好，整整齐齐送到他卧室的几案上。毛泽东翻了翻，笑了，说："好，决议案就从这里面产生了。"

12月下旬，红四军党的第九次代表大会在福建省上杭县古田召开。会上通过了

《中国共产党红军第四军第九次代表大会决议案》（简称《古田会议决议》），解决了以农民为主要成分的革命军队如何建成一支无产阶级性质的新型人民军队的问题，是毛泽东、朱德、陈毅、谭政及红军广大指战员集体智慧的结晶，是红军建设的纲领性文件。

谭政作为正式代表出席会议，并举手赞成通过了决议案。他用实际行动证明：他是毛泽东思想的支持者、捍卫者，是毛泽东建军思想的支持者、执行者。

1930年后，谭政利用战斗间隙写出了《新田夜间战斗政治工作》《高兴圩以北战斗的政治工作》等报告，对红军早期战时政治工作的创立和发展，作出了重要贡献。

紧跟形势著书立说

1935年12月，瓦窑堡会议召开，确定了党的抗日民族统一战线的策略方针。谭政思考，政治工作也需根据变化了的形势和军事任务而有所改变。数天来，他在考虑起草一个"万言书"，向以毛泽东为首的党中央提出关于红军中新时期政治工作的改进意见。

1936年3月，谭政向党中央、中央军委呈报了《关于红军中新的政治工作的意见》，提出了一个最核心的问题，即必须坚持党对军队的绝对领导问题。这在当时国共合作的背景下，具有很强的针对性。这份报告受到毛泽东等中央领导的重视，很快党中央加按语转发全军。按语指出："我们希望红军政治工作同志，对于目前新阶段上的政治工作，多提出自己的意见到'党的工作'中来，以便在讨论中得出正确的结论。"

谭政几十年如一日躬身于军队的政治思想工作。1944年4月11日，他受毛泽东和党中央委托起草，并在西北局高干会议上所作的《关于军队政治工作问题》的报告（简称《谭政报告》），是继《古田会议决议》后又一重要历史文献。在《关于整训军队的指示》中，毛泽东呼吁："军队政治工作，除必须保证整训任务的完成外，根据《古田会议决议》和《谭政报告》，作一普遍的、彻底的、有计划的改造。"新中国成立以后,历次军委扩大会议和全军政治工作会议,都将此文件作为会议阅读文件,同时作为部队政治工作"固定教材"再版印发。

1956年,谭政在党的八大上作了《建军新阶段中政治工作的若干问题》发言,被列入八大文件汇编,并由中央军委印发全军。在这次会议上,谭政当选为中央委员。

对于军队政治思想工作中取得的成就,谭政谦虚地说:"我的许多知识,还是在井冈山时从毛泽东那里学到的呢!"

毛泽东赞誉"谭政者,谈政也"

1942年春,毛泽东指示谭政投入边区部队的整风运动中去,要着力改善军政、军民关系。接到新任务后,谭政既感到荣幸,心里又很忐忑,担心不能完成这一重任,有负毛泽东的信任。

毛泽东鼓励谭政说:"你不要怕任务重,当年古田会议前红军的军阀主义倾向,我们不是解决得很好嘛!你现在35岁,比起当年,应该更有长进了!这年纪,应该像这盆木炭火,火势正旺。"

"是,主席,我明白了!"谭政立即筹划工作。

凭借着丰富的政治工作经验,谭政敏锐地发现,只有建立一套制度,才能从根本上解决问题。1943年1月,在谭政的直接领导下,八路军后方留守兵团司令部和政治部联合发布了《关于拥护政府爱护人民的决定》,要求边区部队必须提高全军拥护政府、爱护人民的认识,使党政军民更加团结一致。毛泽东高度赞赏,并发布指示要在各抗日根据地推广这个经验。

由于谭政主持政治工作坚强有力,延安大后方军政、军民关系得到有效改善,全国"人心思(延)安"。对此,毛泽东非常满意,他一语双关地说:"谭政者,谈政也。"

"文化大革命"期间,谭政遭到无辜迫害,被关押进监狱,身心均受到严重摧残。1975年春节前后的一次会议上,谈起被关的老干部时,晚年的毛泽东想起当年曾在他身边工作过的那个书生气十足的谭政，向人问起："那个谭政哪里去了？"毛泽东的一句话，再一次成为谭政命运的转折点。有关部门赶紧汇报了谭政的有关情况，在周恩来积极斡旋之下，谭政才得以重获自由。

出狱后，谭政给叶剑英写信，要求安排工作。很快，这封信被转交给了邓小平。邓小平亲笔批了一句："主席，谭政无大错，建议安排军委当顾问。"当天，毛泽东就在谭政的信上画了一个圈。从此，谭政重新穿上了军装。

重获自由的谭政仍心系工作，不顾身体虚弱，深入部队指导工作，体现了一个共产党人坚定的信仰和执着的追求。

人物简介：

谭政（1906—1988），湖南湘乡人。参加秋收起义。1927年加入中国共产党。曾任红四军三十一团秘书，红四军军委秘书长，红四军政治部训练部部长，红十二军政治部主任，红二十二军政治部主任，红一军团一师政委，八路军后方政治部主任，中央军委总政治部副主任，陕甘宁晋绥联防军司令部副政委兼政治部主任，东北民主联军政治部主任，东北野战军政治部主任，天津军事管制委员会副主任，第四野战军副政委兼政治部主任等职。新中国成立后，曾任中南局第一副书记，中南军区暨第四野战军第三政委，解放军总政治部第一副主任、主任，国防部副部长，中央军委常委，中央军委顾问等职。1955年被授予大将军衔。第七届中央候补委员，中央监察委员会副书记，第八届中央委员、中央书记处书记；第一、五届全国人大常委会委员。

（田翔尹）

"只要他在，海军司令员不易人"

——毛泽东与萧劲光

萧劲光是在毛泽东几十年的教育和帮助下成长起来的高级将领。他在工作中是毛泽东的帮手，在生活中是毛泽东的朋友。在革命过程中，毛泽东还多次保护萧劲光。萧劲光常说，没有毛主席就没有我的一切。新中国成立后，毛泽东任命萧劲光为海军司令员，并公开表示萧劲光是"终身海军司令员"。

★ "有志者是大有可为的"

1917年，萧劲光进入长沙长郡中学读书。在校期间，萧劲光阅读了由毛泽东主编的《湘江评论》，开始逐步接受革命思想，并产生了探索救国救民真理的强烈愿望。

1920年8月，萧劲光得知毛泽东、何叔衡等在长沙筹办湖南俄罗斯研究会。他毅然放弃了长郡中学的毕业文凭，通过船山中学校长贺民范，申请加入了俄罗斯研究会。在俄罗斯研究会，萧劲光第一次见到了任俄罗斯研究会书记干事的毛泽东，并多次聆听了他的演讲。萧劲光初步认识到，要改造中国社会现状，就要像俄国那样开展革命斗争。

没过多久，俄罗斯研究会准备派第一批学生赴俄勤工俭学，萧劲光闻讯后积极报名参加。毛泽东立即给上海共产党早期组织写信推荐萧劲光。在湖南俄罗斯研究会和毛泽东的亲自安排和帮助下，萧劲光顺应时代的呼唤，准备踏上赴俄学习的旅程。

1921年春，在上海经过短期俄语培训后，萧劲光与刘少奇、任弼时一行数人前往苏俄。临行前，俄罗斯研究会安排为大家送行，毛泽东紧握着萧劲光的手，语重心长地说："中国社会将面临一个翻天覆地的大变革，需要大批青年人为之奋斗，有志者是大有可为的。你们去吧，努力学习，拯救国家。我们等着你们，祖国等着你们！"萧劲光告别了毛泽东，告别了家乡，踏上了追求理想的旅途，迈开了走向革命的第一步。

到苏联后，萧劲光等人进入莫斯科东方劳动者共产主义大学学习。一年后，萧劲光进入苏联红军学校学习军事，这为他以后的军事生涯打下了基础。在莫斯科，萧劲光加入了中国共产党。

1924年春，萧劲光等人结束了在莫斯科的学习，应党中央的召唤回国。回国后，萧劲光先到安源从事工人运动，后去了当时的革命中心广州任国民革命军第二军第六师党代表，随军北伐。

1927年，大革命失败后，党中央一边集结力量，准备组织武装暴动，一边作出培养自己的军事人才的重要决定。萧劲光在党组织的推荐下，再次赴苏到列宁格勒托尔马乔夫军政学院学习。1930年毕业后，萧劲光立即回国参加革命斗争，被分配到闽西，担任闽粤赣军区参谋长兼政治部主任。

毛泽东两次推荐萧劲光

1931年11月，中华苏维埃共和国第一次全国代表大会在瑞金召开。萧劲光作为闽西根据地的代表参加了这次会议。这是他回国后第一次到瑞金，并见到了毛泽东。两人久别重逢，格外亲热。

尽管此次大会上人才济济，但先后两次留学苏联的萧劲光，尤为引人注目。会议开幕当天，军委交给他一个起草红军建设管理方面决议案的任务。到了决议案讨论的那天，主持会议的同志让萧劲光对决议案做个说明。年轻气盛的萧劲光滔滔不绝地讲起了苏联红军的情况，对中央苏区红军建设提出了许多意见。他语速很快，似乎成竹在胸。坐在旁边的毛泽东，一边含笑听着他发言，一边指了指水杯，说："不要急，你喝口水，坐下慢慢讲！"听了毛泽东的话，萧劲光的脸刷一下红了。他意识到在这么多有资历、有声望的领导面前，自己过于自信了。虽然自己带过兵，也留过学，但毕竟回国才一年，缺少实践经验。直到讨论会结束，他心里仍有些忐忑不安。

萧劲光的发言在毛泽东的脑海中留下了深刻的印象。毛泽东清楚地意识到，眼前的萧劲光已不是那个求知若渴的青年学生，而是一个有胆有识的红军将领。会议期间，作为中央根据地负责人的毛泽东与军委领导达成一致意见：由萧劲光领导筹建红军学校。

会议结束的那天下午，毛泽东找到萧劲光说："现在形势发展很快，部队、地方到处需要人。中央根据地准备办一所红军学校，已经派人去做筹备工作了，经过研究决定派你去做红军学校的校长，你有什么意见？"

"我行吗？我刚回国，不了解国内的情况，又没有经验。"萧劲光完全没有思想准备。

"我看你行。"毛泽东毫不含糊地说，"你在托尔马乔夫军政学院学习，系统地学过军事理论，又带过兵。蒋介石能办黄埔，你就不能办红校？认真办，我们的红校一定能超过黄埔。"

毛泽东当面征求萧劲光的意见，让萧劲光十分感动。想到自己刚回国不久，即被毛泽东委以重任，萧劲光当即表示服从组织安排，一定把学校办好。萧劲光就这样被任命为正在筹建中的"红校"（即中央军事政治学校）校长。

红军学校校长当了不到一个月，萧劲光又有了新的任务。1931年12月，国民党第二十六路军1.7万余人，在参谋长赵博生和七十三旅旅长董振堂的领导下，声明加入红军，反蒋抗日，在江西宁都起义，并取得胜利。

宁都起义发生后，江西省委书记李富春找到毛泽东，征求他对改编起义部队的意见。毛泽东分析指出，二十六路军的上层军官多数是保定军官学校的毕业生，有的还毕业于日本士官学校。这些人很看重学历、资格，要派一个既有学历又有旧军队工作经验的同志去担任领导工作。

李富春说："按这个条件，萧劲光最合适。他两次留苏，又做过北伐军的党代表。可他刚去了红校？"

"事情有个缓急嘛！红校可以另外派人去。"毛泽东干脆地说。

就这样，在毛泽东的两次建议下，萧劲光先是担任红校校长，之后任由宁都起义部队改编的红五军团政治委员。

"打击萧劲光就是打击我"

在第五次反"围剿"期间，萧劲光被派往江西黎川主持工作，中央要求他组织部队和地方游击队坚决守住黎川。可是，当时的黎川完全就是一座空城，部队已经全部撤走了，萧劲光能指挥的教导队和地方游击队加起来不到100人，形势对教导队和地方游击队极为不利。很快，国民党第五师师长周浑元率领3个师将黎川团团围住，双方力量悬殊太大了，萧劲光的部队根本就无法守住黎川。危急时刻，萧劲光果断决定放弃黎川，退到离黎川30公里的溪口。

萧劲光关键时刻的决定，避免了教导队和地方游击队被围歼的命运。然而，当时中革军委负责人李德、博古等人在听闻黎川失守之后大怒，他们既不去寻找战略上的失误，也不顾及实际情况，把黎川失守的责任全部推卸到萧劲光的身上，要拿他开刀问罪。他们给萧劲光捏造了"退却逃跑、丢失黎川"的罪名,然后将他撤职,李德、博古等人甚至准备将萧劲光处以极刑。

就在千钧一发之际,毛泽东以中华苏维埃共和国临时中央主席身份坚决反对,不同意这样对待和处理萧劲光。他严肃地说:"打击萧劲光就是打击我。"他还让贺子珍去看望被关押的萧劲光。贺子珍转达了毛泽东的话,说黎川失守是"左"倾军事路线的错误造成的,应该撤退,你做得对。毛泽东的话给了萧劲光很大安慰。

与此同时,毛泽东找到中革军委副主席兼总政治部主任王稼祥,向他陈述自己在有关萧劲光问题上的意见,得到了王稼祥的支持。当最高临时军事裁判法庭的判决书送到王稼祥手上时,他拒绝签字。

正是由于毛泽东和王稼祥等人的保护,萧劲光才免遭杀头之祸。关押一个月后,萧劲光被无罪释放,派去红军大学当教员。萧劲光到红军大学后,开始在训练部任专职教员,随后被任命为政治科科长。

毛泽东教他如何带兵

1937年12月,八路军后方留守处改编为留守兵团,萧劲光担任司令员兼政委。在留守兵团正式颁布编制,任命干部的大会上,毛泽东拍着萧劲光的肩膀,风趣地说:"同志们,我在延安,就是靠这位老兄吃饭,靠你们留守兵团吃饭啊!"

留守兵团的人员大部分经过长征,战斗经验丰富,党员比例较大,但也存在着如:组织不健全、游击习气浓厚、干部间不团结、部分同志不安心后方工作等问题。为提升部队凝聚力与战斗力,萧劲光如实向毛泽东汇报了部队目前存在的问题,并就如何做好部队工作进行了汇报。毛泽东听后,鼓励他:要使留守兵团尽快走上正规化建军的道路。萧劲光在部队大力提倡开展军事体育活动。每天除了正常训练以外,他还带领部队到操场坚持跑步、做操、越障等体育活动。

一天晚上,毛泽东来到了萧劲光的住处。萧劲光立即起立敬礼,并向毛泽东报告了最近一段的工作和今后的打算。毛泽东听了以后,亲切地对萧劲光说:

"搞体育活动很好，很必要，使部队有生气，有战斗力。但在这同时，还要重点抓一抓部队的思想政治工作，抓党的建设，深入到下边支部去，解决部队的思想问题。"

于是，萧劲光按照毛泽东的指示去做，全军上下团结的氛围日益浓厚，毛泽东得知以后很满意。这件事对萧劲光的教育很深，萧劲光在以后的工作中时时提醒自己，在任何时候，任何情况下，都要紧紧抓住思想政治教育这一环。

萧劲光在毛泽东身上不仅学到了如何建军，在做人做事上也是收获颇丰。毛泽东十分重视团结问题，他多次和萧劲光谈话，谈得最多的就是团结问题。

有一次，萧劲光和毛泽东一起过延河去杨家岭，走到中国女子大学下面的河坝时，萧劲光向毛泽东说起了这样一件事："女大有一个女同志在石坎下洗衣服，我们有个战士把一块石头踢了下去，打了她的头，双方争执起来。这个女同志说战士是有意打的，战士说是无意打的，这件事到现在还没解决好。"

毛泽东听了以后说："不管怎样，我们的战士要做自我批评，毕竟是打了人家的头嘛。"毛泽东接着说："遇到问题首先要批评自己，然后再去批评别人，别人也才能做自我批评，这要成为一个原则。凡处理内部的团结问题，都要这样做。"萧劲光遵照毛泽东的指示去做工作，圆满地处理了这件事。

"萧劲光还有点子军事理论"

1938年，毛泽东正在酝酿写作《抗日游击战争的战略问题》时，把几个在军事理论方面颇有造诣的将领萧劲光、罗瑞卿、刘亚楼和郭化若等同志找去，和他们交谈军事理论问题。

毛泽东提出为什么要把游击战争提到战略地位，怎样指导游击战争、防御中的进攻战、持久战中的速决战，以及内线中的外线作战等问题，要大家各抒己见。

毛泽东问萧劲光："游击战争应当采取什么样的指挥要领？"

萧劲光回答说："就是要在军事上想方设法使自己处于主动的地位，因而要坚决地采取主动的进攻方略，要善于集中兵力，灵活地、有计划地运用兵力。"

毛泽东对萧劲光"集中兵力"的观点有些异议,认为他的这个"集中兵力"的观点讲得不够明确,指出:当前敌强我弱的抗日战争中,在战略上,我们强调以分散的游击战争为主,而不是集中兵力的大兵团作战。集中兵力的提法,只用在战役战斗上,相对集中数倍于敌人的兵力,达到歼灭战的目的。对萧劲光的其他几个观点,毛泽东则很感兴趣,表示赞同。

谈完以后,毛泽东给每人出了个题目,要他们回去各写一篇文章给他。对萧劲光则嘱之将刚才谈话的几个观点写出来。

萧劲光回去后,进一步学习了军事理论,对毛泽东的军事思想进行了认真的思索,还与参谋处的几位同志进行了研究,写了《游击战争指导要领》的提纲。在"指导的基本原则"部分里,萧劲光写道:当敌人向游击区域或有抗日政权的区域进攻时,采取被动的单纯防御,分兵把口,以致被敌人各个击破,这些都是游击战争指挥者的戒条。而要采取积极进攻的方略,集中主力消灭与削弱敌人,或行动于敌人战略要害上给敌人以致命的打击,以这样进攻的方略来争取主动的地位。萧劲光还写了兵力的灵活运用,是转变敌我形势,变被动为主动的重要手段;好像渔人打鱼一样,既要散得开,又要收得拢。另外还写了要有计划性的问题。当毛泽东看到这个提纲后,认为还不错,夸赞说:"萧劲光还有点子军事理论。"并特意让萧劲光在抗日军政大学、鲁艺讲这堂课。后来,萧劲光这几个观点被毛泽东部分运用在之后的战争中。

"海军司令员不易人"

1949年10月1日,新中国成立。此时,担任第十二兵团司令员兼政委的萧劲光正在衡宝战役前线指挥战斗。战役刚刚结束,硝烟还未散尽,萧劲光就接到毛泽东的电报:"湖南军区司令员萧劲光见报速来京,有要事相商。"到底是什么"要事"?萧劲光不敢怠慢,很快便出现在中南海毛泽东的会客室里。两人几年没见,毛泽东跟他拉起了家常,夸赞他衡宝战役打得好,接着就话锋一转,明确了召他前来的目的:"劲光同志,这次叫你从长沙跑来,是想和你商量件事情。现在,要着手筹建全国范围内的海军了，中央想让你来当司令员。今天先给你打个招呼，并听听你的意见。"萧劲光坦率地说："主席，我是个'旱鸭子'，还晕船，哪能当海军司令？"原来，萧劲光有顾虑，长这么大，就坐过五六次海船，可每次都晕船晕得厉害，给他留下了痛苦的记忆，突然让他来当海军司令员，这着实将了他一军。萧劲光为难地说："海军司令还是让别人做吧。"

毛泽东了解他的情况，早有准备地笑起来："我就看上了你这个'旱鸭子'，让你去组织指挥，又不是让你天天出海。至于晕船，没什么可怕的，多锻炼几次，慢慢会适应的。"

其实，毛泽东要萧劲光当海军司令，是经过中央军委慎重研究的。首先，解放军的基础很差，建立人民海军，无异于从头干起，仅有的家底就是原国民党海军的起义舰船和起义人员，萧劲光有不少改造旧军队的经验，有利于改造和团结这部分力量。其次，建设海军还是要极力争取苏联的支持，而萧劲光两次留学苏联，俄语讲得好，又了解苏联情况，有利于今后两国两军交流。更重要的是，长期的革命经历，让毛泽东等中央领导对萧劲光很了解，相信他具备创建人民海军、开创良好局面的能力。在毛泽东的极力劝说下，萧劲光当海军司令员的事就这么定下来了。1949年底，萧劲光奉命组建人民海军领导机关。1950年1月，萧劲光被正式任命为人民海军司令员。从此，萧劲光开始了他的海军生涯。

毛泽东曾经说过："只要他在，海军司令员不易人，萧劲光是终身海军司令员！"也正因为毛泽东和党中央的这份信任，萧劲光不仅是新中国第一任海军司令员，也是世界海军史上担任此职务时间最长的司令员。在他掌兵中国海防整整30年里，人民海军白手起家，从无到有、从小到大，逐步发展壮大，在解放东南沿海岛屿、反击外来侵略、保卫国家海洋合法权益的斗争中，屡建功勋，创造了世界海军史上的一个奇迹，也载入了世界军事史册。

人物简介：

萧劲光（1903—1989），湖南长沙人。1922年加入中国共产党。曾任闽粤赣军区参谋长、政治部主任，中央军事政治学校校长，红五军团政委，红十一军政委，闽赣军区司令员，红七军团政委，红三军团参谋长，陕甘省委军事部部长，红二十九军军长，中央军委参谋长，八路军后方总留守处主任、留守兵团司令员，陕甘宁晋绥联防军副司令员，东北民主联军副司令员兼参谋长，南满军区司令员，东北野战军第一兵团司令员，第十二兵团司令员兼政委，湖南军区司令员。新中国成立后，曾任人民解放军海军司令员、国防部副部长等职。1955年被授予大将军衔。第七届中央候补委员，第八、九、十、十一届中央委员，1982年当选为中顾委常委；第五届全国人大常委会副委员长。

（向　璐）

"几番让衔，英名天下扬"

——毛泽东和许光达

毛泽东年长许光达 15 岁。两人第一次正式见面交谈后，毛泽东十分欣赏许光达。此后，两人逐渐建立了深厚的革命情谊。

受毛泽东影响参加革命

1908 年 11 月 19 日，许光达出生在湖南省长沙县一个贫苦的农民家庭。1919 年 7 月，许光达进入长沙县第一高小。在这里，他开始接受民族民主思想的教育。1921 年 9 月，许光达考入长沙师范学校。正是在长沙城读书期间，许光达知道了毛泽东的名字。他经常阅读毛泽东等人创办的《湘江评论》，对毛泽东写的文章赞赏不已。

20世纪20年代初，毛泽东等在长沙建立了党的早期组织，如火如荼地开展革命活动，这对于渴望新知的许光达产生了十分深远的影响。1925年9月，许光达由共青团员转为中国共产党党员。1926年初，许光达被中共湖南省委选送，报考进入黄埔军校，在黄埔五期炮兵科十一大队学习。

1926年9月3日，毛泽东应邀到黄埔军校进行《中国社会各阶级的分析》的演讲。许光达早在长沙师范学校念书的时候就曾听过毛泽东的演讲，再一次听到这洪亮的声音，有一种他乡遇故知的亲切感。后来与同学聊到毛泽东的这次演讲时，许光达说："'谁是我们的敌人，谁是我们的朋友，这个问题是革命的首要问题。'你听，这句话讲得多深刻、多实在！我印象最深的是，毛泽东当时在黑板上画了一座宝塔，并且一层一层地指给我们看，他告诉我们：最下层的塔基，有工人、农民，还有小资产阶级，人数最多，受压迫最深；在他们上面一层的是地主阶级、买办阶级，人数不多；再上一层是贪官污吏、土豪劣绅；更高一层是军阀；塔顶是帝国主义。只要我们贫苦大众团结起来，就一定能推翻这几座大山！"可以看出，在许光达心里，毛泽东的精辟论述引发了不小的触动。

1927年7月18日，许光达从黄埔军校武汉分校毕业，被分配到国民革命军第四军任见习排长。8月南下，在江西宁都加入南昌起义部队，并担任排长、代理连长等职。1929年10月，许光达以中央代表的身份被派往洪湖苏区从事军事斗争。

1932年1月，许光达在应城战斗中身负重伤。因苏区医疗条件差，子弹未取出，5月，许光达由组织安排送往苏联治疗，后进入国际列宁学院和莫斯科东方劳动者共产主义大学学习汽车、坦克和大炮技术。

与毛泽东第一次正式见面

1937年抗日战争全面爆发，许光达等一批人决定回国。这年冬，在国外生活了5年之久的许光达终于回到了他日思夜想的祖国。1938年1月，许光达等到达延安，被安排住在军委招待所。毛泽东和王稼祥等中央领导同志前去看望50多位"留苏人才"，这也就有了许光达与毛泽东的第一次正式见面。

对于这次见面，许光达非常激动，因为他终于又能见到这位在中国革命中创造奇迹令他无比崇敬的人物。多年后，对这次见面的许多细节，许光达仍记忆犹新：当时毛泽东穿了一件粗布棉衣，衣服敞开着，手上拿着围巾，从土路上走来，边走边跟一位同志说着话。毛泽东头发很长，说话时湖南口音很重。接见的时候，毛泽东、王稼祥同他们一一握手。听说许光达是长沙人后，毛泽东笑容满面地对他说："你是长沙人，湖南老乡哦！"许光达笑着点点头，告诉毛泽东早在黄埔军校读书的时候，就听过他讲的课，受益匪浅，是他的学生。毛泽东笑着夸赞黄埔的革命同学都是精英。毛泽东还详细询问了他在国外学习和生活的许多情况，许光达也一一做了回答。

毛泽东谈了抗日是当前主要任务后，说："你们都是在列宁故乡喝过洋墨水的洋包子，有学问的哦！……你们这样的干部，越多越好！希望你们回来以后，好好发挥作用！"毛泽东的一席话让许光达的心里泛起了阵阵涟漪，他从中感受到了毛泽东的关怀和期望。他暗下决心，今后一定要努力工作，不负党中央和毛泽东的厚望。

毛泽东亲点的"首任装甲兵司令"

新中国成立后，人民解放军开始向正规化、现代化发展，由过去的单一兵种向诸军兵种协同作战方向发展。于是，正式组建一支装甲兵部队的任务就迫切地提上了议事日程。

一天，周恩来、朱德、彭德怀和许光达夫妇在一起，谈到了许光达的工作安排。担任政务院总理兼外交部部长的周恩来考虑到许光达是从苏联学成回国的，而当时的主要外交方向又是发展与苏联和东欧社会主义国家的关系，于是就提议调许光达去外交部工作。朱德和彭德怀认为许光达在黄埔军校学习过，又打了几十年仗，有丰富的带兵经验，党培养一个高级军事指挥员很不容易，就许光达的具体条件来说，搞军队更合适些。许光达也觉得自己搞了一辈子军事，对军队工作更为熟悉。大家正举棋不定之际，毛泽东走了过来。当他知道大家的讨论后笑着说："你们都争许光达啊！还是听老总们的吧！他愿搞军队，还是搞军队好嘛！"然后，毛泽东关切地问许光达："你想搞哪一样？空军还是海军？"许光达毫不犹豫地回答说："还是搞陆军吧！"毛泽东听后对周恩来、朱德说："我看可以吧！我们从实际出发，先从坦克搞起，就让许光达去拉这个架子。"

1950年6月，毛泽东签署命令，正式任命许光达为装甲兵司令员兼政委。9月1日，中国人民解放军摩托装甲兵司令部在北京正式成立。从此，装甲兵作为一个独立的兵种出现在人民解放军的序列之中。

走马上任的许光达凭着自己对新中国和国防事业的满腔热情，决心把自己的后半辈子交给这项事业，干起工作来不分昼夜，呕心沥血。仅仅用了不到半年时间就完成了从领导机关到坦克部队的组建和整编，初步构建了这一新兵种体系。由于超负荷的工作再加上他曾经多次负伤，体质较弱，许光达身体状况频频亮起了红灯。毛泽东得知这一情况后，非常担心，经常"严厉"叮嘱许光达要注意休息，保重好身体，对他的关切之情溢于言表。

1950年10月8日，毛泽东发布组建中国人民志愿军入朝参战的命令。许光达向毛泽东提出，要组建一支志愿军装甲兵部队赴朝鲜参战。但是，刚刚组建的人民装甲兵要不要参加抗美援朝作战？关键时刻，毛泽东再次下定决心："往娘怀里躲的崽没出息，要在战斗中建设装甲兵！"1951年1月，许光达组织装甲兵部队参加中国人民志愿军入朝作战，其间他亲赴朝鲜战场实地考察，深入了解研究装甲兵部队的战场技术保障和作战使用等工作，并提出指导意见。在入朝参战的两年多时间里，装甲兵部队共参加战斗246次，毁伤敌坦克74辆，击落、击毁敌军飞机569架，摧毁地堡864个。新中国这支年轻的装甲兵部队经受了现代战争的严峻考验，以辉煌的战绩彰显了武装实力，完成了毛泽东提出的"要在战斗中建设装甲兵"的神圣使命。

在担任装甲兵司令员的近20年时间里，许光达不负毛泽东的重托，使人民解放军装甲兵这个新兵种从无到有，由小变大，由落后变先进，装备从进口到国产化，成为人民军队中具有强大突击力量的重要陆军兵种。许光达因此被尊称为"中国装甲兵之父"。

几番让衔受毛泽东称赞

1955年，中国人民解放军第一次实行军衔制。将军这一军衔，更是成为所有军人梦寐以求的至高荣誉。当时，全国的高级将领中要评出1000多名少将以上将军，评定工作难度很大。授衔的初步方案出台后，大多数人对此比较认可，但也有个别同志对结果并不满意。毛泽东听到这些情况后，曾幽默地批评道："男儿有泪不轻弹，只因未到授衔时。"

毛泽东对许光达十分器重和信任，他根据许光达在革命战争年代的贡献以及建设现代化人民军队的需要，亲自提议说："许光达应评大将。"

1955年8月，在国防部举办的一次宴会上，许光达得知自己要授予大将军衔的消息后一脸愁容，郁郁寡欢。此时此刻，他的内心是矛盾和不安的，他想到了曾经和他一起并肩作战的周逸群、段德昌、柳直荀等人，还有许许多多没能看到革命胜利就在硝烟弥漫的战争中牺牲了的战友。他对妻子邹靖华说："'一将功成万骨枯'啊！我这顶'乌纱帽'是他们用鲜血换来的。一想到他们，我领受这么大的荣誉，实在是愧得慌……"邹靖华清楚地知道丈夫列举的这几位烈士，几乎都是他的顶头上司，无论是谁活下来，大将军衔都是到不了许光达头上的，她十分理解丈夫此刻的心情。

许光达内心极度不安，于是他找到老上级贺龙，请求"降衔"。许光达对贺龙说：授予大将衔太高了，与其他几位大将比，无论德、才、资、功，自己都不如他们。当时，贺龙并没有明确表示支持他的"降衔"意见。在几次面请"降衔"无果后，许光达再也按捺不住自己的情绪，几番考量后决定向中央军委主席毛泽东和其他领导写一份"降衔"申请书。

军委毛主席、各位副主席：

授我以大将衔的消息，我已获悉。这些天，此事小槌似的不停地敲击心鼓，我感谢主席和军委领导对我的高度器重。高兴之余，惶惶难安。我扪心自问：论德、才、资、功，我佩戴四星，心安神静吗？

此次，按新民主主义革命时期的功绩授勋。回顾自身历史，1925年参加革命，战绩平平。1932—1937年，在苏联疗伤学习，对中国革命毫无建树。而这一时期是中国革命最艰难困苦的时期：蒋匪军数次血腥的大"围剿"，三个方面军被迫作战略转移。战友们在敌军层层包围下，艰苦奋战，吃树皮草根，献出鲜血生命……

为了心安，为了公正，我曾向贺副主席面请降衔。现在我诚恳、慎重地向主席、各位副主席申请：授予我上将衔。另授功勋卓著者以大将。

许光达
1955年9月10日

最终，许光达的申请没有被毛泽东和中央军委批准。毛泽东说："许光达评为大将，我们是经过全面衡量考虑的，他的要求不再议了。"

毛泽东在中央军委扩大会议上作关于评定军衔工作的讲话时，高高扬起手中许光达的这份申请书，说："今天我要向你们介绍一位甘心把自己的级别降低的人，他就是许光达同志，这是一面镜子，一面共产党员毫不为己、不谋私利的镜子！他将始终成为我党、我军上下一面很好的镜子！"当会上彭德怀插话说，这样的报告许光达写了三份时，毛泽东更是感慨万分道："不简单哪，金钱、地位和荣誉，最容易看出一个人，古来也如此！五百年前，大将徐达，二度平西，智勇冠中州；五百年后，大将许光达，几番让衔，英名天下扬。"毛泽东将许光达与英名盖世的历史名将作类比，这在他对将帅的评价中是绝无仅有的。

许光达在长期的革命实践中，文武兼备、有勇有谋、战功卓著。他是中国人民解放军装甲兵的主要创建者。他在荣誉名利面前，心甘情愿地主动让衔，被毛泽东誉为"共产党人自身的明镜"。

人物简介：

许光达（1908—1969），湖南长沙人。1925年加入中国共产主义青年团，同年转入中国共产党。黄埔军校毕业，1927年任国民革命军第四军见习排长，加入南昌起义部队，任排长、代理连长。土地革命战争时期，任中国工农红军第六军参谋长、红二军团第十七师师长，红三军第八师二十二团团长、八师师长，红三军第二十五团团长。1932年赴苏联治疗、学习。1937年回国，先后任抗日军政大学训练部部长、教育长、第三分校校长，中央军委参谋部部长兼延安卫戍区司令员，八路军一二〇师独立第二旅旅长。解放战争时期，任晋绥军区第三纵队司令员，第一野战军第三军军长，第二兵团司令员。新中国成立后，任装甲兵司令员，国防部副部长。1955年被授予大将军衔。第八届中央委员。

（曹　阳）

毛泽东与湘籍开国上将

"革命猛将、建设闯将"

——毛泽东和王震

王震在战争年代是革命猛将,在和平时期是建设闯将,毛泽东亲切地称自己这位老乡为"王胡子",对他十分欣赏和信任。

"仍然还是那个十六字诀"

1922年,刘少奇、郭亮组织了粤汉铁路工人大罢工。当时王震是长沙新河车站的工人。1925年,王震被任命为新河车站铁路工人纠察队小队长。1925年8月的一天,王震受命带领纠察队员用铁路手摇车护送一位叫毛润之的先生到长沙的韭菜园。

正是这一趟差事让王震第一次见到了毛泽东。护送途中，毛泽东主动和王震他们交谈，询问了他们生活和工作情况，和他们讲劳工团结、工农革命，给王震留下非常深刻的印象。这次见面不仅是两人友谊的开始，也在年轻的王震心中点燃了革命的火种。

1927年1月，王震加入中国共产主义青年团。四一二反革命政变后，在白色恐怖笼罩下，王震庄严宣誓正式加入中国共产党。

1929年底，浏北游击队第一支队诞生，王震任司令员。1930年10月，红一方面军总政治委员毛泽东和红三军团政治委员滕代远指示王震率浏北游击队第一支队和浏东、宜春游击队部分人枪组成独立团，参加组建湘东独立师。王震当时阅读了毛泽东写的《中国的红色政权为什么能够存在？》和《井冈山的斗争》，很认同毛泽东在井冈山斗争中运用的战略和战术方法，并开始运用到自己的战斗实践中。

第一次反"围剿"战斗打响后，湘东独立师奉命迎击，王震率部先后在永新等地设伏，从侧面支持红一方面军，使国民党军遭受重大损失。在第二次反"围剿"期间，王震率部和红七军全歼吉安县永阳镇国民党军一个团，俘团长以下近千人，创造了湘赣苏区游击性运动战的典型战例。

1931年10月17日，中共湘赣省第一次工农兵代表大会召开，正式成立湘赣省苏维埃政府执行委员会，王震任执行委员，并被推选赴瑞金出席中华苏维埃第一次全国代表大会。在中华苏维埃第一次全国代表大会召开期间，毛泽东两次接见王震。当毛泽东弄明白原来王震就是当年用手摇车送他到韭菜园的那个纠察队员时，更感惊喜与亲近。谈到对敌斗争，毛泽东嘱咐王震要好好运用"敌进我退，敌驻我扰，敌疲我打，敌退我追"的"十六字诀"军事原则。毛泽东说："你打仗太多了。"

王震回答："不是我愿意打仗，敌人老打我呀！"

毛泽东说："敌人打你，你可以躲开嘛！仗不要打那么多。敌人跑了，你就别追人家啦！"

王震在离开瑞金之前又去见了毛泽东，第二次会面毛泽东主要跟王震强调思想政治工作和理论学习的重要性。这两次与毛泽东的亲切交谈，王震获益匪浅，这不仅表现在他对毛泽东作战方针精髓的深刻理解，也表现在他对毛泽东的思想、学识、气魄、为人等多方面的钦敬。

1934年1月21日，中华苏维埃第二次全国代表大会召开。当时正值王明"左"倾冒险主义占统治地位，共产国际的军事顾问李德蔑视毛泽东从实践中总结出来的游击战术。王震在汇报军事工作时，刚讲到贯彻执行毛泽东的"十六字诀"，主持会议的李德就粗暴地叫喊："停下！"并无理地指责王震："你们中国的红军指战员是一群无知的乡下佬，中国红军的作战办法是典型农民式的办法。"

王震顶撞道："我们四次反'围剿'都是按照'十六字'方针战法打仗，实践已经多次证明是打胜仗的正确军事思想。"李德继续声色俱厉地指责王震，王震却依然支持毛泽东的作战方针。

大会后，王震特意去看望毛泽东。毛泽东很高兴，对王震说："现在有些人反对我，说我是'土包子''游击习气''三国'战术。我不赞成他们那一套！在敌强我弱的情况下，我仍然还是那'十六字诀'。"王震将会上的一些情况告诉了他，毛泽东更加担忧，说："他们不听我的，反对我，你还敢听我的？"

王震坚定地说："我不怕！您的主张正确，叫我到哪里去，我就到哪里去，叫我怎么打，我就怎么打。我听您的！"

当时，中共中央已经决定让王震和滕代远、高自立等去莫斯科参加共产国际第七次代表大会。王震一听说去苏联，挺高兴。毛泽东说："任弼时刚才打来电话，要你赶快回湘赣去。你是回去呢还是去莫斯科？"王震毫不犹豫地说："我听您的！"毛泽东一愣："你听我的？"王震点点头。毛泽东紧握着王震的双手，非常激动地说："你是湘赣老人，还是回湘赣去游击吧。"王震听了毛泽东的建议，义无反顾地留在了国内。

就这样，王震坚决执行毛泽东关于纠正肃反扩大化、简单化的正确指示和粉碎敌人"围剿"的战略战术原则，还敢于说真话保护了一批同志，抵制了王明"左"倾军事路线，同萧克一起指挥湘赣红军主力打伏击，在运动战中全歼敌军四十三旅。

"我们是拥护毛主席的"

1934年8月，王震任红六军团政委，与军团长萧克一起执行中央红军长征先遣队的任务，率部西征。10月底，到达黔东，与红二军团会师。王震率部西征和随后开创湘鄂川黔革命根据地，有力地配合了中央红军长征。

1935年11月19日，贺龙、任弼时、关向应、萧克和王震率红二、六军团开始长征。1936年7月，在甘孜与红四方面军会师，一位"总政工作团"成员带来两种反对红军北上、煽动分裂红军的小册子，要送给红六军团的干部战士。王震十分气愤，立刻命令将小册子烧掉。他说："把它烧掉！立刻烧！我们是拥护毛主席的！"接着，他对张国焘的分裂主义，以及挟持朱德等南下，又妄图拉拢红六军团的阴谋诡计进行了彻底的批判和坚决的抵制。后来，张国焘又几次派人来游说，并再次送来那些分裂党和红军的材料，还扬言"不下发小册子就是反对张国焘总政委"。王震说："我们只执行中央的命令，没有中央的命令小册子不能下发！"并立即命令将小册子烧掉。正是在王震等广大红军指战员坚决斗争下，张国焘才不得不改变主意，同意北上共同抗日。

1936年10月，三大红军主力在甘肃会宁胜利会师。毛泽东在陕西保安会见红二、四方面军领导人时，高度评价了红二、六军团的功绩。他说："二、六军团在乌蒙山打转转，不要说敌人，连我们也被你们转昏了头，硬是转出来了嘛！出贵州，过乌江，我们（一方面军）付出了大代价，二、六军团讨了巧，就没有吃亏。你们一万人，走过来还是一万人，没有蚀本，是个了不起的奇迹，是一个大经验，要总结，要大家学。"王震在总结长征时强调说：这正是联系实际，运用毛泽东战略思想的结果啊！

为王震题词"生产模范"

抗日战争全面爆发后，王震任八路军一二〇师三五九旅旅长兼政委。在他的领导下，三五九旅连战连捷，震慑了侵华日军。八路军总部和晋察冀边区政府分别授予王震所属部队"模范党军""百战百胜的铁军"称号。

1942年春节，王震和部队正好留在延安，见到了毛泽东，毛泽东赞扬他们："你们三五九旅在王震同志的领导下，立下了很大的功劳。你们到了东边，东边就安全；你们到了南边，南边就安全。这次你们又到了北边，北边也安全了。总之，不管你们走到哪里，都没有辜负党中央和边区人民的重托。希望你们继续发扬艰苦奋斗的精神，在保卫和建设边区的斗争中再立新功。"

抗战进入相持阶段后，国民党对陕甘宁边区实行严密的经济封锁。1939年2月2日，毛泽东在延安召开的党政军生产动员大会上发出了"自己动手"的号召，大生产运动在陕甘宁边区和各革命根据地展开。

1940年9月，中共中央和毛泽东批准，决定开发南泥湾。1941年2月底的一天，毛泽东找王震谈话："国民党封锁我们，我们面对严重的困难，是饿死呢？解散呢？还是自己动手呢？饿死是没有一个人赞成的，解散也是没有一个人赞成的，还是自己动手吧！这次调你们三五九旅到南泥湾是守卫延安南大门。你们不但要随时准备迎击国民党可能发动的军事进攻，还要通过开荒生产，尽快做到生产自给，从根本上打破国民党的经济封锁！"王震向毛泽东保证坚决完成任务。

南泥湾位于延安东南45公里处的黄龙山下，是延安县金盆区的一个乡，过去曾有过繁华的集市，后因清政府制造回汉民族矛盾，回汉民族械斗不断，又因军阀混战，土匪掠劫，南泥湾成了满目荒凉的"烂泥潭"。三五九旅陆续抵达后，成立了以王震为首、旅部和各团领导人参加的生产委员会。王震在全旅指战员誓师大会上提出了"一把镢头一支枪，生产自给保卫党中央"的口号。部队进驻南泥湾时，生活极为艰苦，王震兼任中共延安地委书记和延安军分区司令员，工作极为繁忙，但他仍然和大家一起搭草棚子，常常住在南泥湾。1944年，全旅开荒种地达26万亩，收割细粮3.6万石，还种了大批瓜果蔬菜。毛泽东得知这些情况，极为高兴，在给王震的信中提出：士兵生产收入全部归公不好，应当公私兼顾。王震读信后，立即召开分配工作会议，决定将剩余的粮食归部队和个人平分。分给个人的，可以卖钱寄回家去，也可存入边区银行或入股投资生产建设。这一决定，得到广大指战员热烈拥护，进一步调动了大家的生产积极性。

经过三年的开荒耕种和建设，昔日的"烂泥潭"，真正成为"陕北的好江南"。毛泽东高度评价和赞扬，并特意为王震题词"有创造精神"，是"生产模范"。同时，王震还被边区政府评为"劳动英雄"，三五九旅成了"自己动手，丰衣足食"的典范。

"你们的任务完成得很好"

1944年，全面抗战进入第七个年头，国内外的形势发生了重大变化。世界反法西斯战争的胜利即将到来，为了迎接这一历史转变，中共中央决定从延安派部队和一批领导干部南下去开辟抗日根据地，打通与广东纵队的联系，以便配合以后全国的战略反攻。

毛泽东找王震谈话，分析了南下的情况不明朗，抗日的同时又要面对蒋介石围堵，孤军深入，斗争十分残酷，甚至可能全军覆没等情况。王震听了毛泽东的分析后则说："有毛主席和党中央的领导，不管发生什么情况，我们都坚决完成任务。"毛泽东听了十分高兴，决定把这个任务交给王震和三五九旅的战士们。1944年11月，三五九旅主力奉中央命令组成八路军南下支队，王震任支队司令员。他与支队政委王首道一起率部挺进华南抗日，征战2万余里，途经8省境内，进行大小战斗300余次，冲破敌人100多条封锁线。南下支队突破了敌人的前堵后追，胜利完成了任务，于1946年9月初回到延安。

王震到达延安，直奔王家坪毛泽东住处。在门外等候的毛泽东，紧握住王震的手，看着他满头长发，满腮长须和瘦削的身躯，极为感慨地说："王震同志，你受苦了，你受苦了！你们任务完成得很好！"9月29日，中共中央在杨家岭中央大礼堂召开了隆重的欢迎大会，毛泽东发表了重要讲话。他说："南下支队的同志们，你们辛苦了！我们胜利了！你们不怕困难，不怕牺牲，深入敌人的心脏，敢于和敌人斗争，打破了国民党反动派数十万大军的'围剿'，胜利地返回延安，你们是党的宝贵财富。虽然牺牲了不少同志，但是，你们光荣地完成了党交给的任务。你们勇敢顽强，不怕敌人围追堵截，经历了第二次长征。将来，你们还要把三五九旅的旗帜插到北平的城头上！"

"把新疆建设成美丽富饶的乐园"

1949年是中国革命在全国范围内胜利的一年。新疆各族人民渴盼解放,毛泽东非常重视新疆问题。经过各方斡旋,新疆和平解放,毛泽东将解放军进驻接管新疆的任务交给了他信任的战将王震。将如此重大的任务交给他,毛泽东是放心的,他对王震说的一席话充分证明了这一点:"我们老乡左宗棠曾留下了一句诗,'新栽杨柳三千行,引得春风度玉关',王震同志,我希望你到新疆后,能够超过左文襄公,把新疆建设成美丽富饶的乐园。"

1949年3月,在党的七届二中全会上,毛泽东正式把解放军进驻接管新疆的任务交给了王震。王震不负毛泽东的嘱托,历时3个月,行程3000多公里,胜利完成进驻新疆的任务。之后,王震担任中共中央新疆分局书记、新疆军区第一副司令员、代司令员兼政委。任职期间,他认真贯彻执行党的民族政策,领导新疆剿匪、土改等工作,并指挥军队屯垦戍边、兴修水利、发展工业等各项事业,迅速稳定了新疆的社会秩序,促进了各族人民的团结,巩固了新疆边防。王震没有辜负毛泽东的期望,20世纪50年代,中央还根据他的建议批准新疆部队8个师集体就地转业,成立新疆军区生产建设兵团。王震指挥组织了大批转业官兵、支边青年开垦荒原,发展农垦事业,为新疆现代化工农业奠定了重要基础。

"毛泽东思想的旗帜不能丢"

"文化大革命"中,王震受到了污蔑和迫害,造反派写了一块"黑帮头子王震"的牌子,并叫嚣着"打倒王震"。1967年五一劳动节,王震和许多老同志上天安门城楼观礼,毛泽东见到王震说:"王胡子,有人要打倒你,我说王胡子是打不倒的！我们绝大多数老干部是好的，不能都打倒嘛！"这条指示很快传开，造反派再也不敢对王震放肆了。

"文革"结束后，王震积极投身拨乱反正工作。他反对"两个凡是"的观点，积极支持真理标准问题的讨论；同时他坚决主张充分肯定毛泽东的历史地位和毛泽东思想。党的十一届三中全会后，他先后任中央政治局委员和中顾委副主任。1988年4月，在第七届全国人民代表大会上，王震当选为国家副主席。他坚持党的基本路线，支持邓小平提出的坚持四项基本原则、反对资产阶级自由化的方针，推动改革开放。

王震在许多公开场合疾呼："毛泽东思想的旗帜不能丢。"在毛泽东去世后，遇有纪念毛泽东的活动，王震无不积极参加，有时还帮助解决纪念活动中的具体困难。他还对某些人把四项基本原则中的"坚持马克思列宁主义、毛泽东思想"表述为"马克思主义"非常警惕，并建议中宣部就此做出规范。

1992年后，病床上的王震仍然没有停止对党和国家前途命运的思考。王震提到毛泽东倡导改革，绝对不保守，绝对不闭关锁国，马列主义、毛泽东思想是中国共产党永远不倒的旗帜。

王震一生敬仰和尊崇毛泽东，而他也是毛泽东最信任的干将之一。

人物简介：

王震（1908—1993），湖南浏阳人。1927年加入中国共产主义共青团，同年转入中国共产党，1929年参加中国工农红军。曾任红军湘东独立一师团政委、师政委，红八军师政委、军政治部主任、代理军长，湘赣省军区代理司令员，红六军团政委，八路军第一二〇师第三五九旅旅长兼政委，八路军南下支队司令员，晋绥军区第二纵队司令员兼政委，西北野战兵团第二纵队司令员兼政委，第一兵团司令员兼政委等职。新中国成立后，曾任中央新疆分局第一书记、新疆军区代司令员兼政委，农垦部部长，国务院副总理，中共中央党校校长，中顾委副主任，国家副主席等职务。1955年被授予上将军衔。第七届中央候补委员，第八、九、十届中央委员，第十一、十二届中央政治局委员。

（曾　欢）

"你去了，我放心"

——毛泽东与邓华

邓华在长征途中冲锋陷阵，在抗日战争中崭露锋芒，在解放战场上出奇制胜，在抗美援朝战场上运筹帷幄，曾被毛泽东高度赞赏："你去了，我放心。"而他一生钦佩毛泽东，坚定跟随毛泽东，学习毛泽东的指挥艺术，灵活运用毛泽东的战略战术，总结毛泽东的作战优势。他曾对儿子邓穗说："如果没有毛泽东，红军就完了，就没有我们的今天了。"追溯毛泽东与邓华将军的交往历程，我们得回到1928年。

投身革命的领路人

1928年4月，邓华随同湘南起义部队上井冈山，参加了朱、毛两军会师，被编在红四军十一师三十三团。

到井冈山不久，邓华随三十三团奉命开往桂东山区打游击。在酃县（今炎陵）水口镇的一个岔路口上，部队发生了严重分歧。由于远离家乡，条件艰苦，部队又刚组建不久，很多人思想动摇，想回家乡去，部分干部也吵吵嚷嚷地说："到桂东打游击，不如回郴县打游击。"这时，同在三十三团的表弟首培之劝邓华一起回乡打游击，说家乡群众基础好，情况熟悉，有枪有人有组织，能干出名堂。邓华斩钉截铁地回答："不能回去，农民同志家乡观念重，回去会散伙的。"并说："湘南暴动时，我们的人枪还少吗？党的组织还不够强大吗？要不是跟着朱德、陈毅撤到井冈山与毛泽东会合，恐怕是全军覆没！咱们还是跟着朱毛走吧！"邓华未能说服表弟，首培之跟着大队人马往郴县方向走了，其他连队也纷纷往西南方向去了，大部队一下子只剩下了少数人，大伙决定不去桂东，返回井冈山。

回到井冈山，毛泽东派红二十八团三营十连连长李天柱前去迎接他们，并且立即将他们编入队伍。年仅18岁的邓华，在水口镇的岔路口上，坚定选择了跟随毛泽东，定准了革命的正确方向，开启了人生的新篇章。

★ 战略战术的启蒙老师

1928年6月，在宁冈县古城镇的联奎书院，一张四方桌作讲台，毛泽东在台上慷慨激昂地进行战前部署，台下的邓华聚精会神地听着，边听边做笔记。这是邓华人生中第一堂战术课，毛泽东因此成为邓华战略战术的启蒙老师。通过毛泽东的讲话，邓华深刻领略到战争中比勇气更为重要的是战略战术、团结协作、运筹帷幄、统领全局。

在接下来的战斗中，邓华英勇作战，并且不断学习作战技术、分析战略布局、总结战略战术、丰富作战经验。从龙源口战斗到黄洋界保卫战、大柏地战斗，再到第一、二、三次反"围剿"作战，邓华在毛泽东、朱德的正确指挥下，身先士卒，取得了一个又一个战斗胜利。长征途中，他坚决执行以毛泽东为代表的正确军事路线，英勇作战、冲锋陷阵，率部四渡赤水河、抢渡金沙江、勇夺泸定桥、爬雪山、过草地，于 10 月 19 日到达陕北吴起镇。

美国记者斯诺在《红色中国杂记》中这样介绍邓华："自从在井冈山加入毛泽东的部队起，他就一直在红军的部队里。他的大部分教育是在红军中获得，他所了解的所有军事科学知识，都是来自红军的培养。"在一定程度上，毛泽东就是邓华的军事老师。在红军的队伍中，在毛泽东的指导下，在战争的实践中，他快速成长为一名有勇有谋的战将。

★ 共话家常的小老乡

1944 年 11 月，抗日战争即将走向胜利，邓华奉命到中央党校学习。学习期间，一天，陈赓找到邓华说："毛泽东同志准备明日在枣园接见你。"这是邓华阔别 9 年后再见到毛泽东，他很激动，一大早从中央党校赶往枣园。毛泽东听说邓华到了，非常高兴，立即起身迎接。他亲切地握住邓华的手，说："邓华同志，欢迎欢迎，我们可是很久很久没有见面了！"他俩像所有许久未见面的老朋友一样，一边抽着烟，一边聊着平常的话题。从家乡的情况聊起，聊到井冈山共同战斗的岁月，聊到邓华在党校的学习状况。毛泽东说："像你这样没有参加整风运动的同志，趁此机会到党校学习一段时间，是会大有裨益的！"邓华接着说："主席，在党校谈'山头'很热烈哩！"毛泽东表情突然严肃："这山头问题讲了这么多年，还是没完没了，我看这可称得上是中国革命的一个特色了，我们的革命，我们的根据地，就是从一个一个山头搞起来的嘛。"邓华灵机一动说："这山头，那山头，最后都统一到井冈山山头！"邓华的这句话让毛泽东高兴起来，他看得出来邓华对井冈山充满感情，他们有着共同的革命信念，朝着共同的方向在努力。

使命必达的好部下

1949年12月20日，林彪电告毛泽东："海南岛作战已委托邓华同志指挥。"1950年1月10日，毛泽东致电林彪："请要十五兵团与冯白驹建立电台联系，并令冯白驹受邓（华）、赖（传珠）、洪（学智）指挥。"

接到任务后，邓华立即奔赴广州。面对茫茫大海，解放军参战部队面临着前所未有的挑战：一是没有渡海作战经验，而且大部分战士是北方人，不识水性；二是没有机械化渡海工具；三是没有空军、海军支援。这是一场全新且艰难的战斗，邓华与其他兵团领导人经过多次商议后决定采用"积极偷渡、分批小渡与最后登陆相结合"的战役指导方针。根据中央指示，必须在春夏之交完成解放海南岛的任务，时间紧迫。邓华向各参战部队反复强调："必须如期解放海南岛，必须慎重从事，既要英勇果敢，又要稳扎稳打；必须实事求是，因时因地制宜，采取得力措施，克服敌机敌舰和茫茫大海的阻拦，与坚持海南斗争的琼崖纵队紧密配合，才有可能使部队顺利登陆，胜利完成作战任务。"在准备渡海作战的过程中，邓华亲自上阵，在多次试验、总结经验后，他向各参战部队发出电报指示："必须教育全体指战员，坚决向敌舰展开斗争，只有勇敢地向敌舰进击，才能将敌舰威风打下去，才能缩小敌舰活动范围。"邓华的指示深入军心，当时在部队传诵着邓华的一句名言："遇上敌舰，要横下一条心：打！木船即使被打坏，抱着木头我们也要游到海南岛！"凭借这股披荆斩棘的韧劲和破釜沉舟的勇气，邓华和海南岛战役的其他指挥员一道，英明决断、统筹部署，统领十万多名战士，面对波涛汹涌的大海，在敌人海军、空军的狂轰滥炸中，以古老的木帆船为渡海工具，劈波斩浪，飞渡琼州海峡，解放海南岛，完美写下军事生涯中的辉煌一笔，出色完成了毛泽东交予的作战任务。

深受信赖的老战友

1950年6月25日,朝鲜战争爆发。中央军委召开会议,决定组建东北边防军,并命令第四野战军第十三兵团所属的第三十八、三十九、四十军和四十二军,以及3个炮兵师和高射炮兵、工兵、汽车团等各部迅速集结,开赴我国东北辽宁、吉林两省南部地区,以应付随时可能出现的变局。会议还讨论了一个重要议题,那就是派谁去统领十三兵团,做入朝前的各项准备工作。当时,黄永胜是十三兵团的司令员,按说,应由他来负责入朝前的准备工作,但中央军委却做出了一个出人意料的任命:将十五兵团的司令员邓华与黄永胜对调,即邓华任十三兵团司令员,黄永胜任十五兵团司令员。

此时,身在广州的邓华,刚刚带领十五兵团结束海南岛战役。可以说,他是最先被确定下来的援朝部队指挥官。

7月19日,正在广州的兵团司令部作战室研究思考朝鲜战况的邓华接到了一封来自中央的急电:"边防迫切,任务光荣,希早日来京面授机宜。"邓华立马轻装简行,前往北京。7月底的一天下午,邓华接到了毛泽东召见的通知,在中南海菊香书屋,邓华见到了毛泽东。毛泽东见到邓华就连连夸赞道:"士别三日,当刮目相看!海南岛一仗,打得不错嘛……你在给军委报告中关于美军可能在朝鲜东西海岸中腰部,实施陆海空三位一体的登陆作战,这个分析很有见地!"毛泽东接着说:"你们的任务是保卫东北边防,但要准备同美国打仗,要准备打前所未有的大仗,还要准备打原子弹。他打原子弹,我打手榴弹,抓住他的弱点,跟着他,最后打败他。还是那句老话,在战略上藐视他,当作纸老虎,在战术上重视他,当作真老虎……"对于毛泽东的战前指挥,邓华深表赞同,他兴奋地说道:"是的,抓住他的弱点,跟着他打。美军的武器装备好,火力组织也好,从正面攻击不容易奏效。而他的现代装备,最怕的就是联络被切断,被人包围。我军从侧翼或侧后迂回、渗透、穿插,实行切断、分割、包围,打近战、夜战。你打你的优势,我打我的优势,看来这是我们对付美军的方法。"

邓华是这样向毛泽东保证的，也是这样做的。1950年10月，以美军为主的侵略军悍然越过三八线，向中朝边境进犯。毛泽东决定派志愿军入朝作战，邓华被任命为志愿军副司令员。志愿军入朝后，邓华深入分析敌军特点，结合朝鲜越往北部越宽阔的地势，提出利用地势，诱敌北上，越往北上，敌军缺口越大，在北部宽阔地方，采取东西夹击、分割包围、聚而歼之的战略战术。他还提出与美军作战必须"充分发扬近战""发扬夜战"等战略原则，协助彭德怀指挥志愿军采取秘密开进、诱敌深入、各个击破、入夜攻击、大胆穿插、东西夹击等战略战术。全军经过连续艰苦作战，将敌人从鸭绿江边赶到清川江以南，开始稳定朝鲜战局，取得了对美军作战的初步经验。

1951年6月，毛泽东再次接见邓华。在听取邓华汇报后，毛泽东给出了对邓华的下一步战略指导："目前条件下，要想一气呵成，将敌人赶下海，是不可能的。我们以后每次战役，只打到三八线为止，不超过南汉江、昭阳江。我们的战略方针是：持久作战，积极防御。就是要边打边谈，打谈结合，以打促谈，争取在公平合理的基础上解决朝鲜问题。"

回到朝鲜后，邓华深刻领会毛泽东同美军作战的指导思想，认真总结前五次战役经验，分析敌我双方目前形势，撰写了《论朝鲜战场之持久战》一文，并在志愿军高级干部会议上作报告，为接下来的作战提供了理论支持。1952年6月，彭德怀因病回国期间的志愿军代司令员兼政委陈赓奉调回国，邓华被任命为志愿军代司令员兼政治委员，全面主持志愿军工作。邓华深入贯彻毛泽东的指示，在指挥各次战役中针对敌情变化情况，采用渗透、近战、夜战，诱敌深入，集中优势、各个歼灭，兵力配置"前轻后重"，火力配置"前重后轻"和"西顶东放"等战略战术，进行了无数次的运动战、阵地战、阻击战和机动防御战。毛泽东高度评价他的战略战术说："此种作战方法，继续实行下去，必能制敌死命，必能迫使敌人采取妥协办法结束朝鲜战争。"

12月，毛泽东第三次接见邓华，当面向邓华部署了反登陆作战的准备工作，要求志愿军"决不允许敌人在西海岸登陆，尤其不允许在汉川至鸭绿江一线登陆"。毛泽东还嘱托邓华"最好你亲自去，你去了，我放心"。

根据毛泽东的指示，邓华认真研究第二次世界大战盟军在诺曼底登陆和美军在仁川登陆等战役中登陆与反登陆作战的经验教训，结合朝鲜战场志愿军侧后东西海岸自然条件以及人力物力等情况，提出了反登陆作战指导方针和战术原则。在朝鲜人民的协同下，在几个月的时间内，进一步修筑了东西海岸防御工事，新建了两条铁路和8条公路，加强运输、储备弹粮等，使志愿军达到可以抗击美10个师左右兵力的侧后登陆进攻，并在1953年5月发起夏季反击战，迫使美方于7月27日正式在停战协议上签字，宣告历时3年的朝鲜战争结束。

抗美援朝期间，毛泽东先后三次接见邓华，充分反映了毛泽东对他的信任与厚爱，每次当面接受毛泽东的指示后，邓华都感觉豁然开朗、信心倍增，也是在毛泽东的指示下，邓华才能在抗美援朝战场上运筹帷幄、步步为营，建立卓越功勋。

毛泽东与邓华的关系密切且多重：毛泽东是邓华投身革命的领路人、战略战术的启蒙老师，邓华是毛泽东共话家常的小老乡、使命必达的好部下、深受信赖的老战友……不管时间如何变迁，角色如何变换，他们共同的信念不变：就是为了革命的胜利，为了新中国的成立，为了人民的利益。

人物简介：

邓华（1910—1980），湖南郴州人。1927年加入中国共产党。参加湘南起义。曾任红四军十一师三十三团二营六连党代表，第三十一团一营营委干事，红十二军三十六师政委，红一军团一师三团政委、二团政委，红一军团二师政治部主任、一师政委，八路军第一一五师第六八五团政治处主任，晋察冀军区第一分区政委，八路军第四纵队政委，第五军分区司令员兼政委，第四军分区司令员兼地委书记，陕甘宁晋绥联防军教导第二旅政委，辽吉军区司令员，东北民主联军辽吉纵队司令员，第四十四军军长，第四野战军第十五兵团司令员等职。新中国成立后，曾任广东军区第一副司令员，志愿军第一副司令员兼第一副政委，志愿军司令员兼政委，解放军副总参谋长兼沈阳军区司令员，四川省副省长，军事科学院副院长等职。1955年被授予上将军衔。第八届中央委员，第九、十、十一届中央候补委员。

（沈娟华）

"共产党人'神农'"

——毛泽东与甘泗淇

在长期的政治工作中，甘泗淇一直贯彻毛泽东的指导思想、发扬毛泽东倡导的工作作风、践行毛泽东的群众路线、运用毛泽东的建军思想，深受毛泽东的信赖和赞赏，在不断的政治实践中，他积累了丰富的政治工作经验，成长为一名人民军队卓越的政工上将。

充分发扬毛泽东调查研究的工作作风

毛泽东一生十分注重调查研究，仅在土地革命时期，就在农村专门做过十几个系统的调查。1930年5月,毛泽东写下《调查工作》一文,提出"没有调查,没有发言权"这一著名论断,在红军队伍中广泛流传。

此时的甘泗淇恰好从莫斯科学成归来,在上海中共中央机关从事文字翻译工作。1931年1月,根据中央指示,甘泗淇被派往中央苏区工作,与王首道、袁德生、张启龙等人组建中共湘赣临时省委。湘赣临时省委成立后,甘泗淇任宣传部部长。甘泗淇充分发扬毛泽东实事求是、调查研究的工作作风,头戴草帽,脚穿草鞋,深入到永新农村调查了解情况,巡视工作。在群众中开展调查工作的同时,他积极宣传进行土地革命,打土豪,分田地,发展经济的意义;宣传大力发展壮大党、团、工会、妇女、少先队组织,建立各级苏维埃政权的重要性;宣传扩大红军、支援红军、支援前线,消灭来犯国民党的迫切性;宣传建立地方武装,保卫苏维埃政权的必要性。

1931年夏,甘泗淇任党代表,到工农红军湘东南独立师指导工作。到独立师后,甘泗淇深入士兵群众中交流谈话、调查研究,很快熟悉了情况,打开了工作局面。甘泗淇了解到独立师战斗力比较强,在政治工作中有很多优良举措:各单位党支部组织党员坚持组织生活,民主决策;连队建有士兵委员会,负责文化娱乐和生活管理、伙食改善等工作;部队对当地政府很尊重,经常向人民群众宣传党和政府的方针政策;部队自身的工作形式多样,战士们在驻地书写宣传标语,在火线上向国民党喊话。甘泗淇将了解到的情况汇总形成报告,向上级汇报,并向其他部队介绍、推广,对所属红军部队政治工作起了很好的推动作用。

深刻践行毛泽东心系人民的群众路线

井冈山时期,毛泽东多次强调人民军队与群众之间的鱼水之情,提出"三大纪律,六项注意",高度重视队伍的组织性和纪律性,后发展为"三大纪律,八项注意"。1934年1月,毛泽东在江西瑞金召开的中华苏维埃第二次全国代表大会上,进一步强调"我们应该深刻地注意群众的问题,从土地、劳动的问题,到柴米油盐问题。总之,一切群众生活的问题,应该注意,应该研究,应该解决"。

对于毛泽东的群众观点，甘泗淇深表赞同并在实践中深入践行。1935年11月，甘泗淇参加长征。长征途中，毛泽东的群众观点在时任红二军团政治部主任甘泗淇心中引起很大触动，他不仅自己吃苦耐劳、冲锋陷阵、处处作表率，而且注重部队政治工作，采取多种形式开展宣传工作，同时注重培养和发展新党员，使党员人数在红军不断减员的情况下保持占全军人数30%的比例。红二、六军团长征通过藏区时，许多藏民因不了解红军，匆匆弃家逃到深山老林中躲藏起来。这时，地里的青稞和蚕豆已经成熟，而红军又急需粮食。军团首长遂决定：部队可以收割地里的庄稼，但是一定要按市价付钱。甘泗淇时刻心系群众，非常担心在藏民没有在家的情况下，出现违法乱纪的现象。他向部队和官兵多次强调：收了庄稼要按市价付钱，找不到主人也要付钱，绝不能因为主人不在家就少付钱，不清楚市价宁可多付一点。部队离开前，甘泗淇亲自到一些躲出去的藏族老乡家检查群众纪律。看到各家各户的确有部队留下的钱和条子，条子上除详细写明割了多少庄稼、付给多少钱以外，还写了向藏胞致谢的话，甘泗淇脸上露出了满意的笑容。

★ 灵活运用毛泽东政治建军的指导思想

从南昌起义打响武装反抗国民党反动派的第一枪，到八七会议毛泽东提出"枪杆子里出政权"的著名论断，再到三湾改编确定将"支部建在连上"，再到古田会议通过毛泽东起草的《古田会议决议》，毛泽东的政治建军思想逐步形成。毛泽东的政治建军思想内涵丰富，其核心是坚持党对军队的绝对领导，通过在连队建立支部、对士兵进行思想政治训练、建立士兵委员会等方式巩固和确保军队听党指挥、上下齐心、为民打仗。毛泽东政治建军思想影响广泛并且深远，一直从事政治工作的甘泗淇深受其影响。

1937年9月，一二〇师东渡黄河，开辟了晋绥敌后抗日根据地。时任一二〇师政治部副主任的甘泗淇严格贯彻毛泽东的政治建军思想，强调党对军队的领导，他认为：人民军队的政治工作从本质上说，就是部队中共产党的组织工作和思想工作。党的支部应深入每个连队中，成为一切活动的核心。政委要经过政治机关和全体政治工作人员、全体党员,来实现党在部队中的领导。没有党,部队就失去了生命。

为适应部队不断发展壮大的新形势,甘泗淇积极组织举办各级教导队培训,培养了大批新干部。在实践中,他灵活运用毛泽东政治建军思想,在师部开办教导团,各旅、团及支部开办教学营,有计划有步骤地培养骨干,使不少新参军的工农战士和青年学生很快成长起来。作战期间,甘泗淇特别注意加强干部队伍的政治教育,通过授课、组织揭露日军罪行的控诉会、传唱革命歌曲等鲜活形式,培养干部士兵的政治意识,激发部队战斗情绪,提升了整个队伍的战斗力。正是有了强有力的政治工作做后盾,晋绥敌后抗日根据地才能得到不断巩固和发展。

★ 推广诉苦和"三查"运动获得毛泽东肯定

1947年沙家店战役后,西北人民解放军收编了大批俘虏过来的"解放战士"。这些"解放战士"大多数出身贫苦,但由于在国民党军队中受过不少欺骗宣传和反动教育,参加解放军后又缺乏系统的教育训练,其中不少人阶级界限不清,觉悟不高,在作战和训练中不愿吃苦,有些士兵甚至把国民党军队的作风带到部队,违反群众纪律的事情时有发生。

这时,第一纵队三五八旅创造的"诉苦三查"经验,引起了甘泗淇的注意。甘泗淇亲自带领政治部工作组来到三五八旅调研,参加部队军人诉苦大会,查阅指战员为亲人报仇、杀敌立功的请战书,找干部战士座谈,详细了解开展诉苦和"查阶级、查工作、查斗志"的"三查"工作的情况。经过调研,甘泗淇发现"诉苦"及"三查"运动对于转变"解放战士"思想作用很大,有利于提高部队政治觉悟,值得推广。回到部队后,在甘泗淇强力推动下,诉苦、"三查"运动在西北野战军中如火如荼地开展起来。

毛泽东对这种做法给予了充分肯定和高度评价,他在《评西北大捷兼论解放军的新式整军运动》一文中,把诉苦和"三查"定名为"新式整军运动"。此后,人民解放军其他部队也利用这一经验,在作战间隙开展以诉苦和"三查"为主要内容的新式整军运动,为巩固、扩大人民解放军,争取解放战争的全面胜利发挥了重要作用。

积极改善部队生活受到毛泽东赞赏

抗美援朝战争中，甘泗淇任中国人民志愿军副政委兼政治部主任。在一次次的战斗实践中，甘泗淇通过细致观察和分析，发现当时政治工作存在官僚主义作风，深入实际、关心群众不够，部队物质文化生活方面存在较多问题。甘泗淇及时将自己的想法向彭德怀作了报告，明确指出要千方百计保障志愿军物质文化生活，特别要关心那些冒着枪林弹雨昼夜与敌奋战的前沿部队。

为统一思想，解决部队物质文化生活中存在的问题，经志愿军党委同意，在志愿军总部驻地桧仓召开了第一届志愿军政治工作会议。会上，甘泗淇提出要把搞好部队的物质文化生活作为当前政治工作的中心任务切实抓好，必须切实关心战士的疾苦，特别要保障那些坚守在坑道里，冒着被"联合国军"飞机、炮火不断轰炸的前沿部队的物质生活。他说："政治工作如果不能保证部队物质生活和文化生活的提高，就不会有战斗力的提高。"甘泗淇的意见得到广大指战员的拥护和支持。此后，各部队积极办好伙食，及时发放生活用品，开展文体活动，活跃部队生活，使部队的物质文化生活不断得到改善和提高，部队士气高昂，对保障抗美援朝的胜利起了重大作用。

在此期间，甘泗淇领导志愿军政治部撰写《关于改善部队物质生活和精神生活的情况报告》并上报给中共中央。毛泽东看后非常赞赏，批示将此报告转发人民解放军各总部、各军区和中央人民政府各部门党组。

从朝鲜回国后，甘泗淇任解放军总政治部副主任。任职期间，甘泗淇继续殚精竭虑，重视干部政治理论和军事技术的学习，不断改善部队的物质文化生活，做好军队政治思想工作，加快军队现代化建设的步伐，为我军现代化建设作出了不可磨灭的贡献。

从湘赣临时省委宣传部部长到人民解放军总政治部副主任，甘泗淇始终将党的政治建设放在首位，以身作则、率先垂范，用实际行动践行党为人民、服务人民的生动典范，被毛泽东赞誉为"共产党的'神农'，共产党人的榜样"。

人物简介：

甘泗淇（1904—1964），湖南宁乡人。1926年加入中国共产党。曾任湘赣省委宣传部部长、湘赣军区政委，红六军团政治部主任，红二方面军政治部主任，晋绥军区政治部主任，八路军第一二〇师政治部主任，第一野战军副政委兼政治部主任等职。新中国成立后，曾任中国人民志愿军副政委兼政治部主任，解放军总政治部副主任等职。1955年被授予上将军衔。第八届中央候补委员。

（沈娟华）

"军事上过硬，政治上合格"

——毛泽东与朱良才

朱良才屡立战功，曾被毛泽东评价为"军事上过硬，政治上合格"，是"军之良才"。朱良才是毛泽东政治建军思想的忠实执行者，"狼牙山五壮士""民兵英雄李勇""子弟兵的母亲戎冠秀"等先进典型的发现者和宣传者，被后人誉为"文武纵横建功勋的开国上将"。

工农红军第四军军部首任秘书

朱良才，1900年9月出生于湖南汝城县外沙村一个农民家庭。幼时，朱良才家境宽裕，父亲是私塾先生，家有20余亩田地，生活富足。后来，其父去世，家中接连发生不幸，被迫卖掉田地，家道日渐衰落。

朱良才自幼酷爱读书，曾读过中学，还在村里当过两年小学教员，在当时也算是"秀才"出身。1925年，他投笔从戎投身革命浪潮，参加了由毛泽东发动和领导的湖南农民运动，被推选为外沙乡农民协会组织委员。后来，他又随农会委员集体加入了国民党。其间，朱良才积极投身革命洪流，领导了对本区大地主何其朗的反霸斗争，发动群众开展减租减息和反压迫的斗争。

1927年4月、7月，蒋介石、汪精卫相继发动四一二和七一五反革命政变，大批共产党人和革命志士遭到捕杀，中国革命笼罩在一片黑暗之中。当时，作为农会领导骨干的朱良才也被国民党反动派逮捕入狱。在狱中，他被多次提审，备受折磨，但始终坚贞不屈，不肯透露任何信息。

1927年10月，由于没有暴露身份，在被关押了36天后，朱良才被中共党组织营救出狱。面对当时的白色恐怖，以及大批意志不坚定的人退党、退会、退出革命，朱良才不仅没有退缩和逃跑，反而在党最困难的时候、在革命最危急的关头，主动申请加入了中国共产党。

1928年1月，朱良才和叔伯兄弟一起乔装走出汝城，历经千辛万苦，在耒阳找到了朱德和陈毅。几天后，陈毅带他到永兴县参加湘南特委召集的代表大会。会后，朱良才被派往资兴县担任县委组织部部长，参与组织湘南起义。起义农军转移到耒阳后，组成第三十六团。4月，朱良才随朱德上了井冈山。

井冈山会师后，毛泽东、朱德等商定，将部队合编为工农革命军第四军（后改称工农红军第四军），下辖3个师，朱德任军长，毛泽东任党代表和军委书记。朱良才因为读过几年书，有文化，被任命为工农红军第四军军部首任秘书。之后历任红三十一团一营一连党代表、营部书记、二连政委。

★ 毛泽东写诗赞黄洋界保卫战

1928年8月，毛泽东率领红三十一团三营前往湘南接应红军大队，只留下了红三十一团一营和红三十二团留守井冈山，井冈山根据地兵力十分空虚。

就在红军主力在湘南欲归未归之际，国民党湘军吴尚命令部队"会剿"井冈山。朱良才率红三十一团一营一连参加了黄洋界战斗。黄洋界是井冈山著名的五大哨口之一，地势险峻。朱良才接到任务后，连夜召开动员大会，号召全连战士："誓死保卫井冈山，绝不让一只兽蹄踏进革命的土地！"随后，他率领战士们奔赴阵地，增挖掩体，并在敌人必经之路上插满锋利的竹钉，加固工事。

8月31日，战斗打响了。朱良才和连长王良指挥部队利用有利地形阻击敌人，连续打退了敌人4次疯狂的进攻。最终，黄洋界保卫战凭借着天险，在广大人民群众的支持配合下，不仅保存了根据地，而且创造了以少胜多的奇迹。毛泽东和朱德率红军主力部队返回井冈山根据地的途中，闻知黄洋界保卫战的胜利，十分高兴。毛泽东吟就了气势磅礴的《西江月·井冈山》，满怀激情地歌颂留守部队坚守井冈山根据地的英勇斗争精神。

山下旌旗在望，山头鼓角相闻。敌军围困万千重，我自岿然不动。

早已森严壁垒，更加众志成城。黄洋界上炮声隆，报道敌军宵遁。

毛泽东回到井冈山后，对黄洋界保卫战给予极高评价，他说："边界红旗始终不倒，不但表示了共产党的力量，而且表示了统治阶级的破产，在全国政治上有重大的意义。"黄洋界保卫战胜利后，朱良才又率部随毛泽东、朱德进军赣南、闽西，打土豪，分田地，创建中央革命根据地。

朱良才因为在军部当秘书，能经常与毛泽东、朱德等接触，聆听他们的谆谆教诲，获益匪浅。毛泽东也非常喜爱这位作战勇猛的"秘书"，经常到朱良才的连里召开座谈会，搞调查研究，提出一些军队政治建设方面的问题，并在他所带的连队进行全新的无产阶级军队的尝试。也正是得益于这期间的耳濡目染，后来朱良才逐渐成长为我军的高级将领。

"千里寻党" "军之良才"

1936年10月，红四方面军长征抵达陕北。不久之后，朱良才被任命为红三十军政治部副主任兼组织部部长，准备和2万多红军将士一起组成西路军，渡黄河西征。但是，西路军渡过黄河之后，不久便遭遇了数倍于己的马家军的"围剿"。在天寒地冻的祁连山下，朱良才和2万余红军将士与马家军展开殊死搏斗，最终损失惨重，血染河西走廊。

西路军失败后，在石窝会议上，组织决定由李先念带领左路军向西突围去新疆，副总指挥王树声与朱良才带领右路军向东突围去陕北。可是队伍还没走上几天，朱良才的部队就再次遭遇敌人而被打散。朱良才和红三十军的几十名幸存者，舍命突围，才逃出重围。

西路军损失惨重，朱良才的部队也被打散了，但是他的革命信念并未被打散，他始终记得在井冈山时毛泽东对他的谆谆教诲。他强忍着悲痛，决定克服一切困难，到陕北去找党中央，找毛泽东。

河西走廊的三月，寒风刺骨，祁连山上则是冰天雪地。在前往陕北的途中，因担心被敌人发现，朱良才白天找石窝子睡觉，夜里摸着小路行走，饿了就吃草根，渴了就砸冰块吃。

一天，朱良才正走在一片开阔地之中，一片烟尘从远处卷来。朱良才定睛一看，发现有一队马匪从远处袭来。朱良才前后左右一看，别说树林，连一条浅沟都找不到，已经来不及躲避了。

这时，不远处刚好有一个放羊娃赶着羊群经过，朱良才灵机一动，几步就跑了过去，急促地对放羊娃说："老乡，借你的羊皮袄子一用！"善良的放羊娃只看了朱良才一眼，就将羊皮袄脱了下来。朱良才立即将羊皮袄翻了过来，往身上一裹，钻进羊群中。说时迟那时快，马匪的骑兵队伍风驰电掣般地飞奔而至，看了看周边没什么情况，连停都没停，又向远处驰去。

走了30多天后，朱良才几次惊险躲过马匪的抓捕，终于来到了兰州黄河大桥的边上。只要渡过眼前横亘着的黄河，就可以去延安找党中央了。但是，当时国民党为了抓捕走散的红军将士，在桥上设置了关卡，要过黄河就必须通过关卡。

朱良才一边琢磨，一边走到黄河边，不慌不忙地将自己从上到下都清洗干净，又整了整衣领。就在这时，朱良才突然发现有国民党的高级军官要过桥，身后跟着许多挑行李的人。他急中生智，便伴装成挑夫，混在人群当中，跟着这些人过了桥，顺利地逃了出来。

就这样，朱良才只身一人，风餐露宿，克服重重困难，经过36天的沿途乞讨和乔装潜行，终于在兰州黄河边找到了红军，回到了革命队伍。毛泽东在得知朱良才"千里寻党"的事迹后，对他作出了"军事上过硬，政治上合格"，是"军之良才"的高度评价。

"朱良才是闻风而动"

朱良才作为我军高级将领之一，他的文武双全在党内和军界是出了名的，不仅带兵打仗很厉害，在政治建设、文化宣传等方面也很突出。毛泽东曾多次公开夸赞他。

1939年10月，朱良才任晋察冀军区政治部副主任，1944年，任政治部主任，协助聂荣臻领导晋察冀军区的政治工作。其间，朱良才充分运用在井冈山和延安时期学到的毛泽东关于政治、军队建设等方面的战略思想，积极倡导和组织开展模范党支部和杀敌立功运动，及时发现和宣传了"狼牙山五壮士""民兵英雄李勇""子弟兵的母亲戎冠秀"等先进典型，对巩固基层政权、提高部队战斗力，起到了非常重要的作用。朱良才也因此受到了毛泽东和党中央的表扬。

1949年，朱良才任华北军区政治部主任兼华北军政大学政委。此时，毛泽东在北京发出了《关于一九五〇年军队参加生产建设工作的指示》，朱良才敏锐地发现了这一指示对加强部队政治工作具有重大意义，立即建议华北军区迅速动员，落实毛泽东的相关指示。军区集体决议后，决定接受朱良才的建议并在北京召开生产委员会扩大会议。

很快，华北军区这一举措的影响遍及全军，当时的《人民日报》还对此进行了详细报道。毛泽东看到报道后非常高兴，夸赞朱良才："对于党的指示，某些同志是雷打不动，充耳不闻！朱良才是闻风而动！"

1954年后，朱良才升任华北军区副政委。1955年至1958年任北京军区政委。此时的朱良才正值事业发展的上升期。但是，残酷的战争在朱良才身上留下了许多的伤病。朱良才曾三次负伤，有两次因工作原因，伤病未愈就出院了；加上长期超负荷工作，积劳成疾，他身体非常虚弱。

朱良才在担任北京军区政委期间，常常头痛，有时痛得厉害了，就吞两片止痛药。但是，新中国刚成立不久，百废待兴，军队工作十分繁忙，他却因病不能坚持全天工作，为此他感到十分苦恼，他说："我是部队的正职，因病不能多做工作，对军区工作影响很不好。"

1958年底，朱良才为了避免因自己身体原因影响部队工作，主动向中央军委和党中央写了一份请辞报告，要求把位子让给年富力强的同志。朱良才的这一举动，在当时的人民解放军高级将领中影响很大。听到消息后，不少老战友和老部下都来劝阻他，有的还特意去做他夫人李开芬的工作，希望李开芬能劝劝他。

朱良才知道后，对夫人说："开芬呐，咱们可都是从死人堆里爬出来的，我们手中的权力是人民给的、党给的！为什么只能上不能下？只能得不能让？主动让位这件事，我做定了！"

后来，中央经过慎重考虑，批准了他退出领导岗位的请求。在中央政治局会议上，毛泽东夸他"觉悟高"，周恩来说他"思想开明"，邓小平称赞他"顾全大局"。就这样，朱良才成为新中国历史上第一位主动申请离开领导岗位的开国将帅。

从领导岗位上退下来后，朱良才并没有忘记党的事业，他仍然坚持学习马列主义和毛泽东思想，还先后发表了《朱德的扁担》《这座山，它革命》《一根灯芯》等回忆文章，为革命事业发挥余热。

人物简介：

朱良才（1900—1989），湖南汝城人。1927年10月加入中国共产党。参加了湘南起义、中央苏区历次反"围剿"和长征。曾任红四军三十一团一营一连党代表，红四军军部秘书，红三军九师政委，红五军团十五军政委，红一方面军十四师政委，红五军团三十四师政治部主任，红四方面军三十一军政治部主任，红三十军政治部副主任兼组织部部长，晋察冀军区政治部副主任、主任，华北军政大学副政委兼政治部主任等职。新中国成立后，曾任华北军区政治部主任兼华北军政大学政委，华北军区副政委兼政治部主任，北京军区政委等职。1955年被授予上将军衔。第二、三、四、五届全国人大常委会委员。

（刘　诚）

"他是工农分子知识化的典型"

——毛泽东与苏振华

在秋收起义中,苏振华初见毛泽东,坚定了革命理想和信念。他入红军大学学习,亲耳聆听了毛泽东讲授马克思主义,成为毛泽东真正的学生。毛泽东称赞他为工农分子知识化的典型。新中国成立后,他落实毛泽东的指示,为建设一支拥有现代化作战能力的海军作出了贡献,结束了中国门户洞开、有海无防的历史。

浏阳永和,首见"朱毛"

苏振华出生于湖南平江一个贫苦农民家庭,6岁起就开始放牛割草、上山打柴,年龄稍长即从事农业劳动。到了10岁那年，他的父亲去世，兄弟分家，他分得一份债务，随母亲度日。

1926年，14岁的苏振华参加儿童团，和儿童团员们一起打菩萨，高喊"打倒列强除军阀"的口号。1927年，他参加少年先锋队。1928年7月22日，彭德怀等领导平江起义，占领了县城，平江四乡都来响应。16岁的苏振华参加平江农民扑城暴动。1929年，他参加了党领导的秘密游击队。8月，他加入中国共产主义青年团。

1930年6月参加工农红军，被编入红三军团第一师三团三连当战士。刚参加红军不久，他即随部队攻打长沙。7月27日，红三军团攻占长沙。在攻打长沙的战斗中，苏振华经受了生与死的考验，成为一名合格的红军战士。

8月初，何键纠集部队反攻长沙，英、美、日等帝国主义的军舰开到长沙附近江面，炮击红军，支援何键。8月5日，红三军团主动撤离长沙，在浏阳门外消灭敌军一个团，苏振华作战英勇，被提升为班长。

8月23日，在浏阳永和，红三军团与红一军团会合，两个军团组成红一方面军。苏振华第一次见到了久已闻名的"朱毛"，心里非常高兴。8月底，苏振华参加了第二次攻打长沙的战斗。同年11月，因在多次作战中表现英勇，他由共青团员转为中共党员，并被选为连队士兵委员会委员长。

"我是毛主席的学生"

苏振华参加了中央苏区历次反"围剿"和长征。1936年4月，苏振华被选送红军大学第一期一科高级班学习。

7月3日，国民党军第八十六师高双成部袭击瓦窑堡，红大被迫转移至陕北的保安县（今志丹县）。红大教育长罗瑞卿带着苏振华等学员东奔西跑，终于在城外的山坡上找到几十个没人居住的石洞。于是，这些石洞成了红大新的校舍。

苏振华出身农家，吃苦受累习以为常，他说："雪山、草地、腊子口，穿着草鞋照样走，这点困难怕什么！"他文化程度低，因而对学习抓得很紧。没有笔墨纸，他就和大家用子弹壳或木棒做蘸水笔，熏烟做墨。他的文化就是在这样艰苦的条件下，靠着自己对学习的热情和韧劲一点一滴积累下来的。

1936年10月底至12月中旬，毛泽东为红军大学讲授《中国革命战争的战略问题》。苏振华仔细领会，大大提高了军事理论修养。

除了听课，他还刻苦自学。石洞里很暗，他便走到洞外枣树下看书，看书累了就和战友们漫谈讨论。对苏振华等艰苦学习的作风，毛泽东非常赞赏。

一天，毛泽东来到学员中，诙谐地说："你们这是过着石器时代的生活，学习当代最先进的科学——马克思列宁主义。你们是'元始天尊'的弟子，在洞中修炼。什么时候下山呢？天下大乱你们就下山！"这既是对苏振华等学员的表扬，也是对他们的鼓励。最终，苏振华以惊人的毅力克服文化程度低的困难，努力完成了规定的政治理论和军事课程的学习，得到毛泽东的充分肯定。由于毛泽东是红大的兼职教员，经常为红大讲课，苏振华曾激动地说："我是毛主席的学生，这是真正的师生关系！"

红大的学习生活，为苏振华打开了一个广阔的世界。他以极大的热情学文化，学马列主义理论，积极武装自己的头脑。他联系自己参加红军以来的种种往事，更加感到学习的重要。他还学习了社会发展史、中国革命基本问题、列宁主义基础、哲学、政治经济学、战役学和战略学等课程。由于他的文化程度低，不能在课堂上做笔记，他就专心致志听讲，下课后再借同学的笔记，通宵达旦地抄录。通过这一时期的学习，他不仅学到了马列主义理论，而且深有感受。由于他的优异成绩，毛泽东称赞他是工农分子知识化的典型。

落实毛泽东建立强大海军的指示

1949年11月，第二野战军第五兵团政委苏振华按照中央军委指示，率领部队主力翻山越岭，进入贵阳。路上，他接到毛泽东的指示，任命他为中共贵州省委书记、贵州军区政委兼贵阳市军管会主任。这样，37岁的苏振华成为新中国第一任贵州省委书记。

1954年4月，苏振华奉调离开贵州，出任海军副政委兼政治部主任。当时，海军正处在初建时期，他协助萧劲光司令员，在中央军委的领导下，用毛泽东思想和人民军队的光荣传统积极建设海军。他努力把海军各级党委和广大指战员紧密团结在一起，狠抓海军战斗力的提高，改变中国有海无防的状况。

1958年6月，海军第一届党的代表大会在北京召开，苏振华代表海军党委向大会作总结报告，总结了海军组建以来的经验，指出："在正确的海军建军方针的指导下，我们已经建立了一支以空、潜、快为主的海上战斗力量。""今后海军建设的基本问题，是在现有基础上提高一步，这就要求我们集中力量培养各种专业干部，加强部队的战斗训练和有计划地进行基地工程以及各方面建设。"这次大会标志着海军由初创时期向成长发展时期转变。

1957年2月，苏振华被任命为海军政治委员。他以中共八大制定的路线和毛泽东提出的"为了反对帝国主义的侵略，我们一定要建立强大的海军"为指针，坚定地贯彻落实海军第一次党代会的各项决议。他研究中国海防的历史和现状，关注各国海军装备和技术日新月异的发展。他遵照毛泽东关于"海军要赶快搞技术，搞设计，搞科学研究"的指示，主张中国海军建设要坚持独立自主和自力更生的原则，借鉴和消化外国先进技术，设计制造新型舰艇，建设海上战斗力量。他主持组建了6个海军专业研究所，并设立了海军科学技术研究部。

1958年10月，中央决定由苏振华担任团长，率领由海军和有关工业部门、科研单位负责人组成的政府代表团，去苏联商谈海军技术协定。这时，中国已拒绝赫鲁晓夫关于建立联合舰队的要求，中苏关系日趋紧张。苏振华预计谈判将是困难的，因此，出国前做了充分准备。他选调了有才能的中青年技术干部参加代表团，以便利用谈判、参观的机会，尽可能获得相关知识和信息。苏方原只准备出售过时的装备，经过3个多月的反复谈判，于1959年2月4日基本按照我方要求签订了关于转让制造海军装备的协定。苏振华等以有限的经费，争取苏联以较优惠的条件卖给中国几种新型舰艇、导弹的技术资料以及样品和转让制造权。代表团中的中青年技术干部以后都成为海军装备设计制造的骨干。

面对美、苏等大国严密的技术封锁，1958年毛泽东毅然提出："核潜艇，一万年也要造出来！"周恩来指定苏振华担任核潜艇研制领导小组组长。接到任务，苏振华立即着手组建工作机构，动员组织核动力的开发研究。1960年6月，北京原子能研究所提出了《潜艇核动力方案设计（草案）》。在国家经济困难时期，许多工程都下马了，苏振华坚持核潜艇一定要搞，保留核潜艇动力研究室，继续搞资料，搞理论探讨，因为他深知这项事业的重要意义。

1965年，中共中央专门委员会决定加快核潜艇的研制，苏振华会同有关部门，努力争取全国各方面的支持和协作攻关。与此同时，他组织制定了海军装备和造船工业科研发展计划，为20世纪70年代我国陆续建造成核潜艇、导弹驱逐舰等奠定了基础。

年轻的人民海军，在中央军委的正确领导下，在萧劲光和苏振华等海军领导人的共同努力下，初步具有了现代化作战能力，结束了中国门户洞开、有海无防的历史。

让他"放肆"地再找一个

苏振华一生中曾有过三段婚姻，原配夫人余姣凤，于1930年生子时难产而逝。1938年秋，任抗日军政大学第一大队大队长的苏振华遇到了第二任夫人孟玮。当时孟玮才17岁，是南阳师范的女学员。她满怀革命理想，学习十分刻苦，两人经组织介绍结婚，婚后共生育了6个子女。1954年4月，苏振华调离贵州，出任海军副政委兼政治部主任。然而，此时两人却因生活习惯、价值观等不同，感情出现了裂痕，孟玮提出离婚。1957年秋天，孟玮突然不辞而别，单独住进了机关宿舍。1959年，他们签字离婚了。

离婚后，苏振华又当爹又当妈，一个人拉扯6个子女，还有大量的工作要完成，生活十分艰辛。1959年国庆节晚上，苏振华带着6个小孩到天安门城楼看焰火晚会。大女儿、大儿子走在他前面，他一手抱着小儿子，一手牵着小女儿，另外两个在身后拉着衣襟。上城楼时，遇到了刘少奇和夫人王光美。王光美一把抱过苏振华手里的小孩叹息道："老苏啊，真的难为你了，又当爹又当妈，这不是办法啊！"

这一情况被毛泽东知道了，他说让苏振华"放肆"地再找一个，还发动大家帮忙找。1959年秋，海军党委扩大会议在大连召开。晚上，海军政治部文工团一位年轻女演员进入了苏振华的眼帘。她就是电影《红珊瑚》中的演员陆迪伦，当年她才24岁。

接下来，海军司令员萧劲光向陆迪伦介绍了苏振华的情况，并安排他们见面。1960年，年龄相距22岁的陆迪伦与苏振华结婚。

他们的结合虽然遇到了前妻孩子们的质疑，但陆迪伦以她的真诚善良打动了孩子们。婚后，陆迪伦又生下两个儿子，一大家子过着其乐融融的幸福生活。

人物简介：

苏振华（1912—1979），湖南平江人。1930年11月加入中国共产党。参加了中央苏区历次反"围剿"和长征。曾任红五军排长、连政委、团总支部书记、师经理处政委，红五师十三团政委，八路军一一五师三四三旅兼鲁西军区政委，冀鲁豫军区政委，晋冀鲁豫野战军第一纵队政委，第二野战军第五兵团政委等职。新中国成立后，曾任贵州军区司令员兼政委，贵州省委书记，解放军海军副政委兼政治部主任，海军政委，中央军委副秘书长，海军第一政委，上海市委第一书记等职。1955年被授予上将军衔。第八届中央候补委员，第十届中央委员、中央政治局候补委员，第十一届中央委员、中央政治局委员。

（宋　婕）

"什么时候再发表个谈话啊"

——毛泽东与李涛

在开国将帅中,有一位将军的经历较为独特。他长期领导机要工作,为前方战士提供战报,功绩卓著,却身藏隐蔽战线。他又是长征路上的军委纵队司令员,冲锋在前,保护了首脑机关安全转移。在新中国成立之际,毛泽东以他的名义亲自起草外交声明,这才使他广为人知。他就是湘籍开国上将李涛。他与毛泽东的故事,还要从第一次反"围剿"说起。

活捉敌将张辉瓒

1930年11月,蒋介石调集十万大军,以张辉瓒第十八师、谭道源第五十师为主力向中央苏区发动第一次"围剿"。

面对来犯之重兵,毛泽东从《孙子兵法》总结出"避其锐气,击其惰归"的作战思路与"诱敌深入"的作战方针。

李涛将毛泽东的作战主张充分践行在战场上。担任政委的李涛与师长陈伯均率领红三军第七师首先在中央苏区西北部边缘诱敌深入,在敌军袭来时主动转移,在敌军驻扎后频频袭扰,在敌军疲惫时适时出击,有效牵制、打击了敌军。

为尽快打破敌人的"围剿",12月下旬,毛泽东主持召开苏区军民歼敌誓师大会,列举当前克敌的有利条件,题写了反"围剿"战略指导思想的大字对联:"敌进我退,敌驻我扰,敌疲我打,敌退我追,游击战里操胜算;大步进退,诱敌深入,集中兵力,各个击破,运动战中歼敌人。"

李涛坚信有毛泽东的正确领导,有人民群众的拥护支持,有游击战、运动战的经验,一定能够粉碎敌人的"围剿"。他在战前给战士们做动员部署,说:"我们依靠毛泽东的战术完全可以打败敌人,而敌人却奈何不了我们。我们有朱总司令、毛总政委这样的军事首长来指挥,还怕打不了胜仗吗?"

12月29日,毛泽东下达了攻击张辉瓒部的命令。次日凌晨,毛泽东进入黄竹岭小别山的指挥所,开始指挥龙冈战斗。红三军担任左路攻击任务,李涛率领的第七师为先头部队,率先挺进龙冈以东伺机歼敌。上午9时,张辉瓒师到达此地,李涛命令开火,给予敌人当头一击。敌军展开两个团的兵力,向李涛部队猛攻。

此时,七师兵力少于敌军,火力弱于敌军,而总部又派不出增援。李涛充分利用有利地形,率部顽强阻击,多次打退了敌人进攻,成功拖住了敌人主力,等到红军总攻时,张辉瓒师无法突围,迅速溃败。这时,在与兄弟部队配合下,李涛率领第七师直捣敌军师部,活捉了国民党前线总指挥兼十八师师长张辉瓒。

消息传来,毛泽东难以抑制心中的喜悦,提笔写下了那首脍炙人口的《渔家傲·反第一次大"围剿"》:"万木霜天红烂漫,天兵怒气冲霄汉。雾满龙冈千嶂暗,齐声唤,前头捉了张辉瓒……"

此时,龙冈附近源头一线的谭道源第五十师慌忙向东韶撤退。红军乘胜出击,李涛也参加了战斗,他们一举歼灭谭道源师一个多旅,取得了第一次反"围剿"斗争的全面胜利。

这场胜利深刻展示了毛泽东卓越的军事指挥才能,也体现了李涛贯彻执行毛泽东战略部署的决心。经此一役，李涛更加坚信毛泽东的正确主张，为之后开展反"围剿"斗争，积累了宝贵的经验。

四渡赤水中的军委纵队司令员

1934年10月，李涛随中央红军从江西出发长征。遵义会议结束不久，中央红军已取得两渡赤水的胜利，但形势依然非常凶险。

当时，考虑到红军总参谋长兼军委纵队司令员刘伯承需要集中精力指挥各军团作战，军委纵队副司令员叶剑英又调往三军团工作。1935年3月初，中革军委决定：李涛任军委纵队司令员。

军委纵队主要由中共中央、中华苏维埃政府、中革军委机关干部组成，中央、军委领导人随队行动。军委纵队司令员不指挥野外作战，但要确保党政军首脑机关的安全转移，关系重大。

当刘伯承、李富春向李涛宣布中革军委的决定时，李涛很吃惊，担心自己做不好。刘伯承鼓励他，"你是带过兵、打过仗的，跟机关干部不同。几年前反'围剿'时，你不是先后带过两个红军师完成任务了吗？"李富春也鼓励李涛接受这一任务："毛主席、周恩来同志就在你的队伍里，大事你可以随时请示。还有，陈云同志做你的政治委员，你还担心什么？"

李涛这才接受了这项任务，但他表示，度过这一凶险后，请刘伯承和叶剑英回来带领军委纵队。

当时，国民党以几十万重兵对红军进行围追堵截。为积极寻找战机，毛泽东等中央领导采取高度机动的运动战方针，指挥红军灵活纵横于赤水两岸，巧妙地穿插于各路敌军重兵集团之间，集中兵力相机歼敌。

在如此艰险的条件下，李涛把中共中央、中革军委领导人的安全作为头等大事来抓。他与陈云一起指挥军委纵队辗转于赤水两岸行动，严格遵照中革军委的部署，精心组织每天的行军、设营，布置警戒。李涛亲自抓中央领导人的警卫工作，与参谋人员预想了各种突发情况，并准备了应对预案。他还直接掌握保卫团、警备分队、炮兵分队，随时防备意外。

在党政军首脑机关安全转移的前提下，毛泽东指挥红军打赢了四渡赤水战役，彻底粉碎了蒋介石等反动派企图围歼红军于川黔滇边境的狂妄计划，取得了战略转移中的决定性胜利。

四渡赤水之后，红军的安全形势有了明显的改善。这时，红军总参谋长刘伯承继续兼任军委纵队司令员，李涛改任军委纵队政治部主任。

虽然李涛担任纵队司令员的时间不长，但他所做的大量细致且艰苦的工作，获得毛泽东等中央领导人的高度赞赏。

三大战役的"活地图"

1945年10月后，李涛先后任中央军委作战部代部长、部长。由于他狠抓作战部的业务建设、作风建设，使得作战部在解放战争三大战役中成为中共中央、中央军委得心应手的高级参谋机构。

在辽沈、淮海、平津三大战役中，李涛参与中央军委各个重要作战方案的制定，不仅要管作战，还要负责情报、通讯、军务、装备、训练、测绘等工作。他率作战部编印了《每日军情》和每周一次的《军情综合》，认真分析国共双方兵力消长和国民党军作战方法的变化情况，根据实时战况，突击绘制了各种作战要图，供中央首长指挥作战时参考。

在毛泽东、朱德、刘少奇、周恩来、任弼时5位中央书记处书记开会研究战略问题时，李涛都会作战况汇报，并对重大敌情变化和主要战况作重点说明，提出请示定夺的事项和意见。对于5位书记的提问，李涛基本上做到了有问即答、准确无误，被誉为"活字典""活地图"。

新中国成立后，毛泽东的秘书田家英回忆当时的情况说："毛主席在定下作战决心之前，如有不明情况常常询问李涛部长。李部长对答如流，而且都很准确。就连国民党各部队的历史、战斗力、实力、地形地貌，他都装进自己头脑里。"

三大战役结束后，李涛还组织、指导参谋人员及时写出了各大战役的"概述""纪略""综合材料""总结"等，高度总结了指挥大兵团作战、歼灭国民党军重兵集团的作战经验，对后来的作战具有重要的指导意义，受到毛泽东的赞赏。

1949年3月25日，李涛带领军委作战部随中共中央、中央军委进驻北平香山及附近地区。李涛住香山慈幼院，与毛泽东住地双清别墅相邻。李涛回忆说："我们的统帅部世界第一。任何国家的统帅部，都要给下属部队发粮饷，发武器弹药，筹调兵员……但我们的统帅部却只发一个东西——电报，前方将士就打胜仗。"

毛泽东亲自起草"李涛声明"

1949年4月20日，英国军舰"紫石英号"，在长江扬中以北江面上炮击位于口岸以南的人民解放军炮兵阵地，企图阻挠人民解放军渡江。英国政要甚至把人民解放军炮兵部队的反击说成"暴行"，并无中生有地说："中国人民解放军准备让英国军舰'紫石英号'开往南京，但要该舰协助人民解放军渡江。"

为了揭露和批驳英国政要散布的谎言，表明中国人民的严正立场，4月30日，毛泽东起草《中国人民解放军总部发言人为英国军舰暴行发表的声明》，以李涛的名义发布，并发表在《人民日报》《北平解放报》和各大区报纸的头版显著位置。声明指出中国人民革命军事委员会和人民政府直到现在还没有同任何外国政府建立外交关系，我们愿意考虑同各外国建立外交关系，但这种关系必须建立在平等、互利、互相尊重主权和领土完整的基础上。而要做到这一点，就必须"打扫干净屋子再请客"。

不知情的同志遇到李涛时纷纷询问此事。李涛说："这个声明不是我搞的，是毛主席在和朱总司令、周副主席研究后起草的，只是使用了我的名字，因为这件事不需要用我们中央领导人的名义。如果把这场斗争比喻为打扑克，那个不可一世的大英帝国出了小王（首相艾德礼）又出大王（保守党首领丘吉尔），结果还是输了理；而我们的毛主席仅仅出了个黑桃2，就对付了它。"

5月10日，中共代表黄华奉命将与美国驻华大使司徒雷登会晤时，接到了毛泽东的指示——阐明我们的立场时，"要根据李涛声明"。毛泽东在这句话之后又写道，"要根据李涛声明，表示反对任何外国干涉中国内政"。

"李涛声明"表明了毛泽东及党中央坚持独立自主，捍卫国家独立、主权和民族尊严的外交立场，展现了灵活的外交策略，也体现了毛泽东对李涛的器重。

1949年夏的一个傍晚，李涛从军委作战室出来散步，遇到了毛泽东。当时，各路大军捷报频传，毛泽东微笑着同李涛开玩笑说："噢，李涛将军，什么时候再发表个谈话啊？"李涛笑着回答："那需要看主席有没有命令。"

毛泽东及中央军委印信的保管者

出于对李涛的高度信任，1949年11月1日，毛泽东手谕："军委印信一颗，请李涛同志负责保管。"此时，新的中央军委印信刚刚刻就，呈方形（略长），上刻"中央人民政府人民革命军事委员会印"16个宋体大字。李涛领导的作战部除负责管理中央军委大印外，还负责管理军委条戳、人民解放军总部关防和毛泽东、朱德、刘少奇、周恩来、彭德怀的签名章。

为了严格管理及使用上述印信、关防和名章，李涛规定了严格的手续，建立了登记制度，并指定专人保管。军委各部门受命以军委名义下达命令、指示或其他公文时，须持军委首长批件，经李涛过目后，由秘书用印，用印前做详细登记。

1950年5月，中央军委任命李涛兼任军委办公厅主任。李涛为加强军委机关的秘书、档案、保密与行政工作做出了部署，对工作人员的思想与工作作风提出了具体要求，锻造了一支强有力的秘书队伍，为军委开展工作提供了坚强支持。

1955年9月，李涛被授予上将军衔。李涛谦虚谨慎，对授勋章一事，在给家乡的信中说："我对革命贡献小，受之有愧，我要为人民服务终身。"

人物简介：

李涛（1905—1970），湖南汝城人。1926年加入中国共产党。曾任红三军第一纵队第七师政委，红十三军三十九师政委，红九军团政治部主任，红一方面军政治部敌工部部长，军委二局政委，军委纵队司令员、政治部主任，红军驻西安联络处处长，八路军驻武汉办事处处长，军委作战部副部长兼二局局长，军委作战部部长等职。新中国成立以后，曾任中央军委技术部部长，总参谋部三部部长、政委等职。1955年被授予上将军衔。第八届中央候补委员。

（田翔尹）

"志民，志民，立志为民"

——毛泽东与李志民

在纵横沙场的革命岁月里，李志民是毛泽东十分信赖和器重的战友。心有灵犀，默契有加，军事上的英勇善谋是他们的共同标识；立志为民，热爱人民，博大的为民情怀是他们的共同特质；热爱学习，锤炼素质，永不停歇的奋斗精神是他们的共同追求。他们在战火中锤炼出的深厚战友情谊让那个风雨如磐的年代平添了几分温暖与力量。

与毛泽东心意相通

"诱敌深入"战略方针是毛泽东军事思想的重要组成部分。在其备受质疑之时，李志民深刻领悟了毛泽东这一军事战略的精髓，通过不遗余力的宣传，让毛泽东的军事思想广泛被人接受和认可。他们彼此的心有灵犀和心意相通促使正确的军事战略思想成为当时指导革命胜利的行动指南。

1930年11月，国民党江西省主席鲁涤平奉蒋介石之命，率领7个师21个旅，编成3个纵队，采取"并进长追"的战略，向红一方面军所在地袁水两岸地区进攻，发动了第一次"围剿"。

面对劲旅，红一方面军总前委书记、总政委毛泽东认为，只有诱敌至根据地，利用我军人熟、地熟、有人民群众支持的优势才能加以歼灭。这是毛泽东提出的著名的"诱敌深入"的战略方针。然而，这一战略方针起初并没有得到大家的认同和接受。由于对毛泽东"诱敌深入"战略方针的不理解、不相信，缺乏粉碎敌人"围剿"的信心，部队行动力和战斗力都受到了很大影响。因此，让毛泽东"诱敌深入"的战略方针深入军心和民心，打消部队和群众的疑虑，提高大家胜利的信心，成为当时艰巨而重要的任务。

正在此时，红五军组织部部长李志民通过分析敌情和我军的军事策略，认为毛泽东"诱敌深入"的战略方针不但是正确的，而且是高明的。李志民认为自己有责任、有义务去做好部队的思想工作，让部队和群众尽快接受毛泽东"诱敌深入"的战略方针，增强部队战斗的信心和决心。于是，李志民利用行军的间隙，深入连队，用通俗易懂的方式向大家宣传和解释"诱敌深入"的战略方针。

有一次，李志民来到一个连队，向战士做动员讲话，宣传"诱敌深入"的战略方针。他问战士们："同志们，你们说是伸开五个指头打人有力气，还是把五个指头攥成拳头打人有力气？"

"当然是攥成拳头打人有力气。"战士们异口同声答道。

"对呀，这就是集中兵力的道理嘛！"李志民立马回应道。

接着，他做了个打拳的姿势，又问道："是手臂伸直在面前摇晃打人有力气，还是把手臂收回再用力出拳打人有力气？"

战士们齐声回答："当然是手臂收回再用力出拳打人有力气！"

李志民说："对嘛，这就是为什么要诱敌深入，把敌人引进苏区来打的道理。"

战士们一听来了兴致，李志民又把为什么在敌强我弱的情况下，不能和敌人硬拼，只能诱敌深入来分散敌人的兵力，让敌人疲于奔命，然后我们再集中兵力攻打敌人的薄弱部位，才能消灭敌人的道理讲述给大家听。他希望通过自己简单、直接、明了的方式让大家更容易理解和接受毛泽东"诱敌深入"的战略方针。

持续深入的政治教育和动员极大鼓舞了部队的士气，虽然部分人对毛泽东"诱敌深入"的战略方针仍是半信半疑，但显然已经没有了当初的抵触情绪。之后，有了像李志民这样广大干部的理解、支持与努力宣传，"诱敌深入"的战略方针逐渐被部队干部、战士和苏区人民群众所接受，这也为第一次反"围剿"胜利奠定了深厚的思想和行动基础。

牢记毛泽东"立志为民"嘱托

"立志为民"看似是毛泽东对"李志民"名字的一句调侃，实则包含了毛泽东对自我的要求和对李志民的期许。李志民感受到了毛泽东热爱人民的博大胸怀，他也没有辜负毛泽东对他的期望，用一生践行着这4个字。

1936年，以红一方面军主力组成的中国人民红军抗日先锋军由毛泽东任政委，东渡黄河，进入山西，准备奔赴抗日一线。此时，第十一团政委李志民跟随毛泽东一起渡河东征。4月，蒋介石、阎锡山等率领的国民党军队对我军围追堵截，我军已无法按原计划东进抗日。为避免内战，保存抗日力量，促进抗日民族统一战线工作的顺利开展，中共中央决定，由渡河东征改为回师西渡，去往陕北。于是，各路东征红军陆续收缩西撤。

在抗日先锋军西撤之时，李志民所在的红十一团主要负责后卫掩护。1936年5月5日凌晨，李志民突然接到电话，告知他毛泽东就在离他驻地十余华里的山顶大庙里，要李志民马上去领受任务。听罢，李志民带领几个警卫战士策马直奔山顶大庙。当他们赶到大庙厢房时，只见毛泽东身边随行人员正忙着收拾文件和炕上的书籍、铺盖，毛泽东安然地站在一张长方桌前，若有所思地看着军用地图。毛泽东此时沉着冷静、镇定自若的神情让李志民一颗悬着的心顿时平静下来。李志民急匆匆地在门口喊了一声："报告！"并向毛泽东敬了个军礼。毛泽东抬起头，和蔼地对李志民笑了笑，招呼他坐下，然后亲切地说："我们主力部队已经过河，估计敌人八九点钟才能赶到这里。现在还有点时间，你们后卫团过河之前，要在沿途行军路上，仔细检查一下前头各部队执行纪律的情况，借的东西还了没有，房子打扫干净没有，门板上好了没有，损坏的东西或踏坏的青苗赔偿了没有，买的东西给钱了没有？真正做到秋毫无犯。"听罢，李志民立即表示，"请主席放心，我们一定做到秋毫无犯！"毛泽东笑了笑说："志民，志民，立志为民，好嘛！"说到这里，毛泽东用手弹了弹烟灰，又仔细交代说："还要去检查一下，丢下的路标、碎纸、烟头、破草鞋等，统统收集起来销毁。我们长征过金沙江时，敌人还拣了我们一只破草鞋。这次过黄河，连一只破草鞋也不能让敌人拣去。"李志民接到任务，告别毛泽东后，便匆匆返回驻地。之后，他严格按照毛泽东的指示要求，带领各级干部认真检查群众纪律，该付钱的付钱，该赔偿的赔偿，该打扫的打扫，真正像他答应毛泽东的那样，出色地完成了这次任务。

★ 举荐学习，磨刀不误砍柴工

因为毛泽东的举荐，李志民才得以有机会在抗大这座人才培养的革命大熔炉中锻造。在抗大学习和工作了6年，李志民对抗大有着特殊而深厚的情感。而毛泽东也为抗大的发展倾注了大量心血，让伟大的抗大精神成为抗战烽火中的璀璨之光。

1937年6月，抗日战争尚未全面爆发，红二十七军政治部主任李志民见到红军大学步兵学校政治部主任张际春。李志民见张际春和蔼可亲，便向他吐露了自己埋藏在心底多年的愿望，他说："我参加革命十几年，一直没有机会进学校学习。过去在中央苏区时曾经向彭老总提出过要求，但每次他都半开玩笑半认真地回答我说，'你这个知识分子还进学校干什么？'其实我才高小毕业，虽然当过几年小学教员，但文化程度并不高，并没有系统地学过马列主义，算什么知识分子呢？所以我想到抗大去学习。"张际春听罢，很理解和支持李志民的想法，当天下午便带他去见毛泽东。

李志民跟张际春来到毛泽东住的窑洞。毛泽东正在办公桌前审阅文件，见他们走过来，便停下了手上的工作。张际春说明来意后，李志民怕耽误毛泽东的宝贵时间，便开门见山地对毛泽东说："我自从参加革命后一直没有机会进学校学习，自己觉得跟不上形势。在太相寺会议上，我听了主席的报告后，更深刻认识到应该利用有利时机，学习深造，提高政治思想水平和军事素质，才能更好地工作。最近听说抗大第三期又开始招生，所以特地请求主席批准我去抗大学习。"毛泽东听后，也很支持李志民的想法，亲切地对他说："你要求学习是件好事嘛。磨刀不误砍柴工。学习好了可以更好地工作。我同意！"说罢，毛泽东立马提笔写了一张给抗大教育长罗瑞卿的便条，介绍李志民到抗大学习。

李志民拿着毛泽东写的便条，匆匆返回宜川交代好工作，便赶到延安，将便条交给了罗瑞卿。罗瑞卿看后，便告诉李志民："抗大第二期已经学习了半年，即将毕业，现在第三期正在招生，有的学员已陆续报到，你就编到二大队第四队吧！二大队是个政治队，四队是高干队，队里多是军、师一级的政治干部，现在报到的人还不多，你先去队里，帮忙做一些接收新生的工作吧！"之后，李志民便很快来到第四队帮助做新生的入学登记工作。不久，李志民调第五队任队长兼政委，开启了在抗大边学习边工作的时光。

"风雨"中坚信毛泽东思想

1957年10月，李志民调任解放军高等军事学院副政委兼政治部主任，1959年1月任政委。他致力于军队院校建设和军事教育事业，始终强调学习和运用马列主义，坚持理论联系实际，重视总结战争经验，努力提高学员的政治思想和军事水平，为部队高级人才的培养作出了不可磨灭的贡献。

1966年6月22日，总政治部发出《关于部队院校开展文化大革命运动几个问题的请示报告》，要求全军院校要积极投入这次"文化大革命"中来。李志民在这场运动中，深受迫害。为了达到篡党夺权的目的，林彪、江青反革命集团强加罪名于李志民，并煽动造反派不分昼夜轮番对他进行批斗，甚至拳脚相加，残酷迫害，还株连家属。

1969年2月2日，军委办事组发出1号文件，决定将原解放军高等军事学院、南京军事学院、政治学院撤销，合并成立军政大学。至此，高等军事学院完成了它的历史使命。同年10月，在林彪、江青反革命集团的迫害下，李志民和夫人刘平被强行"下放"到江西省高安县渡埠农场劳动。这时的李志民被迫改名为李光，在"下放"劳动的3年中，他的身心遭到了严重摧残。但即便如此，李志民始终坚信马列主义、毛泽东思想，始终立场坚定，旗帜鲜明地同林彪、江青反革命集团进行坚决斗争。

随着林彪、江青反革命集团的彻底覆灭，1972年10月，李志民终于重新出来工作，担任福州军区政委。1980年2月，他退居二线，任中央军委顾问，直至去世。

人物简介：

李志民（1906—1987），湖南浏阳人。1927年加入中国共产党。曾任红五军第二纵队二大队四中队党代表，特务大队政委，红五军党委秘书长，红三军团政治部保卫大队政委，军团保卫局二科科长，第八十一师政治部主任，红二十七军政治部主任，中国人民抗日军政大学六分校政治部主任，晋察冀军区组织部部长，冀中军区副政委兼政治部主任，晋察冀野战军第三纵队、第二纵队政委，第二十兵团政治部主任，第十九兵团政委。新中国成立后，任陕西军区政委，中国人民志愿军政委，解放军高等军事学院政委，福州军区政委，中共中央军委顾问等职。1955年被授予上将军衔。第八届中央候补委员，第十、第十一届中央委员，1982年当选为中顾委委员。

（李 玲）

"你们在前面开路,由你们决定"

——毛泽东与李聚奎

在长期的革命斗争中,李聚奎在毛泽东的影响和指挥下,出生入死,英勇作战,立下了赫赫战功。李聚奎被称为红军、八路军、解放军的开路先锋、骁勇战将和"将圣",被中央军委誉为"功高德亦高,楷模昭后人"。

折服于毛泽东的正确主张和军事才能

1930年6月11日,在李立三"左"倾冒险错误主导下,中央政治局会议通过了《目前政治任务的决议》,制定了以武汉为中心的全国中心城市起义和集中全国红军攻打中心城市的冒险计划，提出了"会师武汉，饮马长江"的口号。

按照中央关于攻打南昌、九江的命令，毛泽东、朱德率红一军团自汀州向南昌开进。后根据敌我形势的变化，援助红三军团。8月23日，红一、三军团在浏阳永和会师，组成中国工农红军第一方面军，毛泽东任总政委兼总前委书记，朱德任总司令。李聚奎当时在红三军中担任支队长。

红一方面军成立后，按照中央意图并经总前委多数人同意，决定再次攻打长沙。总前委在作出这一决定时，是有过一番争论的。毛泽东认为我军不具备攻打长沙的条件，因为长沙守敌有10万人，而且城内无工人、士兵运动做内应，取胜的可能性很小，所以不赞成打。红三军团的大部分同志则主张打，有的人还说："既不打南昌，也不打长沙，还执不执行中央的命令？"作为支队长，李聚奎不可能参加前委会议，但他从上级领导那里得知了一些争论的情况。

8月24日，红一方面军总司令部下达"向长沙推进的命令"。毛泽东在分析了敌我力量及部署后，主张在长沙城南猴子石设伏，歼灭出击之敌。李聚奎当时带领部队久居山区，无法分辨是非对错，随即加入攻打长沙的战斗中。恰好，李聚奎所在红三军团被部署在毛泽东主张的要害部位。果然如毛泽东所料，李聚奎所在部队歼灭出击之敌近800人，俘敌1000多人，给长沙守敌以重创。由此，李聚奎进一步加深了对毛泽东的敬佩。按照总司令部的命令，红军围城半月之久，3次发起总攻击，损失惨重，均未实现攻克长沙的目标。这时，李聚奎才觉得毛泽东的分析和主张是正确的。9月12日，毛泽东召开会议，作出撤出长沙之围，向醴陵方向退却的决定，使我军保存了有生力量。经过此次战役，李聚奎成为毛泽东的一名忠实追随者。

负伤巧遇总政委，"敌人快顶不住了"

1930年10月，蒋介石任命国民党江西省主席兼第九路军总指挥鲁涤平为"围剿"军总司令、张辉瓒为前线总指挥，调集10万多人，发动对中央根据地的第一次"围剿"。这时红一方面军共约4万多人，武器装备有所改善。毛泽东分析了敌强我弱的态势，提出了"诱敌深入我根据地，待其疲惫而歼灭之"的积极防御战略方针，主张红军适时进行战略退却，然后再依托根据地的有利条件，进行战略反攻，粉碎敌人的"围剿"。

当时根据地军民对"诱敌深入"战略还有很多顾虑，毛泽东和红一方面军的领导同志在战前亲自到干部和群众中做动员和解释工作。李聚奎当时任红三军九师二十七团团长，他坚信按照毛泽东的战略思想去打仗，一定能够消灭敌人。在宁都小布召开的苏区军民歼敌誓师大会上，毛泽东亲笔撰写了一副对联。李聚奎进入会场，轻声念道："敌进我退，敌驻我扰，敌疲我打，敌退我追，游击战里操胜算；大步进退，诱敌深入，集中兵力，各个击破，运动战中歼敌人。"他暗自叫好。

战斗打响后，张辉瓒很快落入了毛泽东设计的包围圈中。为夺路逃命，张辉瓒集中火力向红九师阵地猛攻。李聚奎正指挥着二十七团打击敌人，突然，一颗子弹击中李聚奎的大腿，血流不止。在红九师师长徐彦刚、政委朱良才的命令下，李聚奎被担架抬下了战场。李聚奎躺在担架上，在经过小别山红军指挥部时，碰到了总政委毛泽东。毛泽东亲切询问伤情并嘱咐他休养一段时间，李聚奎说："伤情不重，没有大问题，休养一段时间就可以重返战场。"接着，他又说："马上就要结束战斗了，已经打到敌人指挥部了，敌人已经顶不住了。"毛泽东高兴地说："胜利在握！"

第一次反"围剿"胜利结束，红军全歼了敌十八师两个旅及师部9000多人，活捉师长张辉瓒，歼灭敌谭道源师一部，俘敌3000余人。此役的胜利，证明毛泽东提出的"诱敌深入"战略方针是正确的，李聚奎暗暗佩服毛泽东的神机妙算。

长征中三见毛泽东

第五次反"围剿"以失败告终后，中央红军进行战略转移开始长征。长征途中，红一师师长李聚奎三次见到了毛泽东，并亲耳聆听了他的指示。每次相见，都让李聚奎醍醐灌顶。

1934年11月3日，中央红军在城口附近突破第二道封锁线后到达乐昌地区，全军和中央纵队都挤在狭窄的道路上。此时，湖南、广东敌军乘机从两侧夹击过来，蒋介石嫡系部队也尾追迫近，前堵后追三面进逼，形势十分危急！李聚奎率红一师临危受命，带三团开路，来到全军前头，掩护整个部队通过粤汉路。因行动迅猛，得到正和毛泽东、朱德在路旁休息的周恩来的称赞。

当时毛泽东疟疾刚愈，身体很虚弱，坐在担架上随中央纵队行动。他嘱咐李聚奎："你们在前面开路，任务艰巨，动作要迅速，不然后面的队伍就会堵塞住了。大方向就是向嘉禾、蓝山前进。你们在前进过程中能相机占领这两个县域或一个也好。具体道路由你们在前头决定。我们后面就跟着你们来。"最后毛泽东又强调说："大路能走就走大路，不能走就走小路，如果小路也不能走就爬山。总之，你们在前面开路，由你们决定，不要等着指示，以免耽误时间。"

亲耳聆听了毛泽东的指示，李聚奎心里充满了胜利的希望和信心。这是他在长征途中第一次见到毛泽东。

湘江战役，是中央红军长征出发以来最艰苦最壮烈的一仗。中央红军强渡湘江后，对于前进方向，一直进行着激烈争论。1934年12月，中央红军进入湖南通道。在此召开的"飞行会议"上，毛泽东力陈向敌人力量薄弱的贵州进军，得到张闻天、王稼祥、周恩来等的支持。12月18日，中央政治局在黎平举行会议，根据毛泽东的建议，通过决议，放弃到湘西同红二、六军团会合的计划，改向贵州北部进军。

一天，李聚奎率红一师正在一个小镇上休息，恰遇中央纵队的前梯队从这里通过，听说红一师师部在这里，前梯队也停了下来。毛泽东、周恩来等中央领导同志一起来到红一师师部，刚好赶上炊事班宰了一头猪。李聚奎一面让炊事班准备饭菜，一面向中央领导同志汇报工作。几位领导互相插话，笑声不断。其间，毛泽东说话最多，他关切地询问部队吃得怎么样，病号多不多，休息得好不好。

那时招待领导同志吃饭，只要有点肉，就算是丰盛了。炊事班一下子端上来好几盘肉，大家很是高兴。饭桌上他们边吃边谈，笑语不断。中央领导同志如此兴高采烈，李聚奎他们很久没见过。李聚奎猜想，一定是在什么重大战略决策问题上取得了一致意见。

后来，聂荣臻向师以上干部传达了中央政治局黎平会议《关于在川黔边建立根据地的决议》，当听到"新的根据地应该是川黔边地区……""在向遵义方向前进时……对蒋湘桂诸敌应力争避免大的战斗"时，李聚奎会心地笑了，这印证了他之前的猜测。他感到毛泽东在中央根据地的那套"打得赢就打，打不赢就走"的克敌制胜的战法又回来了。

　　1935年1月7日，红军攻克黔北重镇遵义。1月15日至17日，中共中央在遵义召开政治局扩大会议，开始确立以毛泽东为主要代表的正确路线在中央的领导地位。遵义会议之后的四渡赤水，充分显示了毛泽东军事思想的巨大威力。

　　四渡赤水战役中，李聚奎再次见到了毛泽东，这是他长征途中第三次见到毛泽东。此次见面，毛泽东亲自向李聚奎讲了三个方面的问题。一是传达遵义会议精神，告诉他此次会议解决了军委的领导问题。二是关于机动灵活的战略战术问题。"你们一师在长征途中几次被敌人侧击，都随机应变地处理得很好，你们避开了敌人的锋芒，按照军委的意图，当机立断，这是正确地执行了军委的命令，今后这样的情况还会很多，就是要发挥机动灵活的作战方法。"毛泽东的这番话极大地肯定了李聚奎率领的一师对机动灵活战略战术的运用，并激励他要进一步运用好。三是关于部队缩编问题。毛泽东说："部队到扎西以后要进行缩编。准备把师改为团。你（指李聚奎）这个师长就要当团长啦！"毛泽东还就部队缩编问题询问李聚奎的意见，李聚奎表示完全支持。

　　李聚奎为得到了毛泽东的亲自指示而倍感高兴，看到了胜利的曙光。返回师部后，他向其他干部传达了毛泽东的指示。大家听了都十分兴奋，表示一定要按照毛泽东讲的办。

"此事急如星火"

　　为了保卫和巩固新中国的胜利果实，1950年7月，中共中央决定组建东北边防军，准备派部队入朝作战。部队出国作战，大量的后勤保障工作需要在国内完成。早在解放战争时期，李聚奎就从军事指挥工作岗位上调任东北野战军后勤部参谋长、部长，受命参与组织辽沈战役和平津战役的后勤保障工作，并很好地完成了后勤保障任务，对后勤工作有着自己独到的见解和想法。朝鲜战争爆发后，在毛泽东亲自批示下，中央军委决定将李聚奎由第四野战军副参谋长调任东北军区后勤部部长，负责组织后勤机构，筹措战备物资。

10月1日，美军越过三八线向中朝边境进犯，形势十分严峻。中国人民志愿军赴朝作战，所有一切后方供应事宜统一由东北军区调度指挥、负责保证。此时，后勤干部很少，技术力量更加薄弱。为了解决这些困难，党中央、中央军委和政务院从全国、全军抽调了几千名干部和司机。为此，毛泽东曾亲自在电报文稿上批示"此事急如星火"。

毛泽东的批示虽只有简短的6个字，却直接促成后勤人员迅速增补到位，为李聚奎后勤工作开展提供了坚实的人力支持。后勤部在李聚奎的领导下，在战前准备不足、战时处境艰难的情况下，共向前线运送粮食19万吨，各种枪弹2亿多发，炮弹670万发，汽油29万桶，战救药材200多吨，以及其他大批物资器材，收容伤病员20万名，就地筹措粮食12万吨，基本完成后勤保障任务，保证了战役的胜利。

"革命加拼命"

新中国成立之初，毛泽东指出：要进行建设，石油是不可缺少的，天上飞的，地上跑的，没有石油都转不动。石油是进行国家建设不可或缺的战略资源，国家对石油工业的要求是迫切的，而当时我国的石油工业基础十分薄弱，这就急需有人来干石油。正在此时，1955年7月，一届全国人大二次会议决定成立石油工业部。毛泽东任命战争年代的开路先锋李聚奎为石油工业部部长。

当得知被调去干石油工作时，李聚奎一点思想准备都没有，甚至有点"发怵"。这个变化太突然，要离开参加革命后从未离开过的军队到地方工作，又是到一个对国民经济和国防建设非常重要、专业性很强的部门去工作，他感到肩上的担子重大。

在石油部工作期间，他不懂就学，边干边学，拜部长助理徐今强为师，向生产一线的工程技术人员和工人请教，熟悉情况，调查研究。就这样边工作、边学习，他慢慢地熟悉了情况，开始懂得了一些石油方面的知识，并在某些方面形成了自己独特的见解。

1956年初，毛泽东用一个半月的时间听取工业、农业等34个部门工作汇报。2月16日上午，李聚奎到丰泽园颐年堂向毛泽东、李富春、薄一波汇报石油工业情况。毛泽东听得很仔细，不断地提问题，追根究底，中午也不休息，让炊事员给每人做了一大碗面条，边吃边谈。李聚奎对这次汇报预先做了准备，但毕竟搞石油工作还不到半年，有些问题答不上来。毛泽东看出他有点紧张，笑着说："你谈得不错了！才去了5个月，有些情况不知道，不能怪你，时间太短了。"可以说，毛泽东对李聚奎在石油工业部所取得的成绩是满意的。

2月26日，李聚奎为了让毛泽东了解更多情况，与康世恩在中南海勤政殿再次向毛泽东等党和国家领导人汇报了关于石油工业的情况。毛泽东详细询问了关于石油生成和中国石油发展的前景，又问在中国怎么找油？康世恩汇报了西北地区石油的情况和在苏联考察的收获。毛泽东听后说："美国人讲中国地质老，没有石油，看起来，起码新疆、甘肃这些地方是有的。怎么样，你石油部也给我们树立点希望啊！"随后，康世恩汇报新疆、甘肃的油田都在戈壁荒漠地带。毛泽东感慨地说："搞石油艰苦呀！看来发展石油工业还得革命加拼命！"

毛泽东的指示对李聚奎影响很深，他秉承着毛泽东面授的"革命加拼命"精神，狠抓石油工业，在筹建部机关的同时，带领干部、专家、技术人员奔赴大西北，艰苦奋斗，夜以继日，开发克拉玛依油田，大力发展石油工业基地，并先后筹备、组建了松辽石油勘探局、华东石油勘探局和华北石油勘探处等，全面加强石油勘探开发和生产建设工作，取得新中国石油勘探的第一次突破，为中国石油工业在更大规模上展开奠定了良好的工作基础。

人物简介：

李聚奎（1904—1995），湖南涟源人。1928年参加平江起义，同年入党。曾任红一军团一师师长，红三十一军参谋长，一二九师三八六旅参谋长，一二九师抗日先遣纵队司令员兼政委，决死第一纵队副司令员，决死第一旅旅长，第四野战军后勤部第二部长，第四野战军副参谋长等职。新中国成立后，曾任东北军区后勤部部长兼政委，解放军后勤学院院长、政委，石油工业部部长，解放军总后勤部政委，高等军事学院院长，中央军委顾问。1958年被授予上将军衔。第四、第五届全国人大常委会委员；1982年当选为中顾委委员。

（王文红）

"杨勇上将，上将扬勇"

——毛泽东与杨勇

在与毛泽东披肝沥胆、南征百战的众多战将中，不能不提到赫赫有名的"三杨"之一杨勇。毛泽东是杨勇理想信仰的引路人，引领他走上革命道路；毛泽东是杨勇热爱崇敬的领导人，杨勇临危受命，不畏生死，只为保护毛泽东安全；毛泽东是杨勇参加革命打仗的带路人，培养他成为叱咤风云的一代名将。

在波澜壮阔的中国革命历史进程中，毛泽东和杨勇患难与共、惺惺相惜的深厚革命情谊是这部辉煌史册中温暖人心的一页。

文家市一席话埋下的革命火种

1927年9月19日，是杨勇开启光辉人生篇章，意义非凡的一天，也是他与毛泽东有着不解之缘的开始。

当时，白色恐怖正在杨勇的家乡浏阳文家市蔓延。9月19日早晨，杨勇正和家人一起吃饭，突然听见外面传来一阵清脆的枪声。等枪声渐渐平息，他听见有人在喊："乡亲们，出来吧，我们是工农革命军，自己的队伍打回来啦！"杨勇听罢，立刻冲出家门。他看见穿着灰色衣服的军人，胳膊上套着红袖章，红袖章上印着一颗黄五星，五星四周写着"全世界无产阶级联合起来"。他听了一会，才知道这支队伍中有不少浏阳人，他们刚参加了起义，编入了工农革命军第一军第一师第三团，现在到了文家市，准备等着和第一团、第二团会合。果然，当天下午，三支队伍便会合了。这时，幸免于难的农会干部们活跃起来，忙着安置伤病员，给部队烧水做饭。杨勇和儿童团员一起给部队站岗放哨。

当天晚上，杨勇站了半夜的岗。他听到巡逻队的士兵说，明天早上要开会师大会，毛委员要给部队讲话。杨勇早早就来到里仁学校的操场。他还特意带着小本子和铅笔，准备把毛泽东的话记下来，好告诉共青团负责人甘恩藻。

会师大会开始了，这是杨勇第一次见到毛泽东。他和表弟胡耀邦等3人骑在操坪的墙头上，歪着脑袋一边认真听穿着老蓝布农民服的毛泽东说话，一边认真地做着记录。只见毛泽东站到队伍前，慷慨激昂地说："我们受挫，是吃了没有抓住枪杆子的亏。现在，我们有了自己的武装，事情就好办多了。这次暴动，虽然打了几个败仗，受到一点挫折，但算不了什么。有些人经不住考验，从队伍中逃跑了，这也没什么了不起，少些三心二意的人，我们这支队伍只会更纯洁，更巩固，更紧张。常言说，失败乃成功之母。拉武装，我们没有经验，万事起头难嘛。只要我们善于从失败中吸取教训，咬咬牙，挺过这一关，革命总有出头的一天！"说到这，毛泽东伸出左手在空中画了一个大圈，说："蒋介石好比一个大水缸。"然后又伸出右手，说："我们好比一块小石头。"然后，他不停地用右手撞左手，微笑着说："我们这块小石头，不断地打大水缸，总有一天会把蒋介石的那口大水缸打碎的！"听罢，会场顿时活跃起来，杨勇用手中的铅笔捅了捅好朋友周政财，开玩笑说："打碎你这口大水缸！"之后，毛泽东还精辟而生动地告诉部队，我们为什么暂不去打长沙、打大城市，而是要到农村去，到敌人控制比较薄弱的山区去寻找落脚点，建立革命根据地的道理。

会师大会结束后，杨勇目送着工农革命军在毛泽东的率领下出发。会师大会上毛泽东的一席话，久久在杨勇心中激荡。他佩服毛泽东的雄才大略，暗暗下定决心，一定要去当兵，一定要到毛泽东手下当兵。果真，1930年初，杨勇参加了浏阳县第八区游击队，不久后参加了彭德怀领导的红五军，成为中央红军的一员，也真正在毛泽东的直接指挥下征战。

★ 长征时保卫党中央和毛泽东

风雨之中显担当，危难之际见真情。在史诗般的漫漫长征路上，毛泽东和杨勇携手渡过了一个又一个难关。

1935年6月，红一、四方面军在四川懋功会师。两军在商定下一步全军的行动计划时，在战略方针上分歧严重。为统一思想，中央政治局在两河口召开会议，指出今后的战略方针是向北发展。此时担任红十团政委的杨勇，坚决执行以毛泽东为代表的党中央的决定，率部随红三军团继续北进。

9月3日，率左路军进抵阿坝地区的张国焘给中央领导人发来电报，说已命令部队停止前进，要求中央放弃北上的方针，提出南下的主张。为此，中共中央政治局紧急召开会议，毛泽东等联名致电张国焘，告知南下的危险，让他改道北进。在极力说服的同时，为避免红军内部产生可能发生的分裂，中央决定率红一、三军（会师后红一方面军的军团改称军）单独北上。在这风云突变的关键时刻，毛泽东要求红三军派一支队伍保护中央北上，彭德怀立即找到了杨勇。他说："杨勇同志，张国焘闹上了，他要南下，让我们跟他走，那不成！中央已经决定我们单独北上，你们团的任务就是掩护中央机关，保障他们的安全，要格外小心，以防万一，一定要保证党中央、毛主席的安全。"杨勇毫不犹豫地说:"明白。一定完成任务。"在这危急时刻,杨勇受领了保卫党中央、保卫毛泽东的任务。他按照彭德怀的命令,动员部队保卫党中央、毛泽东,继续北上。一路上,杨勇率红十团官兵寸步不离护卫在毛泽东等人左右,并做好应付各种情况发生的准备。

1935年10月,杨勇护卫着毛泽东到达陕北吴起镇。红军刚安顿下来,敌人的4个骑兵团就尾随而至。彭德怀指挥红军与敌人交战,杨勇率部从侧面向敌人展开猛烈攻击,不畏生死,英勇杀敌,两小时后,敌主力团被歼灭,其余落荒而逃。

随着中央红军长征的结束,杨勇保卫党中央和毛泽东的任务也圆满完成。

★ 威震四方的"上将扬勇"

杨勇从农村走出,一路披荆斩棘,身先士卒,成为赫赫有名的一代战将。这离不开毛泽东对他的谆谆教诲和悉心关怀。他也深受毛泽东喜欢,毛泽东几度给予他高度赞扬和评价。

1960年5月,解放军副总参谋长兼北京军区司令员杨勇陪同访华的英国元帅蒙哥马利参观中国军营。蒙哥马利是第二次世界大战盟军杰出的指挥官之一,他战功显赫,被人们称为捕捉"沙漠之狐"的猎手。杨勇和蒙哥马利握手,蒙哥马利说:"久仰杨将军,中日一战,你们打胜了,朝鲜战场你们又打胜了,令人钦佩。"话虽这么说,但实际上,蒙哥马利内心并不十分服气。

在视察中国军队时,当蒙哥马利看到500名中国士兵组成方队,气势磅礴进行刺杀表演时,他想下到队列看看,并提出了一个怪异的要求:请士兵们脱下军帽。杨勇虽然不明白为什么,不过还是爽快地答应了。500名士兵右手持枪,左手脱帽,蒙哥马利踱入队列,目光凛凛地扫视每位士兵的脸庞。这时,蒙哥马利从一名士兵手中接过半自动步枪,立姿击发,远处的钢板应声落地,博得了一阵掌声,他脸上荡漾出得意的神情。然后,他把枪递给杨勇,杨勇心领神会,接过步枪,举起便射,连发九枪,前方九块钢板应声倒下,无一幸免。虽然杨勇许久没有在战场上冲锋陷阵了,但"神枪手"的本领丝毫未减。蒙哥马利看在眼里,对这些却沉默不语。

3天后,蒙哥马利来到香港,参加记者招待会。会上,记者们纷纷让他谈谈访问中国军队的感受。他说:"中国军队武艺精湛。开始,我以为他们都是服役多年的军官。当我走进队列,看见每一个士兵额头都是光的,没有一点皱纹,才相信都是年轻的士兵。"最后,他郑重地说:"在这里,我要告诫我的同行,不要同中国军队在地面上交手,这要成为军事家的一条禁忌,谁打中国,进得去出不来!"消息传到毛泽东的耳朵里,他笑了,一语双关地说道:"杨勇上将,上将扬勇!"

1964年,阿尔及利亚总统本·贝拉访华,特意要求见一见当年在朝鲜指挥金城反击战的杨勇。这时,消息传来,毛泽东笑得更灿烂了,说道:"杨勇上将,上将扬勇!这一扬勇,都扬到非洲去了!"

人物简介:

杨勇(1913—1983),湖南浏阳人。1927年加入中国共产主义青年团。1930年参加红军,同年转入中国共产党。曾任红三军团五师十四团政治处主任,第四师十团政委,红一军团第一师、第四师政委,八路军第一一五师三四三旅六八六团副团长、团长兼政委,独立旅旅长兼政委,鲁西军区副司令员兼第三四三旅旅长,鲁西军区司令员兼教导第三旅旅长,冀鲁豫军区副司令员,晋冀鲁豫野战军第七纵队、第一纵队司令员,第二野战军五兵团司令员等职。新中国成立后,曾任贵州省人民政府主席、贵州军区司令员,志愿军副司令员兼参谋长、司令员,解放军副总参谋长兼北京军区司令员。1955年,被授予上将军衔。第五届全国人大常委会委员;第八届中央候补委员,第十、十一届中央委员,第十二届中央书记处书记。

(李 玲)

"此人大名叫杨得志"

——毛泽东与杨得志

杨得志是在毛泽东教育指导下成长起来的高级将领。他一生跟随毛泽东南征北战、出生入死，打了许多硬仗、恶仗、胜仗，立下赫赫战功。

第一次见到毛泽东

1928年4月，杨得志同哥哥杨海棠参加了朱德、陈毅率领的湘南起义武装组成的工农革命军，随部队到达砻市，与毛泽东领导的秋收起义部队会师。会师大会在砻市南边的一个广场上举行。

红军和当地群众挤满了整个会场,杨得志的心情非常激动。在参加革命前,他就听说过毛泽东的名字和他带领的部队,还知道是毛泽东率部队掩护自己所在的湘南起义军上了井冈山,但杨得志却从没见过毛泽东。

会场主席台是战士们用南竹和门板临时搭起来的,毛泽东、朱德、陈毅等在大家的欢呼声中走上了主席台。只见毛泽东高高的个子,身穿一身灰布军装,脸膛瘦削,头发有点长,但很有精神,炯炯有神的目光环视着会场四周。

毛泽东用清晰而浓重的湖南口音讲述两军会师的重大意义,并强调要发动群众,依靠群众,建立和发展革命根据地。他还用比喻的方式讲孙悟空的故事,说:"我们要学习孙悟空上天入地、变化多端的本领,来推翻反动统治和整个旧社会。"

毛泽东精彩的讲话,言简意赅,让人印象极深。入伍才几个月的新兵杨得志,虽还不能完全理解话中的深刻含义,但毛泽东讲的故事和比喻他却听得明明白白。

杨得志觉得当初报名参军是出于生活寻找生路,但现在懂得了加入革命队伍是为穷人打天下,为共产主义而奋斗的真理。

砻市会师后,杨得志和哥哥都被安排到了工农革命军第四军特务营三连。哥哥在一排三班当班长,杨得志在三排七班当战士。在以后的游击战争中,杨得志一直用毛泽东讲的方法来激励自己。他决心要像毛泽东说的那样,当一个孙悟空式的战士,不怕敌人强大,发扬敢打敢拼、勇于杀敌的拼搏精神。

★ 坚信"诱敌深入"战术

1930年12月下旬,红一方面军总部到达宁都黄陂地区,在小布召开了苏区军民歼敌誓师大会。主席台两侧挂着两条引人注目的标语:敌进我退,敌驻我扰,敌疲我打,敌退我追,游击战里操胜算;大步进退,诱敌深入,集中兵力,各个击破,运动战中歼敌人!

在会上,毛泽东指出了当前军阀混战中国家与民族面临的局势,揭露了蒋介石"围剿"革命根据地的反革命目的,特别详细地阐述了"诱敌深入"的方针。毛泽东的讲话通俗易懂、幽默生动,参会者一会儿欢笑,一会儿鼓掌,气氛活跃。

最后，毛泽东举起手臂，领着大家高呼口号："勇敢冲锋，奋勇杀敌，多缴枪炮，扩大红军！"杨得志把手臂伸得高高的，扯着嗓门高声呼喊。

亲耳聆听毛泽东鼓舞人心的讲话后，杨得志深刻理解"诱敌深入"这一军事谋略，并将它运用到实际作战中。

誓师大会后，红军获悉敌军谭道源师准备向小布推进的情报。杨得志接到在小布周围山区埋伏的命令，便立即行动。根据要求，部队行进过程中要绝对安静，不准大声讲话，不准有火光，必须无条件执行。杨得志率部火速赶到了目的地。

夜晚，山区的寒风吹起来刺骨，但大家集中注意力等着敌人的到来，好打个漂亮的胜仗。可是直到天明仍没有发现敌人任何动静。战士们心里十分着急，杨得志安慰大家说："诱敌深入嘛，哪能这么容易，要有耐性才行。"

杨得志率部继续在原地埋伏了一天一夜，仍然不见敌人的影子，有些同志沉不住气了。有的战士问杨得志："排长，敌人会那么傻，自己来钻我们的口袋吗？"

杨得志坚信毛泽东正确的战略战术，严肃地说："怎么，誓师大会上毛总政委讲的，你忘了！才两天就不耐烦了还行呀！"

战士又问："那敌人什么时候来？"

"别急，上级自有安排。"

后来，谭道源知道有红军埋伏，把已经出发的部队又调回去了。红军在龙冈歼灭了张辉瓒的十八师。杨得志奉命去打谭道源的五十师。战士们高兴地说："在小布冻了两个晚上，没等到他，这次可别让他跑了。"

突破乌江天险的先锋

1934年10月，红一军团一师一团团长杨得志率部队参加长征。在长征途中，他带领红一团血战湘江，突破乌江天险，巧渡金沙江，强渡大渡河，过雪山草地，连战皆捷，是中央红军顺利北上的先锋。毛泽东十分看重他。

1935年1月，杨得志奉军团命令，率红一团赶到乌江龙溪渡口准备过江。他到附近的村庄，找到几位老乡了解渡江情况。老乡介绍：国民党军逃离时把附近村庄路桥全部破坏了，想找一块好的木板都麻烦，哪里还有渡江的船哦。要想过乌江那必须具备3个条件：好船夫、大木船、大晴天。

杨得志拿起望远镜观察对岸的火力点，突然发现江中漂浮着一根很粗的竹子。他惊喜地指着江心的竹子对身边的人说："怎么就没想到呢，扎竹排呀！"大家一商议，这个办法好，不远处就有一片竹林，不仅可以利用竹排强渡，还可以搭浮桥让大部队通过。杨得志马上命令："全团动手扎竹排！"

杨得志看着湍急的江水，心里有些担忧，便从一营挑选8名水性好的战士，备足武器弹药，在天黑后进行试渡，但试渡却不成功。

"一定要渡过去！"杨得志这时想起，毛泽东讲过的学孙悟空的本领。他大声地对战士们说，"不能等了，天一亮，如果被国民党军发现，那就前功尽弃了。"杨得志把继续试渡的任务交给了一营营长孙继先。孙继先挑出10名水性好的战士，在竹排上增加了扶手，选择一个水面较宽的地方试渡。

半小时后，仍不见对岸动静，杨得志感到压力很大，如果这次再出问题，怎么能够让毛泽东和大部队过江。

这时，对岸传来两声枪响，是过江的战士们发来的信号！杨得志随即下达了开船命令。

突破了乌江天险，杨得志立即组织已渡江的部队发起进攻，迅速占领了国民党军的全部阵地。二营和三营很快在江上架起浮桥，迎接大部队过江。

★
"我这一拌，是酸甜辣"

1935年9月，红一方面军改编为中国工农红军陕甘支队。杨得志率领的红一团与第三团的一个营编为第一纵队第一大队，杨得志任大队长，萧华任政治委员。

9月29日，杨得志率部奇袭通渭城，一举歼灭了国民党军鲁大昌部和保安团300余人，占领了县城。在入城不久，毛泽东带着两个警卫员骑着一匹白马过河。萧华急忙问杨得志："毛主席来了，搞点什么欢迎他呀？"因为他们事先并不知道毛泽东要来，想了一会，才记起通渭城街上有卖梨的。于是，杨得志赶紧让人上街买些梨来。刚洗好放在一个铁盆子里，摆在桌子上，毛泽东就到了。由于长征以来，作为前卫的红一团见毛泽东的机会不多，这次一见，杨得志感到毛泽东那高大的身躯显得有些单薄。

毛泽东见到杨得志、萧华等人后，十分高兴，热情地同大家一一握手。大家异口同声地说："主席瘦多了，身体还好吧。"

毛泽东拍拍身上的尘土，笑着说："瘦一点好，瘦一点负担轻嘛！"

接着，毛泽东急切地询问了部队的情况，杨得志回答后，便请毛泽东坐下。他端起铁盆子说："主席吃点梨子吧。"

毛泽东高兴地说："梨子呀，好东西，你们有辣椒粉吗？"杨得志一时不明白，点头答应："有！"便立马让人去把辣椒粉拿来。

毛泽东接过辣椒粉，望着发呆的杨得志说："你这个湖南人吃没吃过辣椒粉拌梨子呀？"杨得志傻傻地回答："没有吃过。"

"哎，好吃得很哩！"毛泽东把辣椒粉撒到切好的梨子上一拌，"不是说有酸甜苦辣四大味吗？我这一拌，是酸甜辣，没有苦啰。来，你们都尝尝看！"毛泽东说罢，马上拿着吃了起来。

吃完梨子，杨得志请毛泽东给大家讲当前形势，给部队作指示。毛泽东说："你们这个一大队的前身是红一团，红一团在这次大转移中是立了功的。你们一直走在我前面，情况了解得比我多，要讲，应该你们讲嘛！"他停了停又说："不过，我今天要超过你们，走到你们前面去咯！"

"现在比井冈山时期好多了"

1944年1月，中央命令杨得志率冀鲁豫军区的部分部队到陕北，执行保卫延安、保卫党中央的任务。到达陕北后，部队改编为教导第一旅，杨得志任旅长，驻防在延安以南的清泉沟、王家沟一带。不久，毛泽东就把杨得志叫了过去。

这时毛泽东住在枣园山坡上的窑洞里。听说杨得志来了，毛泽东大步走过去握住杨得志的手，亲切地说："欢迎你呀，杨得志同志。你现在算是哪里人呀？冀鲁豫的,还是我们陕甘宁的呀?噢,对了,你是湖南人氏嘛!"

毛泽东让杨得志坐下,对警卫员说:"我要留这位客人吃饭,给我们加个菜吧。此人是我的家乡人,多搞些辣子就可以了。"

杨得志详细地向毛泽东汇报了开辟冀鲁豫抗日根据地和在那里的工作情况。

毛泽东关切地问杨得志,长征后是否专门学习过。杨得志告诉他,东渡黄河后,到红军大学(第二期)学习过,1937年初到抗大学习过,但都因为要打仗,没学完便到前方去了。杨得志说:"但是,您的几次讲演我是听过。"

毛泽东笑了,很谦虚地说:"你们打仗创造了经验,我来讲演,如此而已!不过,我还是建议你有机会到抗大或者学校去住一段时间。你才三十几岁,来日方长呀!"

吃饭的时候,毛泽东又问杨得志关于部队到陕北后的情况,杨得志回答说:"从前方到后方,从打仗到生产,一开始有些同志不太通。现在好些了。"

"是呀,"毛泽东说,"胡宗南在我们周围集结了那么多队伍,我们不能没有准备,所以把你们请来了。你们是归联司指挥吧?"杨得志回答:"是的。贺龙同志和我谈过话,要我们一方面随时准备战斗,一方面搞好开荒生产。您说的'自己动手,丰衣足食'嘛!"

毛泽东点点头,一边让杨得志吃菜,一边说:"总归是要这样吧。军队嘛,当然最主要的是准备打仗,没有仗打,要练兵,也要搞些生产。不靠自己生产,吃什么穿什么呢?人总是要吃饭穿衣的。你知道,我们现在还是很困难的!"

毛泽东请杨得志吃饭,尽管特意加了菜,也就是四个蔬菜和一盘辣椒。杨得志看到这些,很为毛泽东的健康担心,就说:"主席,您的生活还是应该改善得好一些呀。"

毛泽东笑着说:"你是吃过红米饭、南瓜汤的,现在比井冈山时期好得多了。"他指了指桌上的酒,又补充说:"你看,有酒有菜,暂时还听不到枪炮声呢!"

★

新来的"老红军"

1953年,杨得志作为志愿军国庆观礼代表团团长,在天安门城楼上又一次见到毛泽东。毛泽东见杨得志走来,满面含笑地伸出了手,握着连晃了几下,说:"欢迎你呀，得志同志！"

这时，刘少奇、朱德、董必武等领导同志都过来同杨得志握手。

等大家与杨得志握手完毕，毛泽东诙谐地说："你们都认识吧，此人大名杨得志，当年强渡大渡河的红一团团长，如今志愿军的副司令员，德怀的助手。湖南人氏，我的乡里啊！"

毛泽东又对杨得志说："这次请你们回来，就是要你们给我们讲讲朝鲜的事。不但给我们讲，还要给群众讲。群众可是欢迎你们的啊！"

1958年，济南军区司令员杨得志积极响应毛泽东"军官一年当一个月兵"的指示，带领9名干部换上普通战士的衣服，冒着瓢泼大雨，去了江苏徐州某部六连，第一批下连队当兵。

到了连队，当班长尹必辉问他叫什么名字时，杨得志说："我叫杨绍起，虽然老，却是个新兵，班长同志可以教我怎么放牙膏肥皂。"这个班长是个热心人，手把手教杨得志一些生活上的细节。尹必辉帮杨得志放挎包时，不小心从包里掉出来刮脸刀。班长瞅了瞅杨得志，杨得志有点尴尬，就打着哈哈说："我年纪大了，你看我一脸大胡子，不刮不好看。你们都是年轻人，脸上没长胡子，用不着。"

第二天开始分配枪支，刚拿到枪时，杨得志忘了自己现在的身份是一名新兵，分解起枪来比谁都快。

尹必辉有些疑惑，说："老同志你刚入伍不久，怎么枪分解得这么好？"杨得志这时候醒悟过来，就说："我记性好，看过别人分解，一次就记住了。"

团里考核全能射手时，杨得志一举拿下两个优秀奖、一个良好奖。大家都知道新来个老兵，天生就枪法好。杨得志按照新兵的要求，抢着扫地、擦玻璃、倒垃圾，比年轻人还勤快。大家都很喜欢听他讲毛泽东在长征中的故事。

在连队，有不少人怀疑他的身份，因为这个"老红军"样样都厉害，在部队30多年了，怎么还只是个普通老兵？有的战士说，看他的气质，绝对不是个老兵，应该是个干部。有的战士说，我看过报纸，济南军区杨得志司令下了连队，不会到了咱们连队吧？大家跑到连队俱乐部，查找济南军区司令杨得志的照片。可是，大家发现，两个人长相倒是差不多，但杨绍起看起来太瘦了。

最后，有人说："都别瞎猜了，他要真是杨得志，那么大的官，会帮我们扫地、倒垃圾吗？"大家这才散了。

直到杨得志离开连队的时候，大家才知道他的真实身份。

★ "此等好事，让我也看看"

1963年12月，一份由叶剑英元帅组织撰写的军训报告，摆在毛泽东的案头。报告详细介绍了南京军区某部副连长郭兴福组织训练的"郭兴福教学法"。

报告中写道："把练技术、练战术、练思想、练作风紧密结合起来，把兵练得身强力壮，技术战术精湛，一个个都像小老虎……"看到这里，毛泽东目光一亮，在"一个个都像小老虎"下面重重地画了一道红杠，批示称赞："这是一个了不起的发现。"很快，"郭兴福教学法"在全军普及。

1964年上半年，全军神枪手、神炮手、技术能手如雨后春笋般成批涌现。喜报飞进中南海，毛泽东心花怒放地说："此等好事，能不能让我也看看？"

6月15日，毛泽东、刘少奇、周恩来等党和国家、军队领导人，在总参谋长罗瑞卿、北京军区司令员杨勇、济南军区司令员杨得志陪同下，观看北京军区、济南军区训练尖子汇报表演。

随着广播员的解说声，毛泽东集中注意力观看一九六师8名士兵手持冲锋枪如猛虎般扑向阵地射击。"哒哒哒！"冲锋枪连续10个点射，仅10秒钟，每人20发子弹就打完了。报靶员显示枪枪命中目标。罗瑞卿看到毛泽东流露出惊奇的目光，连忙解释说："这种枪打单发较准，打点射较难，可是战士们解决了这个难题，靠的是群众发明。"毛泽东说："还是群众路线好啊！"这时，罗瑞卿指着一旁的杨得志说："这种简便射击是当年赵章成发明的，和杨得志比过赛。"提起杨得志和赵章成比赛射击的往事，毛泽东、刘少奇和杨得志都笑了起来。杨得志还陪同毛泽东拿起枪瞄准靶子。

看了一九六师的步兵射击和炮兵表演，毛泽东若有所思地对走上前的贺龙元帅说："部队要注意多搞些夜战、近战。"贺龙说："今天晚上主席可以看看一九六师的夜老虎连的表演……"

毛泽东惊疑地问："夜老虎？"贺龙说："就是专门搞夜间训练的连队，现在他们每个团都有这样的连队。"毛泽东说："好，就是要搞夜战，搞近战，训练部队晚上行军，晚上打伏击。"

晚饭后，毛泽东、刘少奇、周恩来等观看一九六师五八六团特务连侦察二班做攀登高大建筑物汇报表演，他们不断鼓掌。在全军大比武训练中，该连队夜间科目训练成绩突出，被济南军区授予"夜老虎连"光荣称号。

在飞碟射击场看表演时，毛泽东问杨得志："在朝鲜打过仗的战士还有吗？"杨得志答："没有了，那时候的战士现在都是连长和指导员。"毛泽东边与杨得志交谈边为战士们精彩的夜间射击鼓掌。

毛泽东对一九六师五八七团一连表演的3000米武装越野很感兴趣，曾两次从座位上站起，透过夜幕寻找越野部队。五八七团3000米越野只用了13分钟，毛泽东称赞说："这就是兵贵神速。我们就是靠近战、夜战起家的。"当一九六师的表演项目结束后，毛泽东对杨得志、杨勇说："一九六师把战士都训练成了小老虎，那位师长很聪明嘛。"

人物简介：

杨得志（1911—1994），湖南醴陵人。1928年参加中国工农红军，同年10月加入中国共产党。曾任红四军十一师班长、排长、连长，红一军团一师一团团长、副师长，第二师师长，八路军一一五师三四三旅六八五团团长，三四四旅代旅长，冀鲁豫支队支队长，第二纵队司令员，晋冀鲁豫军区第一纵队司令员，晋察冀野战军司令员，华北军区第二兵团司令员，第十九兵团司令员等职。新中国成立后，曾任志愿军副司令员、司令员，解放军军事学院战役系主任，济南军区司令员，武汉军区司令员，昆明军区司令员，国防部副部长，解放军总参谋长，中央军委常委、副秘书长等职。1955年被授予上将军衔。第八届中央候补委员、中央委员，第九、十届中央委员，第十一届中央书记处书记，第十二届中央政治局委员，1987年被选为中顾委常委。

（邓玉香）

"我们第一次见面是在资兴的龙溪洞吧"

——毛泽东与萧克

"朱毛红军"在井冈山会师，萧克带领的宜章独立营是湘南起义军中最先与毛泽东会合的部队。在毛泽东的指导下，萧克逐步成长为我军历史上最年轻的高级指挥员之一。

为毛泽东农运思想深深折服

萧克曾在回忆录里说过一句这样的话："毛泽东是中央委员，部队中很多人习惯称他为毛委员。大革命时期，我曾经读过他写的《湖南农民运动考察报告》，为其中揭示的真理深深折服。"

萧克，1907年7月14日出生在湖南省嘉禾县小街田村一个书香世家。父亲五兄弟中有3个是读书人，其中数二伯父的学问最好，家里收藏了许多书，萧克最爱到二伯父家看书。萧克读私塾时，堂哥萧克勤就是他的塾师，不仅教他《论语》《孟子》《左传》等儒学经典，还经常给他看一些新书。这些都为萧克今后成长为军中儒将打下了坚实的基础。正如海伦·斯诺在《中国老一辈革命家（自传）》中所评价的那样：像周恩来、徐向前和毛泽东一样，萧克是中国人所称的"军人学者"的再世。

1923年，萧克考入嘉禾县创办的甲种师范学校，第一次读到了《向导》《政治周报》《社会科学讲义》等进步书刊，第一次看到了"列宁"这个名字，也第一次知道了马克思主义。萧克在读期间，由于当地大地主萧仁秋的陷害，萧克的大哥被团防局抓走，当天就被杀害，接踵而来的是土豪劣绅和军阀匪患的洗劫与迫害。萧克目睹兄长死于非命，眼见家败人亡之窘境，喜爱文学的他产生了从戎报仇的念头，家仇国恨的切肤之痛使萧克踏上了从军报国的道路。

在甲种师范学校还没毕业，萧克就迫不及待地奔赴广东报考黄埔军校。可惜，当他赶到广州时，黄埔军校第四期的招生工作已经结束。他只得报考国民政府中央军事政治学校宪兵教练所第二期，并被编在了第二大队。在这一时期，萧克苦学"步兵操典""陆军礼节""内务条令""宪兵学"等专业课程；苦练设计、野外勤务、战略战术、兵器学等实战技术。这时的毛泽东正好在广州任第六届农民运动讲习所所长。

开学后不久，同是嘉禾老乡的黄益善到学校找萧克，向他详细介绍了由毛泽东主办的这一期农民运动讲习所的情况，并对农民运动的意义和作用宣传了一番。毛泽东在萧克的心里，有了一个模糊的形象。

1926年7月，毕业不久的萧克参加北伐战争，并随国民革命军征战江西、浙江等地。9月，毛泽东发表《国民革命与农民运动》一文，指出："农民问题乃国民革命的中心问题。"1927年3月至4月，《湖南农民运动考察报告》全文在中共湖南区委机关刊物《战士》周报连续刊载。

越来越多的人看到了这份报告，萧克也是其中之一。报告明确指出革命党人要极端重视农民斗争，要支持农民的革命举动，特别提出贫苦大众是革命的先锋、中坚和元勋，肯定湖南农民所做的十四件大事都是革命的行动和完成民主革命的措施。

毛泽东写道:"农民的主要攻击目标是土豪劣绅,不法地主,旁及各种宗法的思想和制度,城里的贪官污吏,乡村的恶劣习惯。这个攻击的形势,简直是急风暴雨,顺之者存,违之者灭。其结果,把几千年封建地主的特权,打得个落花流水。""孙中山先生致力国民革命凡四十年,所要做而没有做到的事,农民在几个月内做到了。这是四十年乃至几千年未曾成就过的奇勋。这是好得很。"看到这里,萧克激动得拍手叫绝,他被《报告》里所蕴含和揭示的真理所折服,他又开始想象毛泽东到底是一个什么人?萧克怀着敬仰之情,将毛泽东这个名字深深地烙印在心里。

龙溪洞为朱毛会师打前站

1928年4月28日,毛泽东率领的秋收起义部队,朱德、陈毅领导的湘南起义和南昌起义部分部队在井冈山胜利会师。而萧克却为朱毛会师打了前站,萧克所在的独立营是第一支与毛泽东率领的部队会合的湘南起义军。

1927年初,萧克辗转到国民革命军第十一军叶挺部任连政治指导员、连长,成为"铁军"中的一员。可革命形势在这时却发生了翻天覆地的变化。萧克意识到蒋介石叛变革命,毅然决然地投入武装反抗国民党反动派的斗争洪流,并在党生死存亡的危急时刻,1927年5月,他加入中国共产党。

3个月后,萧克跟随叶挺参加了南昌起义,并任第二十四师中尉连指导员。由于南昌起义失利,起义部队向广东潮汕地区撤退。撤退路上既无地图,又无向导,一路上不断遇到反动民团的拦阻,子弹消耗多,人也被折腾得疲惫不堪,有的士兵丢枪溜走。最后萧克和仅剩的几个战士被国民党军第十三师俘虏了。由于南昌起义中的叶挺部队原是国民革命军第四军军长李济深的旧部,李济深对旧部采取收容政策,萧克和其他被俘人员获得释放。

1928年1月,南昌起义军余部在朱德、陈毅的率领下,从粤北转移到湘南地区。萧克得知朱德、陈毅要在湖南宜章进行年关暴动的消息后,立即翻山越岭去联络。他到宜章碕石后,被任命为中共宜章县委领导的农民武装独立营副营长兼连长。短短半个月,武装斗争辐射到郴州、耒阳等10多个县,当地工农武装纷纷举行暴动,直接威胁着湘、粤、桂军阀控制的势力范围。为此,敌军联手重兵"进剿"湘南地区。

这时,朱德、陈毅得到了毛泽东在井冈山的消息,为了保存革命火种,决定前往会师。萧克等人奉命率领碛石独立营500多名农军趁夜越过郴宜大道,登上五盖山,直奔湖南资兴的龙溪洞。4月20日,宜章独立营在资兴县境内的龙溪洞与毛泽东率领的工农革命军第三十一团不期而遇。昔日只能在报纸上看到的毛泽东,萧克这次终于见到本人了。

萧克带领的这支队伍,是一支背梭镖的农民队伍。这次能和秋收起义的部队会合,还见到了敬仰已久的"农民运动的王"毛泽东,他格外激动!两支部队高举着红旗,奔跑着汇聚在一起,如同见到了久别的亲人。毛泽东的队伍也兴奋地喊着:"宜章独立营来了!宜章独立营来了!"毛泽东欣喜万分,立马上前询问独立营情况,萧克如实汇报。毛泽东听后十分满意并鼓励他们说:"好哇,揭竿而起,揭竿而起呀,农民起义都是这样。"

这次的见面,让萧克对毛泽东轩昂的气度、不俗的谈吐更是佩服。而萧克的这支独立营也是第一支与毛泽东率领的部队会合的湘南起义军,给毛泽东留下了深刻的印象。

1968年五一劳动节,萧克在天安门城楼上见到毛泽东。毛泽东握着他的手,说:"我们第一次见面是在资兴的龙溪洞吧?那时,你们有多少人,多少枪啊?"萧克激动地回答:"当时,我们男女老少加在一起,总共有五六百人,但只有50多条枪,300多根梭镖。"毛泽东笑着点点头。萧克没有想到,时过40年,毛泽东还记得与自己第一次见面的事情。

★
信服"工农武装割据"思想

在井冈山斗争期间,萧克在一次又一次的军事斗争中,领悟了毛泽东"工农武装割据"的核心要义,也更加坚定了要跟着毛泽东干革命的信念。

萧克与毛泽东的部队在龙溪洞休整两天后,便跟随毛泽东向井冈山前进了。当时的萧克并不知道为什么要去井冈山，只知道在湘赣两省交界处有那么一座茂密山林，毛泽东率领的部队就驻扎在那里。朱毛正式会师，宣布成立工农革命军第四军（后改为红四军），朱德任军长，毛泽东任党代表，萧克任红二十九团二营七连连长。在庆祝两军胜利会师和工农革命军第四军成立大会上，毛泽东向所有工农战士说："我们是工人农民的队伍，要遵守纪律，工人农民的东西即便一个鸡蛋也拿不得。"萧克对毛泽东讲的"我们是工人农民的队伍"特别感慨，认为是恰如其实。

在井冈山的这个时期，萧克率领七连攻占了永新，建立了农民协会、苏维埃政府和游击队，战史上称为"一打永新"。毛泽东曾向萧克讲用"工农武装割据"这个词来阐述建立根据地，并以此为依托波浪式向前发展，以促进全国革命高潮到来。萧克想到这，革命必胜信心更足了。

1928年6月中旬，江西敌人杨池生部3个团向永新龙源口进犯。在战斗中，一颗子弹贯穿了萧克的脚腕，瞬间鲜血直流。他被人迅速背下火线，送到了井冈山的小井医院。这是萧克第一次受伤。医院的环境很安静，当时的伤病员都会收到负伤费和营养费。山下的老百姓还会挑着东西来兜售一些食物。萧克看到，在如此残酷的斗争环境下，竟然有这么一处宁静的后方，实属难得。这一刻，他对"工农武装割据"的思想有了新的认识。

当时的井冈山革命根据地正蓬勃发展，可中共湖南省委送来的两封信却要求红四军立即向湘南发展。毛泽东认为现在还不到出击的最佳时机，不能贸然进攻，并请求湖南省委重新考虑。正在此时，敌军派了两个师向井冈山发起进攻，第二十八团、二十九团立马出兵迎战。这场战争打得很顺利，但是回师时，萧克所在的第二十九团听说要回湘南，思乡情绪爆发，他们决定全团回湘南，不通知长官和党代表。在民主会议协商无果后，朱德无奈之下只能带着部队向湘南进发。可出郴州没过多久，第二十九团由于纪律涣散，一哄而散，再加上敌军的多面阻击，最后全团只剩萧克带的一个200多人的连是完整的。

毛泽东得知朱德部失利后，急忙率部队下山接应。他带着第三十一团三营与朱德会合后决定重回井冈山，而守山的第三十一团遭到国民党军围攻，萧克的颈部和左肩受了重伤，这是他从军以来第二次受伤。经过一系列的战斗，萧克随队伍终于回到了井冈山，并重新打开了湘赣边界工农武装割据的局面。劫后重生的萧克此时对"工农武装割据"的思想认识有了质的飞跃，他坚信毛泽东的这一思想能带领工农武装闯出一片天地。

一唱空城计保卫党中央

凭着扎实的军事才能和丰富的实际作战经验，萧克25岁任军长；27岁任军团长；29岁成为红军最年轻的方面军指挥员。论战绩，最著名的当属萧克在半年时间内，在同一地点先后两次成功使用空城计的战例。

解放战争时期，萧克先后担任晋察冀第二野战军司令员、冀热辽军区司令员、华北军区副司令员等。1947年11月6日至12日，晋察冀野战军攻克石家庄。石家庄解放后，中共中央机关和解放军总部迁往晋察冀军区驻地河北阜平县城南庄。

这时解放战争已经进入了战略反攻阶段，在我军接连取得胜利后，蒋介石为了挽回华北败局，处心积虑要把石家庄从人民的手中夺回去，并扬言夺不回去，也要把它炸平。

1948年4月底，华北军区得到从北平送来的可靠情报，称傅作义乘华北野战军正在进行晋中战役和察绥战役，石家庄空虚之机，把4个步兵师和1个骑兵师偷运到保定隐蔽起来，然后分乘汽车、装甲车和坦克，准备用闪电战术偷袭石家庄，进而"捣毁"中共中央机关。山西的阎锡山也派出1个师约万余人，准备从寿阳取道盂县向石家庄突袭，策应傅作义部的正面进攻。敌人想倚仗机械化的优势，从东西两面夹攻，一举夺取石家庄。

刚刚解放的石家庄，城内除了警备司令部极少的兵力和正在组建中的补训兵团的一个新兵补充旅之外，几乎没有战斗部队。野战部队全在数百公里之外。距石家庄最近的冀中军区只有一个三四千人的步兵旅可供调遣，最快也得三四天才能赶到。还有在山西应县一带的第六纵队，距离很远，"远水难救近火"。当时的石家庄，孤立无援，俨然就是一座空城！

在这种形势下，中央局和军区联席会议决定由萧克指挥保卫石家庄的战斗。萧克感到事发紧急，战况随时会影响时局，他在会上提了两点建议：一、立即令冀中军区一个旅和在山西的第六纵队，昼夜兼程，赶往石家庄，下令沿途地方武装和民兵阻滞敌人；二、在战区范围内，党政军民都归他统一领导。

会后，萧克心里久久不能平静下来，感觉身上的担子很重，希望在出发前能见见毛泽东，听听他的建议。于是，萧克立马赶到毛泽东住处，一是向毛泽东汇报，二是向毛泽东辞行，更重要的是想听听他的真知灼见。

毛泽东一见到萧克就关切地问："附近没有主力部队了，有顾虑吗？"

萧克如实回答："有。石家庄是华北解放区的经济、政治、文化中心，是大城市，若丢在我的手里，不好向党交代。"

"不能这么想。"毛泽东稍停了一下后说，"石家庄是我们从敌人手里拿过来的，如果丢了，再从敌人手里拿回来就是了。"

听毛泽东这么一说，萧克如释重负。他昂首挺胸走出大门，准备好迎接这场硬仗。从毛泽东那里回来后，萧克和有关人员乘卡车连夜赶往石家庄。刚到石家庄，萧克立即召开保卫石家庄战斗会议。他首先传达了毛泽东和中央局的指示，向大家介绍了守城作战的部署和考虑，说："这次守城，我也没有什么良策。大家知道，我们的先人曾经演过空城计，不管是真是假，诸葛亮成功了。我们今天也要演一出空城计，就是动员大家把重要的物资和设备搬出去，把石家庄先变成一座空城。"萧克部署参谋人员迅速与有关方面进行联络，随时掌握和报告阻击迟滞敌人的情况及主力部队的所在位置，督促沿途各区县的民兵和地方武装按时到达指定地点。

市民们见到大街上小巷里，人们开着汽车，赶着大车，推着小车，装载着各种物资，紧张而有秩序地运往各个方向。他们有些惊慌，于是市内谣言四起："共产党要撤了。"萧克不顾危险和时任市长柯庆施在晚饭后缓步走上石家庄街头，悠闲地散步。人们看见军区副司令和市长并排在大街上行走，还不时地同过路的行人打招呼，许多人窃窃私语："看来没啥问题，首长们还在呢！"随后，萧克、柯庆施等安排市内的广播喇叭不断播报敌情："市民同志们，下面通报敌情，请注意收听。敌傅作义部现进至唐河，被我民兵迟滞阻击，进展缓慢……"慢慢地，市民们的心稳定了。

在萧克指挥下，正面阻敌的民兵和地方武装步步抗击，使傅作义的部队每前进一步都很艰难。萧克领导增援的冀中部队正面迎敌，同时指挥文年生、向仲华的第六纵队猛击阎锡山的暂编第四十九师，让傅作义以为石家庄早有准备，只好撤兵。萧克导演的这出"空城计"成功了，党中央的威胁也因此消除。

二唱空城计毛泽东送"大礼"

第一次"空城计"奏效后不久，蒋介石又卷土重来，萧克只得再唱"空城计"。这一次，毛泽东给萧克送上了一份大礼。

1948年10月，蒋介石、傅作义为扭转战局，共同调集3个军、2个骑兵师，企图再次偷袭石家庄和中央所在地。萧克再次奔赴石家庄，与市党政军领导一起制订作战方案。

因为有上次的作战经验，这次行动相对比较顺利，可是毛泽东还给萧克送来了一份"大礼"。毛泽东亲自安排，以新闻为武器来保卫石家庄。得知国民党进攻的消息，毛泽东决定充分利用广播、报纸等新闻工具，公开揭露国民党的偷袭阴谋，在舆论上争夺先机。10月27日，正当傅作义调动集结时，新华社发表了一则消息："此间党政军各首长已向保石线及其两侧各县发出命令，限于3日内动员一切民兵及地方武装，准备好一切可用的武器，以利作战，尤其注重打骑兵的方法。"这则公开发布的消息中还把敌人的兵力部署、企图及行动日期和盘托出，明确指出："只要大家事先有充分准备，就有办法避开其破坏，诱敌深入，聚而歼之。"此消息一经发出，立即引起敌军注意，国民党第九十四军军长郑挺锋仅采取试探性推进。

当从平绥线南进的我军第二兵团，以三昼夜急行军200余公里的速度，突然出现在完县、唐县地区，使敌人为之一震后，新华社又发表了一篇题为《评蒋傅军梦想偷袭石家庄》的述评："从这几天的情报看来，这位郑将军似乎感觉有些什么不妥之处，叫北平派援军，又是两家合股，傅作义派的是第三十五军，蒋介石派的是第十六军，正经涿州南下，这里发生一个问题：究竟他们要不要北平？"这篇新华社述评，很快又传到了郑挺锋和傅作义那里。傅作义继而坚定放弃偷袭石家庄计划，急忙收兵回营了。

萧克的空城计加上毛泽东指导下的新闻武器，两个维度的保卫战略使保卫石家庄的战斗取得空前胜利，为解放军胜利夺取东北乃至全中国发挥了重要的作用。

石家庄保卫战结束后，萧克一直为人民军队建设和国防教育事业鞠躬尽瘁。萧克是在毛泽东的军事思想影响下成长起来的高级将领，他在回忆录里写道：毛泽东之善于运筹，决胜千里，为古今兵家制敌之一绝。

人物简介：

萧克（1907—2008），湖南嘉禾人。1927年5月加入中国共产党。参加南昌起义和长征。曾任红八军军长、红六军团军团长，红二方面军副总指挥，红三十一军军长，八路军一二〇师副师长，冀热察挺进军司令员，晋察冀军区副司令员、代司令员，华北军政大学副校长，第四野战军兼华中军区第一参谋长等职。新中国成立后，曾任中央人民革命军事委员会军事训练部部长，国防部副部长，解放军训练总监部部长，农垦部副部长，解放军军政大学校长，军事学院院长兼第一政委等职。1955年被授予上将军衔。第八届中央委员，第十届中央候补委员，第十一届中央委员，1982年、1987年相继当选为中顾委常委；第五届全国政协副主席。出版长篇小说《浴血罗霄》荣获1988年茅盾文学奖荣誉奖，是唯一获得茅盾文学奖的将军。

（谭　丹）

"原子弹能不能爆炸，就看你的了"

——毛泽东与宋任穷

一封密信是宋任穷追随毛泽东的开始，无论革命危难之时，抑或国家需要之时，宋任穷始终不改初心，勇挑重任，坚定追随。凭着对崇高理想信念的执着追求，对正确革命方向的执着坚守，对实事求是工作态度的执着秉持，毛泽东和宋任穷成为志同道合的战友，他们相伴走过中国革命和建设的风风雨雨。

跋涉送信，从此追随毛泽东

宋任穷于1909年出生于湖南浏阳县乌石龙村一个破落地主家庭。受思想进步的大哥宋骏臣影响，宋任穷从小在心中种下革命的火种。1926年宋任穷加入共产党后，担任浏阳县冲和区农民协会委员长，积极投身农民运动，带领农民打土豪、斗劣绅、分田地，在斗争中接受革命锻炼。

1927年马日事变后，湖南革命形势陷入腥风血雨中。宋任穷被"反水"的农民自卫队员捆绑，为了不让其他同志落到敌人手中，他想尽办法侥幸逃脱，来到浏阳县城找浏阳县委汇报。之后县委安排他加入浏阳工农义勇军，担任一大队二中队党代表。

1927年8月，宋任穷所在的浏阳工农义勇军奉命奔赴江西参加南昌起义，后因态势变化，暂时驻扎江西铜鼓。这时，县委告知宋任穷，让他与省委秘密交通员去南昌请示江西省委关于下一步的行动方向。一到南昌，他们来不及休息，就向江西省委书记汪泽楷汇报，寻求指示。汪泽楷听后，拿出一封信并对宋任穷说："你另有其他任务，就不要回浏阳了，赶紧带上江西省委这封密信去萍乡一带追赶毛泽东的部队，将信亲手交给毛泽东。"宋任穷感到了任务的重要性，二话没说，欣然接受了这项任务。临行前，汪泽楷又拿出一些盘缠交给宋任穷，供他路上使用。

宋任穷怀揣着密信，一路艰苦跋涉，9月21日来到江西上高，并于次日下午到达离万载边境几十公里的地方。当他得知工农革命军已开往莲花方向时，便拼命向莲花追赶。尽管宋任穷并不知道这封信的具体内容，但他猜测肯定是一封非比寻常的信。于是他视若珍宝，将这封信看得比自己的生命还重要，不时触摸着内衣里的这封密信，生怕出现任何闪失。

9月25日中午时分，宋任穷来到莲花陈家坊，遇到了原来在浏阳工农义勇军中认识的人，来不及和大家寒暄，便由他们带着去见了同样熟悉的原中队长欧阳辉。欧阳辉了解情况后，立马领着他去见何长工。何长工一听宋任穷的情况，便马上带着他去见毛泽东。当宋任穷说明来意后，毛泽东健步迎上去，亲切地拉着他的手。宋任穷看到毛泽东，如释重负，激动地说："你就是毛委员，总算找到你了。江西省委书记汪泽楷派我来找你的。他让我带给你一封信，并嘱咐我一定要亲手交给你。"说完，宋任穷小心翼翼地从内衣里把信取出来交给毛泽东，又把江西省委给他的剩下的盘缠也全部交了公。这时，毛泽东让工作人员递了一杯水给宋任穷，关心地问道："辛苦了！怎么找到这儿来的？"于是，宋任穷将沿途的情况一一说给毛泽东听。毛泽东听后说："不容易呵！你完成了一项光荣的任务，向你致谢！"

毛泽东打开汪泽楷的信读了起来，信中说江西省委的意见是要毛泽东等带部队到赣西的宁冈去，在那里有两支农民革命武装，部队可以安顿下来，这有利于同敌人周旋。毛泽东觉得信中所言极是，认为应在以宁冈为中心的罗霄山脉中段的井冈山建立根据地。于是他找来前委的其他同志，向他们传达了江西省委的指示，表明了自己同意执行省委指示的态度。虽然有些人持不同意见，但经过毛泽东的劝导，大家都同意将部队带到井冈山去。部队经过休整后开拔，宋任穷就这样跟随秋收起义部队，跟着毛泽东向井冈山挺进。

10月7日，毛泽东率部队到达井冈山北麓的茅坪。自这时起，毛泽东等率领的工农革命军开始了艰苦卓绝的创建井冈山农村革命根据地的斗争。

★ 坚定追随，反对张国焘阴谋

1934年10月，红一方面军被迫撤离中央革命根据地，开始了长征。长征前夕，宋任穷任中央纵队干部团政委。红一、四方面军会师后，由于张国焘坚持分裂主义，到阿坝后就按兵不动，坚持要南下，并命令左路军停止北上，要求中央放弃北上的方针。为此，毛泽东、周恩来等人召开紧急会议，率领红一、三军团和红军学校连夜出发。此时，宋任穷所在的干部团已编为红军学校特科团，由他任政委。

红军学校特科团接到北上的命令，马上开拔。这时，忽然从后面传来了紧急命令，让他们立即停止前进。只见红军学校教育长李特持枪带着几名荷枪实弹的警卫员来到毛泽东身边，厉声阻止毛泽东继续前行，气势汹汹地问毛泽东："现在总政委张国焘同志来了命令要南下，你们怎么还要北上？"面对剑拔弩张的局面以及李特强硬的口气，毛泽东异常冷静，从容不迫，耐心地向他解释：当前南边集中了国民党的主力，北边比较薄弱，北上还可以抗日，此时的军事形势，我军万万不可南下，选择北上才是正道。

李特听后，依然不服气。毛泽东便语重心长地对他说："我相信，不出一年，你们一定会北上的。你们南下，我们欢送。我们前面走，给你们开路，欢迎你们后面来。"此外，毛泽东还让李特把他的意见转告张国焘。

李特见威胁无用，也不敢轻举妄动，便说道："根据张国焘同志的命令，红军学校的学员要南下。"毛泽东一心顾全大局，本着要保持红军内部团结的愿望，同意先让四方面军的学员回去。

这时，毛泽东让宋任穷把特科团全体同志集合起来，说要对学员们讲话。宋任穷立即把学员们召集到一起。毛泽东强调说："南下的路是走不通的，你们将来一定要北上的。现在回去不要紧，将来还要回来的。你们现在回去，我们欢送；将来回来，我们欢迎。"

宋任穷坚定地选择了毛泽东，选择了正确的革命路线。他和特科团剩下的几十名干部紧随毛泽东，克服艰难险阻，终于胜利到达了陕北。最终，张国焘妄图挑起分裂党和红军的阴谋不得人心，革命事业的发展也证实了毛泽东的高瞻远瞩和卓识远见。

★ 新婚不久，获准同上前线

红军长征到达陕北后，宋任穷任红军学校政委。队伍到了陕北根据地，总算可以安顿下来，不少人开始考虑自己的终身大事，并相继结婚。

宋任穷此时并没有考虑自己的终身大事，但红一方面军总政治部副主任袁国平的夫人邱一涵是位十分热心肠的大姐，她四处张罗着给宋任穷找对象。这时，红军队伍中女同志并不多，邱大姐向宋任穷提起了三位女同志，其中一位是钟月林。钟月林出生于江西于都一个贫农家庭，是当时参加长征的女兵中年龄最小的一个。宋任穷早在长征路上就见过她，虽然了解不多，但对她的印象很好。他觉得钟月林虽长相普普通通，但为人实在，质朴善良，便同意与她结婚。

贺子珍先把这件事告诉了钟月林。没几天，邱大姐就将钟月林带来见了宋任穷。1935年12月12日，宋任穷和钟月林喜结连理。革命年代结婚一切从简，没有什么仪式，没有什么新添置的生活用品，宋任穷一间不到8平方米的窑洞就成了他俩的新房。两个人走到一起，便成了家。结婚后，宋任穷拿出仅有的两三块钱，请蔡畅、邓颖超、贺子珍、邓六金等几位大姐和红军学校的几位同志一起吃了一顿饭。

婚后没几天，周恩来便找宋任穷谈话，说组织上安排他到刘志丹任军长的红二十八军工作。新婚宴尔的宋任穷和钟月林不得不面临分别,但他们理解革命的重要性,对此毫无怨言。之后,宋任穷就直奔前线去了。

宋任穷和军长刘志丹为配合红军主力东征,率部英勇作战,重创敌人,打通了陕北苏区与神府苏区的联系,为红军主力东征建立了稳固的后方。刘志丹在围攻三交镇战斗中不幸牺牲,由宋任穷任红二十八军军长。他率部参加陕北根据地反"围剿"斗争、西征等,战果累累。抗日战争爆发后,宋任穷任八路军一二九师政训处副主任、政治部副主任。

1938年,钟月林通过叶子龙找到毛泽东,提出要求到抗日前线去,与丈夫宋任穷一起工作。毛泽东了解情况后,和钟月林开起玩笑,风趣地说:"前方的女学生多,你是不是怕宋任穷变心了?"毛泽东说罢,批准了钟月林的请求。8月,钟月林随张经武、江华一起前往八路军一二九师驻地。

毛泽东批准钟月林到前线去后,叶子龙根据毛泽东的指示,给宋任穷发了一封电报,大意是:钟月林已经从中央军委无线电通信学校毕业,要到前方去;宋任穷现在何处,请回电。

宋任穷接到电报后,虽十分感激毛泽东的安排,但他认为当时前方部队中,除了朱德夫人康克清大姐和刘伯承夫人汪荣华大姐需要照料年纪较大的朱德和刘伯承外,其他干部几乎没有带家属的,觉得自己不应破例,便没有急于回电。后来,同志们都劝说宋任穷,这是毛泽东批准的,不好拒绝。宋任穷这才同意了钟月林到自己部队驻地来。在接下来的抗日战争中,钟月林一直从事报务工作,与宋任穷一起战斗在抗日最前线。

国家需要,勇担原子弹事业大任

在20多年革命战争中,宋任穷跟随毛泽东为中国人民解放事业建立了功勋。新中国成立后,在国家急需启动原子弹研制时,毛泽东对宋任穷委以重任,给予他莫大支持和鼓励;宋任穷肩挑重担,不负毛泽东的殷切期望。

1956年,为了适应形势发展需要,我国准备启动原子弹研制相关工作。周恩来遇见时任解放军总干部部第一副部长的宋任穷，对他说："党中央要从军队里调派一名中央委员，全面负责这一块工作。"宋任穷毛遂自荐地说："就把我调出来吧。"同年11月，全国人大常委会通过决议，决定成立第三机械工业部（后改为第二机械工业部），任命宋任穷为部长。一切从零开始。初创之期，宋任穷主抓三项工作，一是队伍组建，二是地质找矿，三是科研基地建设。他积极筹办，很快就找到了李四光、钱三强等老一辈顶尖的科学家。

在建设核工业的起步阶段，我国坚持在自力更生的基础上，积极寻求国外援助。1957年，宋任穷和陈赓跟随聂荣臻为团长的代表团前往苏联莫斯科进行核技术援助谈判，后由宋任穷先行回国向中央汇报谈判初步成果。毛泽东听取了宋任穷的汇报，对谈判代表团的工作表示满意。同时，他对宋任穷这个部长也寄予了厚望，当着众人的面说道："原子弹能不能爆炸，就看你的了。"

受"大跃进"影响，核战线上也提出了"大家办原子能科学""全民办铀矿"等口号。有的人坚持要对苏联提供的设计和设备进行改造革新。宋任穷等人认为这要慎重，不同意他们的想法，但要求改造的同志仍然坚持己见。为了解决这一问题，宋任穷专门就此事给毛泽东写信，请求当面汇报。两天后，宋任穷接到了电话，通知他到中南海向毛泽东汇报。宋任穷汇报后，毛泽东说："你们的意见是对的。这个原子堆、铀235工厂，你们还没有掌握好，怎么就动手改呢？比如写字，先得学写正楷，再学写行书，然后再练草书。"宋任穷回去后，立刻传达了毛泽东的意见，大家这才统一了思想，避免了在没有掌握苏联设计时就乱改苏联设计和设备可能发生的错误。

之后中苏关系破裂，中途撤走了所有的专家，还放出狠话："你们的技术处于真空状态，中国人20年也搞不出原子弹。"当时宋任穷就发誓说："没有你们，我们自力更生也要拿下原子弹。"4年后，1964年10月16日，宋任穷接到了时任第二机械工业部部长刘杰的电话，告诉他原子弹试验下午3点钟爆炸成功。这一天，宋任穷一直焦急地等待着试验结果，直到原子弹成功爆炸的确切消息传来，他才终于露出会心的微笑。

人物简介：

宋任穷（1909—2005），湖南浏阳人。1926年加入中国共产主义青年团，同年底转入中国共产党。参加了秋收起义。曾任红军干部团政委，红二十八军政委，八路军第一二九师政治部副主任、主任,冀南军区司令员、政委,冀南区委书记,晋冀鲁豫野战军第二纵队政委,晋冀鲁豫中央局组织部部长,豫皖苏中央分局书记兼豫皖苏军区政委,华东野战军第三副政委,中共南京市委副书记,第二野战军第四兵团政委等职。新中国成立后,曾任中共云南省委第一书记,中共中央西南局第一副书记兼西南军区副政委、西南行政委员会副主席,中共中央副秘书长、中央组织部副部长,解放军总干部部第一副部长,第三机械工业部(后改为第二机械工业部)部长,中共中央东北局第一书记兼沈阳军区第一政委,第七机械工业部部长,中共中央组织部部长等职。1955年被授予上将军衔。第七届中央候补委员,第八届中央政治局候补委员,第十一届中央书记处书记,第十二届中央政治局委员,1985年、1987年当选中央顾问委员会副主任;第四、五届全国政协副主席。

(李　玲)

"要你去朝鲜，是用人之长"

——毛泽东与宋时轮

井冈山上，毛泽东曾说："宋时轮，你也是一路诸侯啊！"井冈山一见，宋时轮一生初心不变，始终是毛泽东思想的忠实拥趸。在毛泽东的领导指挥下，宋时轮在土地革命战争、抗日战争、解放战争和抗美援朝战争中身经百战，战功卓著。

"宋时轮，你也是一路诸侯啊"

1929年冬，宋时轮带着他的萍醴边区游击队进入井冈山，见到了毛泽东。毛泽东见宋时轮学识渊博，讲起话来幽默诙谐，觉得他颇有书生气质。但知晓他上井冈山之前的经历后，不禁感叹："宋时轮，你也是一路诸侯啊！"毛泽东为何这样说呢？

宋时轮原名宋际尧，从少年时代起，他就十分痛恨帝国主义对中国的侵略。受五四运动影响，宋时轮踊跃参加抵制日货和课余演讲会活动，揭露军阀混战和帝国主义侵略的罪恶。在醴陵县立中学读书时，宋时轮与左权、蔡申熙等同学发起成立了社会问题研究会，阅读《向导》《新青年》《共产主义ABC》等进步书刊。他参与创办《前进》周刊，抨击时弊，探求真理，逐步萌生了共产主义理想信念。

因为积极投身反帝爱国运动，宋时轮被学校开除了学籍。"宁为百夫长，胜作一书生。"他决心投笔从戎，武装救国。1926年初，宋时轮考入黄埔军校。入校后各科成绩都不错，但不幸染上疟疾，在广州东山医院治疗半年多。住院期间，宋时轮由张一之介绍加入中国共产主义青年团，1927年1月转为中共正式党员，从此走上了为共产主义事业奋斗的道路。为表明要紧跟时代车轮滚滚向前，奔向共产主义，他将名字改为"宋时轮"。

入党没多久，蒋介石发动四一二反革命政变，宋时轮在广州被捕，1929年4月才被营救出狱。在充满未知的铁窗生活中，他不屈不挠，敢于斗争，带头发起绝食斗争，要求监狱改善伙食，还要读书和看报。

出狱后，宋时轮辗转香港和上海，始终未能与党组织取得联系，便回到了家乡醴陵。宋时轮想，就算一时找不到党组织，也要拉起队伍闹革命。他对家里人表明立场："我要继续干革命，跟地主、军阀势不两立！"于是，宋时轮化名"张司令"，白天上山躲避搜捕，晚上下山发动群众。他在浏阳、醴陵和江西萍乡边界地区组织起一支30余人的游击队，凭着在黄埔军校学习到的军事知识，带领这支队伍打白匪、杀土豪，被当地人称为"黑杀队"。

1929年冬，宋时轮终于与党组织取得了联系，他立即带着队伍进入井冈山，他率领的萍醴边区游击队被编入中国工农红军第六军，投入土地革命的洪流之中。

★ "还是毛主席信任我"

因为出狱后一直未能与党组织取得联系，也没有介绍信，宋时轮的入党问题一直被搁置。1930年初，宋时轮旧病复发到莲花县医治。在养病时，经贺碧如介绍才重新入党。几年后，党籍问题再生波澜，宋时轮被开除了党籍。

1934年春，宋时轮到中国工农红军大学上级参谋科学习。一个多月后，红大遵照《优待红军家属条例》的规定，组织学员义务挖泥塘。负责装泥的那位同学把每担都装得很满，宋时轮告诉他："我有旧伤在身，太重了我挑不起，你可以少装一些。"结果这位同学下一担给他装得更重。宋时轮生气地说："我是自愿来优待红军家属，又不是罚苦工，你为什么要这样搞？"装泥的同学回到红大向党小组长汇报说："宋时轮说优待红军家属是罚苦工。"学校便以"破坏苏维埃政府法令，组织观念薄弱，坚持错误""'AB团'嫌疑"等名义，给予宋时轮开除党籍3个月的处分。

虽说处分只有3个月，但随着红军开始长征，宋时轮的党籍问题无人顾及。到了陕北后，毛泽东找宋时轮谈话，要把他调到红十五军团司令部担任作战科长，协助参谋长主管部队作战。宋时轮才说："红十五军团刚组建不久，工作很多，司令部作战科是部队的核心部门，派一个被开除党籍一年多的非党员干部去，是否合适？"听到这里，毛泽东问："怎么回事？"宋时轮如实陈述了事情原委。毛泽东沉思片刻后说："用人之长是组织的事，恢复你的党籍也是组织的事，请你服从组织的安排，到红十五军团报到工作。"与毛泽东谈完话，宋时轮回到住地后激动得热泪盈眶，禁不住连声说："还是毛主席信任我。"没过多久，离开党组织一年之久的宋时轮，由红十五军团政委程子华和钱钧介绍，第三次入了党。

"我相信主席会理解我们的"

从抗日战场到解放战争，宋时轮雁北抗日、跨江击蒋，战功卓著。抗美援朝战争开始后，宋时轮被任命为中国人民志愿军第九兵团司令员兼政委。

1950年10月23日，中央电令宋时轮立即到北京，毛泽东接见了他。听完宋时轮全面汇报第九兵团的详细情况后，毛泽东说："时轮同志，我们要你去朝鲜，是用人之长。解放战争你的兵团练就了一身的硬骨头，是善打阻击、勇战恶敌的部队之一，现在用你兵团的目的就在于此。"

11月初，宋时轮率部赴朝作战。此时已到冬季，气候寒冷，给养不足。第九兵团入朝后的第一仗就是一场硬仗。针对敌人掌握着制空权、侦察通信器材先进、武器装备优良等特点，宋时轮认为，当前的关键一步是隐蔽，秘密完成开进和集结。11月7日，第九兵团开始隐蔽入朝，关闭电台，夜行昼伏。至21日，第九兵团3个军12个师共15万人全部秘密集结到长津湖地区，未被手握现代侦察技术的敌军察觉。战后，西方一些军事历史学家称这次隐蔽集结的行动是"当代战争史上的奇迹"。

第九兵团进入朝鲜后，气温骤降，到11月27日发起进攻时，气温已降到零下40多度。在极其困难的条件下，宋时轮几次调整部署，将美陆战第一师全部和美第七师一部分割包围于长津湖地区，采取集中兵力各个歼灭的战法，全歼美军第七师第三十一团，开创了中国人民志愿军入朝作战全歼美军建制团的光辉战例。

11月29日，第九兵团又围歼长津湖中部乾磁开的"联合国军"，敌军在军事打击和政治攻势下被迫投降，开创了志愿军政治瓦解敌军的先例。12月2日，毛泽东为中央军委起草致彭德怀、邓华并宋时轮、覃健电："庆祝我九兵团的两次歼敌大胜利。"

毛泽东很关心第九兵团情况，12月17日他致电彭德怀："九兵团此次在东线作战，在极困难条件之下，完成了巨大的战略任务。由于气候寒冷、给养缺乏及战斗激烈，减员达4万多人，中央对此极为怀念。"为使第九兵团恢复元气，养精蓄锐以利再战，中央提议在当前作战完全结束后，第九兵团开回东北补充新兵，休整两至三个月，再赴朝鲜作战。

宋时轮为此召开会议，讨论兵团是否开回东北。他认为第九兵团入朝作战已经取得了一定经验，只需在朝鲜作短期的休整即可继续战斗。如回国休整，往返距离远，如遭空袭易受损失；加之部队上下士气很高，一致认为此行还未完整歼灭敌人一个师，不能就此收兵。因此，宋时轮决定致电中央如实反映情况，他说："非常感谢毛主席对我们的极大关怀，但我相信主席会理解我们的，会同意我们的要求。"12月21日，毛泽东回电："十九日二十四时电悉，在你所述的情况之下，九兵团即在咸兴地区休整，只将重伤病员运回东北，抽出干部回东北带训新兵，较为妥善。"

这样，第九兵团所属3个军就留在朝鲜休整了。之后出色地参加了第四次、五次战役，并组织了华川阻击战，都取得了辉煌的成果。

"要把学习和运用毛泽东军事思想贯穿于研究工作的始终"

宋时轮女儿宋崇实回忆："父亲对子女在政治上的要求非常严格，一有空就把我们叫到他的办公室里，指着地图给我们讲国内国外形势。要求我们好好学习毛泽东著作，领会其精神实质，尤其要求我们学好《矛盾论》《实践论》。"

从井冈山时期，宋时轮就是毛泽东和毛泽东思想的坚定追随者。从朝鲜战场归国后，宋时轮由战将变儒将，在军事科学院工作近30年，将后半生的全部心血倾注在军事科学研究上。他认为："马列主义、毛泽东军事思想，是军事科学研究的理论基础，要把学习和运用毛泽东军事思想贯穿于研究工作的始终。"

到军事科学院后，宋时轮领导科研最突出的特点之一，就是始终不渝地以马克思列宁主义、毛泽东思想为指针。他反复强调，要系统地学习毛泽东军事著作，正确掌握毛泽东军事思想的精髓，用以指导研究工作。后来虽然在"文革"中受挫，但在粉碎"四人帮"和纠正"两个凡是"后，宋时轮以巨大的政治勇气和理论勇气，坚持以毛泽东军事思想为指针开展军事研究工作，既反对以僵化、教条的态度对待毛泽东军事思想，也反对以虚无主义的态度对待毛泽东军事思想。

改革开放后，社会上出现全盘否定毛泽东思想的思潮。针对这种倾向，宋时轮在科研工作中始终毫不动摇地坚持和贯彻毛泽东军事思想,在为中央党校学员和驻京高级干部讲课时,专门讲述毛泽东军事思想的基本原理以及如何坚持与发展这一思想。他还提议并亲自主持召开了全军第一次毛泽东军事思想学术讨论会,坚定地捍卫毛泽东军事思想的历史地位。

宋时轮在毛泽东思想研究方面颇有建树,先后发表过《毛泽东军事思想是我军胜利的指南》等8篇重要论文,并在1983年出版论文集《毛泽东军事思想初探》。1984年,他终于实现了毕生的一大愿望,撰写出系统研究毛泽东军事思想的专著《毛泽东军事思想的形成及其发展》,首次对毛泽东军事思想的科学体系作了开创性探索,在军内外产生了重大影响。

人物简介:

宋时轮(1907—1991),湖南醴陵人。1926年加入中国共产主义青年团,1927年1月转为中国共产党党员。曾任萍醴边区游击队队长,湘东南第二纵队政委,红军学校第四分校校长,第二十一军参谋长兼六十一师师长,第三十军军长,第二十八军军长,八路军第四纵队司令员兼第十二支队司令员,山东野战军参谋长,华东野战军第十纵队司令员,第三野战军第九兵团司令员等职。新中国成立后,任华东军政委员会委员、第九兵团司令员,中国人民志愿军第九兵团司令员兼政委,中国人民志愿军副司令员兼第九兵团司令员和政委,总高级步兵学校校长,军事科学院第一副院长、院长等职。1955年被授予上将军衔。第八、第十届中央候补委员,第十一届中央委员;在党的十二大和十三大上,相继当选为中顾委常委。

(庹晓芹)

"参加人民革命，义旗昭著"

——毛泽东与陈明仁

在陈明仁的回忆当中，他曾发自内心地说过："共产党教育了我，宽恕了我过去的反动历史，更由于毛主席的正确领导，使我走向了新生。"开国上将陈明仁因毛泽东的大仁大义，而改变了自己的命运。

毛泽东称赞是抗日名将

陈明仁和毛泽东，同样都是湖南人，同样性格刚烈。陈明仁从小比较叛逆，在他只有五六岁时，一次拿了家里供奉的祖宗牌位当玩具玩，被祖母看见，重重责罚了一顿。可他硬是忍着痛不求饶，不肯认错，气得祖母大骂他是孽种。

1920年，陈明仁考入长沙兑泽中学（今长沙市六中）。毕业后，他回到家乡当上了一名教师。封建家庭的束缚，使陈明仁产生了对革命的向往。1924年，陈明仁不顾家庭反对，毅然离家出走，报考了由国民党军政部长程潜担任校长的广州陆军讲武学校，并于同年秋转入黄埔军校。

陈明仁从黄埔军校毕业后，投身到了大革命的洪流中。陈明仁在国民党中堪称一员猛将，从军20多年，战功显赫。

抗日战争全面爆发后，陈明仁在桂南会战、昆仑关大捷、滇西缅北战役中，屡建战功，晋升为第七十一军副军长。1944年，他率部加入中国远征军，在滇缅边境围困日军残余人员，打通了滇缅国际公路。在回龙山战役中，陈明仁指挥若定，并巧妙地运用战术消灭了滇西日军。

得此消息后，毛泽东称赞陈明仁是抗日名将，并赞扬他在回龙山战役中的指挥为战术杰作。后来，在东北战场上，毛泽东曾告诫东北民主联军领导人不要小看敌人，要认真研究陈明仁的战术思想。

★
"我们会谅解，还要重用他"

解放战争中，蒋介石对陈明仁的勇猛善战、忠心耿耿十分赞赏，便让他在东北的内战第一线作战。眼看国内和平无望，陈明仁闷闷不乐，不理解蒋介石为何不把人民渴求的和平给予人民，却挑起了内战。但"绝对效忠"这4个字，此时在陈明仁的思想中根深蒂固，他只能内心充满矛盾地来到一线战场，继续为腐朽的国民党冲锋陷阵。

由于国民党内部明争暗斗，陈明仁被撤职，无奈地离开了东北战场。而这次离开，成为他日后脱离反动政权的一次契机。

四平战役中被东北人民解放军俘虏的陈明仁弟弟陈明信，在哈尔滨解放军官教导团将校班学习7个月后，1948年，被遣返回南京。陈明信以亲身经历向陈明仁讲述了共产党优待俘虏的政策，力劝哥哥重新振作起来。陈明信说："只要你能和蒋介石一刀两断，争取立功，共产党对你的过去是会既往不咎的。不要再为蒋介石的反动政权卖命了，要认清形势，为天下的劳苦大众谋幸福。"听完，陈明仁心如潮涌，久久无法平静。

与此同时，国民党在内战中损失惨重，迫切需要扩充实力，被迫起用将才。华中"剿总"总司令白崇禧强烈邀请陈明仁担任武汉警察局副局长兼司令。

当时，湖南省主席程潜看到国民党政权日渐衰落，不忍心让湖南3000万人民随蒋介石玉石俱焚，于是开始与中共湖南地下党组织秘密接触，寻求和平出路。

中共中央认为，程潜一旦在湖南起义，抵抗不了桂系的军事压力，容易陷入被动。因此，中共中央通过中间人让程潜间接向白崇禧建议，将陈明仁派到湖南来控制局面。一直想染指湖南的白崇禧欣然同意。

陈明仁一到长沙，就去拜访程潜。老乡见面，交谈甚欢。两人开始商讨，认为湖南人民不能再受战乱流离之苦，他们应与共产党合作，走和平解放湖南的道路。尽管陈明仁表示愿意追随程潜走和平之路，但他心中仍然充满了疑虑。他不仅害怕共产党在起义后和他算账，也害怕他在国民党同僚中背负"投敌叛党"的名号。

就在陈明仁对起义犹豫不决之际，程潜的族弟程星龄带来了毛泽东写给湖南民主人士章士钊的信。信中写道："陈明仁，我们是很清楚的，他在东征、北伐和抗战中立了不少功劳，对国家和民族是有很大贡献的。他为蒋介石在东北卖命，四平一仗成功后却又受排挤而落了个撤职查办，对蒋介石的不满是明显的，在武汉时就释放了不少民主人士，干了一些倾向和平的事。争取陈明仁，我看也是能够办到的。至于他在四平和我们对抗，那是各为其主。陈明仁坐在蒋介石的船上，各划各的船，都想划赢，这是理所当然的，我们会谅解，只要他站过来就行了，我们还要重用他。"陈明仁非常激动，对毛泽东的宽广胸怀深为钦佩，这极大地消除了他的疑虑，增强了他的和平意愿。

"义旗昭著，薄海欢迎"

1949年5月16日，解放军攻占武汉。随后，兵分三路，直奔湖南。此时，毛泽东明白程潜和陈明仁承受着巨大的压力，如果立即向湖南派遣军队，不仅会让湖南重新燃起战火，还将影响程潜和陈明仁的起义计划。于是，毛泽东给林彪发电报，命令第四野战军进驻湖北后暂时中止进入湖南，并在湖南与湖北的边界休息。同时，他派代表李明灏等人到湖南，做程潜、陈明仁的工作。李明灏是程潜的老下属，他不仅与程潜和陈明仁关系较好，而且对陈明仁也很了解。

7月初的一天晚上，李明灏来到长沙秘密会见陈明仁。经过一番解释，陈明仁当即表态：他一定紧跟程潜，高举湖南和平的旗帜，为湖南人民谋求幸福，不负毛主席对自己的期望，争取立功赎罪。表面上，陈明仁仍然与白崇禧虚与委蛇，摆出一副抵抗到底的姿态。白崇禧对他深信不疑。同时为了拉拢陈明仁，任命陈明仁为湖南省政府主席，坐镇长沙，以阻挡解放军南下。白崇禧前脚离开长沙，程潜后脚就由邵阳秘密返回长沙，与陈明仁会合。

蒋介石和白崇禧很快得知程潜秘密回长沙的消息。他们恼羞成怒，知道事情很糟糕。8月1日，蒋介石派人给陈明仁送来一封亲笔信和大量现金、武器。在这封信中，蒋介石恩威并施，要陈明仁"不惜大义灭亲"，杀死程潜并停止起义，陈明仁不为所动。8月4日，程潜、陈明仁正式发出和平起义的通电。光明终于来临，历史在湖南翻开了崭新的一页。毛泽东、朱德联名复电程潜、陈明仁："此次先生及陈明仁将军毅然脱离伪政府，参加人民革命，义旗昭著，薄海欢迎，南望湘云，谨致祝贺。"陈明仁以个人名义致电毛泽东、朱德，表示"服膺新民主主义，接受中国共产党的领导，竭尽驽骀，以图报效"。

蒋介石见形势大变，于是密令潜伏在长沙等地的特务大肆造谣："程潜、陈明仁已被共产党软禁，在长沙起义部队的团以上军官均被扣押，所有部队全部被解除武装……"一时间，不明真相的起义官兵思想混乱，一些军团先后叛逃，给解放军消灭白崇禧的残军造成了极大的困难。毛泽东在了解湖南的情况后，立即指示华中局和湖南省委要全力做好程潜和陈明仁等人的工作，尊重他们，给他们以起义者的待遇。不久，湖南成立了人民军政委员会，由程潜任主任，陈明仁任委员。同时，陈明仁当选为湖南省临时政府主席。

"你来了，代表性就全面了"

1949年9月初，陈明仁抵北平参加第一届全国政治协商会议。毛泽东特意宴请了程潜、陈明仁等人。席间，毛泽东不停举杯敬酒，祝贺程潜和陈明仁成功起义，并赞扬他们为湖南人民立了大功。

毛泽东兴之所至，午饭后邀请程潜、陈明仁一起去游览天坛公园。游览中，毛泽东特地把陈明仁叫到自己身边，嘘寒问暖。熟悉的湖南话让陈明仁感到特别亲切。毛泽东说："你顺利地过了战争关，过来了就是好的。后天，新政治协商会议就要召开了，各方面的代表人物都有，唯独还缺少蒋介石的嫡系将领。你来了，代表性就全面了，说明我们是真正的民心所向。你可以在会议上发言，想说什么就说什么，我们共产党人不干压制言论自由的那一套，那都是蒋介石那伙人的法西斯主义。"

陈明仁连连点头，毛泽东的话让他觉得共产党没有把自己当局外人。但想到自己的过去，陈明仁还是感到非常内疚，并真诚地向毛泽东表示自己对1947年四平战役的负罪之感。

毛泽东摇摇手，安慰他："两军相战，各为其主，犹如划船，都想划赢，有什么错？以后不要再多去想这个问题了，要向前看，来日方长嘛。"

一行人边走边谈，笑语声中来到祈年殿前。毛泽东与大家合影留念后，向陈明仁招了招手说："子良将军，来，我们两个单独照个相。"久经沙场的陈明仁不敢相信自己会有如此殊荣，面对毛泽东的盛情邀请，竟拘谨得有点手足无措了。

照完相，毛泽东对陈明仁说："子良将军啊，现在外面谣言很盛，说我们共产党虐待俘虏，还谣传说杜聿明、王耀武已被我们'五马分尸'，干掉了。我们共产党是严格执行宽待俘虏政策的。杜聿明、王耀武正在济南改造，生活得很好，你去亲眼看一下，好把情况向外宣传解释一番。写些书信给你的故旧，策动他们及早觉醒。请他们不要轻信谣言，不要受骗上当，别再顽固到底，不要继续站在人民的对立面，害人害己，劝劝他们及早归来，这也是为他们好。"

听了毛泽东一番诚恳的话语，陈明仁顿时觉得心里热乎乎的，马上爽快地答道："我一定照办。"

"从今以后，一视同仁"

毛泽东非常关心陈明仁，在政治协商会议期间两次接见他，并进行了推心置腹的交谈。毛泽东问陈明仁："是从政，还是从军？如果从政，打算给你拨一笔特别款，由你全权开支。"

陈明仁仔细考虑了一下，答道："报告主席，我是军人，还是想在军事上为国家尽点力量。不过我们那个部队现在的番号叫'国民党人民解放军'，不伦不类，都是那时我们在思想上顽固，没转过弯来，考虑不周到。现在老百姓见到我们的士兵就骂反动派，弄得大家心里很不是滋味，一致要求改编为中国人民解放军，希望主席能满足我们起义官兵的这点要求。"

毛泽东听后连连点头："我看林彪打仗不如你，你仍旧去带部队吧，我们已决定把你的第一兵团改编为人民解放军，仍由你当司令员。当然，今后困难可能还会很多，要有思想准备。你有什么要求，尽管提出，我们一定努力协助。"

"主席，我对共产党已完全信服，没有任何要求。"陈明仁诚恳地说。

毛泽东回答道："这可不好办，人家提出条件，我倒好办，你这个没有条件的，倒让我不好办呀。从今以后，解放军有饭吃，你也有饭吃，共产党的军队有衣穿，你有衣穿，一视同仁，绝不会有半点亏待你的地方。"

开国大典后，第一届中国人民政治协商会议代表陆续离开北京。在陈明仁离开北京之前，毛泽东特地单独邀请他到家里做客，品尝湖南家乡美食。毛泽东再次指示陈明仁在回湖南之前，先去济南看一看杜聿明、王耀武等国民党战俘。陈明仁听从了毛泽东的建议，来到了济南解放军官教导团，看望了杜聿明、王耀武等人，并劝说他们要相信政府的政策，在这里好好改造，争取宽大处理。

回到湖南后，陈明仁感慨地说："我为蒋介石出生入死，卖命大半生，难听到他一句诚恳、亲切的话，毛主席与我首次相见，却如此平易近人，宽厚仁慈，真有天壤之别啊！"陈明仁立即把自己参加政协会议和参观解放军官教导团的感受写下来，寄给一些仍在大西南负隅顽抗的国民党将领，起到了很好的攻心作用。许多国民党士兵放下武器，走上了自新的道路。

广西剿匪，授衔上将

新中国成立伊始，朝鲜战争爆发，陈明仁主动请缨，要求赴朝参战。但鉴于当时广西刚刚解放，国民党残余武装和土匪勾结，危害当地。1950年底，毛泽东派陈明仁率第二十一兵团赴广西执行剿匪任务。在陈明仁的有力指挥下，经过5个月的战斗，歼灭土匪3万多人，圆满完成了党中央和毛泽东交办的剿匪任务。

1952年1月，第二十一兵团司令部改组为水利工程部队司令部，投入荆江分洪的建设工程。同年10月，陈明仁任第五十五军军长，开赴广东湛江，担负守卫祖国南大门的重任。

1955年9月，中国人民解放军授衔仪式在北京中南海怀仁堂隆重举行。在55位获得授衔的上将中，有3位原国民党起义将领，陈明仁便是其中之一。

1966年5月，"文化大革命"开始了，一时间，寒流滚滚，雾气浓重。陈明仁也未能幸免而受到冲击。当毛泽东听到这一消息后，立即指示保护陈明仁，团结像陈明仁这样的高级爱国将领，并做好工作，以使他永久有为祖国建功立业的机会。在这场政治风暴中，陈明仁始终坚信党的领导，相信终有一天，党和国家一定会拨乱反正。

令人遗憾的是，陈明仁没有看到这一天的到来。1972年，陈明仁患癌症，被送入解放军总医院治疗。毛泽东十分关心陈明仁的病情，派周恩来、叶剑英亲自讨论治疗方案，尽一切努力挽救他的生命。弥留之际，陈明仁嘱托妻子要坚决跟党走，并留下遗嘱，将家中所存金银全部交给国家。1974年5月21日，71岁的陈明仁怀着对国家和人民的一颗赤子之心，走完了他的传奇人生。

人物简介：

陈明仁（1903—1974），湖南醴陵人。1924年毕业于黄埔军校第一期。历任国民革命军少将旅长，中将师长，军长，兵团司令官，湖南省政府代主席等职。参加长沙和平起义。新中国成立后，曾任第二十一兵团司令员，湖南省临时政府主席，湖南省军区副司令员，第五十五军军长等职。1955年，被授予上将军衔。第三、四届全国政协常委。

（周　密）

"延安有个清凉山,南京有个紫金山"

——毛泽东与钟期光

钟期光一生主要从事人民军队的政治工作。不管是在艰苦卓绝的革命战争年代,还是在新中国的建设时期,他始终牢记毛泽东的嘱托,不畏艰险,忠于党、忠于人民,成为我军政治工作优良传统的创造者和重要实践者之一。

投笔从戎,声震湘鄂赣

1909年1月2日,钟期光出生在湖南平江县一个普通的农民家庭。作为家中唯一的男孩，在父母光宗耀祖的殷切期望之下，钟期光12岁考入平江天岳书院。

在天岳书院，天资聪颖、勤奋好学的钟期光接触到现代教育和进步思想。他积极参加爱国学生运动，与进步师生一起投身反帝、反军阀、反封建的斗争中。1926年毕业后，钟期光来到平江南乡爽源镇白马庙小学教书。在此期间，钟期光通过多种渠道了解到毛泽东等人领导的农民运动后，开始白天教学生，晚上办农民夜校，开展农民运动。钟期光思想上不断向党组织靠拢，于1926年12月光荣地加入了中国共产党。

1927年马日事变后，钟期光遭土豪劣绅诬控"宣传共产，私擅捕杀"，被悬赏通缉。在党组织的安排下，钟期光及时安全转移。国民党地方政府没有抓到钟期光，恼羞成怒，烧掉了他家的房子，杀害了他的妻子及姐夫。钟期光义愤填膺，决定投笔从戎。6月，钟期光毅然加入湖南工农义勇军平江第一大队，曾任中共平江下东乡特委秘书。八七会议后，毛泽东回湖南组织领导秋收起义，将平江、浏阳工农义勇军的主力和原国民革命军武汉警卫团等武装，合编为中国工农革命军第一军第一师。钟期光参加了毛泽东领导的秋收起义。

秋收起义后，钟期光被派回平江发展游击武装和开展地方工作，先后任平江县东特委特派员、游击队党代表、区委书记、中共平江县委组织部部长、县苏维埃政府秘书长兼军事部长等职。他还积极协助平江武装暴动领导人罗纳川广泛发动和组织农民群众，开展平江首次农民"扑城暴动"和"第二次扑城暴动"，摧毁了一些基层反动政权，给反动派以极大震慑。后来，钟期光护送中共湘鄂赣边特委书记滕代远前往平江县城，会同彭德怀等人发动平江起义。钟期光组织平江地方党组织和游击武装响应起义，发展平江等地的革命斗争。

1930年7月，钟期光随红三军团参加了攻打长沙的战斗。在胜利攻下长沙后，他负责组织和发动群众，参与领导肃清反革命残余势力，维护社会秩序，巩固胜利成果，并任中共长沙市委秘书长。1934年，红军主力长征后，在敌众我寡、电台被毁、与中央失去联系的情况下，钟期光仍顽强地独立坚持了极其艰苦的三年游击战争，成为让敌人胆寒、人民壮胆的湘鄂赣边"五巨头"之一。在一次次的战斗中，在毛泽东等领导人的影响下，钟期光的革命意志越来越坚定，思想越来越成熟，逐渐成长为一位优秀的指战员。

显露政治工作本领

抗日战争全面爆发后，钟期光任新四军第一支队第一团政治处主任，同傅秋涛等率部开赴皖南抗日前线。1938年4月，由钟期光任政治部主任的抗日先遣支队，执行毛泽东的明确指示，勇敢机智地插入江南敌后，出色地完成了战略侦察和发动群众的任务。

毛泽东在抗日战争时期曾说："共产党领导的革命的政治工作是革命军队的生命线。"钟期光长期主持政治部的领导工作和部队战时政治工作，他正确地执行中共中央、中央军委和毛泽东的战略方针，亲自制定整治工作纲要，参与政治工作实践。钟期光强调坚持抓好思想教育是政治工作的中心环节，提倡思想教育主要是"正面灌输"，同时又要"扶弱为强"，还要"见事就教"。他提出"缩小机关，充实连队，一切工作在基层，政治工作在前线"的工作方针，对确保作战胜利起了重要作用。钟期光还以积聚人才、争取人心作为抗日政治工作的根本任务，一面坚定地依靠老红军为骨干，在发挥他们特长的同时，又帮其克服游击习气、山头主义和军阀残余等非无产阶级思想，以适应新阶段战争任务的需要；一面利用大江南北临近宁沪杭文化较发达地区的有利条件，大量吸收知识分子入伍，提高了抗日队伍的整体素质。对此，粟裕曾说："钟期光同志工作很实际，很实在。从江南到苏中，政治工作实际上是由他主持的。"

钟期光还非常重视总结经验，先后撰写并发表《对改进目前连队政治工作的意见》《在整训中力求改善政治工作的领导方式问题》《改造思想和改进我们的工作》《论部队中政治工作建设》《关于战时政治工作的几个问题》《本师的五年》等文章，丰富了军事政治理论宝库。

耕耘军事教育舞台

新中国成立前夕,钟期光参与创办华东军事政治大学和人民解放军的最高学府——军事学院。1951年1月,军事学院正式成立。5月30日,军事学院空军系、海军系成立。至此,该学院成为一所名副其实的培训陆军、海军、空军中高级指挥员的综合性高等军事学府。钟期光先后任军事学院政治部主任、副政委、政委。

作为一名入党时间较长的共产党员,钟期光对毛泽东怀有深厚的感情,对毛泽东思想坚定支持。在政治思想建设上,他坚持以教育为主的方针。在建院的前5年,院党委组织全院先后进行了10次思想整风。针对当时的现实,钟期光头脑清醒,观点鲜明地主张"学习毛泽东思想的立场、观点和方法,而不是单纯引用语录""学习毛泽东思想要与创造相结合""不要光是马恩列斯怎么说,毛泽东怎么说,还要看你怎么说"。正是依靠这些,保证了全院正确的政治方向。

为充实教员队伍,钟期光坚决执行毛泽东提出的"团结一切可以团结的力量"的统一战线思想,大胆起用了近600名起义、投诚或被俘的原国民党军队军官担任军事教员,经教育改造,用其所长,尽其所能,保证了教学任务的高质量完成。

1952年7月10日,军事学院在南京人民大会堂隆重举行高级速成系和上级速成系第一期毕业典礼。毛泽东签发《中央人民政府人民革命军事委员会主席训词》,他对军事学院在新中国正规化、现代化国防部队建设中的作用给予充分肯定;首次对现代化、正规化建设的必然性作了精辟阐述,提出我军正规化建设的基本要求——"五统""四性",并发出号召:"军委希望你们在建设正规化、现代化的国防部队的光荣事业上,继续努力;并希望通过你们的努力,把建设正规化、现代化的国防部队的精神,贯彻到所有部队中去。"毛泽东的这些话,都是对军事学院和钟期光工作的极大肯定与鼓励。

此后,毛泽东一如既往地重视和关注军事学院的工作和发展情况。1953年2月,钟期光代表刘伯承向毛泽东汇报军事学院的工作。毛泽东意味深长地说:"延安有个清凉山,南京有个紫金山。"他说的延安清凉山,是指抗日战争时期延安清凉山下的中国人民抗日军政大学；南京的紫金山，就是指军事学院。言下之意就是把南京的军事学院比喻为延安的"抗大"，对学院的工作给予了高度评价。毛泽东期望军事学院要继承"抗大"传统，弘扬"抗大"精神，为新中国军事教育事业辛勤耕耘、建功立业，培养出更多国防和军队建设需要的栋梁之材，使钟期光深受鼓舞。

人民解放军经历了无数国内外战争，著名战役400余次，较大战斗3万余次，具有丰富的实战经验可以总结。1958年，毛泽东提出编写我军自己的条令和教材，包括《战略学》《战役学》和《战术学》。

经过较长时间的准备，1963年11月，中央军委批准了由军事科学院编写《战役学》的报告，由副政委钟期光主抓《战役学》的"政治工作"部分。11月6日，钟期光对政治工作组说，从4个方面着手研究《战役学》中"政治工作"部分：第一，对应"军事工作"部分写政工，政治是军事的统帅与灵魂，但战役政治工作又要服从军事要求，保证军事任务的完成；第二，避免重复，突出战役政治工作的特点来概括新内容；第三，从战史资料和老同志回忆录中提炼战役政治工作经验；第四，借鉴美军等现代化战役战斗经验，注意针对敌情发布我军战役政治工作指示。钟期光带领政工组查阅了毛泽东和中央、军委关于解放战争三大战役、抗美援朝战争等160多万字机密文电，从找资料、出纲目、写初稿三个步骤进行编写。

钟期光带领政工组确定了广泛搜集研究资料、逐个专题总结经验、分类综合共同规律的编写程序和方法。他们用了3个月时间，访问了30多位老将帅和各级政治部首长，整理研究出16万余字的《10大战例基本经验》和《中央军委文电选编》，完成了第一个汇编稿《战役学第三章，战役政治工作（初稿）》。

钟期光始终牢记毛泽东的嘱托，为我军建立和发展军事理论研究体系，开创军事科研工作的新局面，付出了很多心血，作出了重要贡献。

钟期光的一生，是为中国革命和共产主义理想奋斗的一生。1991年5月22日，钟期光因突发心脏病在北京逝世，享年83岁。

人物简介：

钟期光（1909—1991），湖南平江人。1926年加入中国共产党。参加了秋收起义。曾任红十六师政治部主任，新四军一师政治部主任兼苏中军区政治部主任，华中野战军政治部主任，第三野战军政治部副主任等职。新中国成立后，曾任华东军事政治大学副政委，军事学院政治部主任、副政委、政委，军事科学院副政治委员、顾问等职。1955年被授予上将军衔。第八届中央候补委员，1982年当选为中顾委委员；第五届全国政协常委。

（董　青）

"在这么大的问题上，主动让位，令人敬佩"
——毛泽东与唐亮

唐亮是杰出的政治工作者。他一生功勋卓著，却低调谦虚、淡泊名利。毛泽东曾称赞他："有的人，闹名誉，闹地位，闹军衔，少一颗星还淌眼泪，而唐亮同志在这么大的问题上，主动让位，令人敬佩。"

贯彻落实毛泽东起草的古田会议决议

唐亮，1910年出生于湖南浏阳永和镇火石岭一个贫苦农民家庭。1926年，16岁的唐亮怀着对旧社会、旧地主、作坊主的仇恨，抱着寻求生存之路的希望，参加了浏阳县城的青年工人俱乐部，并被选为学徒生活调查组组长。

1930年，唐亮听说在平江、浏阳一带休整的中国工农红军第三军团正在扩军，便毫不犹豫地报名参加了红军，不久加入中国共产党。他一加入红军，便到了红一方面军总政治部举办的政治训练队学习。从政治训练队毕业后，唐亮步入我军政治工作者行列，开始了长期的政治工作实践和探索。

1930年10月，唐亮任红三军团第八军第六师党委秘书。1931年1月，调任六师某团第一连政委。这个连的连长原是旧军队的一个排长，作战勇敢，但是军阀习气严重。前任连政委工作有能力，但打人骂人厉害。战士们管他叫"铁匠"。由于官兵关系紧张，连队战斗力受到很大影响。六师党委决定派唐亮去扭转这个连的面貌。

唐亮觉得自己文化程度不高，经验不足，开始还有点胆怯，担心自己干不好。后来，他找到师政委彭雪枫请教。彭雪枫对唐亮说："你可以按毛泽东的古田会议决议办事。做好军队的思想建设工作；以身作则，保证自己不打人；搞好团结。"听完彭雪枫的话后，唐亮回去认真学习了古田会议决议。

唐亮来到一连后，发现连队里确实存在很多旧军队的陋习，如军官打骂体罚士兵，让士兵搞内勤；吃的要比士兵好，觉得是作为军官应有的待遇和福利。

在连队中，士兵们对唐亮的态度也和对连队中其他军官一样，敬而远之。唐亮陷入沉思：官兵不能平等，如何提高部队的战斗力呢？于是，他主动走近士兵们，同他们谈心，了解他们的所思所想。通过走访了解，唐亮得知他们当红军的目的不仅是要打倒土豪劣绅，还想要在部队赢得尊重。

了解到红军战士的心声后，唐亮开始做连队各级军官的工作。起初，很多军官非常想不通，他们觉得打骂士兵，搞好内勤，比士兵吃好点的都不行，那还当什么军官，干什么革命。唐亮因势利导地向他们说明中国工农红军的性质就是不同于旧军队，官兵之间只有职务和分工不同，在人格上是完全平等的。唐亮是这么说，更是带头这么做，一直身体力行感染和影响身边的战友。

经过唐亮的努力，这个打人骂人成风的连队一改过去的面貌，呈现出官兵关系融洽的新气象，连队的战斗力也空前提高了。唐亮所在连队发生的这一巨大变化，得到了上级领导的高度评价，并成为贯彻毛泽东起草的古田会议决议的模范连队。

此后，唐亮在抗日战争、解放战争时期的政治工作中，始终贯彻落实毛泽东起草的古田会议决议，把部队的思想教育作为工作重点。唐亮也因政治工作成绩卓越，被誉为"模范政治工作者"。

假话让"老实人"学会"狗爬式"

唐亮生活朴实,为人诚实,工作扎实,素有"军中老实人"之称。早在1926年唐亮就在家乡参加了农民赤卫队,但后来每次填写个人履历,都是写的"1930年参加革命",以参加红军之日算起。有人提醒他说:"应从参加赤卫队算起,相差4年可就差了一个时代。"他笑着回答说:"够了!够了!"问起他原因时,他就回答说参军才是参加革命啊。

一向老实的唐亮,却因为有一次和毛泽东说了一句谎话而后悔了半辈子。

一日,毛泽东在与唐亮闲聊时,喜欢游泳的毛泽东随口问起唐亮:"唐亮同志,你会不会游泳?"唐亮一时紧张口误,随口回答:"会一点。"实际上唐亮根本就不会游泳。

毛泽东走后,唐亮觉得后悔不已。虽然毛泽东可能永远看不到自己游泳的画面,但是作为一名共产党员,实事求是是根本,他认为自己无论如何都不应该说假话。于是,唐亮回去后,赶紧请来军区游泳队教练,立马就开始学游泳,连续学了十几天,终于学会了一点"狗爬式",这才心里踏实了些。

之后的很多年,唐亮还经常对这件事感到愧疚,认为不应该说谎话,即使是应付也不行。这就是唐亮的性格。当然,做政治工作也需要这种"老实人",以身作则,己正才能正人。

主动要求退选中央候补委员

1956年,党中央召开第八次全国代表大会,唐亮作为代表出席了这次会议。在会议上,唐亮被大会主席团提名为中央候补委员的候选人。

在此前召开预备会议时，毛泽东说："我们的党，是一个欣欣向荣，不断发展的党，每届中央委员，可以逐步适当地增加一些，一次不宜增加太多，现在提出的名单，看来增加的人是多些了，可否减掉一点？"当时，这个名单已经发给各代表团酝酿了，有关同志听了毛泽东要减少候选人名单的意见后，感到十分为难。

中央候补委员候选名单里有唐亮。唐亮听说毛泽东意见后，立即向中央和毛泽东写了一个报告，要求取消自己的中央候补委员提名。此时的唐亮作为南京军区政委、军区党委第一书记，是完全符合中央候补委员条件的。在报告中，唐亮语气诚恳地表示：在名额有限的情况下，如果某些资格比他老、能力比他强的同志没有列入，一则不利于团结，二则他的内心也会不安。自己没有特殊功勋，多锻炼几年再加入也不迟，再者自己是大军区政委，即使不是中央委员，每次中共中央工作会议，都有机会参加，同样可以听到中央及毛泽东的声音。

毛泽东看到唐亮的报告后，感慨地说："唐亮，唐亮，真是个好同志！有的人，闹名誉，闹地位，闹军衔，少一颗星还淌眼泪；而唐亮同志在这么大的问题上，主动让位，令人敬佩，我同意他的报告。"后来，由于党内许多同志强烈要求，在两年以后的八大二次会议上，唐亮仍然被补选为中央候补委员。

完成毛泽东交给的整顿军政大学任务

从 20 世纪 50 年代开始，唐亮的健康状况就逐渐恶化，有时甚至需要抢救。但唐亮有强烈的事业心和责任心，仍带病坚持工作。长期的劳累，使唐亮的病情不断恶化，后来得了严重的病毒性肺炎，无法再坚持正常工作。1963 年底，中央军委批准唐亮离职休养。这时唐亮才 53 岁。

休养一段时间后，因为没有工作上的压力，唐亮的病情逐渐好了起来。唐亮是个闲不住的人，身体一好，一股强烈的工作愿望又向他袭来，1969 年唐亮再次向毛泽东提出给他安排工作任务。

唐亮继续工作的愿望两年后得以实现。1971 年 12 月，唐亮先后接到国务院总理周恩来发来的电报和中央军委副主席叶剑英打来的电话，要他到北京解放军军政大学工作。几天后，唐亮又看到中央军委发给南京军区的正式通知：

南京军区党委：

经毛主席批准，调唐亮同志，带一个学习组，到军政大学领导揭发批判林陈反党集团的斗争。

中央军委
一九七一年十二月十五日

唐亮接到通知后，心情非常激动。但是，唐亮的夫人张锐却不主张唐亮重新工作，担心他的身体经受不住。可唐亮说："活着干，死了算。周总理、叶帅都那么大年纪了，还在没日没夜地为党为人民操劳，我们这些老同志不能光待在家里享清福，应该为他们分忧才是。况且我是个军人，军令如山，毛主席、周总理、叶帅都发了话，我唯有坚决执行。"

1972 年 1 月，唐亮以学习组组长的名义，率领一批总政治部从全军抽调的干部正式进入军政大学工作。军政大学由高等军事学院、南京军事学院、政治学院、后勤学院合并而成，是当时解放军的最高学府。

毛泽东给唐亮的主要任务是批林整风，整顿军政大学，建设军政大学。唐亮按照毛泽东的指示，团结和带领全校师生，深入学习中共中央和中央军委文件，发动师生集中批判林彪、黄永胜、张秀川在军政大学的倒行逆施，把揭批林彪反党集团的运动不断引向深入，使军政大学的建设走上了正轨。

1972 年 5 月，中央军委任命唐亮为军政大学政委。任政委后，唐亮首先就是抓学校的自身建设。原来的军政大学，由于林彪反革命集团的破坏，既没有教研室，也没有专职教员。唐亮经过不懈努力，几年时间里，陆续调进 300 多名教员，组建 7 个教研室，建立健全了一系列规章制度，为正规办学从思想上、组织上、物质上奠定了良好的基础。

1977 年下半年，中央军委决定对院校进行调整，军政大学分建为军事、政治、后勤学院。1978 年 1 月，重新建立的解放军政治学院举行成立大会，唐亮被任命为任院长，12 月改任政委。唐亮满怀信心地开始了新的征程。

人物简介：

唐亮（1910—1986），湖南浏阳人。1930 年加入中国共产党。曾任红三军团第八军六师连政委，七团总支部书记，第六团政委，第四师政治部组织科科长，第四师十团政委,第二师政治部主任,八路军一一五师三四四旅政治部副主任,第二纵队政治部副主任,冀鲁豫军区政治部主任,山东滨海军区政委,山东军区政治部副主任,山东野战军政治部主任,华东野战军政治部主任,第三野战军政治部主任,南京市委第一副书记、书记等职。新中国成立后,曾任南京市委书记,华东军区政治部主任、华东军区副政委,南京军区政委,解放军军政大学政委,政治学院院长、政委等职。1955年被授予上将军衔。第八、九、十、十一届中央候补委员,1982年当选中顾委委员。

(胡 静)

"这一做法有利于全局，是明智之举"

——毛泽东与陶峙岳

毛泽东和陶峙岳，一位是共产党的领导核心，一位原是国民党的中将，为了民主和平、民族团结和祖国统一，两位拥有共同目标的人联系在了一起，成为新疆和平解放的关键人物。

★ 合力促成新疆和平解放

毛泽东从青年时代开始就十分关注新疆与祖国的统一，积极思索如何解决新疆问题。1920年12月1日，他在致蔡和森的信中提出："帮助蒙古、新疆、西藏、青海自治自决，都是很要紧的。"

1946年春，在国民党西北行营主任张治中的举荐下，国民党河西警备司令陶峙岳出任新疆省政府主席、新疆警备总司令。陶峙岳就职后，深受张治中影响，积极支持张治中提出的"和平、民主"主张。1946年夏，陶峙岳协助张治中释放了关押在新疆监狱的一大批共产党员和进步人士，并派人护送到延安。

1949年初，驻守在迪化（现乌鲁木齐）的陶峙岳收到时任国民政府代总统李宗仁的电报：只留一个旅在新疆担任防务，其余部队全数调进关内，参加内战。面对国内形势的急剧变化，新疆国民党驻军逐步分成了"主和派"与"主战派"。以陶峙岳为首的"主和派"坚决反对进关参加内战，并对李宗仁的内调命令置之不理。不久后，面对李宗仁再次发过来的电报，陶峙岳以10万新疆国民党驻军入关需大量的汽车、汽油和现洋为借口，拖延进关时间。

与此同时，陶峙岳与暗中进行和平运动的刘孟纯、屈武等人商谈对新疆局势的看法，酝酿和平起义。陶峙岳还费尽心力和周折游说新疆驻军的最大障碍国民党"主战派"代表人物叶成、马呈祥、罗恕人等出走境外。

待一切水到渠成，陶峙岳与刘孟纯、包尔汉决定：为稳定人心，军队比政府先一天通电。1949年9月25日，陶峙岳致电毛泽东：

峙岳等分属军人，苟有利于国家人民，对个人之毁誉荣辱，早置度外。现值中国人民政治协商会议第一届大会已举行集会，举国人民所殷切期成之中华人民共和国即将诞生，新中国已步入和平建设之光明大道。新疆为中国之一行省，新部队为国家戍边之武力，对国家独立、自由、繁荣、昌盛之前途，自必致其热切之期望，深愿为人民革命事业之彻底完成，尽其应尽之微力。峙岳等谨率全军将士郑重宣布：自即日起，与广州政府断绝关系，竭诚接受毛主席之八项和平声明与国内协定。全军驻守原防，维持地方秩序，听候人民革命军事委员会及人民解放军总部之命令。谨此电闻，敬候指示。

新疆省警备总司令陶峙岳，副总司令兼整编四十二师师长赵锡光，整编骑一师师长韩有文，整编七十八师师长莫我若，旅长钟祖荫、李祖唐、田子梅、韩荣福、郭全梁、朱鸣刚、罗汝正、刘抡元、杨廷英、马平林同叩。

九月二十五日

陶峙岳果断与国民党广州政府断绝关系，率部加入中国人民军队行列的举措受到了毛泽东、朱德的嘉勉。1949年9月26日，包尔汉宣告起义电报，新疆获和平解放。9月28日，毛泽东、朱德回电：

陶峙岳将军及所属部队将士们：

包尔汉主席及所属政府工作人员们：

你们九月二十五日及二十六日的通电收到了。我们认为你们的立场是正确的。你们声明脱离广州反动残余政府，归向人民民主阵营，接受人民政治协商会议的领导，听候中央人民政府及人民革命军事委员会的命令处置。此种态度符合全国人民愿望，我们极为欣慰。希望你们团结军政人员，维持民族团结和地方秩序，并和现在准备出关的人民解放军合作，废除旧制度，实行新制度，为建立新新疆而奋斗！

毛泽东、朱德

一九四九年九月二十八日

陶峙岳部下将士得知毛泽东、朱德的回电后，欢欣雀跃。新疆和平起义，掀开了新疆历史上新的光辉的一页。这一光荣、正义的起义行动，避免了一场严重的流血战争，维护了社会秩序和人民生命财产安全。

在这次新疆和平起义中，陶峙岳善谋能断。对陶峙岳的做法，毛泽东评价道："陶峙岳这一做法有利于全局，是明智之举，应该给予表扬。"

赴京向毛泽东汇报工作

自新疆和平解放后，新疆动乱的局势逐渐平息。但由于历史的原因，国民党在新疆安插的不少反动分子和特务企图破坏和平。为了平息叛乱、整顿社会治安、稳定军心，陶峙岳按照毛泽东的指示，认真做好部队将士的思想政治工作，着手整编起义队伍。

1949年12月，陶峙岳发布了《为整编部队告起义将士书》，要求全体起义官兵依据《中国人民政治协商会议共同纲领》规定实行整编，将起义队伍彻底按照人民解放军的制度进行改编。随后，经毛泽东同意，陶峙岳所率的起义部队番号改为中国人民解放军第二十二兵团，下辖3个步兵师，2个骑兵师。陶峙岳担任第二十二兵团司令员。

1950年春节刚过，陶峙岳受毛泽东的邀请赴北京中南海汇报工作。毛泽东亲自在门口迎接陶峙岳，说："欢迎陶将军，我等了你好些时候了，快进屋坐。"在两人交谈中，陶峙岳向毛泽东简明扼要地汇报了新疆的工作情况，毛泽东非常满意，并对新疆工作做出了指示。

毛泽东还邀请陶峙岳共进晚餐。席间没有大鱼大肉、山珍海味，都是湖南家乡菜，这让陶峙岳倍感亲切。毛泽东就像对待老朋友一样，与陶峙岳边吃边谈，一直谈到深夜。他们俩不仅谈国家大事，还谈到家庭等。毛泽东还真诚地鼓励陶峙岳："要好好学习，自我改造，过好三关。第一关是解放战争关，现已过去，过得很好。第二是土地改革关，不久就要过去。第三是社会主义关，现在还没有开始，要有思想准备。"陶峙岳觉得毛泽东说的三关很正确，表示坚决贯彻执行。

随后，陶峙岳还向毛泽东汇报部队正在进行改造世界观的活动。毛泽东听后高兴地说："好！这是做思想政治工作的好方法。改造世界观很重要，不仅你们，我们也有这个任务。"

陶峙岳通过和毛泽东长谈，对毛泽东产生了深深的敬仰之情，对中国共产党有了进一步的认识。他深深感受到共产党人待人诚恳、坦诚相待的品质，内心更加坚定了跟着党走，与人民事业荣辱与共的坚定信念。1955年9月，63岁的陶峙岳被授予上将军衔，这位比毛泽东还年长一岁的老将军，成为57位开国上将中年龄最大的一位。

九十高龄入党

自从陶峙岳上京与毛泽东深入交谈后，他才真正认为跟着共产党走是一条光明道路。陶峙岳对共产党的认识越来越深，感情也越来越炽热，要成为共产党员的愿望也越来越强烈。他把这个想法深藏在心里，践行在实际行动中。

以毛泽东为首的中央领导人对改编过来的国民党将领思想、政治方面很是关心。1952年7月，新疆军区代司令员王震找到陶峙岳说："你早该加入到中国共产党的行列了!"此时陶峙岳已过花甲之年,他百感交集地说:"我与共产党人一起共事感到很踏实,很放心,能学到许多东西。对于加入中国共产党也非常向往,只是不敢冒昧启齿……"陶峙岳认为自己出身旧军官,改造还不够,怕不符合条件。王震鼓励他:"陶司令员也不必太过谦,有想法该提就提出来,反正我们共产党人从未把你当外人!"

一个月后,王震和陶峙岳共赴石河子勘察,又问及入党之事。陶峙真诚地答道:"是所愿也,未敢请也。"他向王震袒露心迹,"跟着共产党干是一条光明的路,也是我唯一正确的选择……"

1965年夏,陶峙岳写下第一份入党申请书,郑重地交给新疆军区生产建设兵团政治委员张仲翰。然而不久,"文革"开始,陶峙岳的入党申请被搁置下来。1970年,年近八旬的陶峙岳准备退休回长沙养老。临行前,他对张仲翰说:"好在入党没有年龄限制,回湖南后我可继续申请哩!"尽管年事已高,陶峙岳依然没有放弃入党的信念。

1982年5月,陶峙岳再一次向党组织递交了入党申请书。他写道:"我觉得人生最大的幸福,莫过于对崇高理想的追求和有益于人类社会事业的实践。"这次申请很快就被中共中央批准,陶峙岳也为此激动地说:"伟哉共产党,追随幸有缘。"陶峙岳经过不懈努力,以90岁高龄正式加入中国共产党。

人物简介:

陶峙岳(1892—1988),湖南宁乡人。1982年加入中国共产党。曾任国民党第七十六军军长,第三十七集团军总司令,新疆省政府主席、新疆警备总司令、西北行政长官公署副长官等职。新中国成立后,曾任解放军第二十二兵团司令员,新疆军区副司令兼新疆生产建设兵团司令员,湖南省人大常委会副主任等职。1955年被授予上将军衔。第四、五届全国人大常委会委员;第三、四、五届全国政协常委,第六届全国政协副主席。

(熊 艺)

"我有我的共产党"

——毛泽东与傅秋涛

傅秋涛是灿若星河的开国将帅群体中一位可圈可点的传奇开国上将。他临危受命担大任，确保湘鄂赣边红旗不倒；他坚定追随，始终认定毛泽东是心中伟大的领袖；他热爱民兵工作，坚守党的事业直到生命最后一刻，受到了毛泽东的高度肯定。

独立领导湘鄂赣边三年游击战受称赞

中央红军主力长征后，傅秋涛勇担重任，三年艰苦卓绝的游击战争让他尝尽了缺衣少食的艰辛，尝到了失去爱人的痛苦。毛泽东对他领导的湘鄂赣边区游击战争给予了高度肯定和赞扬。

湘鄂赣苏区作为中央苏区的左翼，有着举足轻重的战略地位。1934年，经过"六七月失败"，湘鄂赣苏区第五次反"围剿"宣告失败，被迫比中央苏区早3个月进入艰难的三年游击战争时期。

8月，湘鄂赣省委在黄金洞召开紧急会议，决定派副书记傅秋涛带领7人短枪队去鄂东南收集地方武装，恢复发展红十六师。傅秋涛几经艰险，终于于9月上旬在通山县与严图阁、方步舟率领的鄂东南独立三师七团余部相遇。傅秋涛带领该部返回黄金洞。

自"六七月失败"后，湘鄂赣省委书记兼湘鄂赣军区政委陈寿昌一直自责，他决定亲自上前线，由傅秋涛代理湘鄂赣省委书记和湘鄂赣军区政委，主持省委工作。

陈寿昌带领傅秋涛收集部队，向鄂东南出发，在通山县恢复红十六师。不久，陈寿昌率部在老虎洞与敌遭遇，不幸中弹身亡。11月，湘鄂赣省委在黄金洞的杨雀坦召开会议，决定由傅秋涛任省委书记兼省军区政委。

傅秋涛不负众望，在他的主持和指导下，不到半年时间，红十六师发展到1200余人，并恢复了6块苏区，开创了湘鄂赣三年游击战争的鼎盛时期。

1935年6月，敌人60多个团卷土重来。生死存亡之际，7月4日，省委召开会议，决定"突围以保存力量"。7月14日，傅秋涛率领省委机关和红十六师向东南的江西修水方向突围，但几次突围均未摆脱敌军的包围。后来，傅秋涛率领部队从平江三眼桥和燕岩之间熟悉的地方趁夜突围，接连穿过了六七个土围子和敌军碉堡，越过了重重路障，胜利突出重围。在突围中，傅秋涛的爱人、湘鄂赣省妇女部长曾相娥不幸中弹牺牲。

几次突围，虽然红十六师损失很大，但傅秋涛对革命前途仍然充满信心，斗志不懈。他勉励大家："不要灰心，留得青山在，不怕没柴烧。"在国民党反动派疯狂实行灭绝人性的大屠杀时，傅秋涛和他所率领的部队战士只能住山洞、吃野菜，常常吃不上一顿饱饭，过着极端艰难困苦的生活。湘鄂赣三年的游击战争在异常艰辛中持续着。

据傅秋涛回忆，大概有半年的时间，几乎没有吃过一顿饱饭，但他们终于坚持下来了。钟期光在《坚持湘鄂赣革命根据地》一文中写道："在三年艰苦的游击战争期间，锻炼和考验了一批党的干部，傅秋涛同志就是其中最突出的代表。他挑起了省委书记和省军区政委的重担,在湘鄂赣边区革命根据地面临生死存亡的严重考验面前,他有股革命的蛮劲。正是由于他的革命坚定性和不达目的不罢休的革命韧性,产生了他对敌斗争的胆量,赢得了群众的信任。"

"六七月失败"后,湘鄂赣仅有的一部电台在突围中被损毁,从此失去了与党中央的联系。困境中,傅秋涛和湘鄂赣省委急切地盼望得到党中央的指示。傅秋涛多次派人去找党中央,有的在途中遇敌牺牲。1936年,去找党中央的庄构丰回来后,他们才逐步恢复了与党中央的联系。七七事变后,傅秋涛和湘鄂赣省委先后派两批人员赴延安向党中央请示汇报关于湘鄂赣省坚持革命斗争的情况。毛泽东亲自听取了湘鄂赣边区情况的汇报,对傅秋涛等领导的湘鄂赣边区游击战争给予了充分的肯定和赞扬,夸赞他们在远离党中央的情况下,经过独立坚持的三年艰苦游击战争,取得了很大成果,实属不易。

★ "我有我的领袖毛泽东"

不管是湘鄂赣三年游击战争还是抗日战争,在傅秋涛心中,始终认定毛泽东是唯一的领袖,他始终紧跟毛泽东的步伐。

西安事变和平解决后,傅秋涛从国民党报纸上了解到中共中央对时局的主张。傅秋涛多次主持召开省委会议研究局势,决定同国民党谈判合作抗日。为适应联蒋抗日政策的需要,1937年5月10日,湘鄂赣正式成立湘鄂赣人民抗日红军军事委员会,傅秋涛任主席,涂正坤、钟期光等任委员,统一领导和指挥湘鄂赣抗日红军游击队。5月15日,军委会采取"快邮代电"方式向全国发表声明,主张同国民党和平合作,一致抗日。

为了争取同国民党地方当局谈判,湘鄂赣省委制定了两个方案。一是合作方案:划湘鄂赣苏区为特区;湘鄂赣红军改为抗日军;释放所有革命者;发给经费。二是停战方案:撤退对红军围攻部队,停止一切敌对行动;把嘉义让给红军,便于同武汉行营谈判;红军集中时要通行无阻,不得捕杀;发给经费;停止诱降。

在与国民党的谈判中,挫败了国民党地方当局收编和企图用武力解决傅秋涛队伍的阴谋。多轮谈判，特别是两次关键性的谈判，傅秋涛都出席了。7月18日，傅秋涛、涂正坤、钟期光代表湘鄂赣边区红军与国民党政府派来的谈判代表在平江嘉义进行正式谈判。为避免谈判出现意外，傅秋涛在外线布置警戒，充分做好应战的准备。谈判会上，红军提出划定特区，政权属于共产党，对方对此事表示不同意。红军又提出，湘鄂赣红军集中改编为抗日武装，由共产党领导，对方说："这件事，我们做不了主。"红军方面再提出，立即释放一切政治犯，他们还是回答："这件事要请示浏阳师部。"同时，国民党平江县党部书记长始终极力宣扬"一个政党、一个领袖、一个主义"。傅秋涛立马予以驳斥，严正地说道："你有你的国民党，我有我的共产党，你有你的领袖蒋介石，我有我的领袖毛泽东，你不要来这一套！"

嘉义谈判解决了一些问题，双方商定下次到浏阳举行谈判。这时，党中央派了李涛等来湘鄂赣省委，传达了中央的指示精神，这使得谈判有了更为明确的方针。最后基本按我方要求签订了和平合作协议，傅秋涛任湘鄂赣抗日军第一游击队司令员。12月，根据中央决定，湘鄂赣红军游击支队编入新四军。

★ 钦佩毛泽东"全民皆兵"的远见卓识

1941年1月，傅秋涛被中央军委任命为新四军第七师副师长。1943年秋，根据中央通知，傅秋涛作为党的七大代表，赴延安参加党的七大。在这里，他第一次见到日思夜想的毛泽东。

抗日战争胜利后，傅秋涛曾任鲁南区党委书记、军区政委，华东支前委员会主任，徐州军管委主任，山东分局第一副书记、山东军区副政委等职。

全国解放后，中央决定成立复员委员会，周恩来总理兼主任，并决定调傅秋涛任复员委员会秘书长。与此同时，1950年8月，中央军委任命傅秋涛兼任人民武装部副部长，1952年1月接任部长。从此，傅秋涛负责全国民兵工作。他始终致力于民兵建设，对毛泽东民兵建设的深谋远虑和远见卓识深感敬佩。

新中国成立后，由于朝鲜战争爆发，面对帝国主义的威胁，毛泽东认为，我们不但要有强大的正规军，还要大办民兵。根据毛泽东的指示和《共同纲领》的规定，傅秋涛主持起草了《关于加强民兵建设的指示》等文件，经中央批准下发。1952年12月，中央军委和政务院颁布了傅秋涛主持起草的《民兵组织暂行条例》，指出民兵仍是国家武装力量的重要组成部分。20世纪50年代，随着国内外形势变得严峻，毛泽东决定大力发展民兵，实行全民皆兵，以抵御外来侵略。民兵一边参加社会主义建设，一边利用业余时间大练兵，军事素质大大提高，这无疑是增强国防、抵御侵略的一个有力举措，对于那些对中国虎视眈眈的国家具有强大的震慑力。

1957年，傅秋涛任总参谋部动员部部长。他紧抓民兵是不脱离生产的群众武装组织这个特点，研究和解决民兵的生产和生活、人武干部如何参加地方的中心工作等问题，为全面加强民兵建设作出了贡献。1958年10月，解放军总参谋部在北京召开了全国民兵工作会议，傅秋涛就全民皆兵的问题发表了讲话。此后，他还先后发表了《大办民兵师》《全民皆兵》等文章。傅秋涛深深佩服毛泽东提出"全民皆兵"这一方针的远见卓识，由衷地说："大办民兵师和实行全民皆兵，是对付帝国主义的有效办法，它可以大长人民的志气，大灭敌人的威风，充分动员亿万人民做好反侵略战争的准备，发挥人民战争的强大威力，增强我国人民建设祖国、保卫祖国的战斗意志和革命警惕性。"

傅秋涛热爱民兵工作。1975年，傅秋涛担任总参谋部顾问后，一直希望能编写一本书，系统地总结中国民兵的斗争事迹和经验，以便对今后的民兵建设有所裨益。他的想法很快得到了军委领导的认可和支持，徐向前元帅知道后，赞扬他这种自告奋勇的精神很好。当得知报告被批准时，傅秋涛兴奋地说："这是我最大的幸福。"

1978年秋，由傅秋涛担任《中国民兵》编写组的主编。1981年8月，傅秋涛的病情急剧恶化，生命垂危之际，他用微弱的声音对编写组的同志们说："我主持编写的《中国民兵》还没有最后完成任务，这件事，我只能拜托你们了。"1988年，《当代中国民兵》作为《当代中国》丛书的一卷出版发行，傅秋涛的遗愿圆满实现。

人物简介：

傅秋涛（1907—1981），湖南平江人。1929年加入中国共产党。曾任中共湘鄂赣省委书记兼省军区政委，湘鄂赣抗日红军军事委员会主席，湘鄂赣人民抗日红军游击支队司令员，新四军第一支队副司令员，新四军第七师副师长，中共鲁南区党委书记，鲁南军区政委，华东支前委员会主任兼华东支前司令部司令员，山东分局第一副书记，山东军区第一副政委等职。新中国成立后，曾任中央复员委员会秘书长，人民武装部部长，总参谋部队列部部长、动员部部长，总参谋部顾问等职。1955年被授予上将军衔。第四、五届全国人大常委会委员。

（李 玲）

"你比孔夫子还高明啊"

——毛泽东与彭绍辉

从初萌革命信念到为革命事业浴血奋战,彭绍辉一生始终追随着毛泽东的脚步,以独臂书写血色人生,一步步成长为新中国的开国上将。毛泽东与彭绍辉见面的次数虽然不多,但却彼此熟悉,共同谱写了一曲将帅老乡的佳话。

听演讲:瓦子坪点燃革命信念

1926年,农民运动在湖南轰轰烈烈地开展起来。12月1日,湖南省第一次农民代表大会在长沙召开。中共中央农民运动委员会书记毛泽东参加了此次大会，并作了题为"国民革命的中心问题是农民问题"的重要讲话。从此，毛泽东在湖南的农民运动中声名远播。许多心怀革命梦想的热血青年对毛泽东非常仰慕，彭绍辉就是其中之一。

彭绍辉的老家湘潭县瓦子坪，离毛泽东老家韶山冲不过8公里的距离。儿时的他靠放牛和给地主家当长工为生，尝尽了旧社会的苦。后来，彭绍辉加入了当地的农民协会，投身农民运动。他对领导农民运动的毛泽东心向往之，盼望着有一天能够见面。

1927年初，毛泽东到湖南考察农民运动，途经多地，还在湘潭县进行了重点宣传，其中就包括彭绍辉家所在的瓦子坪。彭绍辉得知毛泽东到了瓦子坪，心潮澎湃。在宣传会上，他第一次见到毛泽东，亲耳聆听了毛泽东对农民运动思想理论的教诲。彭绍辉从此对农民运动的认识逐步深入，革命的脚步愈发坚定，他的人生由此翻开了新的篇章。

★ 初追随：多地辗转求相见

1927年5月，马日事变爆发，白色恐怖笼罩三湘大地。湖南农民运动被军阀许克祥的部队镇压，形势急转直下，大批农协会员被捕被杀，状况极其惨烈。彭绍辉是农民自卫军的成员之一，参加了声势浩大的十万农军攻打长沙的斗争。他被当成"暴徒"和"赤色分子"，遭到反动派通缉。

面对越来越恶劣的形势，彭绍辉决定离开家乡，去寻找共产党，参加革命。彭绍辉和担任农协委员的哥哥商量后，连夜赶往韶山冲，想第一时间找到毛泽东。当得知毛泽东早已离开后，彭绍辉接着又赶往毛泽东曾经学习工作之地——长沙，同样也没有找到。在打听到毛泽东去了武汉后，他便爬上一列开往武昌的火车。抵汉之后他依然未寻得毛泽东的踪迹，心中非常失落。此时的彭绍辉并不知道，毛泽东正在秘密筹备秋收起义，虽然人在武汉，却得谨慎从事，以免暴露行踪。毛泽东在8月12日离开了武汉，以中共中央特派员的身份前往长沙开展工作。就这样阴差阳错,彭绍辉没能追寻到毛泽东。此时在武汉举目无亲的彭绍辉只能先解决眼前的吃饭问题,加入了国民革命军第三十五军一师一团三营十二连。

★ 再追随:加入红军再相见

1928年春,国民革命军第三十五军一师改编为湘军独立第五师后,彭绍辉进入由共产党人黄公略、贺国中主持的随营学校学习。7月,他参加彭德怀、滕代远、黄公略等领导的平江起义,在红五军七团任班长。同年秋,经由黄公略介绍加入了中国共产党。

1928年12月,彭德怀率领平江起义的一部分队伍赶往井冈山与"朱毛红军"会合。彭绍辉则随黄公略率领的另外一部分平江起义的部队在湘鄂赣地区打游击。在此期间,彭绍辉参加了不少战斗,身上受了大大小小的伤。面对当时敌强我弱的困境,彭绍辉始终坚定革命信念。

1930年8月,红一军团与红三军团在浏阳永和会师,合编为中国工农红军第一方面军,朱德任总司令,毛泽东任总前委书记兼总政委。彭绍辉所在部队编入红一方面军三军团五军一师一团。此时,彭绍辉终于"追"到了毛泽东。

红一方面军进攻长沙失利之后,面对的第一个险境就是如何粉碎国民党对中央革命根据地的"围剿"。1930年12月下旬,红一方面军在宁都小布召开了苏区军民歼敌誓师大会。毛泽东在会上做动员讲话,并对目前的战争局势以及接下来的作战方针进行分析。整个会场热烈异常,只是台上的毛泽东并不知道,那位一心追随他的小老乡彭绍辉,直至此时才第二次近距离见到他。坐在台下的彭绍辉内心分外激动。多年后他对这次会议仍记忆犹新:会场设在小布的河滩上,主席台是用树干和竹子搭的台子,周围用席棚围起,没有油灯,就在台子两边生起两大炉松明,北风呼呼地吹着,松明劈劈啪啪地越烧越旺……毛泽东走上主席台时,大家热烈地鼓掌,喊口号。他身穿旧的灰布军装,头戴八角帽,虽是隆冬,但还是和战士一样脚穿草鞋,头发长长的,看上去比第一次在湘潭县瓦子坪见时清瘦多了。毛泽东声音洪亮地说:"今天开动员大会,明天早上就要打仗了,敌人对我们这块革命根据地进行

'围剿'，部队有湖南的十八师，江西的十二师；江西的归鲁涤平指挥，湖南的归唐生智、何键指挥。现在苏区的群众封锁消息，敌人不知道我们在哪里，我们却知道敌人就在山那边。"说到这里，毛泽东把大手往前一挥："我们先消灭张辉瓒的十八师，它是敌人的精锐部队，我们要集中优势兵力，先把这支部队打垮，最后粉碎敌人的'围剿'。"接着，毛泽东高声问："消灭十八师大家赞成不赞成？"大家激动地举手高呼："赞成！"毛泽东又问："打不打胜仗？"大家又高呼："打胜仗！"呼喊声震彻长空。

第一次反"围剿"打了个大胜仗，敌师长张辉瓒被活捉。这一战中，身为团长的彭绍辉在上固负责牵制由永丰、乐安方向来的敌军，阻挡前往增援张辉瓒师的第五十师谭道源部队的进攻。随后彭绍辉奉命在东韶向洛口、广昌方向追击撤退的谭道源部队。

★ 抢阵地：英勇奋战失左臂

不久，彭绍辉接到命令去三都、七保，上下谢、葛坳地区，进行反地主武装斗争。在反地主武装斗争中，彭绍辉因把缴获来的钱多发了两角给士兵，被留党察看，从一师一团团长位置上调离。

1931年7月，彭绍辉处分期满，被任命为第四师参谋长。同月，蒋介石向中央革命根据地发动了第三次"围剿"。

作战部队为摆脱国民党军队的包围来到兴国县莲塘，并于8月5日、6日反包围了敌人上官云相师，战争局面胶着。一天清晨，毛泽东勘察完地形下山，正好与为勘察地形准备上山的彭绍辉迎面遇到。毛泽东一见彭绍辉就热情地打招呼："你不是绍辉同志吗？赶快叫部队来，迅速占领这个阵地，敌人就在山那边，你赶快要部队跑步前进。"彭绍辉心里很是惊讶，自己仅与毛泽东见过几面，毛泽东竟认得出他。在毛泽东的关怀鼓励下，彭绍辉在随后的历次战斗中身先士卒，勇往直前。

1932年底，国民党调集30多个师的兵力，向中央根据地发动第四次"围剿"。1933年2月中旬至3月下旬，红一方面军经黄陂、草台岗两次伏击，歼灭国民党军

3个师，俘敌1万余人，打破了国民党军队对中央根据地的第四次"围剿"，创造了红军史上前所未有的大兵团伏击战的范例。

在草台岗一役中，年仅27岁担任红三军团第一师师长的彭绍辉在霹雳山战斗中，挥师主攻，经过20多分钟的浴血奋战，占领了敌第十一师的主阵地，重伤敌师长肖乾，赢得了第四次反"围剿"胜利的关键之仗。随后，彭绍辉在率部追歼溃敌时，被敌人的机枪打中左臂。因药品短缺，加之伤口感染发炎，最终不幸被截去左臂。1933年，纪念"八一"建军节大会上，彭绍辉被中央军委授予二等红星奖章。

长征时准备特别的午餐

1934年，王明"左"倾冒险主义错误使得中央红军在第五次反"围剿"中遭受重创，不得不进行战略转移，开始长征。

一天，彭绍辉随部队到达四川松潘、黑水芦花地区，一封来自周恩来的电报传来。电报说：明天毛泽东和朱德等领导同志会通过黑水芦花，大约会是中午时分，请部队给领导同志准备一顿午饭。彭绍辉看到电报内容，就带人到附近的村子准备食材。当时环境很艰苦，偏远村落就更不用说了，所以到最后他只找到两羊皮口袋青稞和一只羊。

第二天准备午饭，青稞来不及磨成面粉，只好煮个青稞粥做主食，羊肉直接炖汤放辣椒。毛泽东一行人到达后，准备吃饭。

毛泽东风趣地说："今天是彭绍辉同志请客啊！"

彭绍辉不好意思地说："很惭愧，没有什么好吃的。"

毛泽东却高兴地说："这不是很好吗？"

毛泽东等人边吃边和战士们交谈，非常平易近人，气氛非常热闹。彭绍辉心里觉得跟毛泽东的距离更近了。

枣园约见促膝长谈

长征结束直至抗日战争期间，彭绍辉依然一如既往地贯彻执行党中央和毛泽东的战略方针，在政治上、军事上不断进步，成长很快。

1943年3月，彭绍辉被任命为抗日军政大学副校长，下半年被任命兼任抗大第七分校校长。在彭绍辉领导下，抗大七分校除圆满地完成了各项教学任务外，还在生产上取得了很大的收获。彭绍辉坚持从严治军、从严治校的管理方针也让他获得了"铁面将军"的称号。

1945年，七大召开前夕，毛泽东邀请党的七大代表彭绍辉来枣园见面。这次长达半天的见面，成为彭绍辉一生中难以忘怀的幸福时刻。

在枣园住所，毛泽东看到彭绍辉高兴地说："绍辉同志，你是瓦子坪的人呀！你是个放牛娃出身啊！现在在哪里工作？"彭绍辉抑制住激动回答毛泽东的问题。随后他俩在一问一答中进行交流。特别是交流抗大七分校的工作时，两人的谈话精彩不断。彭绍辉介绍到七分校共有教职员工700余人，总人数3000多，基本上是陕甘宁晋绥、晋察冀和太行3个单位抽人组织起来的，一共编成了3个大队。

毛泽东听到这句话，幽默地笑着说："孔夫子是'弟子三千，七十二贤人'呐！你比孔夫子还高明啊！"接着问道："学校是怎么办起来的？"彭绍辉继续汇报："领了30万边区银行的票子，1000把锄头，2000把镰刀，开赴豹子川、平定川、大风川扎下营来。响应主席的号召，组织起来，自己动手，开荒生产，丰衣足食，积蓄力量，准备胜利。"

毛泽东听后，亲切地说："这几句话成了你们的办校方针啦！"彭绍辉说："是啊！"接着继续汇报道："我们上第一课是搭茅棚，第二课是挖窑洞，第三课是开荒，第四课是播种、修理房屋。"毛泽东进一步细问道："你们哪里来的木料啊！"彭绍辉说："那里是原始森林，树木很多。主席！您可惜没时间去看看，青山绿水，夜晚还有狼呀！"

彭绍辉继续汇报说："第五课是组织起来生产，自力更生，丰衣足食；第六课是锄草；第七课是秋收。现在已开荒七八千亩。"毛泽东听到这里插话问道："你们这么多的地是怎么开的？"彭绍辉说："把茅草烧掉，然后就开荒。"毛泽东风趣地说："你搞的还是刀耕火种啊！秋收以后搞些什么呀！"彭绍辉道："秋收以后，也就是第八课，准备烧木炭，自己挖土窑，砍伐干木头，闷火烧出来就成木炭，准备过冬；第九课就是冬季练兵。"

毛泽东问："冬季练什么？"彭绍辉详尽地做了回答。毛泽东满意地点点头，又关心地问："修了多少窑洞？"彭绍辉回答："有千把个上下！"毛泽东又问："桌椅板凳是怎么搞出来的？"彭绍辉告诉毛泽东："七分校有个副校长是木工出身，他把木工组织起来做；还开了3个铁工厂，收集陇东一带的破钢烂铁，带领一些会打铁的人员，打了几千把锄头、镰刀；那里还有油漆树，自己做好木器，涂上油漆，又结实又美观。俗话说，'人上一百，五艺俱全'呀！"

毛泽东听后，十分满意地夸奖道："你这个学校真是个好学校，又挖窑洞，又开荒，还有铁匠铺，还有什么？"彭绍辉说："还有女生队，有300多人，在附近种些地、做衣服等。"毛泽东继续问："你们那里有棉花吗？"彭绍辉答："没有。我们搞些羊毛来，让女同志纺毛线、钩毛衣。战士们说，过去羊毛出在羊身上，现在羊毛出在人身上。因为布面很薄，羊毛都从布眼里钻出来了。"

听到这里，毛泽东笑出声来，并说："你们的办法蛮好，边区羊毛多的是嘛！"毛泽东接着问："学校学员是些什么人？"彭绍辉答："都是些基层干部，最大的不超过二十五岁，最小的十五六岁，大多数是二十岁左右。"毛泽东听后赞扬说："这些年轻人经过教育和锻炼后，力量大得很呐！战争时用起来，就是一支强大的生力军啊！"

彭绍辉继续告诉毛泽东说："还办了一个商店，可以销售抗大生产的物品。"毛泽东点头称赞说："你这个校长，搞得很全面，工农兵学商你都有啊！"

彭绍辉激动地回答说："都是根据主席的教导，学习南泥湾的精神，积蓄力量，准备胜利。今天耽误了主席半天时间，给主席汇报，主席给了我们很大的鼓励，我们今后一定更好地把工作做好。"毛泽东笑着谦逊地说："你给我上了一课。你是七大代表，开会时再见吧！"

离开毛泽东的住所后，彭绍辉的心情久久不能平静，他在心底暗暗地勉励自己，一定要把学校办得更好，报答毛泽东的鼓舞和关怀。在接下来的日子里，彭绍辉领导的抗大七分校在各方面又都有了较大的发展。学校采取边训练、边生产，每年生产的粮食、木炭、羊毛和蔬菜等，不仅自给自足，还可以有节余支援前方。更重要的是为党培训了大批干部，特别是为抗日战争胜利后解放区扩大培养急需干部，作出了重要贡献。

新中国成立后，彭绍辉与毛泽东多次相见。每一次与毛泽东见面，毛泽东总是握着彭绍辉的手，问他工作和身体情况。有一次，毛泽东亲切地握着他的手说："绍辉同志，你是我的真老乡，是瓦子坪的，是个看牛娃。"

毛泽东总是惦记着这位从瓦子坪走出来的老乡，看着他从看牛娃成长为解放军高级将领，看着他在大小战斗中从健全战士变为独臂将军，看着他从旧社会走进新社会。在彭绍辉的心里，一直敬重感恩毛泽东这位领路人，毛泽东思想始终是他追随的方向。

人物简介：

彭绍辉（1906—1978），湖南湘潭人。1928年加入中国共产党。曾任红五军七团班长，第二纵队中队长，第二大队教导队队长，红五军随营学校大队长，红三军团一师一团团长，四师参谋长，第三师十团团长，第一师参谋长、师长，红四方面军第三十军参谋长，红二方面军第六军团参谋长，八路军一二〇师司令部参谋处处长兼教导团团长，三五八旅旅长，一二〇师独立二旅旅长，西北军区第二军分区司令员，抗日军政大学副校长兼第七分校校长，吕梁军区副司令员、司令员，西北野战军第七纵队司令员，第一野战军第七军军长等职。新中国成立后，曾任第一高级步兵学校校长，西北军区副司令员兼参谋长，解放军副总参谋长兼训练总监部副部长，军事科学院副院长等职。1955年被授予上将军衔。第九、十、十一届中央委员，第二、三、四届全国人大常委会委员。

（汤　泓）

毛泽东与湘籍开国中将

"生产教育二者兼顾"

——毛泽东与文年生

从国民革命军带枪投奔中国工农红军的文年生,在毛泽东的指导下,率部打赢多次战斗,为保卫延安和党中央立下汗马功劳。他还积极响应毛泽东在大生产运动中发出的号召,作出了突出贡献,获得毛泽东亲笔题词"生产教育二者兼顾"。

带枪投奔工农红军

文年生出生于湖南岳阳县一个贫农家庭。小小年纪的他来到湖南华容、南县一带，靠帮别人做工、种田、挑土筑堤来谋求生计。在这期间，文年生受尽欺侮与折磨，过着饥寒交迫的生活。

1926年7月，国民革命军北伐时攻占华容县城，因向往革命事业，年仅19岁的文年生便加入了国民革命军，随之四处转战。因作战勇敢，他先后被提为班长、排长。但文年生对新老军阀之间为争夺地盘而兵戎相见、连年混战的状况十分不满。

文年生时刻关心革命前景，期待能有一股强大的领导力量，带领中国人民脱离苦海。此时，文年生得知毛泽东领导打响了秋收起义、进行三湾改编等事迹，便十分向往纪律严明、官兵平等的工农革命军队伍。1928年4月毛泽东与朱德在井冈山会师后，井冈山革命根据地不断壮大。文年生萌生了加入红军队伍的想法。

1930年上半年，文年生与几个志同道合的士兵计划在长沙带枪投奔红军，但被发现而未能成行。7月，彭德怀率领红三军团攻占了长沙城。文年生毅然与旧军队决裂，义无反顾地带枪加入了工农红军，被编入红三军团第八军二大队三连当战士，走上了革命道路。

1930年8月23日，红一、红三军团在浏阳永和会师，组成中国红军第一方面军，朱德任总司令，毛泽东任总政治委员。从此，文年生跟随毛泽东，开始了南征北战。9月，在第二次攻打长沙的战斗中，文年生自告奋勇参加了敢死队。此战后，文年生加入了中国共产党。

★
"反围剿"中运用毛泽东的军事方针

在毛泽东的带领下，文年生参加中央革命根据地历次反"围剿"斗争。文年生在作战中冲锋陷阵，顽强杀敌，事迹突出，获得了通令表扬并逐级提拔。

1930年12月，国民党军进犯龙冈，对红军实施第一次"围剿"。毛泽东提出采用"诱敌深入"的作战方针迎敌。文年生坚决执行毛泽东的作战方针，潜伏在丛林之中，待敌军进入伏击圈后，文年生如猛虎般向敌阵冲锋，激烈搏杀。此战，红军全歼国民党第十八师，还活捉了敌师长张辉瓒。战后，文年生因作战勇敢，受到通令嘉奖，并升任连长。

文年生参加第二次反"围剿"斗争时，任红三军团三师十团团长。他仍坚持毛泽东"诱敌深入"的方针，率兵攻打文英镇。在兄弟部队的配合下，红军全歼该镇敌军，文年生再次受到上级嘉奖。第三次反"围剿"斗争中，在毛泽东正确指挥下，文年生率部勇猛杀敌。

红军连续三次在反"围剿"斗争中取得胜利，同毛泽东等红军领导者正确的战略战术指导是分不开的，与文年生这样英勇善战的指战员上阵杀敌同样是紧密相连的。

在第四次反"围剿"斗争中，文年生身先士卒，在草台岗激战中，右腿负伤。为尽快返回前线，他凭着超人的毅力，在没有麻醉药品的情况下，用刀割开肌肉取出弹头。文年生的事迹传遍全军，极大地鼓舞了官兵的战斗意志。

1933年9月，蒋介石对中央革命根据地发动了第五次"围剿"。这时，毛泽东被剥夺了军事指挥权，"左"倾冒险主义者采取了错误的作战方针，致使红军作战失利。

此时，文年生对革命前途非常忧虑，他深刻地感受到，红军作战离不开毛泽东的军事指挥。即使毛泽东遭到"左"倾错误领导者的否定与排挤，文年生依然坚定追随毛泽东。

"钻不通会回来的"

1934年10月，中央苏区第五次反"围剿"失败后，红军实行战略转移，从江西出发开始长征。在长征中，文年生先后担任军委直属纵队后卫、军团教导营营长。

1935年6月，红一、红四方面军会师。8月初，红一、红四方面军混合编成左、右两路军北上。毛泽东率领中共中央机关和前敌指挥部随右路军行动。朱德、张国焘、刘伯承等率领红军总司令部随左路军行动。

文年生所在的右路军走了六天六夜，才走出草地，等待左路军前来会合。可是，张国焘提出种种借口，不愿北上，并要右路军南下。9月9日，张国焘电令右路军政治委员陈昌浩率部南下，"彻底开展党内斗争"。

得知情况后，毛泽东先后与张闻天、博古、周恩来、王稼祥紧急磋商。为了贯彻北上方针，避免红军内部可能发生的冲突，决定连夜率红一、三军和军委纵队先行北上。

彭德怀担心张国焘派人加害毛泽东，遂命文年生率军团教导营守护在毛泽东身边，保护他和党中央的安全。果然，天亮时，红四方面军参谋长李特带骑兵追上来，他奉张国焘的命令意图阻止右路军北上，还命令红军大学中的四方面军人员返回。李特当着毛泽东的面，气势汹汹地污蔑党中央，遭到了彭德怀和杨尚昆的严厉斥责。文年生与教导营其他同志见状，赶紧上前保护毛泽东。毛泽东并不恼怒，对李特晓之以理，并向红四方面军的同志分析了北上之利和南下之弊。然后，他对文年生说："文年生同志，让四方面军的同志站一边！让他们回去。我们带头走，他们会跟在后面来的，张国焘一伙是老鼠钻牛角，钻不通会回来的。"

1935年9月12日，文年生跟随右路军到达甘肃俄界，部队改编为中国工农红军陕甘支队。文年生先后被任命为第二支队第十二大队大队长、红一军团第四师第十二团团长。10月19日，红一方面军到达陕北吴起镇。

毛泽东曾说："我们的军事力量在长征前曾经达到过三十万人，因为犯错误，后来剩下不到三万人，不到十分之一。重要的是在困难的时候不要动摇。三万人比三十万人哪个更强大？因为得到了教训，不到三万人的队伍，要比三十万人更强大。"正因为坚定了革命信仰，始终追随毛泽东，文年生便成为这三万分之一。

保卫延安，保卫党中央

1937年7月，抗日战争全面打响。文年生刚从抗日军政大学毕业，担任八路军一二〇师三五九旅七一八团团长兼政委。一二〇师其他几个团都相继东渡黄河，奔赴抗日前线。只有七一八团没有去，因为毛泽东、党中央交给他们一个更重要的任务：保卫延安。

1938年2月，日军以猛烈炮火轰击对岸文年生所在团的河防阵地。文年生率部奋起反击，并及时隐蔽，没有造成任何伤亡，并一举粉碎了日军对陕北的首次进犯。

日军不甘心失败，于5月初再次进攻，企图夺取宋家川渡口。宋家川是黄河防线中的重要渡口，也是太原通往陕北的必经之地，此时，驻扎在这里的正是七一八团。文年生通过侦察，确认日军的先头部队已经到达宋家川渡口附近的王老婆山，企图给其后续部队创造渡河条件。

文年生分析当时局势后，决定趁敌人立足未稳，主动出击，先发制人。他亲自挑选了4个连的战士，在5月10日傍晚，趁夜色摸到黄河东岸，控制了制高点后，居高临下，扫射日军。不久，山下的接应部队也到了。经过几个小时的激战，歼敌200余人，缴获武器辎重若干，日军因先头部队受阻，也放弃了后续进攻。此战极大地鼓舞了军民的抗战斗志，受到毛泽东和党中央的高度评价。

1939年12月，文年生任中央警备第一旅旅长。从1938年春到1939年底，文年生先后率领部队抗击了日军向陕甘宁边区河防发动的20余次进攻，取得了歼敌800多人的光辉战绩，不负毛泽东、党中央的期望，保卫了延安和边区。

★
"毛主席注视着我们"

不光是日军，蒋介石对延安也一直虎视眈眈。

考虑到关中地区战略地位的重要性，中央军委命文年生率警备第一旅转战至关中平原，并兼任关中军分区司令员。关中，即渭河平原一带，因土地肥沃，是陕西最富饶的地区，也是陕甘宁边区与国民党统治交界地区，是延安通往西安的必经之地。自陕甘宁边区设立后，西安国民党胡宗南集团在边区周围集结数十万兵力，先后发动了3次反共高潮，妄图袭击延安。为此，毛泽东、党中央调文年生的中央警备第一旅防守延安南大门。

1941年5月，国民党第一战区胡宗南部妄图从关中分区边缘胡家峁突破边区防线，进而进犯延安。胡部以1个团的兵力猛攻胡家峁阵地。防守此地的警一团一营苦战1日，被迫放弃3个山头，只剩1个主阵地固守。

此时，文年生正在警一团指挥所驻地庙湾。得知一营失利的消息后，他不顾参谋人员一再劝阻，当晚就赶到胡家峁。文年生在月光下仔细观察了国民党顽军的布防情况后,当即决定夺回失地。当时,有少数干部信心不足,文年生慷慨激昂地说:"我们是共产党领导的革命队伍,有打夜战打硬仗的光荣传统。现在党中央、毛主席注视着我们,如果这一仗打不好,敌人就会从这里进犯延安。为了人民的利益,为了保卫党中央、毛主席,我们一定要把胡宗南的部队打回去,把丢失的山头夺回来!"

听了文年生这番话,战士们下定决心誓死夺回失地。文年生很好地发挥了八路军近战、夜战的特长,指挥3个连正面反击顽军,自己率领1个连从侧翼迂回,直捣敌军团部。经过一场激战,捣毁了敌军团部,击毙其团长,夺回了3个山头,并乘胜追击,一举占领瑶曲。胜利喜讯传到警备第一团,干部、战士纷纷说:"文司令打起仗来勇猛顽强,像下山'猛老虎'一样!"

获毛泽东亲笔题词

由于国民党实行经济封锁,加上自然灾害频发,陕甘宁边区出现了严重的物质生活困难。1939年2月,当困难刚刚露头的时候,毛泽东就发出了"自己动手,丰衣足食"的号召,在全党全军掀起了一场声势浩大的大生产运动。

文年生积极响应毛泽东和党中央的号召,自己特制了一把4公斤重的锄头,在战斗、训练之余,带领战士上山开荒。

在大生产运动中,文年生以身作则,与战士们一起早出晚归,开荒种地,即使双手打满了血泡,特制的锄头也磨掉了一寸多,他依然干劲十足。经过几个月的奋斗,文年生率部开荒3万多亩,种上了小米和苞谷,在当年就获得大丰收。不仅解决了自己部队的粮食给养问题,还有力地支援了其他部队的粮食供给,有效减轻了边区政府的财政负担。

毛泽东得知文年生在大生产运动中带头劳动,工作出色,十分高兴,亲笔题词:"生产教育二者兼顾——书赠文年生同志",以表彰文年生在大生产运动中作出的突出贡献。

"可能是冤案"

文年生刚强正直，疾恶如仇。在"文革"中，他对林彪反革命集团的倒行逆施进行了坚决的抵制和斗争，遭到林彪死党黄永胜等人的诬陷迫害。尽管他遭到许多次批斗，身心受到严重摧残，但他仍坚贞不屈，信念不移。1968年6月，文年生在广州被迫害致死，终年61岁。

1975年9月，文年生的妻子苏枫给毛泽东写信，在信中回忆了文年生在毛泽东的指导下，先后在长征、大生产运动中作出的突出贡献，却被迫害致死，请求毛泽东为他平反。

阅信后，毛泽东批示："请汪转小平、春桥酌处。可能是冤案。"

1978年2月，广州军区党委正式向中共中央、中央军委总政治部递交了《关于为文年生同志彻底平反恢复名誉的报告》。8月，中央军委总政治部批复为文年生彻底平反昭雪，恢复名誉，并追认他为革命烈士。

人物简介：

文年生（1907—1968），湖南岳阳人。1930年参加中国工农红军，同年加入中国共产党。曾任红三军团排长、连长、副团长、团长，第三师十团团长，红十五军团第八十一师师长，中国人民抗日军政大学队长，八路军一二〇师三五九旅七一八团团长兼政委，陕甘宁留守兵团警备第八团团长，八路军南下第三支队司令员，冀察军区代司令员，晋察冀野战军第三纵队副司令员，华北军区第六纵队司令员，第二十兵团六十八军军长、兵团副司令员兼参谋长，湖南军区副司令员等职。新中国成立后，曾任湖南军区司令员，中南军区副参谋长，广州军区副司令员等职。1955年被授予中将军衔。

（田翔尹）

"就说是我毛泽东给他开的药方"

——毛泽东与方强

　　1963年底的一天,毛泽东在中南海接见国务院各部委的负责人。时任国务院第六机械工业部首任部长的方强将军兴奋地鼓着掌,目不转睛地凝视着自己敬仰的领袖。毛泽东在人群中一眼就发现了方强,走上前来高兴地与他握手,并爽朗地笑着说:"方强啊,我们还有些关系哩!"在高级干部云集的场合,毛泽东公开地笑谈他与方强"有些关系",那可就不是一般的关系了,那么方强与毛泽东究竟有着怎样的"特殊关系"呢?

毛泽东要求他"创造出一个模范营"

1911年1月26日,方强出生于湖南平江县长寿镇的一个穷苦家庭。初小辍学后跟随父亲在码头做小工。旧社会的黑恶与不公使方强对革命充满了向往。1927年加入中国共产党,1930年参加工农红军。

1932年9月,方强任中央警卫营政委。有一次,方强奉命率部攻打连城,离开中央苏区前的一个夜晚,他例行检查各哨位情况,正好碰到外出散步的毛泽东。方强立刻上前敬礼报告,这是方强第一次见到毛泽东。通过与方强的交谈,毛泽东了解了他的家庭情况和革命经历后,对年仅21岁的方强的工作给予了表扬并充满信任地说:"我相信你一定会把中央警卫营的工作做得更好,创造出一个红军模范营来!"从那一刻起,毛泽东便记住了这个小老乡的名字。

毛泽东送来"救命药"

1933年1月,在第四次反"围剿"战斗中,前线战况十分紧急,福建军区命令中央警卫营驰援上杭。中央警卫营政委方强率4个连日夜兼程,赶往上杭。抵达指定位置后,方强指挥部队积极应战。就在掩护主力部队撤退时,方强被敌人的一颗子弹击中胸膛,倒在阵地上,顿时血流如注,他的军装被鲜血浸透。由于山路崎岖,泥泞难行,5名女赤卫队员抬着担架走了两天才将方强送到位于福建长汀的福音医院。傅连暲院长把方强的棉衣解开,用剪刀挑开被血粘在伤口上的衬衣时,鲜血顿时又从前胸后背涌了出来。眼前的景象让他惊讶不已:子弹从前胸穿进,擦着心脏边缘,又从后背钻出,身体被子弹打穿了一个洞。这是他行医以来遇到的伤势最重的伤员。况且两天的时间里没做任何处理,失血又这么多,现在竟然还活着,真是个奇迹！医务人员急忙为方强做了手术，才使他脱离险情。因为没有麻药，每次诊疗前，方强只能靠着一小杯鸦片水来缓解治疗时的剧痛，等医生治疗完后方强总是大汗淋漓，浑身湿透。

由于国民党的严密封锁，根据地的药品和医疗设备十分紧缺，生活物资也极度匮乏，即便是像方强这样的危重伤员，也只能靠南瓜和野菜充饥。如果哪顿能吃上一碗红米饭，就算是改善伙食了。因为营养不良导致方强的伤口难以愈合，他越来越瘦，十分虚弱。而持续的营养不良极有可能会造成自身免疫力下降从而导致细菌感染，那后果将不堪设想。

当时毛泽东也在福音医院住院。一天，傅连暲见到毛泽东时，聊到了方强的伤情。同为病友的毛泽东得知这一情况后，将老乡送给他补身体的一罐清炖牛肉交给傅连暲说："你把这个给方强带去，就说是我毛泽东给他开的药方！"傅连暲急忙劝阻，因为当时毛泽东的身体也不好。毛泽东却坚持让他带给方强："方强比我更需要它，这也叫发挥物质的最大效用吧！"傅连暲于是匆匆将牛肉汤给方强送去。当时方强已经很长时间没有吃过肉了，那牛肉的清香扑鼻，他夹起一块往嘴里嚼着，一边问傅大夫这牛肉是哪里来的。傅连暲告诉方强："这缸牛肉是老乡送给毛主席补养身子的，主席听说了你的伤情后，没舍得吃，特意让捎给你，还让我告诉你，说这是他为你开的'药方'！"望着眼前冒着油花的牛肉汤，方强感动得掉下了眼泪。毛泽东开的这个"药方"，方强节省着吃了整整一个星期。

在医护人员的精心治疗和护理下，方强的伤口终于慢慢愈合了。刚恢复好点能下床走动，他就急着去看望毛泽东。方强来到毛泽东病房，见他正坐在一把竹椅上聚精会神地看着书，面色十分憔悴，面前的小桌上还摆着没来得及收拾的南瓜饭和辣子。方强轻声叫了一声："主席。"

毛泽东转身，见是方强，连忙放下手中的书，招呼方强坐下。方强表明谢意后，毛泽东关切地询问起方强的恢复情况。方强怕主席担心，直说伤得不太重，毛泽东打趣道："嗬！还不重呐，听傅连暲讲，一颗反动派的子弹把我们警卫营政委的身体穿了个洞。你这革命的肌体不错嘛，连敌人的子弹都不敢长驻，匆匆钻进去什么也没敢动就又溜走了。快过来让我看看，伤口长好没有。"

方强解开衣扣，掀开衣襟，毛泽东仔细查看了他前胸后背的伤口，笑着说："我相信你会好嘛，这不真的好了。"

"这都是主席给开的'药方'好啊！"方强感激地说。

"好好打仗，消灭反动派"，毛泽东意味深长地说，"我们湖南乡下老百姓讲，'大难不死，必有后福'，看来你方强日后会很有造化哩！"

聊天时，方强忍不住多瞅了几眼毛泽东正在看的书。毛泽东发觉后问方强是否喜欢看书。当得知方强虽然喜欢看书，但是由于战斗紧张，看得很少时，毛泽东勉励他说："一定要注重学习，多看书。不仅要学会指挥打仗，还要掌握革命理论。"毛泽东随手从桌上拿起正在研读的列宁的《共产主义运动中的"左派"幼稚病》，对他说："中国共产党的党员都应该读懂这本书，从而提高全党同志的思想理论水平，以便指导中国革命走向胜利。"方强点点头，牢牢地将毛泽东的话记在心里。

坚信毛泽东的战略战术

1933年6月，方强由中央警卫团政委调任红二十二师政委，率部近万人驻守中央苏区南大门——江西会昌筠门岭。筠门岭是赣粤闽边区重镇，水陆交通要道，为兵家必争之地。当时，前任师长程子华刚调走，接任师长周子昆还未到任，方强就肩负起了整个作战指挥的重任。9月，国民党调集百万军队对中央苏区发动了第五次"围剿"，红二十二师与国民党军队展开了惨烈的战斗。由于"左"倾教条主义者的错误指导，中革军委大打阵地战和消耗战，1934年4月，筠门岭失守。无奈之下，红二十二师最终只能被迫撤退。

此时，毛泽东以中华苏维埃共和国主席的身份来到了赣南。筠门岭之战后，方强主持召开全师连以上军政干部大会，对战斗进行总结。会议召开之时，毛泽东从会昌打来电话。自从长汀福音医院一别，方强有一年多没有见到毛泽东。此刻，在前线听到毛泽东的声音，方强觉得无比亲切。毛泽东在电话里详细了解了筠门岭战斗经过、部队伤亡情况以及指战员的思想情绪后，鼓励方强说："你们打得很好，你们是支新部队，国民党军那么多，打了那么久，国民党军才前进了那么一点，这就是胜利！"对于筠门岭战斗的失利，毛泽东丝毫没有责怪，反而是通过对主客观因素以及敌我力量对比等情况进行分析，充分肯定方强率部顽强抵抗的成绩。方强激动得双眼湿润，双手紧紧握住听筒哽咽着，久久说不出一句话来。毛泽东在电话中安慰方强，千万别被一时的困难和挫折所吓倒，能打胜仗固然好，但打败仗也不能垂头丧气。毛泽东还特别提醒方强，要集中绝对优势兵力打击国民党军的弱点，消灭国民党军之一部。毛泽东入情入理的分析让方强茅塞顿开，使他在不利形势中看到了夺取胜利的希望。

挂断电话后，方强回到会场，他兴奋地对同志们说："告诉大家一个好消息，毛主席到南线来了！毛主席给了我们很多重要指示……我们又要打胜仗了。"毛泽东的指示让指战员们精神为之一振，会场立刻活跃了起来，并不时地响起掌声和口号声。大家举起拳头，纷纷请战。方强又连夜主持召开师军政委员会会议，并根据毛泽东的指示精神做出了新的战斗部署。毛泽东的指示和师军政委员会的部署迅速传达到了全师每一个战士，整个部队的精神面貌焕然一新，斗争形势也发生了巨大的变化，部队接连打了五六次胜仗。

得知这一情况，毛泽东十分欣慰，写下了著名的《清平乐·会昌》：

东方欲晓，
莫道君行早。
踏遍青山人未老，
风景这边独好。

会昌城外高峰，
颠连直接东溟。
战士指看南粤，
更加郁郁葱葱。

正当方强在毛泽东指导下，带领全师开始扭转不利形势时，"左"倾路线把持的临时中央获悉他执行了毛泽东的指示。1934年5月，王明路线统治的中央突然派出以国家保卫局为主的中央检查团，到红二十二师检查筠门岭战斗失利的情况，在没有经过任何调查的情况下就指控方强为首的师领导"对抗中央、另搞一套"，当即撤销了方强的职务并把他拘押至国家政治保卫局听候处置。

半个月后，红二十二师六十五团新任团长余栋才和团政委张旷生也被关了进来。此时方强最关心的不是自己，而是了解师里的情况。余栋才和张旷生告诉方强，就在他离开部队没几天，毛泽东就到站塘李官山师部来了。毛泽东一到师里就问了方强的情况，当得知他被关进了国家政治保卫局时，毛泽东沉默了许久。第二天临走时，毛泽东特别交代，要师里派人去国家政治保卫局看看方强。"我已经是死过一回的人了，个人命运倒无足惜。"方强感慨道，"但我相信，毛主席和大多数中央领导同志绝不会让这种不正常的现象继续下去！乌云再厚，终究遮不住太阳。"

10月初，方强与一起关押的几个同志被押送到政治保卫营，安排去执行新的任务。作为一名年轻政委，方强被特许"戴罪"跟随中央红军转移，开始了艰苦卓绝的长征。

湘江战役后，中央红军由长征出发时的8.6万余人锐减到3万多人，付出了极为惨痛的代价。方强知道后，心情无比沉重。

渡过湘江后，红军继续沿湘桂边界前进。在湖南通道，部队突然放弃北上计划，改为西进，向敌人兵力薄弱的贵州挺进。在行军中，方强悄悄地向政治保卫营营长吴烈打探这是谁的决策。吴烈贴着方强的耳朵说："一位很有战略眼光的高级人物！"

"是毛泽东？"方强不假思索，脱口而出。

"哈哈，你很敏感嘛，不愧是当政治委员的！"吴烈笑着赞许道。

方强心中一阵惊喜：毛泽东重获决策权，红军又有希望了。

1935年1月，遵义会议召开，重新确立了毛泽东在党内的领导地位，解决了当时事关红军生死的军事路线和组织问题。不久，国家政治保卫局局长邓发把被迫害关押的同志召集在一起，郑重地宣读了《中共中央关于反对敌人五次"围剿"的总结的决议》，宣布被关押的同志无罪释放，方强平反昭雪被分配到军委干部团任党总支书记。方强从内心感到遵义会议挽救了党和红军，也给他带来了新的希望。他内心充满了信心和力量，立即到军委干部团报到，继续跟随党中央和毛泽东长征。

★ 毛泽东给方强封"大官"

1938年春节，军委总政治部主任任弼时被派往莫斯科，任中共驻共产国际代表团负责人，总政治部主任一职由中央军委主席毛泽东兼任。总政治部副主任傅钟和谭政向毛泽东报告总政组织部长空缺，急需调人。由于组织部部长岗位很重要，所以需要由毛泽东来定夺。毛泽东起身,边走边在脑海中酝酿合适的组织部部长人选,一个熟悉的身影出现在他的脑海里。毛泽东慎重地说:"方强,三八五旅的政治部主任。这位同志年轻,有文化,中央苏区时就是红军师政委,在几次路线斗争中表现都很好,原则性很强,干组织部部长比较合适。"

不久后,方强接到军委调令,立即赶到延安总政治部报到。当他知道出任总政组织部部长是毛泽东亲自提议时,激动不已。激动之余他不免有些惶恐,因为总政治部组织部部长主管着全军的干部和党建工作,这对于27岁的他来说,这个"官"太大了,方强在心中反复问自己:我是那块料吗?我这么年轻,能压得住阵吗?他不由得胆怯,害怕因为自己能力有限给党的工作带来损失,怕难以胜任这一要职,于是打起了退堂鼓。他连夜给毛泽东写了一封言辞恳切的辞职信:

主席:

我来总政治部已有数日,多次聆听主席的教诲,深受教育。全军的组织干部工作,在当前来说十分重要。我长期在部队工作,自感马列主义理论根底不深,缺乏组织工作经验,尤其不熟悉全军高中级干部。因此,总政组织部长一职深感难以胜任。特请求主席批准我在总政组织部担任科长,以便更好学习和工作。

职:方强 敬上

信发出去4天后,方强接到毛泽东约他去谈话的通知。刚一见面,毛泽东就逗乐着说:"没想到还有不愿意做'大官'要做'小官'的人哩!你的信我拜读了,理由还不少嘛!"

方强急忙解释:"我年纪轻,缺乏经验,怕有负主席的栽培。"

毛泽东宽慰他说:"哪个干部是具有了一切条件才开始工作的?我毛泽东也办不到。大家都是边做边学嘛!在战争中学习战争,从实践中增长才干,这就是我们共产党人的辩证法!你还很年轻,一边工作,一边学习,抽空多读点马列的书,我相信你会不断总结提高,做好工作的!"

毛泽东的一席话让方强信心倍增,他当即表态:一定会努力工作,不辜负毛主席的期望。临别毛泽东还特意嘱咐他:"工作中有什么困难和问题,多向傅钟、谭政同志请教,也可直接来找我,我们也是老相识了嘛。"

毛泽东的话让方强觉得心里暖洋洋的。告别了毛泽东,方强回到总政机关。他把与毛泽东的谈话全部追记在了笔记本上,不时地翻看,内心无比振奋。

方强正式上任了。军委总政治部组织部机构精干,虽然主管着全军党务、干部工作，但是只设有组织科、干部科等4个科室，干部10多名。方强上任伊始，就全身心地投入到了5500多名抗日军政大学第四期毕业学员的分配工作中。

这批学员是由来自全国各地的青年知识分子和红军干部组成。他们在抗大经过10个月的集中学习，思想理论水平和军政素质提高很快，大家纷纷要求到抗日前线。为更加合理科学地做好工作分配，方强深入抗大，与学员们同吃同住一起生活，广泛开展交流谈心，征求他们对工作分配的意见和建议。经过1个多月的时间，他就顺利将这5000多名学员分配到抗日前线各个部队和机关工作。大部分学员在之后的抗日战争中成为骨干，在解放战争中成为党和军队的领导干部，为党和人民立下了战功。

方强还时刻牢记毛泽东"注意总结经验，提高理论水平"的嘱咐，在从事组织工作期间，撰写了《八路军干部问题在抗日战争中的特点》《八路军干部的使用与提拔问题》《略谈八路军干部培养问题》等理论文章和研究报告，报毛泽东等中央领导参阅后，很快发表在了中共中央主办的《共产党人》上，为中央制定干部政策提供了很有价值的建议。

人物简介：

方强（1912—2012），湖南平江人。1927年9月加入中国共产党。1930年7月参加红军。曾任红军连政委、团政委，中央警卫营政委，红二十二师政委，援西军政治部组织部代理部长，八路军一二九师三八五旅政治部主任，军委总政治部组织部部长，"华北敌后战地工作考察团"团长，八路军军政学院教育长，东北野战军第十纵队副司令员，解放军四十四军军长等职。新中国成立后，曾任广州卫戍区副司令员兼广东军区副司令员，中南军区海军司令员兼政委，海军副司令员，第一机械工业部副部长，国防工业办公室主任，第六机械工业部部长兼党组书记等职。1955年被授予中将军衔。1982年、1987年当选为中顾委委员。

（曹　阳）

"仗打得好，电报也写得好"

——毛泽东与方正平

1993年12月，海军原副政委方正平为纪念毛泽东100周年诞辰撰文："在艰难岁月里，我多次聆听毛泽东主席的教诲，最使我难以忘怀的是他对干部的教育和培养。"确实，方正平从长工成长为开国中将，离不开毛泽东的教育培养。

★ 崇拜毛泽东的神机妙算

在长征中，方正平任红三军团第十二团特派员，任务是保卫中央首长和中央机关的安全。

1935年8月，毛泽东率领右路军到达班佑，按原计划，将很快与左路军张国焘队伍会合，共同北上。

当时，张国焘不同意中央北上的方针，他提出种种借口，不愿北上。他的动向在中央机关部队中传开。为此，战士们在不明真相的情况下，思想上出现一些波动，猜测与争论时有发生。

一天，大家在休息时又谈起这件事，你一言我一语，争论得很激烈。方正平看在眼里急在心里，有些不知所措。当他转身时，震惊地发现毛泽东出现在他身后。方正平立即起立报告，毛泽东亲切地招呼大家坐下。方正平发现毛泽东比在中央苏区时清瘦了许多，个子显得高了些，穿着洗得发白的灰布军装，右边膝盖裤腿处被烟头烧的洞都还没有来得及缝补。

毛泽东温和地问方正平："大家讨论得这么热烈，在争论什么问题呀？"

方正平立马回答说："正在议论张国焘不同意北上的事。大家看法不一致，又谁也说服不了谁。请主席给我们讲一讲。"

毛泽东微笑着说："同志们，大家不要吵，不要争。行军走路，也会遇上带错路的向导。但也不要紧，因为现在党的方向是正确的。我们应当相信四方面军的同志将来一定会跟我们一道来的。我们已经胜利地走出了草地，要继续北上，争取更大的胜利，用我们的斗争指出正确的道路。"

接着，毛泽东又向大家详细讲述了红军面临的形势及革命胜利的方向，大家聚精会神地听着。毛泽东讲：我们红军北上是建立川陕甘革命根据地，是朝着胜利方向前进。大家听后如梦初醒，兴奋不已。方正平恍然大悟，心里豁然开朗。后来正如毛泽东判断的结果那样，张国焘带着红四方面军南下，在遭遇重大挫折后又重新北上，在甘肃会宁与红一方面军会师。

由此，方正平崇拜毛泽东的神机妙算。

1935年10月，部队到吴起镇时，方正平参加了陕甘支队召开的团级以上的干部会议。毛泽东在会上总结长征的胜利时说："我们部队人数虽然减少了，但幸存下来的都是骨干，是经过长征锻炼出来的，是革命的种子，是党的宝贵财富。同志们要养好身体，准备迎接新的革命任务。"

1935年11月，在象鼻子湾，毛泽东召集部队作动员讲话时说："从江西瑞金算起，我们走了一年多时间。我们每人开动两只脚，走了两万五千里。这是从来未有过的真正的长征。我们红军的人数比以前是少了一些，但是留下来的是中国革命的精华，都是经过严峻锻炼与考验的。留下来的同志不仅要以一当十，而且要以一当百、当千。今后，我们要和陕北红军、陕北人民团结一致，要做团结的模范，共同完成中国革命的伟大使命，开创中国革命新局面。"

连续听了毛泽东的两次报告，方正平大彻大悟，对革命胜利充满了坚定的信心。

"谁不愿意在后方，我偏要把他留下来"

1936年6月1日，中国人民抗日红军大学在陕北瓦窑堡创立。时任红一军团第四师特派员方正平从西征前线被召回红军大学学习，成为一期一科（高级干部科）学员。方正平进了盼望已久的红军大学，非常高兴。

红军大学开学典礼在米粮山上一座旧庙堂门前举行。毛泽东在开学典礼上说："这次办校为的是什么呢？是为了迎接大风暴革命形势的到来，为了适应新情况的发展，解决新问题，需要培训干部，提高干部。"毛泽东接着幽默风趣地说："你们都是经过长征的同志，经受了极为重要的锻炼和考验。但这只是第一冲（指冲锋打仗），这不够，还必须有第二冲，这就是要用马克思列宁主义理论来武装自己，才能更好地迎接民族革命大风暴的到来。"毛泽东的这席话，对方正平思想教育的影响极其深刻。方正平从中分析出，自己之所以在困难和挫折面前有思想顾虑，就是因为政治理论学习不够，思想水平不高，对在革命队伍中发生的许多问题不懂，对革命形势认识也不足。方正平时常提醒自己一定要加倍努力，要把学习当成打仗，也要有冲锋在前、不甘落后的奉献精神。他勤学好问，遇到不懂的问题，虚心向教员、同学请教。

方正平还没毕业，就被留在学校担任第二科政委，与科长苏振华一起从事学员的管理教育工作。1937年1月，红军大学改称中国人民抗日军事政治大学。刚开始，办学条件非常艰苦，每人每天3分钱菜金，吃小米，点油灯，山场院为自然教室，石头砖块当桌椅。

一天，毛泽东来看学员时诙谐地说："你们这是过着石器时代的生活，学习当代最先进的科学——马克思列宁主义。"方正平听了毛泽东的话后,想着,这是对大家和自己的鼓励与鞭策。他利用课后休息时间,带领学员,发扬自己动手、丰衣足食的精神,清扫垃圾,铲平土地,集中精力来改善办学条件。

在全国形成抗日救国的新高潮时,在抗大工作的同志都希望能到前线去,方正平同样希望上前线参战。1938年3月30日,方正平同30余名抗大干部在罗瑞卿副校长带领下,来到毛泽东居住的窑洞前。毛泽东闻讯迎来,招呼大家坐好后,问道:"听说你们中有的同志不安心,要求上前线?"方正平一听毛泽东提出了这个问题,便急不可耐地抢先发言,把自己要上前线杀敌的愿望,全讲出来了。其他同志都表示了同样的愿望。

毛泽东认真听着大家的发言,还在笔记本上记录着。最后,毛泽东面带微笑地对大家说:"前方需要人,后方也需要人嘛!办学校是组织和壮大抗日力量的有效办法,我们需要继续办学,培养大批干部。"

接着,毛泽东意味深长地说:"以后抗大要上战略课,讲大局大兵团的战略。只有了解大局的人才能合理而恰当地处置小的问题。即使是当排长的也应该有个全局的图画,这样才有大的发展。"毛泽东出人意料地说:"谁不愿意在后方,我就偏要把他留下来。"说着便点名方正平及部分同志,继续留下来办学。

毛泽东还风趣幽默地打了个比喻说:"你们要像母鸡一样,把一窝窝小鸡孵出来,送到前线去。要集中精力办好学校。要树立干一辈子教育工作的思想。将来死在延安,就埋在清凉山。"这次,方正平对毛泽东"了解大局""有个全局的图画"的要求印象极为深刻。

当时,毛泽东等党中央领导人经常到学校讲课、作报告。毛泽东于1937年5月至7月每周2次讲授"辩证唯物论",共110个学时。方正平一次不落,与学员一道听课。有时听说毛泽东要到马列学院或中央礼堂作报告,他都设法赶去听。他在抗大学习工作了3年,等于上了3年大学。

★ "不能让大家等我一个人"

1938年12月和1939年1月,毛泽东出席抗大第四期第三、四大队的毕业典礼,并作了"愚公移山"的演讲。演讲结束后，三大队几个红军出身的高级班学员，还想继续听毛泽东的课。毛泽东爽快地答应了，对大队长方正平说："考虑到你们大队有几个红军干部中队学员就要上前线，他们离校时，我要再见见大家，讲几句话。"

一天午后，方正平把学员带到毛泽东住地附近的空地等着。3点，方正平去请毛泽东。警卫员说："主席又是工作了一夜，现在刚刚起床。"方正平悄悄地退了回去。学员们见毛泽东没来，以为发生了变化。方正平连忙安慰着说："主席有夜间工作的习惯，现在刚刚起床。等一会儿我再去请。"

方正平再次到了毛泽东住处。毛泽东在吃饭，看到方正平进来，笑着说："不急，不急嘛，我还没有吃完饭呢。"方正平第一次碰上毛泽东吃饭，只见碗里是掺和着小米的粗粮饭和一盘辣椒。方正平一惊，心想日夜操劳的毛泽东吃的饭菜还比不上学员的伙食。

方正平正在感慨时，毛泽东突然问道："部队现在在哪里？"方正平连忙报告说："已经带来了。"毛泽东放下碗筷，着急地说："你怎么不早说！部队已经集合了，那得赶紧去，不能让大家等我一个人。"

★ "送你们一条打狗棒"

1939年4月初，第三大队奉命到离延安约百公里的瓦窑堡独立办学。刚刚入学的第五期学员，是来自各抗日战场的领导骨干和全国各地的青年知识分子。他们来到延安学习，急切想见到毛泽东，听他讲课。为了满足大家的这个心愿，方正平向毛泽东报告了这些情况，毛泽东听了汇报后，高兴地答应了。

出发当天早上，毛泽东特意赶来为大家讲了一堂课，他说："同志们要离开延安了，要求我来讲话，不讲别的，瓦窑堡有狗，送给你们一个礼物——一条打狗棒。"这条打狗棒就是："人不犯我，我不犯人；人若犯我，我必犯人。"毛泽东恰如其分的比喻，方正平牢记在心。

1939年春，方正平听说中央决定从抗大抽调干部到河南敌后去组织抗日武装。

方正平早就渴望上前线打仗,他给毛泽东写了一封信,提出了请求。信送出去后几天没有消息。正当方正平不安的时候,毛泽东回信了。信中说:"方正平同志:你的来信收悉,甚慰。你对革命是有功的。学校是培养人的,工作很重要。现在学校很需要人,你也走不了。为了培养干部,你要在抗大安心工作,现在不能离开,以后有机会再说。"

1939年5月的一天下午,方正平接到学校政治部的电话:"总政首长请你到延安谈工作。"方正平放下电话,匆匆忙忙喊上警卫员,向延安奔去。赶到延安,总政治部副主任谭政告诉方正平:"你的要求,主席向我们交代过。现在,少奇同志从中原来,向中央要干部到中原敌占区去开展抗日游击战争,并特别强调要从抗大抽调大队一级的领导干部。我们自然想到了你,明天上午,少奇同志找你谈话。"

第二天上午,方正平迫不及待地赶到刘少奇住地。刘少奇直截了当地说:"日寇企图进攻河南,我们要在敌后组织群众,建立根据地,开展游击战争。组织上准备派你到河南去工作,你愿意吗?"方正平毫不犹豫地说:"当然愿意。我天天想的就是到前方去打日本鬼子!"

方正平接到任务后,以八路军第一二九师上校参谋的身份,匆匆赶往前线。他于6月中旬到达豫南确山竹沟镇,被任命为新四军竹沟留守处政治部主任。

"立即突围,愈快愈好"

1946年6月26日,蒋介石悍然撕毁停战协定,部署10个整编师共约30万人围攻中原解放区,妄图吃掉6万中原部队。

7月至9月,第二纵队参谋长方正平遵照毛泽东"立即突围,愈快愈好,不要有任何顾虑"和"生存第一,胜利第一"的指示,指挥北路主力部队,参加中原军区战略大突围行动。

蒋介石集中了14个旅10万兵力,妄图以重兵"围剿"、封锁经济,把中原突围主力部队困死在秦岭南麓之中。7月21日,方正平受命后迅即以左翼纵队政委的名义率领部队出发,在李先念的指挥下,从宣化店、定远店向西突围。

突围中，方正平部队在水草坪陷入了困境：发现电台与军区联系不上；地带狭窄，人烟稀少，粮食紧缺。方正平想到毛泽东的"生存第一，胜利第一"的指示，直接与中央军委联络。电台通了，方正平报告了敌情和部队情况，并请示下一步行动。毛泽东获此消息后，非常担心孤陷敌军重围中的方正平，立即指示：军委至少应有3部电台24小时对准陕南方向，一有消息立刻告我。不久，方正平回电毛泽东。见到方正平的电报，毛泽东一颗悬着的心才放了下来。当即签发了回复方正平的指示：方正平来电甚慰。敌胡宗南在山阳、柞水、镇安一线，聚集重兵堵截，尾追你们的敌人有川军。在这种情况下，你们不要北进，应克服归队思想，保存力量，避免重大战斗，就地分散展开游击战，建立根据地。

在绝境中接到毛泽东的明确指示，方正平立刻主持召开团级以上的干部会议，传达了党中央和毛泽东的指示，决定以营为单位就地分散，按指定区域开展游击战，创建根据地。

8月1日，方正平就部队已按指定区域分散活动的部署和人员思想状况，电告毛泽东。翌日，毛泽东签发了致方正平的指示电："一日电悉，布置甚妥。"并指示："应向干部广泛说明时局有利于我，目前困难情形是暂时现象，只要艰苦奋斗，善于分散游击，争取民众，建立游击根据地，前途是光明的。"

遵照毛泽东的指示，方正平于8月3日主持组建了鄂豫陕军区第三军分区和地委机关，亲任司令员兼任地委书记。因为方正平有着长期在鄂豫边区第三、六军分区领导开辟和建设敌后根据地的丰富经验，很快就在陕南打开局面。根据毛泽东提供的准确情报和作出的具体指示，方正平不断调整部署，集中兵力，向山阳漫川关以西地区发展，使根据地进一步扩大并巩固。9月22日，中原军区奉中央军委电令，组成鄂豫陕军区，任命方正平为副政委。鄂豫陕军区的成立，标志着中原北路突围主力已在陕南稳住了脚，扎下了根。1946年12月，军区集中主力5000余人组成野战纵队，由黄霖任司令员，方正平兼任政委，史称"黄方纵队"。

"干海军好，要好好干"

1951年11月，方正平调任中南军区海军副政委，负责党委的日常性工作、政治工作、干部工作等。

他到任时,中南军区海军部队除聘用原国民党海军人员外,大都是来自各野战军和两湖两广四省各军分区的陆军部队官兵。他们具有丰富的陆上战斗经验,但对海上作战不熟悉。由于部队驻地点多、线长,气温湿热,生活比较艰苦,部分同志不安心海军工作。方正平深入调研后,向中南海军党委形成正式报告,提出要建设好海军,首先就要抓好广大官兵的思想政治教育,必须要把大家的心凝聚到海军建设上来。

1956年6月,海军第一次党代表大会在北京召开。方正平作为代表来到中南海。照完合影后,毛泽东等党和国家领导人在怀仁堂接见海军少将以上军官。方正平看到毛泽东很快走到自己跟前时,立即向毛泽东敬军礼。

毛泽东亲切地说:"噢!方正平,你离开延安后到哪里去了?听说你到湖北去了?"方正平激动地回答:"是的,到新四军去了。"

毛泽东说:"我想起来了,是五师。你们干得不错。"接着毛泽东又问:"你现在在哪里工作?"方正平回答:"在海军,在南海舰队。"

毛泽东点了点头说:"干海军好。要好好干,继续努力,干好海军,把海军建设好。南海战略地位很重要,要把部队工作做好。"

方正平马上回答:"请主席放心,我会努力的。"

为了更好地执行毛泽东的指示,方正平勤学苦练,虚心请教,刻苦钻研海军技术。

1964年7月,中央军委指示,南海舰队领导机关由广州迁往湛江,由方正平负责此项工作。经过方正平周密的计划和严密的组织,在不到一个月的时间内,安全、顺利地完成了舰队机关的千里大迁徙。对此,毛泽东给予了高度评价:我指示南海舰队搬家。我是7月讲的,他们在8月就搬完了,他们保持了战争时期的优良作风,看来他们对西南打局部战争的意义领会得比较深刻。

1965年下半年,台湾当局舰艇经常闯入大陆东南沿海,炮击渔船,抓捕渔民。8月5日,国民党海军扫雷舰"剑门"号和猎潜舰"章江"号,由台湾左营港隐蔽出航。

8月6日,方正平指挥海上编队击沉国民党海军"剑门"号、"章江"号。捷报送到中南海,毛泽东高兴地说:"从太平天国、甲午战争以来,我们都是在海上挨打,都是丧权辱国。这次我们打掉敌人的两条军舰,为国争光,打翻身仗,是新中国成立以来第一次海战的重大胜利。"

战后，方正平起草上报了"八六"海战经验总结。毛泽东在电报上批示："仗打得好，电报也写得好。"

人物简介：

方正平（1909—1994），湖南平江人。1930年加入中国共产党。曾任第二师十一团特派员，第四师直属队特派员，中国人民抗日军政大学队长，新四军豫鄂挺进纵队第一团支队政委，新四军第五师十三旅政委，中原军区第二纵队参谋长，中共鄂豫陕军区军分区司令员兼地委书记、军区副政委，第五十八军政委等职。新中国成立后，曾任第二十一兵团政治部主任，中南军区海军副政委，南海舰队政委，广州军区副政委兼南海舰队政委，东海舰队政委，解放军海军副政委等职。1955年被授予中将军衔。

（邓玉香）

从挖煤工人到开国中将

——毛泽东与刘先胜

刘先胜在毛泽东领导的安源路矿工人大罢工、秋收起义、井冈山根据地的建设中作出了积极贡献。在解放战争中,刘先胜更是屡建奇功,受到毛泽东的高度赞扬。

毛泽东发展的安源大罢工工人代表

1901年,刘先胜出生于湘潭县石潭区,从小家境贫寒,日子过得十分艰辛。为了贴补家用，他小小年纪就去给地主家放牛，吃了很多苦头。在他16岁时，听说挖煤赚钱快，于是便跑去安源煤矿做矿工。但是，在路矿当局的压榨下，刘先胜和工友们每天要工作15个小时，繁重劳动使人累得麻木，可一天的工钱仅有8至12个毫子（铜钱）。他们饱受欺凌，过着悲惨的生活。

在安源煤矿，刘先胜是有名的脾气急、火气冲，连工头们都怕他。但他心地善良，生性秉直，敢说话、敢作为。他看不惯路矿当局对工友们的压榨和剥削，常常带头与路矿当局争论，为工友们争取待遇。工友们对他十分信任，很多工友们都愿意跟他干。

湖南党的早期组织成立后，迅速开始领导工人运动。1921年10月底，毛泽东以走亲访友的名义，从长沙来到安源，了解安源工人的工作状况。正是在这里，毛泽东与刘先胜相识了。

在考察期间，毛泽东与工人们同吃同住，促膝长谈。他发现安源是一座"火山"，是工人运动可能很快开展起来的地方。他同情地对工人们说："你们的生活真苦哇！"

在一旁的工人说："没法子，只怪我们自己的命苦哇！"

毛泽东说："你这个说法不对，我们受苦不是什么命里注定的，而是帝国主义资本家压迫剥削的结果！"为了让工人们更加明白，毛泽东顺手拣起一个小石头打着比方说："一个小石头，一脚就踢开了；要是把小石头堆在一起就不容易搬动了。我们工人只要团结起来，就是有座山压在我们头上也能推倒。"

刘先胜听到毛泽东的讲话，对他的胆略和真知灼见十分佩服。在交谈中，毛泽东发现，刘先胜也正是他急需要积极团结的对象。

1922年5月，安源路矿工人俱乐部成立。同年9月初，毛泽东再次来到安源，做出了举行大罢工的决定，成立了罢工指挥部，李立三任总指挥，刘少奇任俱乐部全权代表，刘先胜当选为工人代表。

9月14日，安源路矿1.7万多名工人举行了大罢工。因计划周密，强大的声势使路矿当局无计可施，只好接受了工人们提出的要求，同工人俱乐部代表签订了包含保障工人政治权利、改良工人待遇等13款内容的协议。在罢工期间，刘先胜表现英勇，态度坚决，听从指挥，为罢工胜利作出了积极贡献。坚持了3天的安源罢工以胜利宣告结束，在中国工人运动史上留下了光辉的一页。

率安源矿警队参加秋收起义

1924年7月，刘先胜加入中国共产党并服从党组织安排进入安源矿警队。矿警大多都是贫苦农民出身，刘先胜积极做他们的工作，并从中发展了一批新党员。

大革命失败后，中共中央开始意识到掌握革命武装的重要性。1927年8月7日，中共中央在汉口召开紧急会议，确定了开展土地革命和武装反抗国民党反动派的总方针。8月9日，在中共中央临时政治局第一次会议上，决定派毛泽东去群众基础较好的湘鄂粤赣四省发动农民举行秋收起义。

8月中旬，毛泽东回到湖南，传达了八七会议精神，确定发动秋收起义。9月初，秋收起义军事会议在安源张家湾召开。这次会议由刘先胜带领矿警队队员负责警卫工作，保障会议的顺利进行和与会人员的安全。接到任务后，刘先胜立即制订了安全保卫工作方案，从会议开始前的准备工作到会议结束后与会人员的安全撤离，都进行了周密而详细的部署。他查岗查哨，为会议的顺利召开作出了积极贡献。之后，刘先胜便在安源矿警队积极筹备起义事项。

9月9日，在毛泽东的领导下，湘赣边界秋收起义爆发。刘先胜带领安源工人参加秋收起义，被任命为一师二团三营八连连长。9月12日晚，按照起义前部署的任务，刘先胜率领八连与其他部队一起攻打萍乡。

刘先胜和几名战士化装成农民，推着一辆装满炸药的土推车，想混进城来个里外应合。可来到城门口，被敌值守士兵阻拦，死活不让进。刘先胜的急脾气上来了，喊道："不准进，老子今日也得进！"强行推着炸药车就走。敌兵追上来，谁知刘先胜立即点燃了导火索，并快步跑出来。"轰隆"一声巨响，城门瞬间被炸塌，追赶刘先胜的敌兵被炸飞了。随即部队发起冲锋，由于敌人顽强抵抗，强攻几天，也没能攻下萍乡城。接着，根据上级命令，刘先胜率部改为攻打醴陵城、浏阳城。在打下浏阳城后，敌人主力部队突然包围过来，把部队包围在城内，最后刘先胜率领八连的20多人突围出来，但与毛泽东暂时失去联系。

在失联期间，刘先胜在湘江边继续开展小规模的游击战，并多方打听毛泽东的消息。1928年初，刘先胜得知毛泽东率领秋收起义余部到达井冈山建立了革命根据地，便立即带领部队与毛泽东会合。

之后，刘先胜参加了湘赣根据地反"会剿"斗争、中央苏区反"围剿"和红军长征，在战斗中不断成长。

战功赫赫受毛泽东表扬

在解放战争期间，刘先胜多次受到毛泽东的嘉奖。1946年6月，蒋介石悍然发动全面内战。在内战之初，中央军委认为双方实力悬殊，毛泽东和朱德要求各解放区不要固守现有的据点，要从内线转移到外线作战，争取在运动战中由被动转为主动，集中主力优势歼灭国民党军有生力量。

此时，刘先胜已经是华中野战军（1947年初改为华东野战军）参谋长，是华中野战军司令员粟裕的得力助手。粟裕和刘先胜等从不机械执行上级指示，建议充分"利用苏中各种有利条件"先在内线打几仗，再转至外线作战。7月4日，毛泽东同意"先在内线打几个胜仗再转至外线，在政治上更为有利"。

粟裕、刘先胜等立即加紧进行苏中战役的各项准备工作。战役准备紧张复杂，从侦察到通信，从指挥到协同，从保障到支前，从文电的起草到签发，刘先胜都要具体过问和落实。刘先胜协助粟裕运用灵活的战略战术指挥苏中战役，从7月13日开始，至8月27日结束，历经7次战斗，歼敌6个旅共5.3万人。8月29日，解放军总部发言人称赞苏中战役是"七战七捷"，40天内消灭了几乎是自身两倍的敌军，创造了世界军事史上的奇迹。毛泽东对粟裕、刘先胜的表现也非常满意，他评价说：每战集中绝对优势兵力打敌一部，故战无不胜，士气甚高；缴获甚多，故装备优良；凭借解放区作战，故补充便利；加上指挥正确，故能取得伟大胜利。

1947年5月，在孟良崮战役中，刘先胜争分夺秒协助粟裕等研究作战方案，并亲临前线指挥作战。在他们的努力下，这次战役全歼国民党王牌军整编第七十四师，击毙师长张灵甫，粉碎了敌人企图南北夹击华东野战军的阴谋，充分展示了粟裕、刘先胜等"百万军中取上将首级"的英雄气概。毛泽东得知后感慨地说："这场战役中有两个人没有想到,一个是蒋介石,另一个就是我毛泽东。"

1949年,刘先胜参与指挥了渡江战役,为解放华东地区作出了积极贡献。刘先胜屡建奇功,受到毛泽东的高度评价,被同志们称是"战神"粟裕的得力参谋长。

新中国成立后,作为一名大革命时期入党的老党员,刘先胜始终保持着本色,为人诚恳、和蔼、谦虚,深得干部和战士的尊敬。

1955年9月,刘先胜被授予中将军衔。有人替刘先胜打抱不平:"秋收起义时的其他的正连级干部不是上将就是元帅,而你只授了中将军衔,你不觉得亏吗?"刘先胜淡淡一笑,很平静地说:"他们贡献比我大,那是应该的。我一个挖煤工人出身,能授中将,已经很知足了,感谢党感谢人民。"1969年8月,刘先胜因长期患病,主动申请退居二线。

1977年10月12日,刘先胜在南京病逝,终年76岁。

人物简介:

刘先胜(1901—1977),湖南湘潭人。1924年加入中国共产党。参加了秋收起义和长征。曾任湘赣红军独立师连长、营长、师部副官主任,红六军团五十二团政委,新四军苏北指挥部第三纵队政委,新四军第一师参谋长,苏浙军区参谋长,华中军区参谋长,华中野战军参谋长,华东野战军副参谋长,苏北军区副司令员等职。新中国成立后,曾任苏南军区司令员,江苏军区司令员,南京军区副司令员等职。1955年授予中将军衔。

(陈立香)

毛泽东的第一任警卫员

——毛泽东与杨梅生

杨梅生是毛泽东的第一任警卫员。从秋收起义开始，他便坚定不移地追随毛泽东。在毛泽东的领导下，杨梅生长征途中奋勇作战，曾指挥击落敌机，在抗日战争中痛击日伪，跟随四野大军从黑龙江打到湖南，在湖南完成剿匪任务。

文家市误拦"毛委员"

1927年2月，中国正处于水深火热之中。22岁的杨梅生从湘潭来到长沙谋生。

这时，正巧赶上湖南省总工会联合10万余人举行反英示威大游行。他受此时的氛围影响，毅然加入其中。活动结束后，杨梅生有幸被湖南省总工会举荐加入了武汉国民革命军，在第二方面军总指挥部警卫团当兵，从此开始了他的军旅生涯。到达武汉后，杨梅生才了解到这支队伍是由中国共产党领导的，团长叫卢德铭。此时杨梅生欣然发现，他找到了适合自己的组织。

八一南昌起义打响了武装反抗国民党反动派的第一枪，正式揭开了中国共产党独立领导武装斗争和创建革命军队的序幕。但是杨梅生所在的武汉警卫团并未赶上此次起义，他们随后到江西修水休整，随时为革命做好准备。

9月初，中国工农革命军第一军第一师成立。杨梅生被任命为第一团的班长，随后参加了毛泽东领导的湘赣边界秋收起义。

起义中，工农革命军第一团和第二团失败，第三团在进军过程中受挫，为保留原有工农革命军的力量，毛泽东及时下令，往浏阳文家市集合。9月19日晚，前敌委员会在文家市召开会议。杨梅生被安排在会场站岗执勤，当前敌委员会书记毛泽东准备进入会场参加会议时，未见过毛泽东的杨梅生便将他拦下，并进入会场报告给营长陈浩。陈浩立马走出会场，并对杨梅生说："这是中央派来的毛委员。"杨梅生听后马上向毛泽东敬了一个军礼，并表达了歉意。毛泽东没有责怪他，反而对杨梅生这种负责的工作态度给予了表扬，在心中留下了第一次印象。

★
"他来做毛泽东的警卫员很适合"

1928年4月下旬，毛泽东领导的部队和朱德、陈毅率领的部队胜利会师，成立工农革命军第四军。后来改编为工农红军第四军，毛泽东担任党代表。原工农革命军第一军第一师被改编为第四军第三十一团。当时，敌我双方力量悬殊。为了保护毛泽东，大家商量给他配一个警卫员。营长陈浩提议："派杨梅生过去吧。他也是湘潭县人氏，与老毛同一地方的。"

第一师一团一营党代表宛希先便问道："他是湘潭哪儿的？可靠吗？"

"他是湘潭县东五区淦田镇的，出身很苦，做过童工，当过学徒、店员。他在长沙参加反英示威大游行,加入了工会,后来去了武汉,参加警卫团。现在是警卫班班长。"陈浩答道,并说:"我觉得他可靠。"

宛希先表示赞同,说:"我看他可以。"

于是,宛希先特意见了杨梅生一面。他认为杨梅生个子很高,毛泽东的个子也很高,由他来做毛泽东的警卫员很合适。

毛泽东接受了这一安排,杨梅生便成为毛泽东的第一位警卫员(也叫特务员)。从此,杨梅生形影不离地跟随毛泽东,保护他的安全。

由于杨梅生在各方面表现突出,进入井冈山后,他被党组织确定为培养对象。1928年8月上旬,在井冈山茅坪,杨梅生由张风鸣介绍光荣地加入了中国共产党。

8月下旬,国民党军第八军乘毛泽东率部去湖南桂东之机,调集兵力向井冈山进攻。29日,杨梅生奉命率警卫班随第三十一团赶赴黄洋界阵地。正当战斗激烈时,一颗子弹从杨梅生右肋穿过,顿时鲜血直流,杨梅生右手失去知觉。简单包扎后,杨梅生坚持用左手射击,直至昏倒在阵地上。黄洋界保卫战取得胜利后,杨梅生被送往红军医院疗伤。

1929年3月,红军占领闽西长汀后,部队整编,红四军改为三个纵队。杨梅生被编入第三纵队队部。一次,部队在汀州圳下与国民党军遭遇。此时,毛泽东未及转移,处境危急。杨梅生当机立断,带领一个手枪班巧妙地将国民党军火力引开,冒着生命危险进行掩护,毛泽东得以安全转移。不久,杨梅生被提拔为中队长。

1930年6月,杨梅生任红十二军特务大队大队长。8月底,杨梅生率部随红一方面军参加了红军第二次攻打长沙的战斗。10月,蒋介石调集数万兵力,对中央革命根据地发动了第一次"围剿"。12月30日晨,国民党军师长张辉瓒率师部及2个旅的兵力进犯龙冈以东,已担任红十二军三十六师一〇六团团长的杨梅生奉命率部配合主力迎击。杨梅生指挥全团勇猛冲杀。龙冈一仗,红一方面军全歼国民党军两个旅,毙伤俘国民党军近1万人,缴获武器9000多件,活捉师长张辉瓒。在这次战斗中,杨梅生左臂中弹负伤,被送进了医院。

1931年2月,杨梅生伤愈出院,后被调到中国工农红军学校学习。第三次反"围剿"结束后,他留在中国工农红军学校担任第三期学员团管理处处长。

击落敌机受嘉奖

第五次反"围剿"失败后,1934年10月红军被迫实行战略转移,从江西出发开始长征。红军长征不久,犯"左"倾错误的中共中央领导人又犯了退却中的逃跑主义错误,把战略转移变成了大搬家式的行动。此举使得军队整体的行动变慢,让敌军有充分的时间和精力调配兵力,对红军进行大范围的围追堵截,从而导致红军行军路上损失惨重。此时,杨梅生突患疟疾。红九军团个别领导觉得杨梅生患疟疾会连累部队,想要他留下,但军团主要领导坚持要杨梅生随队长征,并下令军团担架队队长夏朝安负责杨梅生的安全。10月21日晚,红九军团从安远、信丰间的新陂、小溪和赣县的马岭等地突围,从左翼掩护军委野战纵队行进。中央红军队伍在成功占领新田、古陂后,突破了敌军的"钢铁封锁线"。湘江战役后,杨梅生身体慢慢地好起来。

1934年12月18日,中共中央政治局在贵州黎平召开会议,接受毛泽东关于放弃与红二、六军团会合,转战贵州的建议,决定红军改道西进。与此同时,第一、二野战纵队被中央军委合并整编为军委纵队,后改为中央纵队。杨梅生受命担任军委警卫营营长,随军委纵队第一梯队行动,主要担负中共中央和中革军委领导的保卫任务。

1935年3月一天下午,正当警卫营随中央纵队在茅台镇附近的蜿蜒山路上行进时,忽然远处传来了司号员吹出的"嘀嗒嘀嗒"的防空警报声,部队马上疏散隐蔽到两旁的丛林中。国民党空军3架飞机在找到红军中央纵队驻地后,进行轮番轰炸,好几个战士倒在了血泊中。身为警卫营长的杨梅生早就看着这些国民党的飞机一肚子火了,于是他去请示总部首长,想架设机枪阵地狙击国民党的飞机。杨梅生不顾一切冲过敌机轰炸掀起的烟雾,来到机枪连的位置,命令战士们架起4挺机枪。敌机正好处于机枪连续射击的火力范围中。4挺机枪连连射击,连天的枪火射中了一架敌机,敌机随后坠落在茅台镇方向,而另外两架敌机见此情形逃之夭夭。事后,警卫营受到毛泽东等军委首长的嘉奖和慰问。

"谁反党，我就反对谁"

1935年6月，红一方面军和红四方面军在懋功胜利会师后，中共中央决定组成左路军和右路军北上。右路军由毛泽东、周恩来等人率领。左路军由张国焘、朱德、刘伯承等人领导。杨梅生所在的警卫营改编为第三十二军第七团，杨梅生任团长，赖毅任政委。

左路军到达阿坝后，张国焘拒绝执行中共中央关于左路军向右路军靠拢、全力向东发展的指示，按兵不动，重弹"西进"的老调。张国焘的意见被中共中央否定后，他擅自命令部队停止北上，并于9月13日在阿坝召开"川康省委扩大会议"，诬蔑北上是"右倾逃跑"，10月5日公然另立"中央"。杨梅生认为毛泽东北上不会错。第三十二军宣传部部长王度问他："有人反党的话，你的态度怎样？"杨梅生心知肚明，理直气壮地回答："谁反党，我就反对谁。"

朱德、刘伯承因反对张国焘的分裂主义，均遭到企图分裂者的围攻和斗争。朱德知道杨梅生性格耿直，于是几次找杨梅生谈话，要他"很好地团结四方面军的干部，并以实际模范行动感动他们，促使他们回到毛主席和党中央那里去"。

杨梅生很快被排挤出第三十二军，任川康省军事部参谋长，明升暗降，被剥夺了指挥部队的权利。但是他一直坚定自己的信仰，坚定地追随和拥护毛泽东。这种坚毅耿直的性格伴随着他的整个军旅生涯。

解放战争期间，杨梅生率部跟随四野大军一路从黑龙江打到了湖南，在湖南完成了解放初期组织安排的剿匪任务。他率部先后解放了临武、江华、嘉禾和蓝山等4座县城，帮助当地建设了人民政权，也为湘南土地改革打下了坚实的基础。

人物简介：

杨梅生（1905—1978），湖南湘潭人。1928年加入中国共产党。参加了长征。曾任红一军团第十二军特务大队大队长，湘赣红三师师长，军委警卫营营长，红四方面军总部纵队参谋长，八路军总部警卫科科长，晋察冀军区第一纵队副司令员，热河军区代司令员,合江军区司令员,第四野战军四十六军副军长等职。新中国成立后,曾任解放军第46军军长,湖南军区司令员,广州军区副司令员等职。1955年被授予中将军衔。

(刘 传)

四个"第一次"

——毛泽东与张震

1930年，在第一次反"围剿"斗争中，张震第一次见到了亲临前线指挥作战的毛泽东，体会到思想政治工作对于提高作战能力的重要性。后在抗大聆听毛泽东的授课，进一步提升了自己的理论素养。新中国成立后，张震在解放军总参谋部工作，其间与毛泽东的交往让他更加感受到毛泽东对军事工作和国家安危的关心和重视。朝鲜战争爆发后，他主动请缨入朝作战，毛泽东任命他为第二十四军代军长，张震率部队英勇抗敌，参加大小战斗40余次，还总结了不少作战经验。

龙冈战斗中，第一次聆听毛委员的政治动员

1930年夏，中国工农红军经过3年游击战争，主力部队和地方武装迅速发展到约10万人，国民党当局异常恐惧。10月，蒋介石调集10万大军，组织对以中央苏区为重点的大规模"围剿"，并对外宣称要在3至6个月内消灭红军。

面对国民党军的大规模"围剿"，红军采取"诱敌深入"的方针。11月1日，朱德、毛泽东下达了"诱敌深入赤色区域，待其疲惫而歼灭之"的命令。5日，部队东渡赣江。红五军一师一团是红三军团的前卫，张震作为一师一团宣传队队长，带领宣传队走在前面。他们积极开展宣传鼓动工作，是渡过赣江到达新淦县（今新干）的第一支队伍，进入赣东苏区。

为帮助部队指战员和人民群众理解红军的作战行动，张震组织全队人员学习了红一方面军总前委印发的《八个大胜利的条件》，并在沿途大力宣传，组织发动群众。同时，实行"坚壁清野"，不断袭扰敌人，使敌人吃不上饭，睡不好觉，消耗其战斗力。在进行战争政治动员的同时，部队投入到反"围剿"作战。他们夜间吃饭，白天上山埋伏，等了2天，敌人朝永丰县龙冈五门岭扑来，张震所在部队奉命参加分进合击敌人的战斗。

当敌人进入伏击圈后，红军发起了猛攻。在战斗最紧张激烈的时刻，张震第一次见到了红一方面军总政治委员毛泽东，大家都称他为"毛委员"。那是1930年12月30日清晨，细雨薄雾，张震带着宣传队冲上龙冈后山，看到了毛委员。毛泽东带着几个警卫员站在山坡上，姿势威武，对着山坡下与敌激战的红军部队，大声喊着鼓动口号："勇敢冲锋，拼命杀敌，多缴枪炮，扩大红军！"部队的情绪一下子就上来了，战士们个个奋勇冲向敌阵。这时，张震感受到战时宣传鼓动工作的重要，"毛委员"几句简单的话，既朗朗上口，又有很强的号召力。战士们也跟着一起喊着，响亮的口号响彻群山。在毛泽东的亲自指挥和宣传鼓动下，部队勇气倍增，此仗全歼敌军近万人，粉碎了敌人的第一次"围剿"。

张震从第一次看到毛泽东，看到他亲自指挥战斗，体会到不断加强红军政治动

员和思想教育，不断提高战时政治工作的能力和水平，是部队能够以弱胜强的一个重要原因。

在抗大，第一次聆听毛泽东授课

1937年1月13日，毛泽东等中央领导进驻延安，先后居住在凤凰山、杨家岭、枣园、王家坪等地。延安成了中共中央驻地和中国革命的指挥中心。

当时，张震看到不少干部都去红军大学深造，很是羡慕，渴望也有那么一天，组织能安排自己到红军的最高学府系统地学习军事指挥，总结战斗经验，为抗击日本军国主义的侵略，进一步增强自己的本领。这一天，他终于盼来了。

1937年2月上旬，总政组织部介绍张震到抗大学习。抗大的前身是红军大学，在保安办过一期，从第二期起搬到延安，并改名为中国人民抗日军事政治大学。这一期是1月21日开学的，可惜张震没能赶上开学典礼。听同学们介绍，从这一期开始，中央军委成立了抗大教育委员会，毛泽东亲自兼任主席，并出席了开学典礼。他在讲话时指出：抗大像一块磨刀石，把那些小资产阶级意识磨个精光，把自己变成一把雪亮的利刃，去打倒日本军国主义，去创造新社会。

抗大第二期是在红军第一、二、四方面军会师后开学的。在我军历史上，3个方面军和西北红军的干部聚集一堂，同桌就读，尚属首次。这一期共招收学员1362人，编为14个队，张震被分配到第二队。

张震和3名同学睡一铺大炕，内务很整洁。每天早上，他在嘹亮的军号声中起床，到延河边出操。同学之间相处融洽，每到发津贴费，大家便相约到延安的饭馆中改善一下伙食。

抗大学员安排的军事课有制式教练、地形学、排以下战术训练、工程学等，教员也有学员兼的，如谭希林、李东朝、王智涛等；政治课有统一战线、党的建设、政治经济学、社会科学、哲学等，教员有罗世文、张如心、徐梦秋、艾思奇等。在这期学习中，张震第一次有幸聆听了毛泽东的亲自授课，使得他终生不忘，获益匪浅。

毛泽东住在凤凰山，4月至7月，他抽出时间来到学校给同学们讲"辩证唯物论"，累计授课百余小时。张震回忆，毛泽东讲课生动活泼，是启发式的，就像跟大家谈心一样。晦涩难懂的唯物论经过毛泽东的讲授，让学员们茅塞顿开，受到了大家的好评。

7月，全面抗战爆发后，张震及一起学习的抗大的军事干部被编为一个队，随时准备开赴抗日前线。17日晚，上级通知张震到中央组织部报到。就这样，还没等到毕业，他便匆匆离开了抗大。

颐年堂，第一次见毛泽东发火

1949年8月，张震任华东军区兼第三野战军参谋长。10月28日，他抵达南京，参与筹划解放台湾和东南沿海地区的军事斗争。

1952年3月，张震调任解放军总参谋部作战部部长。张震到作战部后不久，主持总参谋部工作的聂荣臻对他交代说：毛主席和几位军委副主席实在是太忙了，常常彻夜工作。我只管华北和总参的工作，就已经吃不消，而他们要考虑全党全国全军的事，要处理的问题千头万绪，不能让他们过于劳累了。所以作战部的文电，不能事无巨细都报上去。今后凡是准备报送毛主席等领导同志的报告，都送到我这儿来，需要上报的，由我批呈。此后，作战部直接报送毛泽东、朱德、刘少奇、周恩来等军委领导的文件，就减少了一些。

大约过了两个月，7月24日，毛泽东在颐年堂召集开会，出席会议的有朱德、刘少奇、周恩来、彭德怀、聂荣臻等领导同志，并通知了张震和总参军务部部长苏静列席。

会议由毛泽东主持，他开门见山地说："今天这个会，算是军委主持日常工作的副主席的交班会。我与彭总谈过，总理太忙了，今后军委的日常工作由他主持，但对外暂不公布。朝鲜战场，看来大打打不起来，最后是要和谈停战的，待停战后再正式公布。"

还没有等大家发言，毛泽东突然把话题一转，严肃地说："最近一个时期，我感觉工农青妇的'菜',摆满一大桌,吃也吃不了。可是,军队系统的'菜'太少,我饿得慌。你们为什么对我封锁呢?"

这是张震第一次见毛泽东发火,而且是批评总参的,多少有些紧张。张震看了看聂荣臻,他的表情很平静,只是一言不发。毛泽东见聂荣臻不吭声,就对着他说:"你讲话呀!过去政治局开会,我请你列席,你也不讲话。我怕把椅子坐坏了,就不请你了。"

看到气氛有些紧张,张震就插话说:"主席日理万机,工作太忙。所以一般性的文件就不送了,只选最重要的上报。"

会后,聂荣臻立即召集总参各部、各特种兵和总后勤部的领导人,如实传达了毛泽东的批评意见,和大家一起研究报送文件的具体办法,并于7月30日向毛泽东呈递了书面检讨报告。同时,对今后报送文件做了具体规定,其中关于作战和敌情简报,重要的、紧急的,立即直报主席、副主席、总长、副总长;一般的可5天左右汇集一次,以精炼简明的文字分呈主席、副主席及有关部门。毛泽东看过报告后,于8月2日批示:照此办理,应速实行。

这次会议,让张震很受教育。毛泽东等中央领导同志无论党务、政务多么繁忙,始终高度重视军事问题,关注国家安危,关心军队建设,对军事工作高度负责,精力也超乎常人。

★

抗美援朝中,被毛泽东第一次"钦点"

抗美援朝战争爆发后,张震很想入朝作战,到战场上同美国军队一较高下。

1953年4月,中央军委正酝酿在朝鲜战场上举行夏季反击战役,这很可能是朝鲜战场上最后一场战役了。张震深知此次不能参战,就很难再找到机会了。他先后向解放军副总参谋长黄克诚、主持军委日常工作的彭德怀毛遂自荐,表达了自己不当顾问,不搞参观见习,希望能够直接指挥部队作战的愿望。

5月5日,毛泽东签发命令,任命张震为志愿军第二十四军代军长。10日,张震便启程跨过鸭绿江大桥,奔赴朝鲜战场。

在整个夏季反击作战中,张震率领的二十四军共参加大小战斗40余次,歼灭敌人1.3万余人,打击了美军和南朝鲜军的嚣张气焰,迫使他们于7月27日在《朝鲜停战协定》上签字。抗美援朝战争宣告胜利结束。

8月12日,为更好地总结抗美援朝经验,张震去桥岩山高地考察。途中,车队沿坦克越野道路爬行,因首车刹车失灵,迫使他乘坐的汽车后退下滑。为减轻车子承重,防止掉进旁边的深谷,张震便跳下汽车。不料,司机猛地一掉头,车轮从他的腰部轧过,头部被重撞,他顿时昏死过去。经抢救脱险后,他仍坚持到各部队调查研究,总结出不少好的经验。直到同年11月底,向新任二十四军军长梁金华交代工作后,张震才奉命返回北京中央军委总参谋部作战部。

人物简介:

张震(1914—2015),湖南平江人。1930年5月加入中国共产主义青年团。1930年10月加入中国共产党。参加中央苏区历次反"围剿"和长征。曾任红三军团第四师第十团作战参谋,红一军团四师十二团参谋长,八路军驻晋办事处参谋、总务科科长,新四军第四支队八团留守处参谋长,新四军游击支队参谋长,第六支队参谋长,八路军第四纵队参谋长,新四军第四师参谋长,第四师第十一旅旅长和淮北路西军分区司令员,华中野战军第九纵队司令员兼政委,华东野战军第二纵队副司令员,华东野战军第一兵团参谋长,华东野战军副参谋长,华东军区兼第三野战军参谋长等职。新中国成立后,曾任军委总参谋部作战部部长,中国人民志愿军第二十四军代军长,解放军南京军事学院副院长、院长,武汉军区副司令员,解放军总后勤部副部长、部长,解放军副总参谋长,国防大学校长等职。1955年9月被授予中将军衔,1988年9月被授予上将军衔。1992年10月任中央军委副主席。第十一届中央候补委员,第十二、十四届中央委员,1985年9月、1987年11月当选为中顾委委员。

(宋 婕)

"毛主席的教导，就是我的本钱"

——毛泽东与张令彬

张令彬 25 岁跟随毛泽东参加湘赣边界秋收起义，在浏阳文家市初见毛委员，便坚定了跟着毛泽东干革命的决心。在毛泽东的带领下，张令彬负责后勤工作长达半个世纪。面对反动派的威胁和迫害，他坚定地说："我就是毛泽东的信徒！"这位共产党员在 85 岁高龄，还记忆犹新地说："毛主席的教导，就是我的本钱。"

文家市初见毛委员

张令彬出生于湖南平江一户贫农家庭，仅读过半年私塾便失学。为了谋生，他当过裁缝铺的学徒、地主家的长工。由于不满地主豪绅对贫苦民众的欺压剥削，张令彬积极投身于农民运动中。1926年8月，他被推选为区农会特派员兼自卫队队长，10月加入中国共产党。

1927年9月，张令彬参加毛泽东领导的湘赣边界秋收起义，被编入中国工农革命军第一军第一师第一团。部队在攻打长沙途中遭到敌人伏击，损失很大，严峻的形势使毛泽东果断放弃原定攻打中心城市的计划，率部前往浏阳文家市进行集中整顿。9月19日，秋收起义部队第一、第三团及第二团余部会师浏阳文家市。次日，1500多名官兵聚集在里仁学校操场举行会师大会。在这里，张令彬第一次见到了毛委员。他很早就听说过毛泽东的传奇经历，并学习过他的《湖南农民运动考察报告》。这次亲眼看见前委书记毛泽东，亲耳聆听他用深入浅出、亦庄亦谐的话语分析当前的形势和策略，做出不打长沙而转兵南下，到敌人统治薄弱的农村去的决定，张令彬对他满是佩服和崇敬。

9月21日，毛泽东率领秋收起义部队南下，去敌人力量薄弱的地方寻找落脚点，以保存革命力量，再图发展。然而，南下的路途危险重重。毛泽东在之前的战斗中落下脚伤，但他和战士一样，白天翻山越岭，夜晚睡在山林里。那时候，蚊子成群，不少人患上了疟疾。从小受苦、身体壮实的张令彬，在保障毛泽东的后勤事务中，发挥了很大作用。

一天下午，张令彬奉命为毛委员等领导安排住处。安排妥当后，他去请毛泽东宿营时，毛泽东说："听余贲民（副师长）同志说了，你原来叫张柏茂，现在叫张令彬，令彬是哪两个字啊？"

"命令的令，树林的林加三撇。"

"噢，文质彬彬的彬。这么说，你念过书了？"

张令彬回答因为穷，只上过半年私塾。当得知他是党员后，毛泽东关切地说："希望你照着誓词去做，发挥带头作用，做一个好党员。"

张令彬领着毛泽东住进了一处农民住房。由于老百姓被旧军队欺压怕了，一见到部队便躲了起来。毛泽东特意交代他，让文书写一封感谢老乡的信，在离开时与钱一起压在床垫下面，或放在桌子抽屉里。之后再来到这个村子，老百姓不仅不躲，还跑来送水送粮，熟悉环境的年轻人还争着给部队带路。

张令彬认识到，对待群众的态度，是区别革命军队和旧军队的显著标志。只有和群众打成一片，才能得到真心拥护，得到生存发展。

行军路途十分艰难，毛泽东的脚伤刚有好转，又被草鞋绳擦破了，步履艰难。大家劝他坐轿子，他坚决不肯。张令彬也劝说毛泽东，但他依然坚持自己步行。

在毛泽东的带领和影响下，张令彬信心坚定，斗志旺盛，在芦溪突围、莲花战斗中，总是冲锋在前，不叫苦，不怕死，被年纪小的战士们称呼为"老大哥"。

毛泽东亲点的教导队区队长

9月29日，工农革命军进驻江西省永新县三湾村时，组织不健全，思想混乱。为整顿队伍，鼓舞士气，毛泽东在这里领导了著名的三湾改编，将不足千人的部队由原来的一个师缩编为一个团；创造性地确立的"党指挥枪""支部建在连上""官兵平等"等一整套崭新的治军方略，在关键时候，保留下了最精锐的革命力量。在这次改编中，有少部分人对革命前途悲观失望，领了路费离开了部队。而张令彬坚定信仰，并因作战勇敢，升任三营八连班长。

作为三湾改编的亲历者，张令彬深刻认识到，在毛泽东的带领下，革命道路是光明的，革命队伍必然会越来越壮大。他更加坚定跟着毛泽东干革命的决心。

经过短时间休整后，10月3日晚，毛泽东率领工农革命军进驻宁冈古城。7日，工农革命军进驻井冈山脚下茅坪一带。13日，毛泽东随工农革命军第一团团部到酃县水口，在那里，毛泽东发展了一批新党员，并广泛开展群众工作和社会调查，多次对部队讲话，找干部、党员交谈。张令彬深受教育，他曾回忆道："毛泽东同志在谈话中阐明了当时的革命形势和前景，详细讲述了我军的性质、任务和开展群众工作的方式方法。毛泽东指出：我们的军队，要先做出榜样给老百姓看，那就是不准拿老百姓的一根针、一条线、一块红薯，做到秋毫无犯，说话要和气，要和群众打成一片。群众看到我们的行动，就会相信我们，拥护我们。"

得知敌军前来进攻工农革命军，10月22日，毛泽东率领团部、三营、一营一连等从水口出发，经下村进入遂川县境。张令彬负责安排毛泽东和团部的住处。次日清晨，队伍遭到肖家璧靖卫团的围攻，大家便往荆竹山方向突围，张令彬所在的三营与大部队失去了联系。三营碰到了敌军，因双方力量悬殊，三营战士便机智地伪装成国军，从"内部"瓦解敌军，并补充了粮草和装备，士气大振。后来，毛泽覃来到井冈山，将三营经历的事告知了毛泽东，得到了毛泽东的赞赏。

与三营会合后，毛泽东详细询问他们在大汾失去联系后的情况，还特意问及张令彬，显然，他正在考虑重用张令彬。

12月，工农革命军创办了第一个教导队，主要任务是负责下级军官军事训练，提高作战本领。毛泽东点将黄埔军校出身的吕赤为队长，张令彬为教导队区队长。张令彬从未受过训，但现在还要训练别人，这表明毛泽东对他的信任和器重。为了胜任区队长工作，不辜负毛泽东的期望，张令彬先当学生后当先生，向吕赤和有军事训练经验者学习请教。后来，吕赤在一次训练中意外牺牲，毛泽东任命张令彬为代理队长。在毛泽东的指导下，张令彬吸收、培训战士，还带领教导队打土豪，为部队筹集粮款；在作战中，他冲锋在前，作战顽强，没有辜负毛泽东的期望。

做医疗救治的"有心人"

部队向赣南、闽西转战途中战事不断，需要救治的红军伤员越来越多。1930年初，组织考虑到张令彬责任心强且心思缜密，任命他为红四军第三纵队卫生队队长。面对卫生队初创时期诸多困难，他想方设法筹集药品和医疗器械，使第三纵队的医疗救护工作很快就走上了正轨。为了能把伤员及时抬下火线，张令彬组织了一支力量很强的担架队，战斗时往返于前线与后方之间，并定下一条铁的纪律——绝不丢下一个伤员。

毛泽东称赞张令彬说："世上无难事，只怕有心人嘛，我看你就算得一个有心人。救死扶伤，医术固然很重要，但把心尽到更重要，也就是说，首先要把伤病员当成亲人，当成骨肉兄弟。没有这一条，就做不好医疗卫生工作。"毛泽东的鼓励，让张令彬增添了做好医疗卫生工作的信心和勇气。

1931年后，张令彬先后任红三十四师卫生队队长、红十二军军医处长兼福建军区留守处处长、红一方面军第一兵站医院院长兼政委。当时，医疗工作渐入正轨，张令彬感到后勤工作太平淡，不如上前线杀敌痛快。毛泽东得知后，叫他过来，推心置腹地开导他说:"后勤工作是军队再重要不过的工作。你看蒋介石手下那些管钱管物的都是些什么人呀?哪一个不是他的亲信故旧!党让你干后勤是对你的信任,是把你当可靠的人,你要安心地工作啊!不能光想着打仗比干后勤、救护伤员痛快,上前线杀敌没有后勤保障怎么行!军队总得先有饭吃,有衣穿,负了伤有人治,才能打仗,不然连生存都不行,就是有枪炮又有什么用呢?"

在毛泽东的教育下,张令彬重新认识到后勤保障的重要性,并心悦诚服地干后勤工作达半个世纪。

红军攻下吉安城后,张令彬参与筹建工农革命红色医院。在第五次反"围剿"战斗中,他带领医护人员在枪林弹雨中及时转移、治疗伤员,并建起了一座能生产工艺简单常用药的制药厂。

张令彬一直战斗在前线和后方之间。在他的努力下,越来越多的伤病战士得到有效治疗,军民的卫生水平和体质明显提高了,发病率大幅度下降,为部队保持旺盛的战斗力提供了强有力的支持。

★
"我就是毛泽东的信徒"

第五次反"围剿"失败后,中央红军被迫进行战略转移,开始长征。长征出发前,中革军委规定各军团组建野战后方部,张令彬被任命为红九军团后方部部长,全面负责军团的后勤工作。

长征开始后,国民党军队对红军疯狂围追堵截,加上博古、李德的错误指挥,红军付出了惨重的代价。为减少人员伤亡,张令彬组织医护人员全力以赴地进行战场救治。后方部在张令彬的带领下,除救治伤员外,还积极为作战部队筹粮筹款。

1935年1月,遵义会议召开,确立了以毛泽东同志为主要代表的正确路线在中共中央的领导地位。得知这一消息后,张令彬激动万分,说:"要打胜仗,还得靠打仗、筹款、做群众工作三大任务,还得靠'十六字诀'。现在红军就靠毛主席了!"遵义会议以后,中央红军四渡赤水河,攻破娄山关,突破乌江,巧渡金沙江,飞夺泸定桥,抢渡大渡河,翻越夹金山……创造了一个又一个奇迹佳话。

6月，中央红军与红四方面军在四川懋功会师。为便于行军，部队分左右两路军北上。张令彬所在的红九军团（后改为红三十二军）由朱德、张国焘、刘伯承等率领，随左路军行动。10月5日，张国焘公然另立"中央"，公开进行分裂党和红军的活动，张令彬对此进行了坚决抵制。面对张国焘的亲信，张令彬直言不讳地说："我就是毛泽东的信徒！"张国焘对抵制他的三十二军指战员采取各种报复手段，免职或调离，原红九军团的一大批骨干都受到了冲击。张令彬也未能幸免，被剥夺了领导职务，调出了红三十二军。经过朱德、刘伯承等同张国焘的分裂主义进行坚决斗争，再加上红四方面军许多干部、战士的支持，张国焘滥杀无辜的局面被制止，张令彬才没有遭到进一步的迫害。

红二、四方面军会合后，张令彬调任红四方面军直属供给处处长，担负起了军需物资筹措供应的责任。

★

"你要为生产运动多出点力呀"

1938年初，张令彬调任军委供给部军人合作社主任，负责保障军队日用品供给。为了解决合作社资金不足的困难，他创造性地实行了"欠津贴券"的筹资方式，从而增加了货源，扩大了规模，降低了价格，解决了合作社的难题，又让大家得到了方便和实惠。

毛泽东在百忙中抽空去军人合作社视察，笑着称赞他说："你张令彬真有本事，以前只是做长工、打仗，想不到还会做生意，你这个'老板'当得不错嘛！"

毛泽东在肯定他做出的成绩之余，还指出要将合作社经济做大，进一步推动根据地经济的发展。后来，随着军队生产运动的逐步展开，各种规模不等的合作社经济组织迅速发展起来，根据地不断巩固，政府系统和人民群众中的合作社经济也广泛发展起来。毛泽东发表了《论合作社》的讲话，充分肯定了合作社这种组织形式。

此后，张令彬历任军委副官处副官长、军委后勤部兵站部长兼政委、军委后勤部经济建设部部长和晋绥联防军后勤部部长等职，负责陕甘宁边区军队的后勤工作。

由于张令彬极为严谨细致,被大家亲切地称为"大管家""铁算盘"。

有一年新春佳节,毛泽东到军委副官处视察,张令彬向毛泽东作汇报后,请他留下来聚餐。毛泽东愉快地答应了,幽默地说:"吃饭可以,但要算你这位副官长请客哟,我毛泽东请不起哟!"在饭桌上,毛泽东号召大家好好学习马克思主义,把它同中国革命的实际情况结合起来,制定正确的方针政策。这个时期,毛泽东已经开始关注边区生产问题,并指出,生产运动的意义,是在长期抗战中实现自给自足。他对张令彬说:"你是做后勤工作的,当家才知柴米贵嘛,你要为生产运动多出点力呀!"张令彬爽快地答应了。饭后,张令彬告诉司务长:这次聚餐的花费从他的津贴里扣。

在兵站部工作期间,张令彬在十分困难的条件下,完成了大批物资和人员的运送任务,受到了毛泽东、朱德等领导的表扬。

担任经济建设部部长和晋绥联防军后勤部部长后,张令彬坚决执行党中央的指示,贯彻毛泽东提出的"发展经济,保障供给"的财政工作总方针,紧紧依靠群众,艰苦奋斗,发展地方经济,同国民党的经济封锁展开针锋相对的斗争。他总结推广三五九旅开发南泥湾的典型经验,逐渐使驻边区部队的大生产运动从砍柴、开荒、种菜种粮,发展到办交通运输、搞贸易、兴办工厂,解决边区军队10万多人的供给问题。

1945年初,张令彬作为大生产运动的组织管理者之一,在陕甘宁边区举行的"劳动英雄与模范工作者大会"上被评为"模范工作者",并获得了一枚奖章,这是对他在大生产运动中贡献的肯定。

1949年11月,张令彬被任命为中央人民政府人民革命军事委员会总后方勤务部副部长,此后一直担任这一职务长达20余年。张令彬在解放西藏、抗美援朝战争的后勤工作中作出了巨大贡献。

1974年,张令彬感到身体和精力大不如从前,于是便向党中央写报告请求退下来。考虑到身体原因,毛泽东亲自批准他"挂职休养"。之后,张令彬也没有闲下来,依然关注国计民生问题,热心为群众办好事。

随着时间的推移,张令彬时刻不忘毛泽东的教导。1985年,张令彬在接受记者采访时说:"参加红军前,我没有当过兵,没有学过医,甚至连西医医生都没有见过。可是,在井冈山,毛主席让我办教导队,以后又让我当卫生部部长,我懂什么?就是根据毛主席教导的,团结内部,团结群众,依靠大家,依靠人民。这就是我的本钱。"

人物简介：

张令彬（1902—1987），湖南平江人。1926年加入中国共产党，1927年参加湘赣边界秋收起义。参加了长征。曾任中国工农红军第三纵队副官长，红一方面军第三十四师卫生队队长，第十二军军医处处长兼福建军区留守处处长，红九军团卫生部部长、供给部部长，红四方面军直属供应处处长，军委副官处副官长，八路军兵站部副部长，军委供给部部长、经济建设部部长，陕甘宁晋绥联防军后勤部部长，军委总后勤部军需部部长等职。新中国成立后，曾任解放军总后勤部副部长等职。1955年被授予中将军衔。第九、十、十一届中央候补委员，1982年当选为中顾委委员。

（田翔尹）

毛泽东亲点的中央驻藏代表

——毛泽东与张经武

张经武凭着坚定的信念、超强的智慧和过人的胆识，曾多次出任毛泽东的特使，出色完成了毛泽东交付的重任，为中国抗日战争取得伟大胜利以及西藏和平解放、民主改革做出了不可磨灭的贡献。

长征中拥护毛泽东的领导

在红军长征途中，有一支鲜为人知的特殊部队，那就是张经武率领的中央军委直辖教导师。他们不仅要和其他部队一样进行艰苦卓绝的战略性转移，还要负责保障党中央和中央军委的安全，以及中央机关的物资运送。

当时，由于博古、李德缺乏周密计划，中央机关的印刷、兵工机器全部须由教导师负责转移。这些物资包括数十人才能抬得动的机器部件以及各种大大小小的铁箱、木箱。它们既无汽车装运，又无骡马驮载，全靠教导师战士们用自己的肩膀挑着、扛着走。教导师要保持与前方部队的行军速度，每天只能休息两三个小时，其疲惫、艰苦状况是其他部队不曾有的。当部队到达险要地段，道路泥泞，山坡湿滑，稍不注意就会跌倒，不少战士由于担着物资重心不稳而掉下悬崖牺牲。由于重物负担，行动缓慢，教导师付出了极大的代价，牺牲了许多同志，才勉强突破第一道封锁线。

张经武渐渐对负重转移的做法产生了怀疑，觉得此时党中央缺乏一个眼观全局的领导人来带领大家。张经武报经军委总部同意，在遭遇第二、三道封锁线时，果断下令处理了百余件大型机器，将千余名战士从沉重的负担中解脱出来。剩余的400多担物资，仍由战士们挑着前进，大家轮换着挑。战士们个个汗流浃背，衣服湿透了，肩膀也磨烂了。

在张经武与战士们都疲惫不堪的情况下，他仍然坚持每天到各个连队，和战士们边行军边谈心，开展思想政治工作，对战士们进行心理疏导。

红军艰难冲破第四道封锁线后，继续向湘桂边界行进。此时，蒋介石调集40万兵力，在城步、靖县、武冈一线布成一个口袋，只等红军往里钻。但博古、李德仍然机械地坚持去往湘西与红二、六军团会合的原定计划。危急时刻，毛泽东审时度势，坚决主张放弃原定计划，提出向敌人力量薄弱的贵州进军，得到了绝大多数人的支持。张经武非常认同毛泽东这一正确主张，认为必须甩开敌人，争取主动。此时，由于前期的"左"倾冒险主义错误，教导师6000人马只剩下一半。

红军进入贵州，中央政治局在黎平召开会议，再次肯定了毛泽东的正确主张，并决定撤销教导师编制，甩掉所有包袱轻装前进，剩下的3000余人分别编入第一、三军团。

毛泽东主张教导师甩掉包袱轻装前进的想法，与张经武一直以来对负重转移所持的怀疑态度不谋而合。张经武立即安排了整编事宜，并将400多担物资全部丢弃。张经武和教导师战士们都很高兴，战士们说："早丢掉这些东西，教导师就可以减少很多同志的牺牲。"张经武感到，党中央有了毛泽东的正确领导，革命就有了希望，战士们也可以少吃很多苦头。

张经武打心底里敬佩毛泽东，认为他眼光独到，战略上总是能够顾全大局。张经武开始积极拥护毛泽东的正确领导。

在长征中，张经武与教导师虽然肩负了非同一般的重任，但他们不负众望，较好完成了各项任务。张经武也因出色的工作能力和领导才干，引起了毛泽东和党中央的注意。

毛泽东派往华北的秘密联络官

1936年8月，中共中央政治局会议决定：实行逼蒋抗日方针，同时对国民党各地方实力派分别进行统战谈判，以推动国民党政府走向抗日道路。为此，党中央决定派一批政治素质高的红军干部，前往各地担任联络官，进行统战工作。

当时华北地区地处中国抗战前哨，地理位置十分重要，驻守此地的国民党第二十九军正与华北日军对峙。而华北整体局势较为复杂，第二十九军军长宋哲元有意与共产党合作抗日，但华北地区国民党各方立场并不一致。为此，党中央必须选派一位兼具勇敢与智慧的联络官，去沟通应对错综复杂的各方关系，争取建立抗日民族统一战线，以提升华北地区整体抗日战斗力。那么谁才能担此重任呢？毛泽东想起了正在红军大学进修，长征时期曾担任中央军委直属教导师师长，工作能力十分出众的张经武。

临行前，毛泽东把张经武请进自己办公的窑洞，向他交代此次华北之行的具体任务，并让他转交给宋哲元、韩复榘、张自忠、刘汝明等人的亲笔信。两人就此次赴华北如何开展工作进行了长时间的讨论。毛泽东特别指出：华北形势十分严峻，此去华北，一定要面见宋哲元、韩复榘、张自忠、刘汝明几位，准确转达他的意思，顺利完成统战工作。张经武在领会毛泽东指导精髓的情况下提出了一些自己的见解。最后毛泽东信任地握住张经武的手，与他告别。

不久，张经武便踏上了征程。根据毛泽东的安排，张经武先与于学忠、沈鸿烈、韩复榘、张自忠见面。在这些立场不一的国民党将领前，张经武不卑不亢地传达毛泽东及中共中央呼吁建立抗日民族统一战线、提升华北地区整体战斗力的想法，有理有据地说服大家：中国人民只有团结一心，共同抗日，才有可能取得胜利。经过张经武一系列联络沟通与宣传动员，取得了较好成效。

到达北平后，张经武向宋哲元转交了毛泽东的亲笔信，并作了说明：毛泽东对于宋哲元"情殷抗日"的想法表示十分理解和支持。毛泽东称赞宋哲元的抗日爱国情怀，希望他和二十九军，一待时机成熟，便发动大规模抗日战争。希望宋哲元能在艰难困苦之中坚持初志，并表示中国共产党一定会竭尽全力做好后援。在传达清楚毛泽东的主要思想后，张经武还向宋哲元介绍了红军近况，也把面见于学忠、沈鸿烈、韩复榘和张自忠的情况告诉了宋哲元。在危难之际，张经武给宋哲元带去了毛泽东及中共中央的鼓励，使宋哲元看到了希望，他抗击日本侵略者的态度比以前更为坚定。宋哲元任命张经武为冀察绥靖公署少校参谋，作为他和毛泽东之间的秘密联络人。宋哲元根据毛泽东的要求，将张经武介绍给国民党绥远省政府主席、第三十五军军长傅作义，三人共同商议华北联合抗日的具体办法。紧接着，在张经武的出色联络沟通下，一批共产党员以作战参谋的身份进入了宋哲元的第二十九军，大大充实了二十九军的抗战力量。

1937年7月7日，日本侵略军挑起蓄谋已久的卢沟桥事变，驻守在卢沟桥附近的国民党第二十九军奋起抵抗，打响了抗击日本帝国主义的第一枪。宋哲元命令师长以上将领亲临前线指挥、督战，全军将士们表现出高度的爱国热情、抗日激情。面对日军的进攻，二十九军进行殊死抵抗，谱写了一首首不屈的战歌。

毛泽东和党中央关于建立抗日民族统一战线的方针在华北地区得到落实，这其中就有张经武的一份功劳。

"决以张经武同志去山东"

抗战全面爆发后，日军大举进攻山东。为使山东国民党军队与我党共同举旗抗日，张经武又一次成为毛泽东的联络官，于1937年7月前往山东开展统战工作。

此时，山东军阀韩复榘面对日军的夹击，束手无策。张经武根据韩复榘的心理，向他讲明，只有抗日才有出路，抗日必须与共产党合作才有光明前途。张经武几次的耐心劝说终于打动了韩复榘，韩复榘决定举起刀枪，与共产党一起抗击日军。然而，一谈到释放"政治犯"，韩复榘却态度暧昧。对此，张经武严词痛斥，据理力争，毫不相让，最终迫使韩复榘一个月内释放了60多名共产党员。这批同志日后大多成为山东各级党组织和山东纵队的骨干，壮大了我军山东抗日武装。

完成毛泽东交代的统战任务后，张经武回到延安，后又跟随周恩来去武汉。

此时山东在抗战中的重要地位日益突出，影响着全国的战争态势，决定着党中央的战略导向。毛泽东高度重视山东战场，精心布局，调兵遣将。1938年5月6日，毛泽东特别指示中共中央长江局："山东游击战争战略上意义重大，决以张经武同志去山东。"毛泽东再次派出了他信任的张经武到中共中央山东分局工作，领导改编各路游击队。

8月21日，张经武再次前往山东。12月27日，经向毛泽东以及党中央请示同意，张经武正式组建八路军山东纵队，编成10个支队、3个独立团，共25个团，24500余人。张经武任总指挥，黎玉任政委。1939年2月，根据毛泽东及党中央的命令，张经武开始全力开展山东纵队整训工作，一手抓思想政治，一手抓军事训练和作风整顿。他经常亲自下到基层连队指导整训工作，耐心向战士们传授军事知识与作战方法。张经武还请来在苏联学习过爆破技术的同志主持爆破班训练，在全队推广爆破技术。这项技术在以后山东的攻坚战、地道战、地雷战中发挥了巨大作用。后来在解放战争中，这支爆破部队还受到了毛泽东的称赞。

山东纵队的创立，标志着山东人民抗日起义武装已由若干分散的游击队凝聚成在战略上统一接受指挥的游击兵团，共产党领导的八路军山东抗日武装力量建设进入了一个新阶段。对此，毛泽东给予了高度评价。

正当国共两党已初步形成抗日民族统一战线、合力抵抗外辱之时，国民党顽固派秦启荣却在1939年3月30日指使王尚志制造了一起震惊全国的"太河惨案"，无辜杀害和抓捕八路军指战员200余人。张经武、黎玉向全国发出通电，揭露"太河惨案"真相，并致电蒋介石和国民党中央政府，要求严惩祸首。然而，国民党山东省政府对强烈的社会舆论置之不理，不仅对制造惨案的凶手不予追查，还张贴标语庆祝所谓"太河战斗大捷"。4月上旬，忍无可忍的张经武遵照党中央指示，组织兵力对王尚志部进行反击，经过周密部署，重创敌人，歼灭其大部，俘虏200多人，沉重打击了敌人的反动气焰。6月9日，张经武召开战地动员会，将机关人员分散到各支队，指导反"扫荡"斗争，灵活机动打击敌人。

中共中央山东分局逐步建立起沂蒙山区等3块抗日根据地以及若干块抗日游击根据地。到1939年底，山东纵队共作战2000余次，毙伤日、伪军4.1万余人，收复城镇20座。在张经武的领导下，山东纵队成为一支在没有八路军主力支持的情况下发展起来的较大武装力量，开创了多块抗日根据地，为抗日战争中山东战场发挥积极作用奠定了坚实基础。

★ "一定要尽早说服达赖返回拉萨"

新中国成立之初，国际反华势力勾结西藏分裂势力，企图趁中国政权动荡更替之时，制造"西藏独立"，分裂新中国。

1951年5月23日，《中央人民政府和西藏地方政府关于和平解放西藏办法的协议》正式签订。然而此时，身在西藏边境城市亚东，年仅16岁的西藏两大宗教领袖之一——第十四世达赖喇嘛·丹增嘉措，在帝国主义阴谋策划下，以及分裂分子诱导下企图逃到国外，以此扰乱西藏局势，阻挠西藏解放。亚东和印度相距咫尺，一日之内，达赖便可越山出境。劝说达赖返回拉萨、早日宣布拥护《协议》，成为一项十分紧迫的任务。派谁承担劝说达赖的这一艰巨任务？毛泽东毫不犹豫地又一次选择了他身边的爱将——时任中央军委人民武装部部长兼中央军委办公厅主任的张经武。

张经武出发前，毛泽东在丰泽园住所单独接见了他，两人的谈话从晚饭后一直持续到深夜。毛泽东坐在沙发上，仔细分析着《协议》签订后的西藏形势，分析着达赖集团的动向："从达赖带给我的信看，他不会很快就逃往国外。但达赖年幼，他周围有一些反动分子会竭力煽动他向国外跑。"毛泽东告诉张经武：张国华率领的第十八军，从昌都入藏还有一些准备工作，抵达拉萨要在两三个月后。毛泽东一边把写给达赖的亲笔信交给张经武，一边问："任务重，时间也紧啊！还有什么困难吗？"张经武何尝不知道，西藏比任何一个省份都特殊，在政教合一的封建农奴制度下，在长期形成的达赖、班禅两个集团严重不和的情况下，怎样开展工作？当时的西藏是全国唯一没有中共党组织的地方，没有任何人能够帮助他工作，何况他还要在人民解放军没有进入西藏前，单枪匹马地奔赴西藏，这何尝不是危机重重、困难重重？可是张经武没有犹豫，他立刻站起来，坚定地说："请主席放心，我会尽一切努力，坚决完成任务。"谈话后，毛泽东送他到门口，又一再嘱咐：赴藏任务重大，要注意工作方法，一定要尽早说服达赖返回拉萨。

7月14日，张经武经过一个月辗转终于抵达亚东。7月16日，张经武前往东嘎寺会见达赖，他问候达赖身体健康，然后说："您亲自派代表到北京谈判，签订了和平解放西藏的《协议》，对您这种爱国态度，毛主席非常赞赏，非常高兴。"说着，他向达赖递交了毛泽东的亲笔信和《协议》副本。谈话中，张经武介绍了中央政府和西藏地方政府的和谈情况，宣传我党民族政策，解释《协议》精神，还特别解释了《协议》规定的"对达赖喇嘛的固有地位和职权，中央不予变更"一条。达赖话语不多，但频频点头。对于《协议》，达赖始终没有表态，但达赖表示，他将于藏历六月十八日（即公历7月21日）离开亚东，返回拉萨。会见大约进行了一小时，达赖虽不热情，但还算有礼貌。

经过张经武的谈判与沟通，达赖终于离开亚东，返回拉萨，张经武一行也随即向拉萨进发。从亚东到拉萨的公路有460多公里，张经武一行仅靠着骑马和步行，穿越冰山、草地和湍急的河流，克服了高原缺氧、天气变化无常等难以想象的困难，艰难行走了18天。

初入西藏，联络感情，沟通思想，是开展统战工作必不可少的。一连两个月，张经武不断穿梭于上层门庭。在张经武多次与达赖及西藏高层谈话后，在毛泽东的感召下，年轻的达赖选择了正确的道路。1951年10月24日，达赖终于以西藏地方政府和他个人的名义，给毛泽东发去拥护《协议》的电报。

随着人民解放军进驻西藏，此时张经武作为中央赴藏代表的任务圆满完成。

★ 在毛泽东指挥下平息叛乱

为进一步巩固西藏局势，以及对张经武前期入藏工作成绩和出色个人工作能力的高度认可，1952年3月7日，毛泽东亲点张经武任中共西藏工委书记，代表中央统一领导西藏党政军各方面的工作。张经武作为第一位中央驻藏代表，按照毛泽东、党中央的方针政策，对西藏的民主改革工作进行前期准备。

1956年是佛祖释迦牟尼涅槃2500周年，印度总理尼赫鲁向达赖、班禅发来纪念活动的邀请书。张经武考虑，达赖在反动分子的包围下，此番出国会有一时不愿返回西藏的可能，从而引发一系列叛乱。张经武请示毛泽东，毛泽东认为：达赖他们想去朝佛，不让去不好，但考虑到噶伦堡的复杂情况，毛泽东要求张经武事先做好达赖的工作，毛泽东说："要估计到达赖可能不回来，不仅不回来，而且天天骂娘。说'共产党侵略西藏'等等，甚至在印度宣布'西藏独立'；他也可能指使上层反动分子来一个号召，大闹起事，要把我们轰走，而他自己却说他不在那里，不负责任。这种可能，是从坏的方面着想。"不出毛泽东和张经武所料，达赖一到印度，噶伦堡的反动势力便把他包围起来，以"西藏全体代表"的名义，向他递交意见书，要求他留在印度，领导"西藏独立运动"。达赖在活动结束后，迟迟不愿回国。此时，拉萨的谣言也流传开来，反动分子和藏军开始阴谋组织叛乱。

张经武对于达赖此番赴印一直十分不安，总感觉达赖太年轻，遇到许多重大问题常常不敢自己作决断，西藏地方政府的实权掌握在他身边那些反动分子手中。为稳定大局，在报经中央同意后，张经武给达赖发去一封电报，表示毛泽东及党中央已经决定至少6年内在西藏不实行民主改革的方针，同时揭露反动分子阴谋在拉萨进行叛乱活动，催促达赖早日返回拉萨。此时正在印度访问的周恩来总理，三次对达赖进行劝说谈话。在周恩来和张经武的努力下，达赖一行终于在1957年1月2日离开印度返回西藏。

然而达赖回来后，西藏局势继续恶化，西藏上层反动集团认为"六年不改"是中央政府软弱可欺。于是，西藏地方政府公然出面支持和组织武装叛乱，美国中央情报局还向叛乱武装空投枪支和弹药以示支持，叛乱不断升级扩大。

毛泽东在武昌接见张经武和张国华，分析了叛乱后的形势："天要下雨，娘要嫁人，阶级本性决定他们要闹事。"毛泽东还分析西藏上层反动集团发动公开叛乱后，达赖有可能逃跑："如果达赖及其一群逃走时，我军一概不要阻拦，无论去山南，去印度，让他们去。""只要西藏反动派敢于发动全面叛乱，我们就要一边平叛，一边改革，要相信95%的人是站在我们一边的。"

张经武数次穿梭于北京和拉萨间，联络着相隔3500多公里的党中央与西藏地方。他一面加强西藏上层统战工作，一面大力开展敌对斗争。他多次向毛泽东及党中央报告西藏有关情况，经常通宵达旦地向中央起草电报，思考着如何对付反动分子的挑衅，如何应对紧张局面。中央回电指出：中央方针是力求和平改革，但如果反动分子一定要武装叛乱，中央就一定武装平息叛乱。

1959年3月17日夜，达赖一行逃往印度。3月20日凌晨，叛乱武装向中央驻拉萨党、政、军机关发起全面进攻，西藏军区奉命平息叛乱。人民解放军用不到两个团的兵力，仅两天时间，平息了拉萨市区的全部叛乱。3月28日，国务院宣布解散原西藏地方政府，由西藏自治区筹备委员会行使西藏地方政府职权。

平叛斗争在西藏取得全面胜利，西藏人民迎来了崭新时代，张经武开始领导西藏进行民主改革。西藏的民主改革不同于内地，宗教、阶级、牧区等方面问题很多。张经武经常下到农村、牧区进行现场调查，发现问题，总结经验，制定决策，并耐心向群众进行解释。有一次，张经武到一位基层干部家听取情况汇报，由于改革工作马不停蹄，过于疲惫，加上高原缺氧，他晕倒在地，直到秘书取来氧气袋为他输氧，张经武才苏醒过来。

张经武作为中央驻藏代表，坚定执行毛泽东和党中央的指示，领导西藏民主改革稳步发展。1965年9月1日，西藏自治区第一届人民代表大会在拉萨隆重召开，西藏自治区宣布正式成立，西藏终于完成从封建农奴制度到社会主义制度这一伟大跨越。张经武完成了毛泽东交付的重要使命，为西藏和平解放与民主改革作出了巨大贡献。

人物简介：

张经武（1906—1971），湖南炎陵人。1930年加入中国共产党，1932年参加中国工农红军。曾任瑞金红军学校政治营营长，军委军事教导团团长，军委直辖教导师师长，军委第二野战纵队参谋长，八路军山东纵队司令员，陕甘宁留守兵团副司令员，陕甘宁晋绥联防军参谋长，晋绥军区参谋长，西北军区参谋长，北平军事调处执行部参谋长，西南军区副参谋长等职。新中国成立后，曾任中央军委人民武装部部长兼中央军委办公厅主任，中央人民政府驻西藏代表，西藏自治区区委书记，西藏军区第一政委，中共西藏工委第一书记，中共中央统战部副部长等职。1955年被授予中将军衔。第八届中央候补委员、中央委员，第三届全国人大常委会委员。

（肖雅馨）

"需要的就是具有这种素质的干部"

——毛泽东与欧阳毅

欧阳毅，1926年参加革命，1928年跟随朱德上井冈山后第一次见到了毛泽东，为巩固井冈山革命根据地作出了自己的贡献。在跟随毛泽东、朱德转战赣南闽西过程中逐步成长，在中央苏区、长征途中始终是毛泽东的支持者。1937年西路军失败后，靠讨饭、卖字，历经千辛万苦回到延安，受到毛泽东的表扬。1945年在毛泽东的关怀下当选为党的七大候补代表，出席党的七大。

井冈山第一次见到"毛师长"

1928年1月12日,朱德、陈毅、胡少海等发动宜章年关暴动,揭开了湘南起义的序幕。欧阳毅等在麻田村积极响应,组建村苏维埃政府,打土豪、分田地,开展轰轰烈烈的革命运动。湘南起义让敌人惶恐不安,敌人调集重兵围攻起义部队。3月,朱德当机立断,率领起义部队开始向井冈山转移,欧阳毅所在的宜章独立营随即行动。

4月20日前后,宜章独立营与毛泽东率领的秋收起义部队在资兴龙溪洞胜利会师,成为第一支与毛泽东部队会师的队伍。毛泽东当时任工农革命军第一军第二师师长,大家尊称他为"毛师长"。

在井冈山会师后,欧阳毅与毛泽东接触机会越来越多,经常直接聆听毛泽东的教诲。欧阳毅在《深切怀念毛泽东同志》一文中说:"井冈山上的毛泽东,既是我们尊敬的师长,又是普通一兵。"井冈山上的毛泽东是批评与自我批评的模范。一次会议上,毛泽东和毛泽覃产生了分歧,毛泽覃一句话都没说直接离开了。毛泽东对此有点生气,立刻追了上去说,"站住!"毛泽覃继续往前走,边走边说:"共产党不是家长制!"听到这话后,毛泽东马上停了下来。事后,毛泽东为此事多次做自我批评说:"我得罪了两个人。"其中一个就是毛泽覃。这件事对欧阳毅影响很大,让他深受教育。

敌人为封锁井冈山,重重设计关卡,企图切断井冈山的运粮、运盐等生活必需品的通道。毛泽东、朱德等领导军民下山挑粮,力图粉碎敌人的经济封锁。欧阳毅跟随毛泽东、朱德下山挑粮,扛着扁担,脚穿草鞋,肩背斗笠、米袋,把粮食一点点地背上山。经过井冈山军民的努力,基本解决了军民的吃穿问题。

1929年1月29日,时任红四军军委秘书的欧阳毅跟随毛泽东等离开井冈山,向赣南进击,力图粉碎敌人对井冈山的第三次"会剿"。红军初入国民党统治区作战,接连失利,毛泽东在大余、崇义两次遇险。身为军委秘书的欧阳毅,跟着毛泽东,顺利脱离了险境。事后,毛泽东对其他同志说道:"没有欧阳毅的机智果敢,我和朱总都难脱虎口，我们需要的就是具有这种素质的干部。"

1929年12月，古田会议在福建上杭县召开。会前，毛泽东做了大量的调查研究工作，写下了大量的调研笔记。欧阳毅和谭政一起负责整理毛泽东的记录，连同其他会议文件一起油印、装订，尽力为毛泽东的调查研究做好服务工作。欧阳毅被毛泽东彻底折服，充分认识到了毛泽东领导的正确性。

★ 坚决拥护毛泽东，反对张国焘

1932年10月，宁都会议召开，毛泽东受到不公正的待遇，被剥夺了军事指挥权，到后方专任中华苏维埃共和国临时中央政府主席。但是，他却毫不气馁，一边到长汀福音医院养病，一边做社会调查。恰在此时，正在国家政治保卫局工作的欧阳毅，因风湿性关节炎也在福音医院疗养。欧阳毅常去看望毛泽东、贺子珍，当看到毛泽东在攻读理论时在书上加的批注，画的杠杠，附的调查手记时，被毛泽东为革命艰辛工作的情怀深深感动了。

1935年10月，张国焘在长征途中另立"中央"，并将成立"中央委员会""中央政治局"的文件印发至红五军团各个部门。红五军团保卫局局长欧阳毅对此气愤不已，将张国焘印发给保卫局的文件全部压了下来，更不向保卫局全体人员传达文件内容，而是支持毛泽东红军北上的正确主张。因此，他遭到张国焘的嫉恨，被调到红四方面军保卫局工作。

1937年10月，欧阳毅在抗日军政大学批判张国焘的工作大会上被错误地点名批评，在支部会上受到再次批判。但是，他坚信清者自清，带着压力工作。1938年1月，欧阳毅担任抗大总校秘书长，自认为"张国焘路线问题"已经结束。但是，他很快发现，部分同志对他仍是不信任，在工作中经常防着他。1939年5月下旬，欧阳毅写信给毛泽东，专门申诉此事。毛泽东收到欧阳毅的申诉信后，批给了总政，并给他回了信。1940年，毛泽东在抗大三周年纪念大会上见到了欧阳毅，亲切地问："欧阳毅同志，我叫徐日文同志转给你的信收到没有？"可惜，这封信不知何故，一直没有收到，成为遗憾。

1940年冬，欧阳毅回到延安，再次见到了毛泽东，毛泽东对他申诉的事时刻牵挂着，并多次询问。1941年2月8日，总政党务部召开会议，再次听取了欧阳毅的申诉，终于做出了实事求是的结论：欧阳毅是拥护党中央路线，反对张国焘路线的。1939年6月对欧阳毅同志的决定与事实不符，因此特将该决定取消。在毛泽东的关怀下，欧阳毅获得了公正的对待。

"欧阳毅同志，坚决！坚决！"

1936年10月底，奉中共中央命令，红四方面军2万余人西渡黄河，组成西路军开始西征，试图打通与苏联的联系。西路军在河西走廊孤军奋战，由于兵力悬殊，弹尽粮绝，惨遭失败。为突出重围，剩余的部队组成若干游击队，各找出路。

欧阳毅被分到干部游击队，开始突围，战士们一个接一个地倒下。在祁连山，他们学会用子弹取火，过上了"野人"般的生活。敌人四处围捕失散的红军战士。最后，只剩他和通信员小张。为了躲避敌人的追捕，他俩换上破烂的衣服，拄着捡来的木棍，背着破干粮袋，化装成乞丐，边流浪边乞讨。

西北地区缺粮少水，百姓普遍比较贫困。他和小张睡冰天雪地，受尽人间冷暖。为了一口残羹冷炙，欧阳毅在地主家的门口被地主家的恶狗咬伤。春节期间，不得不混进挖水沟的队伍混饭吃，文弱的欧阳毅被霸道的监工用鞭子狠狠抽打，苦不堪言。

欧阳毅和小张历尽千难万苦，穿过荒无人烟、寒冷异常的沙漠，终于到达甘肃中卫地区。他很是高兴，东渡黄河后，就可以顺利回到红军队伍了。可是，在胜利即将到来的时候，小张却悄悄地离开了。欧阳毅却始终不曾动摇，坚持信念，一个人孤孤单单地继续向东寻找红军。

甘肃靖远县的百姓喜欢书法。欧阳毅抓住机会，为老百姓们写字、写信、写对联，被乡亲们留下，做了一名卖字的"儒丐"。他化名张明德，写的字深受乡亲们喜爱。许多人家让他把字写在土布上，一挂就是几十年。欧阳毅一边调养身体，一边打探消息，待赚了些路费之后，告别舒适的生活和朴实的乡亲，又踏上了回归队伍的道路。

1937年夏,欧阳毅到达庆阳驿马关。在庆阳短暂休息后,袁国平派专人送他前往延安。经过数不尽的折磨,欧阳毅终于到达了延安。他迫不及待地去看望毛泽东,向毛泽东详细地汇报了西路军的情况以及个人的遭遇。毛泽东听得很仔细,最后忍不住站了起来,高兴地赞扬道:"好啊!很好!欧阳毅同志,坚决!坚决!"

欧阳毅回到了延安,回到了革命队伍,但他的身体却因长期营养不良,受冻受累,落下了病根,此后经常性地出问题。抗日战争时期,他先后在延安、晋绥解放区、西柏坡、大连中共东北局疗养院治病休养。1949年12月,欧阳毅转到北京继续治疗。

★ 被毛泽东亲自提名为党的七大候补代表

党的七大召开前夕,欧阳毅、陈正人被组织安排在陕甘宁边区晋绥联防军司令部生产人员驻地休养。毛泽东亲自来窑洞看望他们,同他们亲切交谈,欧阳毅再次聆听了毛泽东的教诲。

陈正人与毛泽东交往颇深,井冈山时期就被毛泽东称为"正人兄"。他在得知欧阳毅因为"张国焘路线"问题,没有当选党的七大代表,无法出席这一盛会后,颇为气愤,专程找到毛泽东,为他鸣不平。毛泽东当即提议欧阳毅为七大正式代表。随后,边区政府对七大代表进行了补选,欧阳毅与郭沫若等知名人士一道,增补为七大候补代表。

1945年4月至6月,党的七大顺利召开,欧阳毅以候补代表的身份前往杨家岭出席会议,聆听毛泽东讲话,学习其《论联合政府》的政治报告。

"文化大革命"期间,欧阳毅遭到错误批判,被关押达5年之久。但是,他对革命工作始终没有失去信心。1977年恢复了名誉,重新投入工作之中。

1993年,毛泽东100周年诞辰之际,欧阳毅撰写了《深切怀念毛泽东同志》,回忆了与毛泽东在一起的点点滴滴,充满深情,表达了对毛泽东的深情怀念,对其革命工作、人格魅力的充分肯定。

人物简介：

欧阳毅（1910—2005），湖南宜章人。1927年加入中国共产主义青年团，1928年转入中国共产党。参加了湘南起义和长征。曾任红四军团党委秘书、师党委秘书长，中华苏维埃国家政治保卫局秘书长，红五军团政治保卫局局长，红四方面军政治保卫局秘书长，总指挥部一局局长，西路军总指挥部五局局长，中国人民抗日军政大学总校秘书长，军委总政治部锄奸部副部长，陕甘宁晋绥联防军政治部保卫部部长等职。新中国成立后曾任解放军公安部队政治部主任，解放军炮兵副政委。1955年被授予中将军衔。第六届全国人大常委会委员。

（马　宁）

"是个好同志,工作有能力,有魄力"

——毛泽东与钟赤兵

1955年,我国首次授衔的将军中,有10位独臂将军和3位独腿将军。钟赤兵就是其中的一位独腿将军,他骁勇善战,独腿走完长征路,多次获得毛泽东称赞并备受器重。毛泽东曾感慨地说:"中国从古到今,有几个独臂将军呢?旧时代是没有的,只有我们的红军部队,才能培养出这样独特的人才!"

★ 毛泽东亲自颁发红星奖章

钟赤兵1914年出生于湖南平江,1930年参加中国工农红军,3年后出任被彭德怀称为"啃骨头"拳头团的红十二团政委。

1934年1月,在中央革命根据地第五次反"围剿"战斗中,钟赤兵奉命率红十二团保卫三溪圩白塘村。由于"左"倾冒险错误的指导,要求采取"御敌于国门之外"的战略方针,红十二团在敌人的进攻下,陷入被动挨打的局面,伤亡惨重。钟赤兵明白:敌强我弱,继续再打下去可能会全团被消灭。军情危急万分,钟赤兵顾不上可能被扣上"右倾机会主义"的罪名,决定改被动的消极防御为主动的积极防御。在钟赤兵的率领下,红十二团以运动战为主要作战形式,灵活利用有利地形,发挥近战火力优势,一次次地击退敌人的进攻,捍卫了红都瑞金。然而,在战斗中,不幸的是一颗流弹不偏不倚地打中了钟赤兵的左手,他失去了拇指一节。

这次战役结束后,钟赤兵因指挥作战有功,领导有方,中华苏维埃政府、中央革命军事委员会决定授予他红星奖章一枚,由毛泽东亲自为他颁奖。当时,毛泽东亲切地握着他的手,关心地说道:"小鬼,你的事迹材料我都看过了,打仗就要灵活机动、勇敢果断。"

3月,钟赤兵调任红五师政治部主任。4月,钟赤兵与师长、政委率红五师坚守高虎垴阵地,对蒋介石主力以沉重的打击。8月,红五师政委陈阿金不幸牺牲,钟赤兵被任命为师政委。

"钟赤兵在此失腿一只"

1934年10月,钟赤兵随军长征。1935年2月,红军在扎西进行了整编,红三军团缩编为4个团,钟赤兵任红三军团十二团政委。此时,遵义会议确立了毛泽东在党中央的领导地位,这也给红军和中国革命带来了新的生机与希望。钟赤兵也和大家一样对革命前途充满信心。

为了摆脱川、滇军的围追堵截,在毛泽东的指挥下,钟赤兵率部"二渡赤水",回师贵州,先夺娄山关,再占遵义城。

娄山关在贵州桐梓县城南15公里处,地势险峻,群峰如剑,有"一夫当关,万夫莫开"之势,自古就是兵家必争之地。毛泽东把夺取娄山关的主攻任务交给了彭德怀的红三军团。彭德怀下令："十二团和十三团为先锋团。"钟赤兵与团长谢嵩一道率领十二团急行军，抢在贵州军阀王家烈的部队之前赶到赤水河，以迅雷不及掩耳之势，把前来的敌军打得丢盔弃甲，保障了全军"二渡赤水"。刚刚歇脚的钟赤兵被彭德怀叫到了指挥部，彭德怀亲自给他下达任务："必须于拂晓前赶到娄山关口，接替第十三团，中路正面突破，拿下娄山关南坡！拿不下，唯你是问！"钟赤兵立即表示："请军团长放心，保证完成任务！"

一切准备就绪后，钟赤兵带领部队冲向娄山关，经过激烈战斗，拿下了制高点，占领了关口，但遭到王家烈"双枪兵"的疯狂反扑，敌军在山坡掘壕死守，双方对峙在关口，相持不下，情况十分紧急。敌军制高点失守，恼羞成怒，两翼包抄。战士们见敌人冲上来，挥舞马刀，如猛虎下山冲入敌群，敌众我寡，我军伤亡很大。钟赤兵看到身边一个个战士倒在血泊中，按捺不住胸中的怒火，厉声大喊："有我无敌，我在阵地在，冲啊！杀啊！"

拼杀中，一颗子弹突然飞来，钟赤兵的右小腿被击中，身子猛然摔倒在地上。警卫员以为他被石头绊倒了，赶忙上前，却见一股殷红的鲜血正从钟赤兵的右小腿上冒出来，警卫员大声说道："你负伤了，政委，让我背你。"钟赤兵强忍着疼痛，支撑着勉强站立起来，说："别声张，擦破点皮，不碍事。"警卫员不由分说地抱住他的腰将他按坐下，撕下自己的衬衫，替他包扎伤口。奈何枪弹撕开了他小腿一大块肉，血如泉涌，包了10多层布，血还依旧外浸。团长谢嵩得知钟赤兵受伤的消息后，命令钟赤兵马上撤下来，奈何钟赤兵不肯下火线，卫生员包扎好伤口后，他就拖着伤腿继续参加战斗。我军与敌军的厮杀异常激烈，从清晨打到晚上，阵地牢牢控制在我军手中。

榜样的力量是无穷的。虽然钟赤兵由于流血过多昏了过去，被抬下了战场，但是战士们受到钟赤兵顽强拼搏、不怕牺牲精神的鼓舞，在惨烈无比的战斗中举枪高喊着"为钟政委报仇！"他们奋力拼杀，一次又一次把敌人压了下去。

我军再次占领遵义城后，钟赤兵被转送至野战医院。医生说，受伤小腿的迎面骨都几乎粉碎，必须进行截肢手术。手术没有医疗器械，没有麻药，条件相当简陋，工具是一把砍柴刀和一条半截的木匠锯。手术时，锯子拉动的声响格外刺耳，钟赤兵强忍着巨大的疼痛，紧闭着眼睛，脸上、身上布满了止不住的汗珠。医生看着一声不吭的他，关心地说："如果疼痛难忍，你可以喊叫，兴许这样你会好受些。"钟赤兵依然沉默着摇了摇头。手术中，他几次昏死过去，又几次苏醒过来。在场的医生、护士都被他坚强的意志所感动。因为手术时没有消毒药品,过了几天,钟赤兵腿上的伤口就感染了,持续高烧,腿肿得分不清小腿和大腿。彭德怀得知钟赤兵的病情严重,前去看望并嘱咐医生:"一定要想尽办法救活钟赤兵。"为了保住钟赤兵的生命,医生立即决定为他进行第二次手术,截去右腿膝盖以下部位。但是,截肢后手术伤口还是感染了。最后,医生不得不进行第三次截肢手术,将他的整个右腿从股骨根部截去。

毛泽东、周恩来等到医院看望伤病员时,注意到了钟赤兵。"小鬼,你又负伤了?"毛泽东关爱地拉着钟赤兵的手说。钟赤兵用手指了指自己的腿部,哽咽着说不出话来。毛泽东看着钟赤兵痛苦的表情,心细如发的他什么都明白了。为了打破沉闷的气氛,毛泽东略带风趣地说:"娄山关应该立个碑,写上'钟赤兵在此失腿一只'。"

"就是抬也要把他抬着北上"

三次截肢手术后,钟赤兵虽然保住了性命,但他腿上的伤在短期内却难以恢复。此时,部队要继续长征。钟赤兵术后身体虚弱,组织打算安排他和一些重伤员暂住在当地可靠老乡家疗养身体。

钟赤兵得知这个消息后,对前来看望他的彭德怀说:"军团长,就是爬,我也要跟上部队。无论如何,我不离开红军。"彭德怀也激动地表示:"带上,就是用三军团一个团抬,我也要带上钟赤兵!"

毛泽东听说了钟赤兵三次截肢的英勇事迹后,和周恩来、红三军团政委杨尚昆等人专程看望他。见到毛泽东,他坚定地说:"主席,我不想留在老乡家里养伤,就是死我也要跟部队走。"毛泽东明白钟赤兵的痛苦不在于失去右腿,而在于不能和部队一起长征。毛泽东对周恩来等人说:"钟赤兵很能打仗,是有战功的,怎么能把他丢下呢?就是抬也要把他抬着北上!"

周恩来闻言,马上对身边的人说:"马上传达主席的命令,绝不能把钟赤兵丢在老乡家里不管。让他到中央卫生部休养连去,让人抬着他北上。"钟赤兵听了毛泽东和周恩来的话后，终于忍不住哭出声来。就这样，钟赤兵在毛泽东、周恩来的亲切关怀下，被安排到中央卫生部休养连，拖着一条腿随中央直属部队行动。

中央休养连是一个特殊的连队，有体弱年老的领导同志，还有一些妇女干部和家属。休养连在过北盘江时，遭遇敌机扫射，部队都已隐蔽进树林，但断腿负伤的钟赤兵躺的担架此时却暴露在江边，密集的子弹射向担架。万分危急中，贺子珍毫不犹豫，一个箭步飞身扑在钟赤兵身上。敌机疯狂扫射之后，贺子珍几乎成了一个血人，她负了重伤，伤口多达17处。毛泽东知道后立即赶来，重伤的贺子珍为了不拖累部队，提出了留在当地的要求，毛泽东态度异常坚决地说：抬也要把你抬走。说完他把自己的担架和一个强壮的警卫员留给了贺子珍。

长征经过打鼓山时，部队没有粮食靠吃豌豆苗充饥，钟赤兵便将自己干粮袋里仅有的半袋米交警卫员送给担架班长。班长知道钟赤兵这点粮食也是靠吃豌豆苗硬撑着省下来的，他的伤又重，便将半袋米还给他。钟赤兵一定要将粮食分给抬担架的民夫吃。他说："我一条腿，全靠他们抬着我走，他们不吃饱怎么抬得动呢？我躺在担架上饿点没有什么！"

起初，走平路时战友们用担架抬着钟赤兵走，遇到悬崖峭壁，担架抬不过去，他就自己挂着双拐前进。每迈一步，伤口便剧烈地疼痛，有时实在难以拄拐杖通过，他就在地上爬。后来，伤口稍有好转，他就让战友把他绑在马上行军。就这样，凭着坚定的信念和顽强的意志，克服了常人难以忍受的艰难困苦，钟赤兵跟随部队到达陕北。

★ 毛泽东安排前往苏联疗养学习

毛泽东听说钟赤兵安全到达了陕北，十分高兴。考虑到他过去的战功和军事领导才能，便任命他担任陕北苏维埃政府军事部部长。不久，他又担任了军委一局局长。1937年7月全面抗战爆发后，党中央准备选拔一批在长征中受重伤的红军将领，送到苏联去，一边治病，一边学习。毛泽东再一次想到了钟赤兵，决定派他前往。

在共产国际的安排下，钟赤兵和其他几个从中国来的伤病员被送往莫斯科郊外的红十字会疗养院。为了尽早恢复体能，回国参加战斗，钟赤兵以顽强的毅力进行各项技能训练。他在莫斯科克里姆林宫医院做了最后一次手术，手术后没几天，他就拄着拐杖坚持走路。开始练习时，每走三五十米就要停下来休息，经过坚持不懈的锻炼，到后来可以一鼓作气走上一两公里。莫斯科红十字会疗养院附近，留下了钟赤兵那副双拐的无数印痕。

经过3个多月的疗养和锻炼，钟赤兵不仅腿伤恢复很快，体能也得到了很好的恢复。这时，钟赤兵又被组织上送进苏联共产国际党校学习，不久又转入伏龙芝军事学院特别班深造。他除了听课、读书外，还天天坚持做读书笔记。除了系统地学习军事课程外，还认真地阅读了许多马列书籍，为回国后能更好地为党工作打下了坚实的基础。因此，钟赤兵成为少数没有参加过抗日战争的将领之一。

"只许干好，不许干坏"

在毛泽东、党中央关怀下，1945年，钟赤兵终于回到祖国。回国后，钟赤兵一直在东北工作，历任北满军区政治部主任、东北人民解放军后勤司令部司令员、解放军特种兵团司令部政委等职。1949年秋，第四野战军第十四兵团司令员刘亚楼和第四野战军特种兵部队政委钟赤兵来到毛泽东住地，毛泽东在门口迎接。随后，两人不约而同地说了声："主席好！"毛泽东上下打量了一下刘亚楼和钟赤兵，兴奋地说："二位将军鞍马劳顿，远道而来，辛苦了，请落座。"刘亚楼和钟赤兵按照毛泽东指的位置坐下。毛泽东习惯地点燃一支烟，然后说："你们二位来得正好，有一个十分艰巨的任务要交给你们。经恩来同志提议，党中央研究决定，刘亚楼，去组建军委空军，当空军司令；钟赤兵嘛，你去组建军委民航局，也就是当军委民航局长！"又说："你们二位在恩来同志的直接领导下工作。给你们提个要求嘛，就是只许干好，不许干坏。""保证完成任务。"刘亚楼和钟赤兵不约而同地回答。

组建军委民航局是一项艰巨的任务。新中国成立初期，一无飞机，二无专家技术人员，经济又十分困难，真可谓"一无所有，白手起家"。钟赤兵遵照毛泽东、周恩来以"两航"作为组建中国民航基础的指示开始了艰辛的工作。钟赤兵办事雷厉风行,十分讲究效率,除了秘书应办的事情之外,事必躬亲。在不长的时间内,就从各野战军等单位调来一批干部作为军委民航局的骨干。同时,他安排秘书及有关人员想方设法筹建民航机构和办公场所。在此期间,他又分别与"两航"高级技术人员以及"两航起义"的积极分子不分昼夜地谈话,了解情况,征求他们对发展中国民航事业的意见。经过一个多月的紧张工作,军委民航局机构正式开始办公了。

经过半年的调查研究和紧张工作,钟赤兵于1950年3月31日给党中央和毛泽东写了《民航状况报告》,提出了民航建设的方针、政策。3天后,毛泽东批示:"所拟方针可用。"钟赤兵在军委民航局工作4年,中国民航从无到有,继而不断完善,全国民航航线迅速恢复。

"钟赤兵是个好同志"

1961年,钟赤兵调任国防科委副主任,协助主任聂荣臻元帅工作。由于钟赤兵坚持实事求是,坚持贯彻党的科学技术政策和知识分子政策,在"文化大革命"中,遭到林彪、"四人帮"的打击和迫害,他被扣上了"军内一小撮""'臭老九'的黑保护伞"等帽子。面对林彪、"四人帮"的淫威,钟赤兵却毫无惧色,坚持斗争。林彪、"四人帮"之流见从政治上整不倒钟赤兵,就决定从生活上对他进行迫害,他们撤掉了钟赤兵的警卫员和保健医生。对于一个肢体残缺,又患有重病、生活不能自理的人来说,身边没有人照顾,其艰难是可想而知的。再加上没完没了的批斗,钟赤兵病情加重、生命垂危。

毛泽东的女儿李敏冒着危险将消息传到中南海,并将钟赤兵被批斗、隔离审查的情况告诉毛泽东。毛泽东知道后非常生气,当即指示:"钟赤兵是个好同志,从小是在红军里面打仗出来的,工作有能力,有魄力。"由于毛泽东的保护,钟赤兵再一次从生死线上站了起来。

1975年12月,钟赤兵猝发大面积心肌梗死而去世,终年61岁。

人物简介：

钟赤兵（1914—1975），湖南平江人，1929年加入中国共产主义青年团，1930年加入中国共产党，同年参加中国工农红军。曾任红三军团五军三师军需处政委，第四师十二团政委，第五师政治部主任，第五师政委，红三军团十二团政委，军委后方政治部主任，后方梯队政委，陕北省苏维埃政府军事部部长，军委一局局长，北满军区政治部主任，东北民主联军后勤部部长兼政委，第四野战军特种兵部队炮兵纵队政委等职。新中国成立后，曾任中央军委民航局局长，中国人民解放军防空部队政委，总后勤部营房管理部部长，贵州省军区司令员，解放军武装力量监察部副部长，广州军区副司令员，国防科委副主任。1955年被授予中将军衔。

（丁远远）

"你的教育方法还挺生动的呀"

——毛泽东与唐天际

唐天际参加革命上了井冈山后,在毛泽东的教育与指导下,南征北战,英勇杀敌,战功赫赫。新中国成立后,唐天际率领10万解放军官兵和20万民工胜利完成新中国第一个大型水利建设工程荆江分洪工程,得到毛泽东的表扬。

"我是来向你这个优秀党代表取经的哟"

1928年4月24日前后,毛泽东领导的秋收起义部队与朱德、陈毅领导的南昌起义的余部，湘南起义部队胜利会师。5月4日，毛泽东出席在宁冈砻市举行的庆祝两军会师并宣布工农革命军第四军成立大会，唐天际参加了大会。

约上午10时，大会执行主席陈毅宣布部队领导人和序列：朱德为军长，毛泽东为党代表。唐天际所在的安仁农军全部编入红四军第十师二十八团。

随后，毛泽东作了热情洋溢的讲话，他深入浅出地分析了会师的意义和红军的前途，唐天际听得很认真，生怕漏掉任何一个字。听了毛泽东的讲话，唐天际心中更加明亮了，对革命充满了必胜的信心。这是唐天际第二次见到毛泽东。他第一次见到毛泽东是在1927年的初春，唐天际加入中国共产党不久，被组织派往汉口党员训练班学习，聆听了毛泽东的报告。当时他就觉得毛泽东很有演讲天赋，任何深奥的道理，经过他的讲述，就非常容易理解。在那次训练班上，毛泽东讲马列主义与中国的革命实践，使唐天际进一步确立了为共产主义事业奋斗到底的目标。这次在井冈山庆祝会师大会上，唐天际又听到毛泽东的讲话，深受教育和鼓舞，对毛泽东更加敬佩。

唐天际任二十八团一营二连党代表后，过人的组织能力和扎实的工作作风被大家称道。在他的带领下，二连成为全军模范连之一，受到毛泽东的赞赏。

唐天际遵照毛泽东的指示，把党支部建在连上，成立士兵委员会、列宁室，建立政治制度。与此同时，他还对连队全体指战员进行"三大纪律六项注意""为工农而战"的教育，及时发展了通过斗争考验、具有无产阶级先进思想的官兵入党。到1928年7月，二连做到了班有党员，排有党小组。由于唐天际扎根基层开展党的工作，紧紧抓住了士兵群众，党支部成了连队坚强的战斗堡垒，部队战斗力进一步提高，工作氛围异常活跃，部队面貌焕然一新。

一个雨后初晴的早晨，太阳刚刚从东方升起，把青山翠谷染得通红。二连的战士正在整理内务，这时，毛泽东身穿粗布便装，穿着一双草鞋，面带微笑走了进来。

"哦，都在整理内务呀！"毛泽东操着满口的湘潭话说着。战士们闻声直起腰一看，不禁同时欢呼起来："毛委员来了，毛委员来了！"大家一齐涌上前去敬礼，把毛泽东围了起来。毛泽东一边询问战士们的学习、生活情况，一边亲切地同战士们一一握手。

刚从外面打扫卫生回来的唐天际见毛泽东来到连队，心里很紧张，急忙上前向毛泽东敬了个军礼："没有迎接，失礼了，请毛委员见谅。"

"你怎么迎接呀，我未打招呼，突然造访，你不要见怪啊！"毛泽东幽默地说。

"毛委员日夜繁忙，还这么关心我们二连，哪有见怪之理？"

"二连的政治工作搞得不错，我是来向你这个优秀党代表取经的哟。"毛泽东说道。

唐天际见毛泽东说话风趣诙谐，待战士亲和，紧张感顿时消减了不少，忙把毛泽东迎进列宁室，搬来一张凳子，说："毛委员，您请坐。"毛泽东坐下后，唐天际又倒了一杯白开水放在毛泽东面前。

"不要忙着客气，先讲讲你的工作，可以吗？"毛泽东微笑着问唐天际。

"报告毛委员，我们的工作都是按您的要求来办的，把党支部建在连上，成立了士兵委员会，健全了政治课制度，联系实际对战士进行组织纪律教育，现在许多战士要求入党。"

"这是个好经验嘛。"毛泽东高兴地说着，随手端起杯子喝了口水，又从口袋里摸出烟，抽出一根放在嘴里，并摸出一盒火柴。可是，火柴潮湿了，他划了几根才点燃。

毛泽东把烟点燃后，深深地吸了一口，又继续说："战士们要求入党，这是好事嘛，建军先得建党，你这个党代表，要重视发展党员的工作，要保证党对军队的绝对领导。"

唐天际一边做着记录，一边会意地说："是，是……"

毛泽东谈了一会，站起身来："天际同志呀，我们一起到各排看看去。"

唐天际立马起身，陪着毛泽东来到各排、各班察看。毛泽东指着连里最小的战士朱秋水说："小鬼，你对'三大纪律六项注意'是怎样理解的呢？"朱秋水用手摸了摸脑袋，红着脸蛋说："我们党代表讲，军队好比鱼，老百姓好比水，鱼离开了水就会死去，军队没有老百姓的拥护也就无法存在、无法打胜仗。"

"不错嘛，就是这个道理，小鬼不错。"毛泽东赞扬朱秋水后，又对唐天际说："天际同志，你的教育方法还挺生动的呀！"

唐天际送走毛泽东，心情久久不能平静。从那时起，毛泽东平易近人、实事求是的作风，让唐天际永远铭记在心。

1929年7月，上级命令唐天际转移到郴州、乐昌、韶关、广州、香港等地开展白区工作。由于他在香港暴露了身份，经广东省军委书记聂荣臻安排离开香港，到东江特委担任红五十团团长、政委。而红五十团上一任团长在围剿梅县附近的土匪时不幸牺牲，部队也被打散。唐天际临危受命，积极收拢被打散的队伍，并扩充新生力量。经过他和红军指战员的扎实工作，在很短的时间里，红五十团被整顿发展为一支坚强的红军队伍。

1930年，毛泽东、朱德率领红四军主力由闽西转入赣南。唐天际奉命策应红军向赣南发展，一举攻下赣南的寻乌县城，在筠门岭与朱、毛部队会合。毛泽东高度赞赏了唐天际英勇顽强、灵活机智地拿下寻乌，红五十团被编入了红四军。不久，唐天际调任红二十二军第二纵队司令员。他率二纵队在赣南大显神威，先后打掉了南康、信丰、兴国、瑞金等地一批土匪的"土围子"，扫除了赣南革命根据地发展的障碍。当他率部进入兴国时，部队又进行了一次改编，第二纵队改编为六十四师，他任师长。

随后，唐天际参加了中央苏区历次反"围剿"和长征、抗日战争和解放战争。他始终拥护毛泽东的正确主张，坚决执行党的正确路线。

★ 按毛泽东的指示抢建荆江分洪工程

荆江地处长江中游，上起湖北省枝城市，下至湖南省洞庭湖城陵矶。下荆江裁弯取直后，荆江河段全长377公里。荆江南北两岸地面分别低于沙市站汛期水位达8~13米。汛期洪水严重威胁荆江堤防，荆江北岸的荆江大堤首当其冲，形势十分险要，有"万里长江，险在荆江"之称。当地人民每年洪汛期都在提心吊胆过日子，故有"荆沙不怕刀兵动，只怕南柯一梦中"的民谣。

1950年冬，毛泽东亲自审阅并批准了长江水利委员会向中央报送的《荆江分洪工程计划》（以下简称《计划》）。1952年3月15日，中南军政委员会第74次行政会议通过《计划》的实施办法，并作出《关于荆江分洪工程的决定》。荆江分洪工程是由中央人民政府决定修建的，也是新中国成立之初开工兴建的第一项规模宏大的水利工程。

根据中央军委的决定，中南军政委员会副主席邓子恢电令正在桂北剿匪的第二十一兵团政委唐天际到武汉，接受荆江分洪工程总指挥的任命，并且向他传达了毛泽东的三条指示："一是荆江分洪要当作全国的事情来办，全国支援；二是荆江分洪关系到两湖人民的生命财产，两湖要全力以赴；三是工程要赶在汛期前完成，调一个兵团用打仗的方法完成任务。"

一期工程于4月5日全面开工。荆江分洪委员会由李先念任主任委员，唐天际、刘斐任副主任委员。荆江分洪工程总指挥部由唐天际任总指挥，李先念任总政委。但李先念因工作忙，并未到任。唐天际首先要解决30万施工大军的吃饭问题。工程如此浩大，时间十分紧迫，而且交通不便，加之夏季雨水很多，天气炎热，困难确实不少。尤其是技术水平不高，又没有经验，准备时间短，更加重了困难。担任工程总指挥的唐天际却连一个"难"字也没说，冷静地面对人生如此巨大的转变：由指挥战争到指挥施工，由听惯了枪炮声到面对锹镐组成的交响曲。唐天际只有一个心思：一定完成这一艰巨而光荣的任务。

上任之初，唐天际走访了荆江分洪地区的一些乡村。人们告诉他，如果没有洪水，这里丰收一年够吃三年，可是洪水一来，如同猛兽，数百万亩良田顿成泽国，几乎颗粒无收。不治水，他们就几乎每年都受着洪水的威胁，没有安全感，也没有安定的生活，更不要说过上好日子了。他听后更深切地认识到，推翻了三座大山，人民只是站起来了，不治好水患，他们依然要过贫穷的日子。遵照毛泽东的指示和政务院的要求，唐天际领导的水利工程部队和其他部队10万人，加上附近各县市20万民工，共30万大军，等于在平地上冒出一座中等人口的城市。他规划住区，指挥搭建各种工棚。吃的粮食、蔬菜，以及食盐、酱油，他都考虑到了。

当唐天际向战士和民工发出号召时，30万人汇成了沸腾的海洋，大家纷纷递交决心书、请战书，有的甚至写了血书，表示就是拼上一条命也要让工程提前屹立在荆江大地上，让洪水低头，乖乖地听从人民的调遣。

5月，中央人民政府委派水利部部长傅作义到荆江分洪工程工地慰问。临行前，毛泽东为工程题词："为广大人民的利益，争取荆江分洪工程的胜利！"

在毛泽东的鼓舞下，许多人一天完成两天、三天，甚至五天的工作量，各项指标一再被突破。唐天际提出，一定要用最好的质量完成分洪工程，即使是30年后、50年后、100年后，这项工程都是坚固的、经得起考验的。6月20日，捷报传来，荆江分洪工程终于提前15天胜利完工。通过了专家验收，各项工程均达到设计要求，质量一流。工程不仅可以保障江汉平原800万亩良田的安全，而且可以减少洞庭湖的水患威胁。唐天际等指挥部成员给毛泽东报告了这一喜讯。

人物简介：

唐天际（1904—1989），湖南安仁人，1926年加入中国共产党。曾任红四军十师党委秘书，五十团团长、政委，红二十二军六十四师师长，红五军团四十师、四十四师政委，红十五军政治部副主任，三十八师、十四师兼广昌警备区政治部主任，红三军团五师政治部主任，红三十一军参谋长、援西军宣传部部长，八路军第一战区联络处主任，八路军晋豫边游击支队司令员，一二九师新一旅政委，太行四分区政委，太岳四分区司令员，中共吉东省委书记兼吉东军区政委，吉林军区和东北前线第一指挥所副政委兼主任，东北第一兵团副政委兼政治部主任，湖南军区副政委兼政治部主任等职。新中国成立后，曾任二十一兵团政委兼桂北剿匪委员会主任，湖南军区司令员，荆江分洪工程总指挥兼工程部队司令员、政委，中南军政委员会财委副主任兼建筑工程部部长，军委防空部队政委，军委财务部第一副部长，总后勤部副部长等职。1955年被授予中将军衔。第五届全国人大常委会委员，第四届全国政协常委。

（邓玉香）

"天下英雄谁敌手？曹刘"

——毛泽东与曹里怀

曹里怀不仅擅长指挥打仗，还会组织攻关科研。他曾是陆军，后来"半路出家"到空军。在曹里怀的戎马生涯中，毛泽东多次对他委以重任，他都很出色地完成。毛泽东曾称他是"天下英雄"！

在毛泽东身边工作

曹里怀，出生于湖南资兴七里乡柏树村一户贫农家庭。1926年秋，资兴农民运动蓬勃兴起，在县立中学就读的曹里怀开始接受进步思想，还积极参加驱逐反动县长何元文等活动。在北伐节节胜利的鼓舞下，曹里怀瞒着家人，借了路费赶到长沙报考军校，可由于年纪太小、身高不达标未被录取，只好老老实实回到老家，一边读书一边参加当地的革命活动。与此同时，曹里怀还从一些进步人士那里得知领导湖南农民运动的毛泽东的事迹，对毛泽东十分敬仰，革命的火种在曹里怀心中一直燃烧着。

1928年初，朱德、陈毅率领南昌起义的余部，转战5个月左右，从粤北来到湘南，协助当地的共产党员和革命群众发动年关暴动。曹里怀认为此时是参军的大好时机，便立即邀着同样向往革命的同学龙志坚一起，牵了两匹打土豪时没收的马，跑到资兴滁口镇，找到了从井冈山来驰援的工农革命军第一师二团党代表何长工，并被分配到一营二连，正式成为了革命队伍中的一员。1928年4月，曹里怀离开了家乡，随同朱德部队上了井冈山，踏上了扛起枪杆闹革命的征途。

朱毛红军在井冈山胜利会师后，两军整编为工农革命军第四军，后改称工农红军第四军，朱德担任军长，毛泽东担任党代表。上井冈山后，曹里怀在党代表房灿的介绍下，正式加入了中国共产党，立下了为党的事业奋斗终身的志愿。

曹里怀作战勇敢，冲锋在前，很快成长为班长。由于曹里怀具有较高文化，1929年初，他被调到毛泽东、朱德身边工作，担任红四军军部秘书处文书，主要负责抄写文件和布告等事宜。

1929年1月，为了粉碎敌人的"会剿"，毛泽东、朱德、陈毅率领红四军主力进军赣南、闽西，开展游击战争。一路上，曹里怀等四处张贴毛泽东起草的《红军第四军司令部布告》，一路走，一路抄，一路贴，宣传发动群众起来反压迫、闹革命。7月，曹里怀担任第二纵队连党代表，参加了漳平、梅县、大庾、信丰等战斗。不久，曹里怀调入红三军军部任见习参谋、参谋等职务，积极协助毛泽东、朱德参与了三打龙岩、攻占"铁上杭"等创建闽西革命根据地的斗争。

1929年12月28日至29日，曹里怀参加了古田会议，会后随军转战赣南。1930年10月，因军事作战才能出色，曹里怀被组织安排调到红三军军部工作，担任军长黄公略的作战参谋。在一次次的出谋划策中，曹里怀军事运筹帷幄的能力不断提升。

"军事上不弱，政治上更强"

在曹里怀的一生中，他始终坚持对党忠诚。1933年3月，曹里怀被选派到瑞金红军大学，系统地学习了苏联《步兵战斗条令》等，大大提升了军事素养。12月，年仅24岁的曹里怀学成毕业，接任少共国际师师长。他带领这支年轻的队伍，在将军殿、邱家隘等地进行过几十次战斗，重创过蒋介石嫡系罗卓英部。

1934年10月，中央红军开始长征。曹里怀奉命率部担负红五军团后卫。为了加强各军团力量，中央派出刘伯承任红五军团参谋长，曹里怀由红五军团参谋长改任作战科科长。1935年1月，遵义会议召开，毛泽东继续指挥红军。

1935年6月，红一、四方面军会师后，红五军团改称第五军，曹里怀任红五军代参谋长兼作战科长，编入左路军由张国焘指挥。长征途中，中共中央根据形势决定红军北上，但张国焘却公然要右路军南下，企图分裂和危害党和红军，还裹胁第五军南下，调换原红五军团的主要领导人。此时，曹里怀被调到红四方面军任一局局长，但他坚决拥护以毛泽东同志为首的党中央的北上方针。一天，曹里怀从机要科得知红一方面军已胜利到达陕北吴起镇的消息，悄悄告诉了两个盼望北上的同志，不料被张国焘发现，把曹里怀关押起来。张国焘马上召开紧急会议，说曹里怀泄露军事机密，要严加惩处。朱德担心曹里怀安危，立刻站出来说："曹里怀就讲了那么几句，你安他反革命够不上。他这小鬼我知道，井冈山时期就跟我们在一起，你有什么理由乱杀人呢？"在朱德的极力相助下，曹里怀才得以脱险。

1943年5月，经毛泽东提议，进入中央党校学习，参加了延安整风运动。1944年12月，毛泽东亲切接见了曹里怀，并告知他：经党中央决定，派他到冀鲁豫军区去任参谋长。谈话结束后，两人一起共进午餐，相谈甚欢。毛泽东曾评价：曹里怀军事上不弱，政治上更强！

★ 委以重任，立下汗马功劳

1945年9月，抗日战争取得全面胜利。中共中央制定了"向北发展，向南防御"的战略部署，提出"只要能控制东北及热、察两省，并有全国各解放区及全国人民配合斗争，即能保障中国人民的胜利"。为控制东北，各解放区紧急抽调大军向东北挺进。当时，曹里怀原拟接任太岳军区司令员，他却主动请求去东北。党中央批准后，他带着冀鲁豫军区第二十团于10月下旬到达东北。

1945年11月12日，毛泽东在中央政治局扩大会议上说："派19万军队去东北，这是有共产党以来第一次大规模的军事调动。已到9万，正在走的10万。已到李运昌部1万、沙克部2000、曹里怀部2000、黄永胜部4000、刘转连部5000、杨国夫部7000、梁兴初部7000、萧华部2万、万毅部1.5万。"对于曹里怀部，毛泽东是十分关注的。

1949年5月，曹里怀被任命为第四野战军第四十七军军长。他奉命率部南下，先后解放了湖北重镇宜昌，湖南大庸、桑植等地，直抵湘西。10月，曹里怀兼任湘西军区司令员，带领部队开始湘西剿匪。在曹里怀的领导和指挥下，四十七军指战员紧紧依靠地方党组织和广大人民群众，发扬英勇顽强的战斗作风和灵活机动的战略战术，采取军事扑灭、政治争取、群众捕捉相结合，季度攻势、重点进剿和剿匪会战相结合等方针，仅仅用了一年两个月的时间，就基本肃清了祸害湘西100多年的土匪，共计歼灭土匪武装9.2万多人，缴获各种枪支近8万支，大炮19门，取得了湘西剿匪的历史性胜利。

抗美援朝战争爆发后，曹里怀肩负着党中央、毛泽东和全国人民的重托，于1951年4月率领四十七军6万余人，奔赴朝鲜战场。在曹里怀的指挥下，第四十七军打得极为艰苦，涌现出"天德山英雄连"等多个英雄集体。在天德山、夜月山等地阻击160天，与敌作战共252次，打败了号称"王牌"的美骑一师及仆从国军队，歼敌近5万人，击毁和缴获大量的武器装备，为粉碎美军的秋季攻势作出了贡献。

1952年初，曹里怀因患疾病，不得不回国治疗。休养期间，毛泽东特意接见了他，并高度评价了曹里怀的朝鲜征程。

空军的开拓者

1952年4月，曹里怀病愈出院。经毛泽东提议，中央军委决定安排他到空军工作，担任中南军区空军司令员，从此开始了他的空军生涯。曹里怀刚到空军工作时，空军尚处在创建时期，百事待举，工作难度很大，连部队的条令、条例、教程和大纲都是照搬照抄苏联空军的。

1958年5月，在叶剑英写给党中央的一份报告上，毛泽东郑重批示："一定要搞出我们自己的战斗条令来。"当年，中央军委扩大会议做出决议："在一两年内编写出适合我军情况和需要的条令。"遵照党中央和毛泽东的指示，曹里怀把编写条令教材当作空军的头号大事。1959年1月16日，空军党委发出《关于编写条令条例和修改规章制度的指示》，立即成立空军党委条令编审委员会，由副司令员曹里怀担任主要负责人。

5月，编写工作正式启动。随着编写条令教材数量的增加，曹里怀等人不断充实编写人员，最多时达到1112人，组成了一支庞大的编写团队。直到1965年8月，编写工作终于完成，历时6年零7个月，共编写完成306本。这套条令教材颁发后，极大地推动了空军的正规化建设，毛泽东也给予了极高的评价。

曹里怀经历了人民空军从小到大，由弱到强，逐渐成长壮大的过程。在曹里怀的指导下，空军不仅制定了一系列的条令教材，而且使得空军武器装备的科学研究等工作取得了显著成就。

新中国成立后，百废待兴。毛泽东曾感慨："现在我们能造什么？能造桌子椅子，能造茶碗茶壶，能种粮食，还能磨成面粉，还能造纸，但是，一辆汽车、一架飞机、一辆坦克、一辆拖拉机都不能造。"毛泽东的感慨深深触动了曹里怀等人，因为人民空军在创建初期没有自己生产的飞机。1965年4月20日，曹里怀、钱学森等人受邀与国防工办、国防科委一起讨论对歼-8飞机设计方案的意见，所有人激情满怀，下定决心要研发中国制造的飞机。5月17日，解放军总参谋长罗瑞卿批准歼-8飞机的研制方案和战术技术要求。从此，歼-8开始长达10多年的艰辛研制历程。

1969年7月5日，歼-8终于首飞成功，现场爆发出雷鸣般的掌声和欢呼声。曹里怀一颗悬着的心终于放下，兴奋异常："快向北京发报！快向毛主席报喜！"

1975年5月3日，在中央政治局会议上，毛泽东谈到孙权时，让叶剑英当场背诵南宋词人辛弃疾的《南乡子·登京口北固亭有怀》。当听到词里一句"天下英雄谁敌手？曹刘"，毛泽东联系空军工作，幽默地说："天下英雄谁敌手？曹刘。刘是刘震，曹是曹里怀。"当时，刘震、曹里怀都是空军副司令员。会后，大家对曹里怀说："主席变相夸你是'天下英雄'呢！对于你在空军的工作，主席也是满意的！"

1982年11月，曹里怀退居二线，担任中顾委委员，继续关心部队的工作和国家的改革建设。1998年5月19日，曹里怀因病逝世，享年89岁。

人物简介：

曹里怀（1909—1998），湖南资兴人。1928年加入中国共产党。参加了湘南起义、长征。曾任红四军军部秘书处文书，红四军二纵队连党代表，红三军军部参谋，红三军七师作战科科长、师参谋长、代理师长，少共国际师师长，红五军团参谋长，八路军留守兵团参谋长，冀鲁豫军区参谋长，长春卫戍司令员，吉林军区司令员，第四野战军四十七军军长等职。新中国成立后，曾任中南军区空军司令员，广州军区空军司令员，空军副司令员等职。第九、十、十一届中央委员，1982年、1987年被选为中顾委委员。

（李　霞）

"将军当大使好"

——毛泽东与彭明治

　　北伐时期，他冲锋在前，外号"不惜命排长"；红军时期，他挥刀直上，"人人称悍将"；抗日战场，他从华北打到华中，"姓字犹叫敌胆寒"；解放战场，他旅长指挥师长，敢违将令获大捷；新中国成立，他服从安排远赴波兰，"将军也能当大使"。他，就是在毛泽东的运筹帷幄之下，纵横沙场，致力中波友好，坚决、勇敢执行毛泽东军事战略和外交战略的传奇战将、将军大使彭明治。

毛泽东称赞"东北第一仗"打得好

1924年5月,彭明治进入黄埔军校一期教导二团学习,毕业后参加讨伐军阀陈炯明的两次东征。1925年加入中国共产党。1926年夏,由周恩来介绍,彭明治进入叶挺独立团任见习排长。1927年1月,升任代连长。8月,参加了南昌起义。在三河坝战斗中,彭明治负伤与部队失去联系。返回家乡湖南常宁后,到国民党军第五十二师第三团第四连当兵。他的目的只有一个:待机寻找党组织。1930年9月前后,红一方面军攻打长沙。彭明治正在长沙郊区跳马镇担任前哨警戒,带着本班9人起义,加入了红三军。同年冬,彭明治重新入党。

在毛泽东的领导下,彭明治参加了历次反"围剿"和长征,在战争中他多次负伤,但依然跟着毛泽东南征北战,学习毛泽东的军事战略思想。到达陕北后,彭明治进入中国人民抗日红军大学学习。在开学典礼上,毛泽东就如何坚定正确的政治方向、如何培养艰苦朴素的工作作风、如何灵活机动地使用战略战术发表了讲话,彭明治听后更加坚定了自己为革命奋斗终生的目标。

西安事变后,彭明治在红军大学未结业即上前线,任红一师参谋长。红军改编为八路军后,彭明治先后任一一五师三四三旅六八五团参谋长、团长,苏鲁豫支队司令员,一一五师教导第一旅旅长,第五纵队第一支队司令员等职。在毛泽东的指挥下,彭明治屡建战功,开辟了6万多平方公里的抗日根据地,使苏鲁豫的局面发生了重大变化。

皖南事变后,彭明治任新四军第三师七旅旅长。1941年10月,国民党江苏省主席韩德勤趁火打劫,进攻新四军。七旅攻打韩军占据的程道口,俘敌233人,其中军官多达15名。陈毅高兴地称赞第七旅"可谓华中各军之冠"。七旅作为新四军军部的机动部队,转战苏北、淮北、淮南等地,作战1500余次,击毙日伪军5000余人,被陈毅称为"华中主力的主力,党指到哪里,就是哪里的钢铁部队"。

解放战争期间,彭明治先后参加四保临江、平津、衡宝、广西等战役。1946年,彭明治任东北民主联军第三师七旅旅长,在秀水河子战斗中,彭明治不惜违抗上级的撤退命令,也要坚持战斗、向敌强攻。在战斗最后阶段的关键时刻,有人对彭明治说,第一师接到东北民主联军总司令林彪的命令,要他们停止攻击并撤出战斗。当时彭明治根据战斗的进展情况,深入贯彻毛泽东"保存自己,消灭敌人"的军事战略思想,认为只要再继续坚持战斗,就可以把敌人全部消灭。彭明治决定立即派骑兵通知各部队不要撤,并报告总司令林彪,我军仍继续向敌强攻;同时命令打援部队,不惜一切牺牲,全力阻击北援之敌。最终,彭明治率领七旅与山东第一师打响了民主联军进入东北后的第一个漂亮仗。战后,他向上级汇报为何不执行命令时,上级回答说:"应该这样!"

此次战斗毙伤敌700余人,俘敌900余人,缴获大量写着"USA"的战利品,弹药箱、汽油桶、十轮卡、大炮成堆。秀水河子战斗遏制了国民党军的进攻,从而为民主联军稳步立足东北战场奠定了基础。军史上称秀水河子战斗是"东北第一战""东北民主联军在东北战场的首次歼灭战"。此战获得了毛泽东的称赞,中央军委在贺电中指出:"如能在顽敌进攻下再打两次这样的战斗,国民党将不能不承认我在东北地位。"

在长期革命战争中,彭明治作战勇猛,4次负伤,经过血与火的考验,成为人民军队有名的战将。新四军三师一位老同志在一首诗中称赞他:"姓字犹叫敌胆寒!"

"你们出去我们放心"

新中国成立后,许多国家和中国建立了外交关系。外交工作关系着中国以后的国际地位。1949年11月,政务院总理兼外交部长周恩来亲自挑选了10位军队干部从事外交工作,时任第十二兵团兼广西军区副司令员的彭明治被任命为中国驻波兰大使。

彭明治担心自己无法胜任,有些犯难。可是国家需要他,他就必须想办法战胜困难。为了让这些军队干部更好地胜任外交工作,在出国赴任前,周恩来开办了外交业务学习班,亲自为10位大使讲授使馆的机构、编制原则、职责、任务和工作方针、方法等，使这些原本没有外交经验的同志在短时间内基本学会了外交工作的基本方法。1950年3月10日，毛泽东和周恩来接见了参加外交部首批驻外大使学习班的彭明治等将军大使。当时正好有外交大使向毛泽东递交国书，彭明治和其他将军大使们透过勤政殿旁边的几个小房间里的缝隙，从头到尾观看了罗马尼亚首任驻华大使鲁登科递交国书的全过程，仔细观看如何握手、递交国书、谈话、告别。

之后，毛泽东亲自接见彭明治在内的将军大使们。毛泽东说："听总理说你们马上就要出国赴任了，我和你们谈一谈。你们是新中国的首批驻外大使，大都是从部队征调来的高级干部，都是将军。如今建国伊始，百废待举，每个部门和行业都需要干部。我国和许多国家建立了外交关系，需要大批外交干部。我们的外交政策是'另起炉灶'，需要一批新的外交干部。解放军历来是我们培养干部的地方，所以中央从部队挑选干部。"

彭明治当时是很为难的，毕竟他长期从事军队工作，对外交工作一窍不通，而且自己不会外语，沟通上肯定存在问题。于是彭明治壮着胆子说："主席，我们不懂外语，怕搞不好外交工作。"毛泽东耐心说道："现在我们的高级干部中懂外语的很少，那也不能不派大使啊！暂时不懂外语，也可以当好大使。汉代的班超、张骞不是也不懂外语吗？但他们出使西域，不但能够不辱使命，而且功绩卓著。将军当大使好，好在哪里？首先，你们出去我们放心，因为你们不会跑掉。第二，你们中间有好几位是参谋长，参谋长擅长调查研究，当然政治部主任也善于调查研究。所以，你们到国外当大使仍要发扬在部队的长处，也要开展调查研究。刚才谈到，暂时不懂外语也可以当好大使，但是从长远的观点来看，你们还是要像总理所说的，学点驻在国的语言文字，只有懂得外语，才能阅读当地报纸，才能和别人交谈，也才能做好调查研究。不过，对于通过调查而了解到的情况，必须加以研究，去其糟粕，取其精华。研究很重要，只有通过研究，才能透过现象看到本质。凡事都不会孤立地存在，要看到事物间的联系。比如，在一个地方看到有冷却塔，再观察一下周围，看到配套的建筑设施，经过分析综合，就可以知道这是一个发电厂。再如，一个国家要出兵事先总有很多迹象，如动员、军事运输增加以及舆论变化等等。通过对这些迹象的研究，就能够得出是否要打仗的结论。从报刊和书本中，也可以获得很多有用的东西。有时，从报纸上看到一条不起眼的消息，经过研究，也许能从中发现一个大问题。"

谈到调查研究，毛泽东举了沈括的例子："我们不妨学学宋代的沈括，他每到一个地方，总要把那里的城镇关隘、山脉河流，详细记载下来，并绘成地图，还把当地的土地物产、风俗人情都了解得一清二楚。所以，当朝廷派他和辽国进行划分边界的谈判时，他对有关数据、资料十分熟悉，脱口而出，对答如流，使辽国占不了便宜。总之，要注重调查研究，重视学习。任何一个国家、民族都有其自己的长处和优点，我们要通过研究，了解和学习别国的长处。资本主义国家的对的长处也要学。资本主义的政治不能学，但是他们在经营管理、生产建设中的好经验，值得我们学习。学是为了用，要把学到的好的东西应用到国内的建设中来。"彭明治听到毛泽东这段话受益颇深，笑着连连点头。

周恩来笑着接话："革命军人嘛，政治觉悟高，立场坚定，纪律性强。"接着周恩来慎重地提醒大家："外交工作授权有限，所以要常常向国内请示汇报，切不可掉以轻心。"周恩来拿出毛泽东和他的名片对彭明治说："外交无小事，带上它工作方便，需要找波兰领导人时就把我和毛主席的名片交给他们。"周恩来还特别向他介绍了波兰的主要情况、对外政策以及同我国的关系，并鼓励他增强信心、搞好工作。

将军大使致力中波友好

1950年7月13日，彭明治一行14人从北京乘坐飞机出发。7月20日，中国驻波兰首任大使彭明治正式向波兰总统波莱斯瓦夫·贝鲁特呈递国书。当贝鲁特总统收到毛泽东托彭明治转赠的绘有翠鸟的景泰蓝香炉时，他十分激动，亲自写信答谢毛泽东。

为了搞好外交工作，彭明治组织大家着重学习并切实执行党的外交政策。当时使馆没有波文翻译，只有几名英、俄文翻译，且大都只学过一年半载，工作起来很吃力，有时不得不带字典。随着工作的开展，语言问题愈加突出。于是彭明治想办法组织大家学习波兰语，请了一名懂英语的波兰人当教师，教全体人员学习波兰语。大家的学习兴趣很高，提高也很快，才半年多使馆的语言交流障碍便得以缓解。

1950年9月30日，在新中国成立一周年之际，彭明治在使馆举办国庆招待会，邀请贝鲁特总统、西伦凯维兹总理等波兰党和国家领导人出席。波兰当时处于战后经济恢复时期，办公用房十分紧张。使馆馆舍没有接待大厅，最大的会客室只能容纳二十几人，想要办一个招待会是十分困难的。彭明治带领使馆全体人员迎难而上，日思夜想，终于把国庆招待会办得比较成功。

作为第一任大使，彭明治在工作中不断摸索、学习，取得经验，建立起使馆各项规章制度，使使馆逐步走上正轨。他积极推动中波交流，亲自办理首批中国赴波兰留学生的安置工作，还积极筹备各种文化交流活动，使得中波关系友好和睦。1951年五一劳动节期间，许多波兰市民和中国华侨、留学生纷纷高举着毛泽东、贝鲁特等中波领导人的画像一起游行。他在任两年期间，尽心尽力地发展中波两国友好关系，深受波兰政府和人民赞赏。贝鲁特对彭明治说："中国共产党能有毛泽东同志这样的伟大人物，在极端困难的条件下经过长期斗争取得革命胜利，这不但是中国人民的胜利，也是整个社会主义运动的伟大胜利，具有深远的国际意义。"

在两年的波兰大使工作中，彭明治一直致力于两国的政治、经济、文化合作。经过他的不懈努力，两国在政治上互相支持，经济上互相帮助，文化上互相往来，出现了好几个"第一"。

1952年4月25日，新中国第一次驻外使节会议在外交部举行。各路驻外使节互相握手、拥抱，共叙别后之情。两年前大家曾在这里参加培训，两年后又回到这里总结交流经验。周恩来又来到同志们中间，大家特别兴奋，特别激动。会议期间，周恩来带领使节们去中南海见毛泽东。毛泽东见到原来那帮"土八路"如今从国外回来个个朝气蓬勃、仪表堂堂，十分高兴。

彭明治躬身于两国的外交事业，但曾经负伤一直未痊愈。1952年5月，彭明治因病回国，重返部队，任河北军区司令员。

从波兰回国后，尽管岁月更迭，彭明治仍完好地珍藏着毛泽东和周恩来的名片。彭明治晚年在整理藏品时，常常把这些名片拿出来，左摸摸，右看看，一遍遍给家人讲述代表毛主席赠送波兰总统景泰蓝香炉的深刻记忆。每到动情的时候，彭明治总是抑制不住地泪流满面。1978年，彭明治回到家乡，这次回乡的主要任务是到农村搞调研。常宁县委把接待彭明治将军当作一件大事来办，在县委招待所准备了高规格的饭菜，准备接待回乡的彭明治。然而，彭明治知道后，一次也没有去招待所就餐，还严肃地批评了县里的主要领导。他说："现在，我们的国家还不富裕，群众生活还比较艰难,我们领导干部不能带头大吃大喝,败坏党风。我们不能忘了党的优良传统和作风,要过好廉洁自律这一关。"

在60多年的革命生涯中,彭明治始终把毛泽东当作精神向导,把毕生精力献给了中国人民的解放事业和共产主义事业。

人物简介:

彭明治(1905—1993),湖南常宁人。1925年加入中国共产党。曾任红三军连长、教导队长,一师二团参谋长,第三团参谋长、代理团长,第一师参谋长,八路军一一五师三四三旅六八五团参谋长、团长,苏鲁豫支队司令员,八路军第五纵队第一支队司令员,新四军第三师七旅旅长,东北民主联军第三师七旅旅长,第四野战军十三兵团副司令员兼参谋长,南宁警备司令员等职。新中国成立后,曾任第十三兵团兼广西军区副司令员,中华人民共和国驻波兰大使,河北军区司令员,解放军武装力量监察部副部长等职。1955年被授予中将军衔。第五届全国人大常委会委员,党的十三大、十四大特邀代表。

(卢丽祥)

"从现在起,你是光荣的共产党员了!"

——毛泽东和赖毅

"秋收时节暮云愁,霹雳一声暴动。"赖毅参加了毛泽东领导的湘赣边界秋收起义,树立了革命终究会胜利的信心。他成为三湾改编后"连队建党"的首批党员之一,一生践行着"永不叛党"的入党誓言。

★ 随毛泽东参加秋收起义

赖毅原名赖玉生,1903年7月出生于平江县思村乡。他8岁给人放牛,12岁到造纸厂当童工，受尽欺凌压迫。1925年，赖毅加入中国共产主义青年团。1927年春，他参加了当地的农民运动，担任农民自卫军队长。在马日事变后，他被国民党反动派通缉，不得已离开家乡，隐蔽于江西省修水县。此时，他找到了正在修水县的余贲民率领的平江工农义勇军，参加革命队伍。在填写登记表时，他将自己的名字改为赖毅，表达了他要革命到底的决心和意志。

1927年，四一二反革命政变后，全国处在白色恐怖笼罩之中。8月7日，中共中央在汉口召开紧急会议，制定了武装反抗国民党反动派的总方针。八七会议后，毛泽东以中央特派员的身份从汉口回到湖南，按中央要求传达会议精神，改组省委并领导秋收起义。

当毛泽东得知在修水有一支正规军队——共产党员卢德铭任团长的国民革命军第二方面军总指挥部警卫团，还有自己介绍入党的余贲民所率领的平江工农义勇军，随即联合他们准备起义，攻打长沙。秋收起义爆发，赖毅随部队参加了起义。

秋收起义部队受挫后，9月19日晚，毛泽东在文家市里仁学校主持召开前敌委员会会议，讨论工农革命军的行动方向问题。毛泽东决定：放弃攻打长沙，到敌人薄弱的农村去开展革命工作。毛泽东这一决策，为革命保留了火种，赖毅也随着革命的进一步发展继续成长。

毛泽东在战士中发展的首批党员

起义部队从文家市沿罗霄山脉向南前进途中，在泸溪遭敌袭击，受到重挫，整个部队人心惶惶，弥漫着消沉的情绪。在此生死存亡之际，毛泽东深入了解了部队的政治和思想情况，认为要巩固部队，必须在连队中建立党的基层组织，在战士中大力发展党员。

有一天行军时，队伍中多出了一个又高又瘦的身影，很多战士都不认识他，赖毅见了也觉得奇怪。此人上身穿蓝布长衫，脚上穿着草鞋，给人的印象很普通。大家以为是个老百姓跟队伍闹革命，便要拉着他一起挑担子。这人笑着接过一个战士的担子，步伐稳健，毫不慌乱地前进，一边走还一边和他周围的战士聊了起来，相互交流了解的情况以及对革命形势的看法。交流之中，那人生动风趣的言语，使即便是文化程度不高的战士也被逗得哈哈大笑，但笑完之后却又觉得发人深思、回味无穷。"你们怎么能叫他挑担子？他是党中央派来的毛委员呀！"有位见过毛泽东的战士走过来喊道……听到毛委员这个称呼，大家才明白过来，既惊喜又羞愧。赖毅得知此人就是毛泽东时，更是百感交集。赖毅心里早就对毛泽东佩服得五体投地。革命处在危急时刻，毛泽东还能轻松地与大家聊天谈心，那份自信和坚定，让赖毅更加坚信革命终究会成功。

当时，工农革命军中的共产党员很少，党组织的活动也非常秘密。赖毅仔细观察后，发现副班长刘炎与众不同，他平时作战勇敢，不怕苦，关心战士。赖毅猜测刘炎是党员。

赖毅对加入中国共产党的渴望非常强烈，有一天，他找到了刘炎，向他叙述了自己的经历："我原是造纸工人，在搞工会工作时加入了共青团。马日事变后被通缉，从家乡逃出来，到修水找到了余贲民率领的平江工农义勇军，参加了革命队伍。"刘炎听完赖毅的话后说："好吧，我们找党代表说说。"不久赖毅就向党代表要求入党，党代表也给出肯定的答复："毛委员指示，要发展一批工农骨干入党，你要求入党很好。"没过几天，赖毅就填好入党志愿书，递交给组织。当部队到达鄜县（今炎陵县）的水口镇休整的第二天上午，党代表就秘密通知赖毅晚上随他去团部开会。赖毅心里泛起涟漪，刚递交入党申请书没多久就被告知要参加会议，会不会和入党的事情有关？

会议在水口镇叶家祠堂召开。赖毅和几个战友跟着党代表来到祠堂阁楼，发现已经有不少人早就到了，各个连的党代表悉数到来，还有一些班长也来开会。毛泽东与一旁的同志商量着什么，房间里的摆设很简单，长板凳、四方桌，桌上一盏煤油灯，四方桌边缘压着两张下垂的长方形红纸，一张上写着入党誓词，另一张上写着三个弯弯曲曲的外国字。人员到齐，毛泽东宣布会议开始。首先由入党介绍人对即将入党的赖毅等6人进行介绍。随后毛泽东便走到入党申请人面前依次询问了很多问题。赖毅对毛泽东的问话记得特别清楚，毛泽东问"为什么要加入共产党？""要翻身，要打倒土豪劣绅，要更坚决地革命！"这是赖毅坚定的答案。毛泽东赞许地点点头，并且详细地解释了入党誓词。整个会场的气氛庄严肃穆，毛泽东举起紧握着拳头的右手，带领6位发展对象跟着他宣誓，毛泽东读一句，他们跟着读一句："牺牲个人，服从组织，严守秘密，永不叛党……"庄严洪亮的誓言萦绕在每一个在场人员的耳边，撞击着心灵。宣誓结束，毛泽东充满期待地嘱咐道："从现在起，你们都是光荣的共产党员了。今后要团结群众，多作宣传，多作群众工作，要严格组织生活，严守党的秘密……"赖毅心潮澎湃，虽然当时的革命形势是如此困窘，但他觉得此刻是多么的美好，多么的幸福。毛泽东的嘱咐，赖毅一直都牢牢记在脑海，从未忘却。

不久，各连队都成立了党支部。党小组设到了排班。赖毅和刘炎编在一个党小组，赖毅任党小组组长。

向毛泽东学习积极发动群众

水口宣誓入党后，赖毅迅速进入角色。他坚决贯彻毛泽东要求积极发动群众的指示，做了很多工作。

毛泽东对如何发动群众有着精辟的分析："现在国民党反动派一面搞屠杀，一面造谣，说什么现在共产党的那个队伍已被完全消灭，农民协会也被消灭了。现在群众不明白事实真相，悲观起来了，对革命前途不清楚了，我们要去做宣传，要让大家知道，革命不但没有像他们所说的那样被消灭，而且甚至还有一个团的革命武装。"毛泽东还特别强调："为收到更好的宣传效果，要用工农革命军一师一团的名义，用郭亮团长的名义印刷、张贴布告。"

赖毅随着连队一边行军，一边宣传，起初效果甚微。特别是留在村镇的群众见到他们就躲得很远，有的甚至直接关门。为了向群众宣传共产党的政策，近距离地靠近群众，连队想了很多办法，如拿出铜板和银圆向老百姓买剩饭，和蔼地和老百姓问好等；待老百姓放下戒心后，再给他们看看标语、布告，宣传共产党为人民服务的宗旨；还把从土豪劣绅家缴获的物资分发给贫苦的群众。这些举措使得老百姓对工农革命军、共产党的惧怕疑虑很快消失了。

打下茶陵城后，赖毅所在连队在当地发动群众方面的工作做得不够，毛泽东知道后指示：立即撤销县人民委员会，组织工农兵政府，并派谭震林同志任工农兵政府主席，还指示要在部队中加强政治工作。有一天，毛泽东召集大家开会，先表扬了部队在攻下茶陵县城战斗中表现得非常勇敢,之后立马指出部队在茶陵没有做好群众工作,特别是没有打土豪筹款这一很大的缺点。毛泽东还详细地讲解了工农革命军的任务,大意是:"中国有历史以来,官兵都是骑在老百姓头上的,现在老百姓见到工农革命军对待百姓是和蔼的态度,与国民党反动派是截然不同的军队,非常震撼。工农革命军对待群众的态度还要继续加强,既要做好战斗员,又要做好宣传员;不仅要打仗,还要向群众宣传我们的主张,组织群众,武装群众。只要和群众团结在一起,革命就会胜利。"毛泽东还宣布了工农革命的三大任务:第一,打仗消灭敌人;第二,打土豪筹款子;第三,宣传群众、组织群众、武装群众。毛泽东详尽分析了部队初上井冈山两个多月来各项工作症结所在,为今后工农革命军的建设和革命根据地的发展指明了方向。赖毅就像一块海绵,疯狂地吸收毛泽东的政治军事理论和经验,越学越有感悟,越学越坚信中国革命在毛泽东的带领下一定会胜利。

此后的赖毅跟随毛泽东南征北战,立下赫赫战功。赖毅在多次战斗中,伤而不退,毛泽东称他为"铁打的硬汉"。

人物简介:

赖毅(1903—1989),湖南平江人。1927年10月加入中国共产党。参加了秋收起义、长征等。曾任工农革命军第一军一师一团班长、排长,红五军团团政委,福建军区第三军分区司令员兼政委,军委后方留守处主任,新四军第六支队政治部副主任;苏北军区政治部副主任、主任等职。新中国成立后,曾任华东军区干部部第一副部长,南京军区政治部副主任、副政委。1955年被授予中将军衔。第五届全国政协常委。

(汤　泓)

"沙家店这一仗打得好"

—— 毛泽东与廖汉生

在长期的革命斗争中,毛泽东与廖汉生结下了深厚的战友情。从保卫延安到转战陕北,两人配合默契,毛泽东运筹帷幄,廖汉生骁勇善战,创造出"三战三捷"等彪炳史册的军事佳话。

北上延安 初次见面

西安事变和平解决后,红军积极开展大规模的军事政治整训。1937年5月,廖汉生作为红二军团第六师政委,从部队驻地富平来到延安参加党的苏区代表会议。这是廖汉生入党以来第一次出席党的苏区代表会议,也是第一次与毛泽东面对面开会,这让廖汉生特别兴奋。

会上,毛泽东作了《中国共产党在抗日时期的任务》的报告和《为争取千百万群众进入抗日民族统一战线而斗争》的结论。结论对一些同志在"和平问题""民主问题""革命前途问题"上的不正确认识作了回答,进一步论述了当时的中心任务。毛泽东指出:"我们说和平取得了,并不是说和平巩固,相反,我们说它是不巩固的。在这种情况下,我们的结论不是回到'停止内战'或'争取和平'的旧口号去,而是前进一步,提出'争取民主'的新口号,只有这样才能巩固和平,也只有这样才能实现抗战。"

毛泽东的这一席话让廖汉生豁然开朗。此前,对于党的统一战线政策,广大红军是拥护的。但是,对于放走蒋介石,包括廖汉生在内的许多人接受不了。有的同志不解地说:"他打了我们十年啊,远的不说,长征的时候把我们赶得那样苦,死了那么多人,现在就白白把他放跑了?"有的人甚至怀疑这是不是在向国民党投降……部队中的不满情绪一时间难以平复。听完毛泽东的讲话,廖汉生了解到党的抗日民族统一战线的由来,更坚决反对"左"倾关门主义和右倾投降主义,原本闷在他心头的疑虑和担心一下子消除了。

会议结束后,廖汉生把毛泽东等中央领导的精神带回了部队。廖汉生认真解决部队中的各种思想问题,积极开展军事政治整训,直到部队改编、抗日出征。

初战雁门　崭露头角

抗战初期的山西,正是日本帝国主义实施进攻计划的重点地区,也是八路军出师抗敌的首战之地。雁门关是内长城的一个重要关口,是通往晋中腹地的门户,为历代戍守要塞。自从忻口会战打响之后,日军汽车南来北往,经常向南边忻口前线运送援兵和弹药,向北往大同来回运送伤兵。

1937年10月17日,八路军第一二〇师七一六团得到情报,日军将在次日从原平撤回士兵。时任七一六团政委的廖汉生率团连夜做好部署，准备伏击日军。18日上午，日军车队果然像长蛇一般从南往北驶来。随着冲锋号吹响，战士们挥戈上阵，呼喊着"为宁武百姓报仇"的口号，英勇杀敌。这一场伏击仗，将日军300来辆汽车阻在阴沟动弹不得，200多名敌兵被毙伤。在忻口会战的日子里，廖汉生率部接连在雁门关一带伏击日军车队，切断了日军对前线的支援，使得敌人没有饭吃，没有子弹，没有援兵。

雁门关伏击战的胜利，打破了日军不可战胜的神话。海内外报纸广泛宣传雁门关伏击战的战果，毛泽东也多次对此战给予高度评价。

10月25日，毛泽东在和英国记者贝特兰的谈话中指出："如果大量军队采用运动战，而八路军则用游击战以辅助之，则胜利之券，必操我手。"1938年5月，毛泽东在《抗日游击战争的战略问题》一文中，列举了廖汉生在山西大同雁门关间的诸多胜仗，称赞道："八路军起了非常大的作用。"

★ 延安四年　思想洗礼

从1941年到1944年，廖汉生在延安学习和工作了4个年头，和毛泽东有了更直接的接触。当时，正是抗日战争最艰难的阶段，中国共产党一方面领导敌后抗日军民顽强斗争；一方面在延安开展了整风运动。1941年初，廖汉生奉命到延安，先后在八路军军政学院、政治学院学习。同年底，中共中央高级党校建立，毛泽东亲自担任校长。廖汉生是党的七大代表，也进入党校学习。

延安的生活是清苦的。廖汉生同七八个人住一个土窑洞，铺前用4根棍子和几块木板支起一个简陋的桌子，用来充当饭桌和书桌。天一亮，他们就起来阅读文件，讨论整风报告。到晚上，就在油灯下认真阅读文件，用马莲纸订成的小本本记下学习心得。不懂的地方就互相切磋，或者向毛泽东等中央领导同志请教。

1943年夏，国民党发动第三次反共高潮，策划进攻延安，企图切断陕甘宁边区与外界的联系，扬言要困死、饿死共产党。为了坚持抗战，党中央决定开展大生产运动。为此，在中直后勤机关的窑洞前，毛泽东主持召开了延安大生产运动的动员会。廖汉生和同志们席地而坐,听毛泽东亲自动员。

毛泽东身穿八路军灰布军装,两个膝盖处打着一尺多长的大补丁,十分惹眼。他走上前来,向廖汉生等人讲当前的困难:"日本人搞封锁,国民党不给钱,你们说怎么办?"

紧接着,毛泽东又提出了三个选择:"第一条是解散,第二条是饿死,第三条是生产。"他一条一条地问大家是否愿意。大家都不愿意解散,也不想饿死,心底涌起了参加生产劳动的热情。

毛泽东的这番话,说得廖汉生心潮澎湃,他相信:不管是国际帝国主义还是国内反动势力,都无法压倒中国共产党人,而只能被我们战胜!

动员会后,毛泽东邀请廖汉生在他那里吃了一顿饭,饭菜都是同志们自己生产的。就这样,在延安、在陕甘宁边区,掀起了大生产的热潮,毛泽东荷锄种菜还成了广泛传扬的佳话。廖汉生也学会了纺纱捻线,把捻好的羊毛线送到党校的生产合作社,换得了7块钱,拿来买学习和生活用品。

一纵主力　陕北歼敌

1946年10月,国民党对解放区开始全面进攻,妄图从军事上破坏党中央和中央军委等首脑机关。为了保卫延安、保卫陕甘宁边区,11月10日,晋绥军区撤销了晋绥野战军和晋北野战军番号,统一编成西北野战兵团,下辖第一、二、三纵队,廖汉生担任一纵政委。

1947年3月,国民党的飞机大炮对延安狂轰滥炸,胡宗南狂妄扬言:"三日内占领延安!"毛泽东审时度势后,迅速做出一个惊人的决定:主动放弃延安。

按照中央军委命令,廖汉生与纵队司令员张宗逊指挥第一纵队从3月15日起在甘泉南北投入防御战斗,顽强阻击沿咸榆公路进犯之敌。18日下午,廖汉生和张宗逊快马加鞭赶回延安受领新的任务。黄昏后他俩赶到王家坪,彭德怀告诉他们:延安保卫战的任务已完成,党中央、毛主席和群众都安全撤离。19日,一纵按照命令全部撤离延安。

胡宗南侵占延安后，愈加忘乎所以，一面大肆吹嘘，一面急于寻找我军主力决战。一纵独一旅二团二营佯装成我军主力，顺着延河两岸，大摇大摆地向安塞方向"撤退"。胡宗南误以为这就是党中央机关和主力，督令整编第一军5个旅尾追，另以第三十一旅向东北青化砭前进，保证侧翼安全。

原来，毛泽东正是料到胡宗南骄横狂妄、好大喜功，所以先撤离延安军民，送胡宗南一座空城，然后再转战于千沟万壑之间，歼敌于精疲力竭之时。

当晚，廖汉生等带着一纵主力忽然离开大路，钻入山沟隐蔽东去，只留下少部兵力引诱敌军北去。3月23日，廖汉生所部同野战军主力集结，埋伏在延安东北面的青化砭段咸榆公路西侧。部队在积雪未消、寒风刺骨的山顶趴了整整一天，为了防止暴露，不敢点火做饭，饿了只能喝冷水、啃干粮。直到日落西山，敌军也没有来。

3月25日上午，敌三十一旅旅部终于行进到青化砭，钻入我军布下的口袋阵。霎时，空寂的山沟枪声大作，一纵与二纵配合，从西、东山梁上两面夹击。毫无防备的敌军措手不及，在狭窄的沟底乱作一团。仅仅1个多小时，我军歼敌2900余人，缴获了大批枪支弹药。

从3月19日撤离延安，到5月4日攻克蟠龙，仅仅一个半月，西北野战军就在青化砭、羊马河、蟠龙镇三战三捷，总计歼敌1.4万人，活捉3个旅长。这些好消息极大地振奋了陕北军民的信心。廖汉生也由衷感叹道："这是毛泽东军事思想的胜利。"

7月，战争形势发生了重大转折。贺龙、习仲勋率西北局和陕甘宁边区后方机关向黄河东岸的晋绥边区转移，诱使敌人误以为我党中央和野战军主力将撤离陕北。敌三十六师得意忘形，马不停蹄地紧随在我军身后，扬言要"一战结束陕北战争！"西北野战军决定歼灭孤军冒进的敌三十六师。

战前，西北野战军召集各纵各旅干部开会。毛泽东给大家分析了全国各解放区战场陆续转入进攻的形势，他扬起手臂，慷慨激昂地说道："眼前陕北的处境就像我们湖南人常说的'过山坳'，快爬到山坳坳上了，千万不能松劲儿，要咬紧牙关一鼓作气地爬上去，往后的道就好走了。"

毛泽东的指示给了廖汉生很大鼓舞，他决心带部下打好这一仗。8月18日，敌三十六师经过沙家店向东行进，我军发动突袭。不料天降暴雨，山洪暴发，战斗中止。20日，一纵、二纵继续对敌三十六师师部及敌一六五旅发动攻击。在黄昏前全部攻占了敌军阵地，少数残敌趁天黑下雨落荒而逃。胡宗南最精锐的三大主力之一就这样被彻底歼灭了。沙家店大捷是西北战场的一个伟大转折点，是我军从此由内线防御转入内线反攻的标志。

战后，毛泽东特意赶来庆祝，满面春风地说："打得好呀，同志们！"

廖汉生和同志们自豪地回答："主席指挥得好！"

毛泽东开怀大笑地说："沙家店这一仗打得好，对西北战局有决定意义，最困难的时期已经过去了，陕北战争已经过山坳了。"

扬威西北　亲密合影

新中国成立之初，国民党反动政权不甘心失败，纠合残兵败将和土匪势力，企图在大西北建立所谓"陆上台湾"。1952年8月，时任青海军区政委廖汉生出任西北军区政治部主任。西北军区所辖范围包括陕、甘、宁、青、新5省，占全国面积的三分之一。廖汉生新官上任，就决心彻底剿灭国民党残兵败将和土匪，让甘、青、川边地区的百姓真正过上安定幸福的生活。1953年3月8日，廖汉生等致电中央军委，报告"甘青剿指之剿匪部署给西北军区并西南军区之意见"。10日，毛泽东亲自电示：

西北军区三月八日电悉。同意甘青剿指之剿匪部署及西北军区之意见。望令剿指注意可能遇到的各种困难，主要是物资补给困难和少数民族对我不了解的困难，遇到这些困难时，必须鼓励部属想尽一切办法克服之，务达全歼各匪，不可半途而废。

在廖汉生的指挥下，剿匪部队集中绝对优势兵力，昼夜追击搜剿。经过将近两个月的积极作战，西北地区自新中国成立初期开始的历时4年的剿匪斗争，在廖汉生主持下取得了彻底胜利。

1953年12月7日至1954年1月26日，中央军委召开了全国军事系统党的高级干部会议。会议结束时，毛泽东接见了全体同志，并和大家一起合影留念。合影前，毛泽东走过来看到廖汉生，高兴地把他叫到跟前，询问大西北的情况。

廖汉生把西北军区的工作向毛泽东作了简要汇报。就在这时，记者侯波抓拍了两人亲密交谈的画面，这成为毛泽东和廖汉生唯一的一张合影。30年后，侯波筹办个人摄影展，在整理几十年前的照片资料时，发现了这张老照片，送给了廖汉生。廖汉生拿着照片，动情地说："主席是非常关心西北军区建设的！"

谦让官衔　主席点赞

从1954年起，廖汉生任国防部副部长，其他副部长都是大将、上将，唯独廖汉生是中将，而在当时被授衔的175位中将中，廖汉生的职务是最高的。为什么廖汉生有评上将的资历，却又没有评到呢？

原来，在评定军衔的过程中，廖汉生这位老革命家想起参加革命的初衷，想起牺牲的战友们，唏嘘不已，无心邀功。廖汉生曾多次感慨："我们桑植县1928年就建立了工农革命军，1929年建立了苏维埃政权，上万人参加了红军，长征出发时又有大批人跟着走，但是授衔时只有一个元帅、一个中将、一个少将，其他人差不多都死了……"毛泽东表扬了廖汉生主动让衔不当上将，很欣赏他这种无私的革命精神。

"文革"爆发后，廖汉生被林彪集团诬陷，被关押长达5年之久。1972年7月1日，廖汉生的子女给毛泽东写信，希望父亲能够重新工作。毛泽东当即批示道："送总理阅处。我看廖汉生和杨勇一样是无罪的，都是未经中央讨论，被林彪指使个别人整下去的。此件你阅后请交剑英、德生一阅。"

有了毛泽东批示的"尚方宝剑"，1972年7月，廖汉生重获自由，并被邀出席在人民大会堂举行的"八一"建军节招待会。1975年1月，廖汉生受命担任南京军区政委。

廖汉生晚年回忆毛泽东时，不禁老泪纵横地说："延安整风之后，我对毛主席的领导是坚信不疑的……我身陷囹圄多年，但对他从思想上感情上也仍然没有动摇过。"

人物简介：

廖汉生（1911—2006），土家族，湖南桑植人。1933年加入中国共产党。参加过长征。曾任红三军政治部秘书，师党总支书记、师政委，红二军团组织部长，八路军一二〇师七一六团政委，三五八旅副政委，中央党校第二、第四部组织教育科科长，江汉军区副政委、政委，晋西北野战军副政委，西北野战军第一纵队政委、第一军政委等职。新中国成立后，曾任解放军第一军政委兼青海军区政委、中共青海省委副书记，西北军区政治部主任、副政委，国防部副部长，解放军军事学院院长，北京军区政委，中共华北局书记处书记，军事科学院政委，南京军区政委、第一政委，沈阳军区第一政委等职。第八届中央候补委员，第十一、十二届中央委员；第六、七届全国人大常委会副委员长。

（封　静）

"跟着毛委员，革命一定能够成功"

——毛泽东与谭希林

  谭希林早年受毛泽东影响走上革命道路，在黄埔军校毕业后，参加过秋收起义，经历过井冈山斗争和长征。他戎马一生，功勋卓著，曾担任过解放军纵队司令员、军长、军区司令员等高级职务。他还是新中国外交战线著名的将军大使，为中国和捷克斯洛伐克友好交往作出了重要贡献。

受毛泽东影响，走上革命道路

  1908年3月12日，谭希林出生于湖南望城铜官镇沅嘉湖石头嘴村一个制陶工人家庭。他自幼勤奋好学，天资聪颖。小学毕业后，谭希林先后考入湖南省立甲种工业学校附属乙种工业学校、甲种工业学校机械科学习。14岁时因家贫辍学，入湖南第一纱厂做工。失学的苦痛和纺纱工人的苦难生活，让谭希林如同坠入深渊。正在这时，在毛泽东的指导下，全国各地的工人运动蓬勃发展，谭希林随即加入工运运动中。

1922年1月17日，黄爱、庞人铨因领导谭希林所在的湖南第一纱厂工人罢工，被反动军阀赵恒惕杀害。毛泽东知晓后，立即返回长沙，在船山学社主持黄爱、庞人铨追悼会，并印发纪念特刊，向社会各界控诉赵恒惕的暴行。在追悼会上，毛泽东向工人们提出："你们打倒军阀，打倒资本家，打是要打倒，不过要有步骤，要一步一步地来，要把基础搞好。"毛泽东还参加了谭希林所在工人俱乐部召开的骨干会，同夜校工人谈话，访问工人家庭，强调工人要加强团结，壮大组织。

在毛泽东的熏陶下，谭希林很快接受了革命思想，并于1925年加入中国共产主义青年团。同年6月，谭希林因在五卅反帝运动中积极投身纱厂的罢工斗争，被厂方开除。后经省总工会介绍，到安源路矿工人俱乐部参加工作。1926年，受矿区中共组织派遣，谭希林前往广州到由毛泽东任所长的第六届农民运动讲习所学习。这一届农讲所有学员300余人，来自20个省区。农讲所主要讲授革命理论和方法，尤其注重讲授农民运动的理论与方法。毛泽东作为主要教员，讲授中国农民问题、农村教育和地理。谭希林在农讲所学习期间成长很快，随后，他考入黄埔军校第五期工兵科学习，并加入了中国共产党。

井冈山上"救驾将军"

1927年3月，谭希林从黄埔军校毕业后，分配到国民革命军第二十四师直属队，任工兵连代理连长。6月底，他转入第四集团军第二方面军总指挥部警卫团任排长，参加了保卫武汉的战斗。大革命失败后，谭希林跟随所在的警卫团离开武汉去南昌增援起义部队，行进途中了解到起义部队已撤离南昌，警卫团遂奉中共中央命令转道江西修水，与平江等地农民自卫军和安源矿工武装会合，成立工农革命军第一军第一师，谭希林任一师一团一营二连连长。

9月9日，毛泽东领导发动秋收起义，谭希林所在部队从修水出发向长沙进攻。由于敌人力量强大，起义部队在遭受严重挫折后奉命沿罗霄山脉向南转移，寻找立足之地。严酷的斗争如同大浪淘沙，很多军官、士兵逃亡，甚至有些连长、党代表都开了"小差"。谭希林任工农革命军第一师特务连连长，经受住了考验，紧紧跟随毛泽东，他始终坚信"跟着毛委员，革命一定能够成功"。

9月29日，工农革命军进驻了江西省永新县西边的三湾村。在这里，毛泽东对军队进行了著名的"三湾改编"，确立了"党指挥枪""支部建在连上"等建军原则，将不足千人的一个师缩编成一个团，命名为工农革命军第一军第一师第一团。谭希林改任一营二连排长。

毛泽东率领秋收起义部队到达井冈山后，计划建设和发展根据地的第一步就是占领茶陵县城。茶陵地处湖南东部，是井冈山的西边门户和屏障。1927年10月下旬，部队在毛泽东的指挥下攻打茶陵。谭希林率全排战士从湖口的南面攻入茶陵城。城里的国民党军和国民党县政府的人听说红军打来了，早就跑光了。于是，谭希林带着部队，除打开国民党监狱营救了一批共产党员，搜集了一些报纸外，下午三四点就退出了茶陵城，从铁牛边过河回到坑口，第二天原路返回井冈山。此后，谭希林任一营二连连长。

11月，谭希林率全连参加了第二次攻打茶陵的战斗。部队出发前，毛泽东做了动员："这次打茶陵我们要扩大政治影响，要宣传、组织、武装群众。"随后，部队攻下了茶陵。按照毛泽东的指示，部队建立了中国第一个红色政权——茶陵县工农兵政府。1928年2月，谭希林率部参加了攻打宁冈县城的战斗，全歼国民党守军，拔掉了这颗限制根据地向北发展的钉子。

这段时间里，毛泽东和谭希林还发生过一个小插曲：一次，毛泽东在一个山村宣传发动群众，被一支地主武装围困。虽然没有暴露身份，但处境非常危险。谭希林闻讯，立即率部前去解救，击溃地主武装，使毛泽东转危为安。这件事后，谭希林被战友们称为"救驾将军"。

毛泽东诗赞黄洋界保卫战

1928年4月，朱、毛部队在井冈山会师后，成立了工农革命军第四军（后改称为红四军），谭希林升任第三十一团一营副营长。8月，朱德率领红四军主力去湘南，毛泽东随后率领部分红军赶去接应，留红三十一团一营和红三十二团守卫井冈山。乘井冈山兵力空虚之机，湘赣两省国民党军纠集了5个团的兵力会攻井冈山。

为击退敌军进攻，留守部队做好防御与战斗部署。谭希林通晓工兵专业和攻防战术，指挥部队在本营防卫的黄洋界哨口因地制宜构筑工事，建立了周密的防御体系和火力配备。

8月30日，国民党军第八军第一师两个团向黄洋界哨口发起猛烈进攻，由于地形所限，只能沿山间小道鱼贯而上。一营以一连、二连凭险据守，三连为预备队。谭希林果敢地靠前指挥，为节省子弹，当能近距离看清敌人时，他才下令开火。随着红军射出的一排排子弹和抛出的大小石块，国民党兵一个个应声倒下。激战至午后，红军连续打退了敌人四次疯狂进攻。

虽然有天险可依仗，但红军人数少，武器弹药奇缺，时间一长防线极有可能失守。当时湘军向黄洋界发起猛攻，有人说："要是有门炮就好了。"在场的贺敏学说："茨坪军械所有一门缴获的迫击炮。"说着，他和谭希林等人顶着烈日把150斤重的迫击炮抬上黄洋界，并在军械所仓库找到仅有的3发炮弹。这时敌人开始了新一轮进攻。谭希林指挥部队将迫击炮瞄准设在源头村腰子坑的敌军指挥所。第一发炮弹打出去，没响；第二发炮弹打出去，仍没爆炸；最后一发炮弹，谭希林亲自指挥装填发射，炮弹像长了眼睛一样，正好打进敌人指挥所，敌军指挥官应声倒地。随后，敌军一片混乱，还误认为朱、毛率领红军主力回到井冈山，命令部队赶紧撤退。

红军以不足一个营的兵力抵住了敌军两个团的进攻，取得了黄洋界保卫战的胜利，保住了井冈山革命根据地。毛泽东当时正在回师途中，闻讯后由急转喜，挥笔写下了著名的《西江月·井冈山》：

山下旌旗在望,
山头鼓角相闻。
敌军围困万千重,
我自岿然不动。

早已森严壁垒,
更加众志成城。
黄洋界上炮声隆,
报道敌军宵遁。"

★ 乌江架桥受毛泽东表扬

在红军长征史上,强渡乌江是值得浓墨重彩描绘的一笔。这期间,谭希林顶住压力,现场指挥在乌江上架竹桥。

1934年10月,第五次反"围剿"失利后,中央红军被迫进行战略转移,开始长征。谭希林随即调任中革军委干部团工兵主任,12月任工兵营营长。12月31日夜,部队在乌江边上迎接新年,工兵营驻扎在离乌江30公里的一个村子里。这是部队在长征途中过的第一个元旦,指战员们和往常一样,做些击鼓传花之类的游戏。正当玩得起劲时,上级传来命令:部队立即出发,拂晓前赶到乌江江界渡口,执行架桥任务。

谭希林率工兵营连夜出发,一路上谭希林思考了许多问题:这条水上道路怎样修?要多少器材?器材从哪里取?强渡分队什么时候过江?到达江边后,谭希林立即召集连长、指导员和排长们研究架桥计划,并把路上思考的问题拿出来讨论研究。乌江又名黔江,两岸悬崖绝壁直刺青天,江面波涛汹涌,河床暗礁林立。根据江水的深度和流量,他们决定扎竹排搭浮桥。制订出架桥的具体计划后,谭希林立即上报指挥所。指挥所同意了工兵营的意见,并马上命令步兵和工兵一起去砍黄竹,后面的部队帮忙搜集绳索、门板、木材、箩筐等架桥材料。在谭希林的指挥下,部队按作业顺序编成器材供应、编制竹排、架设、投锚、救护、预备等9个作业组。乌江架桥作业就这样有序展开了。在谭希林现场指挥下，经过36个小时紧张作业，浮桥终于跨过了乌江。

1935年1月2日至6日，红军主力部队扛着红旗，以四路纵队快速从浮桥上通过乌江。毛泽东走过浮桥，连声称赞："真了不起。我们的工兵就地取材，用竹排架成这样的桥，世界上都没有。"6日下午，中央红军全部渡过乌江。当尾随的国民党军追到江边时，红军早已将浮桥拆毁，开到乌江江界渡口百里之外了。凭借强渡乌江的胜利，红军把"追剿"的国民党军远远甩在了乌江以东地区。

10月，谭希林随中央红军主力到达陕北。1937年7月，抗日战争全面爆发，主力红军改编为八路军奔赴抗日前线，留在陕北的部分部队组建了八路军留守兵团。陕甘宁边区保安司令部也随即成立，谭希林任司令部参谋长。

★ 毛泽东亲自任命为驻捷克大使

在新中国成立前夕，毛泽东提出"另起炉灶""打扫干净屋子再请客"和"一边倒"3条外交方针。随着与新中国建交国家的增加，向建交国派遣驻外大使便成了我国外交工作的重中之重。

1949年隆冬，时任山东军区第一副司令员兼青岛警备司令部司令员的谭希林，接到中央军委的命令和中央组织部的调令，让他迅速交接手中的工作，到外交部报到，另有任用，调令来得突然，让谭希林有些迷茫。因为他毕竟是军人出身，打了半辈子仗，对武器弹药和战场上的弥漫硝烟非常熟悉，对外交工作却十分生疏，这让他平生第一次有了"畏难"情绪。但服从命令是军人的天职，谭希林坚决服从组织安排。1950年8月，毛泽东任命谭希林为中国驻捷克斯洛伐克特命全权大使，他迅速整理行装，按中央指示前往捷克斯洛伐克。

1950年9月5日，谭希林一行抵达捷克斯洛伐克首都布拉格。驻捷大使馆建馆伊始，谭希林在毫无外交工作经验、语言不通、情况不明的情况下，克服重重困难，积极创造条件，带领使馆工作人员开展各方面工作。他按照外交部的指示，一边抓使馆内部建设，一边加强与驻在国的友好交往，明确提出了"学习、宣传、研究、发展"的工作方针和外交重点。

在谭希林为首的使馆人员的努力下，中捷两国政治上互相支持配合，高层领导互访增多；经济上贸易额逐年递增；科技合作愈来愈密切。中捷两国关系以及两国人民的友谊有了很大发展。

1954年10月17日，谭希林在捷克斯洛伐克圆满完成了党和国家赋予的神圣职责，奉调回国。回国后，中央根据谭希林的特长和请求，安排他返回部队工作。1954年底，谭希林担任解放军训练总监部副部长。不久，赴军事学院战役系学习。1958年11月，谭希林担任北京军区副司令员。在此期间，他积极贯彻毛泽东军事思想和中央军委的战略意图，狠抓部队的军事训练，提高了部队的军政素质，为部队的正规化、现代化建设贡献着自己的智慧和力量。

艰苦的战斗历程和长期的紧张工作，留给谭希林一身伤病。1970年2月11日，谭希林因病在北京逝世，终年62岁。

谭希林幼子谭晓嘉回忆父亲时说："小时候，父亲常带我洗澡，我看到父亲从胸到脚共14处伤疤，就好奇地问：'爸爸，您的伤疤为什么都在身前。'父亲慈祥地说：'傻孩子，这都是冲锋时负的伤，假如受伤在身后，那不成了逃兵！'"

人物简介：

谭希林（1908—1970），湖南长沙人。1926年加入中国共产党，参加了秋收起义、中央苏区历次反"围剿"和长征。曾任工农革命军第一师特务连连长，红四军三十一团一营副营长、营长，红四军军部特务支队支队长，红二十军参谋长、代军长，军委警卫团团长，军委干部团工兵主任，红军大学工兵科科长，陕甘宁边区保安司令部参谋长，新四军四支队参谋长，新四军二师六旅旅长兼政委，新四军七师代理师长，山东野战军第三纵队司令员，第三野战军第三十二军军长等职。新中国成立后，曾任山东省军区第一副司令员兼青岛警备区司令员，中国驻捷克斯洛伐克大使，训练总监部副部长，北京军区副司令员等职。1955年被授予中将军衔。

（唐一丹）

"以三对三，冠能盖石"

——毛泽东与谭冠三

　　毛泽东与谭冠三相识于井冈山。在烽火弥漫的战争年代，谭冠三跟随毛泽东经历了无数艰苦卓绝的斗争考验。毛泽东曾就谭冠三率部痛击顽军称赞道："以三对三，冠能盖石。"在毛泽东的指引下，谭冠三前半生南征北战，后半生受命入藏，为中国革命的伟大事业建立了不可磨灭的功勋。可以说，毛泽东不仅是谭冠三革命路上的好战友，更是他的好导师。

"为革命入了股的有功之臣"

谭冠三出生在湖南耒阳一个农民家庭。少年时的谭冠三阅读了大量的进步书籍，有着强烈的救国救民思想。他1925年参加革命，1926年加入中国共产党。

1928年春，谭冠三参加了朱德、陈毅发动的湘南起义。此时，在井冈山的毛泽东察觉到敌我力量悬殊，担心湘南起义维持不了多长时间，于是，毛泽东派弟弟毛泽覃前往耒阳联络朱德。

当毛泽覃来到耒阳小水地界时，被谭冠三领导的农民赤卫队给扣了下来。毛泽覃见到谭冠三，对他说："我是从井冈山来的，我是毛泽东的弟弟毛泽覃，我有很紧急的任务，要尽快见到朱老总。"

"毛泽东是我敬仰的大英雄，你是他的兄弟，那也是了不起的英雄，我带人跟你去找朱老总。"谭冠三一听是毛泽东的弟弟，又歉疚又激动地说道。

谭冠三立即将毛泽覃护送到了朱德住地。毛泽覃向朱德说明了井冈山的情况和毛泽东的意见后，朱德立即命令部队分南、北两路转移。谭冠三率农民赤卫队从北线向井冈山转移。

4月下旬，谭冠三率领小水铺农民赤卫队数百人，带着30余支枪，随朱德一起历经千难万险来到宁冈砻市，与毛泽东领导的秋收起义部队胜利会师。

会师后，毛泽东率领的工农革命军与朱德率领的湘南起义部队合编为中国工农红军第四军（简称"红四军"）。朱德任军长，毛泽东任党代表。

在井冈山上，毛泽东发现谭冠三是一个很善于做群众工作的人才。在这期间，毛泽东除了教谭冠三打仗之外，还教他怎么做调查研究、宣传群众以及帮助群众建立革命政权和思想政治工作等。特别是在宣传工作、调查工作等方面，谭冠三时常受到毛泽东的谆谆教导。让谭冠三始终铭记在心的，就是毛泽东曾说的那句名言："没有调查，没有发言权。"

有一次，毛泽东见到谭冠三，风趣地说："冠三同志啊，听说你是带着队伍和枪上山的，你还是为革命入了股的有功之臣啊！"

接着，毛泽东又说："你有一些文化，你看我们井冈山的部队就这一两千人，朱老总带来的部队就有上万人，这部队吃饭是个大难题啊，你是不是到军需处去管管账呀？你就当个账房先生，帮我们把整个家业管起来怎么样？"

谭冠三听后心情格外激动，欣然接受了毛泽东的这一提议。从此，谭冠三改任红四军军需处文书，负责管理红军的粮草筹集分配等工作。同时，他还兼任军需处党支部的组织干事。

当时，红军粮食供应严重不足，谭冠三在毛泽东的指示下，建立了一些相应的规章制度，为红军初创时期的后勤建设作出了重要的贡献，毛泽东对此是极为满意的。

"演出了与彝民赤诚相见的好戏"

1935年遵义会议后，中央红军在毛泽东的指挥下，四渡赤水，连续打了一些胜仗，军威大振。同年5月，红军又巧渡金沙江，向大渡河急进。当时谭冠三在红一军团一师二团担任总支书记，在部队负责政治思想工作并在沿途开展群众工作。

红军渡过金沙江后，要通过彝族聚居地区大凉山。由于历史上清朝的高压政策，以及国民党政府军队残酷压迫、剥削彝族老百姓，造成汉彝民族矛盾较深，彝民特别反对汉人的军队入境。在这种情况下，要通过彝族地区是很困难的。

5月22日清晨，谭冠三率领部队进入大凉山彝民区，边行军边调查彝民的风俗习惯，并要求部队所有人员都要严格执行对彝民"打不还手、骂不还口，绝不能动武"的规定。当谭冠三率领部队进到彝族聚居区内的谷麻子山时，突然从山上下来上千名彝民，拿着火枪和棍棒，挥舞着向部队奔来，阻挡了部队前进的道路。

当时，谭冠三牵着一匹驮马，后面跟着工兵连，因为带的多是架桥器材，负担比较重，行军时与前面战斗部队距离较远。彝民看到这种情况，一拥而上，把工兵连的器材一抢而光，将谭冠三的马连同马背上的行李都抢走了。

由于事前谭冠三对部队进行了政策纪律教育，红军没有一个人对彝族老百姓动武。有的战士衣服被扒光了，也没有还手，谭冠三身上穿的衣服也被强行脱下抢走了,他只好带着工兵连原路返回到汉族地区大桥宿营。

为此,谭冠三和时任工作队队长萧华带着通司(即翻译)找到彝族部落的首领,说明红军是穷人的军队,是替受压迫的人们打天下的,是彝族人民的兄弟,这次是借路北上抗日,绝对不打扰彝族同胞。

第二天,谭冠三来到昨天经过的路上时,彝民们已经将驮马和行李以及工兵连的架桥器材如数归还。彝民们站在道路两旁高喊着:"红军瓦瓦苦"(祝福红军的意思),目送红军部队浩浩荡荡向北而去。红军纪律严明,秋毫不犯,就这样顺利地通过了彝族地区大凉山。

后来,谭冠三将通过彝区的情况向毛泽东做了详细汇报。毛泽东听闻后称赞道:"我们的红军战士演出了与彝民赤诚相见的一出好戏啊!"

谭冠三在长征中以身作则,对部队严格执行了党的民族政策教育,很好地开展了群众工作,没有辜负毛泽东在井冈山时对他的赏识。

★ 毛泽东高度评价冀中根据地斗争

1936年6月1日,中共中央在陕北瓦窑堡成立中国人民抗日红军大学,毛泽东出席开学典礼并讲话。1937年,校址迁至延安,改名中国人民抗日军事政治大学,简称抗大,毛泽东任抗大教育委员会主席。学校成立之初,谭冠三就进入抗大,认真学习毛泽东讲授的《战略学》《矛盾论》等理论课程。毛泽东在抗大的谆谆教导,为谭冠三此后的革命生涯奠定了坚实的基础。

1937年7月,抗日战争全面爆发。谭冠三任抗大政治部秘书科科长。1938年5月,冀中主力部队改编为八路军第三纵队并成立冀中军区。11月,为了增强冀中军区的抗日武装力量,谭冠三跟随冀中军区政委程子华来到冀中,参加开辟冀中抗日根据地的斗争。

当时的冀中军区是国民党顽固派掀起反共高潮、实行军事反共的重要目标之一。国民党朱怀冰、石友三部不断侵占抗日根据地,制造摩擦。为了打击顽军的气焰,保护抗日根据地,八路军总部命令冀中、冀南、冀鲁豫军区部队对破坏抗日的顽军朱怀冰、石友三部进行讨伐。

1940年3月4日，八路军集中17个团，以赵承金为司令员、谭冠三为政委组成的赵谭支队的三个团为中央纵队，发起在卫河以东清丰、观城和两濮地区展开的卫东战役。赵谭支队乘夜色急行军35公里，迅速插入敌人腹地，直捣并占领顽军总部通讯枢纽所在地六塔集，全歼该地敌军，切断了顽军首脑机关与各部的联系。顽军各部失去指挥，防线全部崩溃。

当八路军主力返回鲁西北时，石友三部又在日军直接配合下企图向八路军反扑。4月6日，赵谭支队联合兄弟部队在西北小韩集一带给顽军以沉重打击。8日，赵谭支队再次对石友三部发起猛攻，打得石友三部损兵折将，受到重创后狼狈逃往曹县、定陶地区。

谭冠三率部反击顽固派石友三部的军事斗争，沉重打击了国民党顽固派的反动气焰。卫东战役共消灭石友三部6000余人，大大改善了冀南地区的抗战形势。毛泽东闻讯后，就谭冠三带领八路军痛击石友三顽军幽默地说："以三对三，冠能盖石。"

谭冠三在冀中和豫皖苏地区的斗争中，作战勇敢，身先士卒，并用强有力的政治思想宣传工作发动和组织群众，积极开展抗日游击战争。1943年春，冀鲁豫边区局势相对稳定后，谭冠三赴延安进入中央党校学习。

★
"进军西藏宜早不宜迟"

1949年12月6日，新中国成立仅66天，毛泽东应邀出访苏联。这是新中国主要领导人第一次走出中国国门。新中国成立之初，百废待兴、百端待举，尽管形势严峻，事务繁多，西藏问题始终是毛泽东关心的一个重要问题。在前往莫斯科的列车上，毛泽东用变色铅笔在一张便笺上起草了致中央的电文，指出"进军西藏宜早不宜迟，越早越有利，否则，夜长梦多"。

在党中央、毛泽东的慎重考虑下，决定将进军西藏的重任交给邓小平、刘伯承领导的西南局和第二野战军。邓小平、刘伯承深知这个任务的复杂性和艰巨性，他们深思到底派谁去呢？进军西藏，最好是"不战而屈人之兵"，既要打军事仗，更要打政治仗。因此，必须优中选优。经过反复思量，两个名字跃入他们的眼帘，分别是第二野战军第五兵团十八军军长张国华和政委谭冠三。

名单报上去后，远在莫斯科的毛泽东看到谭冠三的名字，不禁想到，这不正是参加过井冈山斗争和红军长征的谭冠三嘛。毛泽东大笔一挥，欣然同意。

在重庆西南局驻地，邓小平和刘伯承传达了毛泽东关于"进军西藏宜早不宜迟"的重要指示。谭冠三与张国华毫不犹豫地接受了"进军西藏、解放西藏"这一光荣而艰巨的任务。

一开始，十八军战士的思想波动较大，他们刚经历长期枪林弹雨、出生入死的战斗生活，才刚刚安定下来，如今要从美丽富饶的天府之国，到高寒缺氧的西藏高原，不少战士思想上有了疙瘩。

为了安抚战士们的情绪，提高战士们对解放西藏重要意义的认识，谭冠三与战士们面对面交流思想。他告诉战士们毛泽东的指示："去西藏对个人来讲没有任何好处，你是共产党员，党需要你去，你去不去？是好的共产党员就要举手去！"

在全军的干部动员会上，谭冠三坚定地说："党把进军西藏这个光荣而艰巨的任务交给我们，是对我们的信任，是十八军的光荣，我坚决响应党中央、毛主席的号召，到西藏去，和藏族同胞一起，建设民主幸福的新西藏。"他铿锵有力且发自肺腑的讲话，深深地震撼了每一个战士的心。经过政治教育和谭冠三的思想动员，战士们的思想觉悟和进军西藏的积极性大大提高。

就这样，谭冠三率领全军上万官兵，踏上了漫长而艰难的进藏之路。

★
"老西藏精神"永放光芒

经过半年多时间的艰难行进，谭冠三率部队克服高原缺氧、路途险恶等许多难以想象的困难，于1951年10月26日到达西藏拉萨，圆满完成了入藏任务。有一次，毛泽东在听完谭冠三的汇报后，一连说了三个"盖世英雄"，盛赞出色完成进藏使命的官兵们。

进军西藏之初，毛泽东体恤藏族人民的疾苦，根据西藏的经济、政治状况，提出了"进军西藏，不吃地方"的方针。谭冠三始终贯彻毛泽东这一指示精神，率领部队在拉萨河畔建起了八一农场，次年便取得大丰收，实现了蔬菜自给。

1952年春，根据党中央、毛泽东的指示，西藏工委决定修建康藏西线公路。为争取实现西藏早日通车，和祖国内地连成一体，谭冠三不顾自己的高原反应，在平均高度海拔4000米以上的工地上，和筑路队同吃同住。在恶劣的气候环境下，谭冠三率领部队不避风险，克服了重重困难，完成了2000多公里的修建任务，创造了世界筑路史上前所未有的奇迹。

1954年12月25日，康藏公路、青藏公路全线通车。毛泽东亲笔题词："庆祝康藏、青藏两公路的通车，巩固各民族人民的团结，建设祖国。"

1959年3月，西藏少数上层分裂分子发动武装叛乱，谭冠三临危受命，主动肩负起主持西藏全面工作的重任。他坚定、灵活地执行党中央、毛泽东的指示精神，果断指挥，以最小的损失获得了平叛斗争的决定性胜利。毛泽东高度评价谭冠三在西藏平叛中临危不惧、履险如夷，打击了分裂分子，维护了祖国的团结和统一。

1962年10月，谭冠三奉命指挥边防部队击退进犯中印边境中段中国领土的印度军队。这时，谭冠三因劳累过度，患上了眼膜炎和心脏病。中央军委考虑到他的病情，决定让他回内地休养。谭冠三依依不舍地离开了西藏，但他仍然关心着西藏人民，关心着西藏的建设事业。

谭冠三在西藏高原戎马戍边十多年，为建设西藏、稳定西藏、保卫边疆呕心沥血。临终前，谭冠三向党提出了"我死之后，请把我的骨灰埋在西藏"的请求。他和"老西藏"们共同铸就的"老西藏精神"，已成为不朽的丰碑和宝贵的精神财富，令世人景仰。他为西藏的民主改革、民族团结、建设事业作出了不可磨灭的贡献。

1985年12月6日，谭冠三因病在成都逝世，终年84岁。

人物简介：

谭冠三（1901—1985），湖南耒阳人。1926年加入中国共产党，1928年参加中国工农红军。参加过秋收起义、湘南起义和长征。曾任红四军军需处文书，红十二军一纵队政治部宣传科科长，第十二师特务连政委，第三十四团政委兼特派员，红三军第九师二十五团政委，陕甘支队第四大队政治部主任，中国人民抗日军政大学政治部主任，冀中军区政治部副主任，第一军分区兼七支队政委，第二野战军十八军政委等职。新中国成立后，曾任西藏军区政委，中共西藏工作委员会第二书记、监委书记，西藏政协主席，最高人民法院第一副院长，成都军区顾问等职。1955年被授予中将军衔。第四、五届全国政协常委。

(谭 珊)

"你命大，我们红军命也大"

——毛泽东与丁秋生

在60多年的革命生涯中，丁秋生曾在毛泽东身边工作了10余年，他跟随毛泽东度过了最为艰苦的岁月，与毛泽东建立了深厚的革命情谊。在毛泽东的教导和影响下，丁秋生从一个大字不识的矿工成长为我军战功卓著的高级将领和杰出的政治工作领导者。

安源矿工跟随毛泽东当红军

1913年11月，丁秋生出生在湖南省湘乡县一个贫苦农民家庭。他还未出世，父亲就外出谋生，下落不明。为了生存，丁秋生从小就跟随母亲四处逃荒要饭，7岁来到安源，11岁便在安源煤矿做童工，这一干就是6年。

矿井内劳动环境恶劣，生活条件极差，为了完成定额工作，丁秋生和矿工们每天至少要干12个小时，受尽了剥削和压迫。那时的旧中国，军阀混战，民不聊生。但当时的丁秋生与矿工们并不懂得阶级和剥削，总是埋怨自己生不逢时，天生就是受穷的苦命。

那时候，毛泽东、刘少奇、李立三等人先后多次来到安源，向工人们宣传革命真理并成立了工人们自己的组织——安源路矿工人俱乐部，使很多受苦受难的"炭古佬"开始觉醒。

丁秋生虽然年纪较小，也不是俱乐部的会员，更没参加过夜校，但俱乐部为维护工人利益组织的同资本家进行斗争的许多活动，对他影响却很深。丁秋生开始认识到工人俱乐部是工人自己的组织，工人俱乐部好！

1929年，毛泽东提出了从斗争的工农群众中创造出新的红军部队的主张。1930年9月，他亲自率队来到安源"扩红"。一时间，"毛委员到了安源！""毛委员要向工友讲话了！"的消息传遍了安源的街头巷尾。工人们奔走相告，翘首以待。

24日下午，工人俱乐部门前的广场上聚集了几千名路矿工人。在工人纠察队的引导下，会场秩序井然。人们情绪激昂，挥动着手中的小纸旗，呼喊着口号。这是丁秋生第一次参加这样的集会，也是他第一次见到毛泽东。在一片呐喊声中，毛泽东登上讲台讲话。

为了能看得清楚些，丁秋生爬上了一棵高大的柳树，亢奋地俯瞰着会场。只见毛泽东穿一身灰布衫，头戴八角帽，声音十分洪亮，并做着手势，给工人们讲了很多通俗易懂的道理。毛泽东讲："工人干的是牛马活，吃的是猪狗食，是命苦吗？不是！根子是穷人身上压着三座大山。所以，工人、农民要解放，就要团结起来，拿起枪杆子……"最后他提高嗓门，号召大家参加红军。毛泽东简短的几句话就点明了矿工们多年没弄懂的问题。顿时，一股暖流涌遍了丁秋生的全身，一种热情鼓舞着他，当即他就下定决心要跟着毛泽东走，参加红军，摆脱这受压迫的命运。

当丁秋生欣喜地告诉母亲自己要参军时，母亲却哭得很伤心。她想到几年前大儿子出去当兵，音讯全无，如今小儿子又要去当兵，心里如何承受得了。她说什么也不同意，并把丁秋生反锁在屋里。丁秋生心急如焚，只好以不去当红军了来哄骗母亲。部队出发那天，丁秋生以上工为名，偷偷告别母亲，赶到集合地点，从此走上了革命道路。

"我们的革命事业一定会发展壮大起来"

1934年，第五次反"围剿"失败后，中央红军被迫开始长征。出发前，丁秋生被调到了军委红星纵队任民运干事。红星纵队的主要任务是为中央军委领导机关打前站，丁秋生与中央领导同志接触多起来，与毛泽东也逐渐熟悉起来。

遵义会议后，丁秋生调任干部团一营政委。行军途中，毛泽东经常向干部询问部队情况、家庭情况和他们的革命经历等。有一次，毛泽东听说丁秋生是从安源出来的，感慨地说："安源出来的人现在剩下的已经不多了。"

队伍到达毛儿盖时，中央红军准备过草地，丁秋生负责带领收容部队殿后。当时毛泽东再三嘱咐他："一定要把掉队的同志照顾好，尽量让每一个同志都走出来，有困难要及时报告。"

丁秋生看到中央机关带的东西很多，执意要把缴获的一匹马送给毛泽东和中央机关。但毛泽东和周恩来坚决不同意，认为他们殿后，掉队的同志多、伤员也多，更需要用马。毛泽东还拍着那匹马风趣地对丁秋生说："我们的马也是革命的功臣。"

后来，这匹马在行进中驮粮食、驮伤员，确实发挥了很大的作用。这匹马累倒后，怎么也站不起来了，丁秋生不忍看它受罪，便让几个战士把它杀了。马肉又使这些饥肠辘辘的战士们坚持了好些天，挽救了不少红军战士的性命。

1935年9月，丁秋生被调至中央通信警备连任指导员。一天晚上，丁秋生例行查岗，路上遇到了出门散步的毛泽东，两人便聊了起来。毛泽东关切地说："警备连的同志很辛苦，白天行军，晚上还要站岗。"丁秋生回答说："您每个晚上都要工作到深夜，比我们辛苦多了。"毛泽东笑着说："我是习惯了，还是你们辛苦。"

毛泽东发现丁秋生左臂不太灵活，便问："你左手是什么时候负伤的？"丁秋生告诉毛泽东，左臂是1934年4月在第五次反"围剿"中的广昌保卫战受的伤，当时他身上多处负伤，左臂动脉被打断了，流了很多血。由于失血过多，他昏迷了整整七天七夜。师里专门组织了8人的担架队，日夜不停地赶路将他送到了瑞金中央医院。是傅连暲院长亲自为他动的手术，许多战友为他输了血，才保住了他的生命。

丁秋生陷入往事的回忆之中，深情地对毛泽东说："那次战斗牺牲了那么多同志，我心里很不好受，又有那么多战友为了挽救我的生命献出了他们的鲜血，是党和战友给了我第二次生命。"毛泽东听后深思了许久，沉重地说："是啊，王明的错误路线使我们遭受了多么大的损失，失去了多少好同志啊！"

丁秋生又讲起他刚参军时，什么也不懂，打起仗来只知道硬拼硬杀，带头往前冲。在第一次反"围剿"战斗中，由于大家第一次见到飞机，不知道怕，一连的人跟着飞机跑。突然，飞机掉头扔下两颗炸弹，一颗爆炸了，牺牲了好几名战士。另一颗落在他的身后，没有爆炸，掀起的泥土把他埋了起来。幸亏战友们发现，才把他挖了出来。毛泽东听完笑了起来，说："你命大，我们红军命也大……敌人有的，我们将来也会有。"

接着，毛泽东又说："经过长征，红军的人数比以前少了，但是质量提高了。现在留下来的人都是骨干，将来，我们依靠这些骨干可以把革命队伍发展得很大，把我们的革命事业干得很大。比如你，由于红军的减少，从团政委当了营政委，又从营政委去当连指导员，但是，等将来红军壮大了，还可以去指挥一个团，一个师，甚至一个军。我们的革命事业一定会发展壮大起来，取得最后的胜利。"听了毛泽东的话，丁秋生心里无比激动。

在送毛泽东返回的路上，丁秋生提出加入作战部队的想法。毛泽东说："好嘛！将来有的是机会。"此后，丁秋生一直默默地盼望着参战机会的到来。

"越是身边工作的同志，越要严"

长征抵达陕北后，丁秋生任红二十五军七三一师二二五团政委。1937年9月，组织上安排他去延安抗日军政大学学习。在抗大，大家一边挖窑洞，一边学习马列主义和抗日救亡的革命道理，控诉日本侵略者的种种罪行。

当时，红军的武器装备和军事技术极为落后。恰巧，有一批从苏联归国的干部，带回了很多飞行技术和飞机制造方面的知识。于是，中央决定组建军委工程学校，主要是学习马列主义、俄语和航空知识，为将来组建空军做准备。

此时的丁秋生满脑子只有一个念头：作为一个中国人，尤其是作为一名军人，一定要上前线，去打击日本侵略军，亲手杀几个日本鬼子。没想到他在抗大学习还没结束，就接到中央军委的命令，调他到军委工程学校任政委。丁秋生当时不了解情况，一心只想着上前线，对这一任命抵触情绪很大。他拒绝去军委工程学校，坚决要求上前线。

八路军后方政治部主任谭政找他谈话，给他做思想工作。但丁秋生情绪十分激动，压根就听不进去，执意要上前线，不愿去军委工程学校报到。谭政严肃地对他说："你这样违抗命令，是要受处分的。"丁秋生不甘示弱地说："受处分我也要上前线！"

没有办法，谭政只好告诉丁秋生，如果他不肯去，就只能向毛泽东如实汇报了。听说要把情况汇报给毛泽东，丁秋生暗自高兴，认为参战的机会来了，心想：你去报告吧，反正主席早就知道我的想法。你一报告，说不定我很快就能接到上前线的通知。

听了谭政的汇报，毛泽东严肃地说："下了命令不执行，那怎么行？军队是有纪律的。管军队要严，管干部更要严。不服从命令要处分！"看到毛泽东有些生气，谭政连忙解释说："丁秋生是想上前线，积极性是好的。主席是了解丁秋生同志的，是不是不要处分？"毛泽东坚决地说："越是身边工作的同志，越要严！"

就这样，丁秋生非但没被批准上前线，还受到了党内警告处分，军委工程学校政委的任命也被撤销了，他被调到八路军留守处巡视团当巡视员。

在接下来的两个多月时间，他先后巡视了机关、部队等地方，又到抗大工作。他目睹了后方军民如火如荼的工作情况，深刻地认识到后方工作的重要意义。不久，组织安排丁秋生去中央党校学习。通过学习，他清醒地认识到作为一名共产党员、军队干部，应该坚决遵守军队的纪律、党的纪律。

在党校的学习还没结束，丁秋生又接到了让他去军委工程学校当政委的任命。这一次，丁秋生没提任何要求，立即整装赴任。到任后，他带领大家投入到艰苦的建校工作中。

一年之后，抗日前线需要干部，丁秋生被调往山东。他带领一批热血男儿离开了学校，离开了延安，开始了新的战斗生活。

★
"儿行千里母担忧，忠孝不能两全"

1952年国庆节前夕，丁秋生收到一份由毛泽东亲笔签名从北京发出的请柬，邀请他赴京参加国庆节观礼活动。在北京，丁秋生见到了久别的毛泽东。两人一见面，毛泽东便握着他的手说："好久不见了，还好吗？"丁秋生立即向毛泽东报告了自己的生活以及工作情况。随后，毛泽东又向他询问起湖南家乡的情况，并问道："你回家看过母亲了吗？"丁秋生伤感地说："主席，母亲已过世了，我未能见到她老人家。"毛泽东望着丁秋生，用力地握了握他的手，表示安慰。

此时，丁秋生眼里噙满了泪水。他想起在长征途中毛泽东曾关切地问他："你的老家离我的老家很近，大概只有20公里，家里还有什么人？"他当时告诉毛泽东，家里还有老母亲，接着说了下自己参加红军的经过，并内疚地说："参军走时没能与老母亲告个别，现在想起来总感到对不起她老人家。第一次打土豪，班长知道我的情况后，给了我6块光洋，我托人捎给母亲，也不知她收到没有，从那以后再也没有联系上。"

毛泽东当时动情地说："儿行千里母担忧，忠孝不能两全！将来环境好了，要设法联系上，有机会一定要回去看看她。"

此后，丁秋生一直铭记着毛泽东的嘱咐。抗日战争时期，他与母亲通了信，可在1944年11月却突然失去了联系。直到新中国成立后，丁秋生才得知母亲已于1944年农历十一月初八去世。

由于工作繁忙，丁秋生一直没有机会回老家为母亲上坟。1954年9月，在母亲逝世10周年之际，丁秋生写了一篇题为《纪念母亲》的文章，回忆了母亲辛劳的一生和对儿女的养育之恩。这篇文章既了却了丁秋生的一个心愿，也报答了毛泽东对自己母亲的关心之情。

牢记嘱托　刻苦学习

丁秋生幼年家境贫寒，没钱上学。参加红军后，由于英勇善战、工作积极，很快担任了领导职务。但因为没有文化，他时常感到力不从心。

长征途中，有一次，毛泽东问丁秋生念过书没有，他回答说："从小当矿工，没上过一天学堂。"毛泽东语重心长地对他说："我们红军干部战士要学文化、学知识、学军事理论和技术，还要学会做思想工作。"丁秋生牢记毛泽东的教诲，利用战斗间隙，以上级文件为课本，拜识字的干部和战士为师，刻苦学习。

长征结束后，在毛泽东和其他领导同志的关怀下，丁秋生作为首批学员进抗日军政大学学习，之后留校担任抗大一分校政工队队长兼指导员。由于该队成员大都是青年知识分子，通过互教互学，丁秋生的文化水平有了很大程度的提高。解放后，组织上给丁秋生配了文化教员，又送他去中共中央高级党校和中国人民解放军高等军事学院进行了系统学习。

1960年7月，经毛泽东批准，丁秋生被中央军委任命为新组建的海军北海舰队第一任政委。丁秋生感到肩上的担子很重。他深知海军是一种技术性很强的军种，必须刻苦学习，才能更好地完成党赋予他的重任。

舰队初建，日常战斗勤务十分繁重。丁秋生在熟悉了机关情况后，便立即带领干部深入舰队所属的大小单位了解和熟悉情况。他不顾旅途劳累，克服晕船晕到吐血的困难，在短时间内，走遍了所有舰艇部队、岸防部队和航空兵部队。丁秋生在深入基层一线的过程中，经常请作战处的同志给他讲一些海军的科技和战术知识，认真学习海军知识，掌握部队情况，解决实际问题。

丁秋生始终关心着部队政治文化建设，经常利用业余时间积极地撰写革命史料，先后发表过20多篇回忆文章。他还利用病休的时间，创作出以总结战争年代我军基层政治工作优良传统和经验为题材的长篇小说《源泉》，并于1964年出版。这本书被总政治部评为优秀小说，并作为"连队政治思想工作的好教材"向全军推荐。

人物简介：

丁秋生（1913—1995），湖南湘乡人。1930 年参加中国工农红军，1932 年加入中国共产党。参加中央苏区历次反"围剿"和长征。曾任红三军团四师十团连指导员，红九军团十四师四十一团政委，中央军委干部团第一营政委，红二十五军七十三师二一五团政委，中国人民抗日军政大学政工干部训练队队长兼指导员，军委工程学校政委，八路军一一五师教导第一旅政治部主任，鲁中军区第四团政委兼政治部主任，鲁南军区政治部主任，山东野战军第八师政委，第三野战军二十二军政委，宁波市军事管制委员会主任等职。新中国成立后，曾任第七兵团兼浙江军区政治部主任，浙江军区副政委，海军北海舰队政委，南京高级步兵学校政委等职。1955 年被授予中将军衔。

（曹　阳）

"讲内蒙古革命史,不得不提到我的小老乡"

——毛泽东与姚喆

姚喆一生身经百战,如人民军队中的尖刀一般,对敌作战勇猛,深受毛泽东称赞。在多次重要任务中,毛泽东三次亲点姚喆,对他寄予厚望,并称他为"开国将军"。

长征路上"护驾有功"

姚喆出生于湖南省邵阳县横塘村,1925年走上革命道路,曾参加过平江起义。

红军长征途中，时任政治保卫局总队长、红三军团第十团团长的姚喆接到保卫毛泽东和中央机关人员的任务后，非常紧张，担心领导不好相处，加之任务重要，他一刻也不敢放松，每天神经都处于紧绷之中。长征路途遥远，毛泽东觉得姚喆一路上都这样可不行，便幽默地对他说："老乡见老乡，两眼泪汪汪。不过，现在不是哭的时候。逢山开路，自有前锋；遇敌抢险，却要靠你。"还安慰他不要紧张，战略转移的路线还很长，可不能累倒了。

姚喆说："保护首长就是我的第一任务，保障首脑机关的安全就是我的使命。"这般认真的态度让毛泽东不禁感叹：队伍中要都是这样的兵，人民的革命何愁不成功。

1935年1月，遵义会议召开在即，但红军的处境并不乐观，城外国民党部队堵截，城内又有来不及清除的反动势力盘根错节。参加遵义会议的是中央政治局成员及各部门、军团主要负责人，环境复杂危险，安保难度和重要性可想而知。任务如此艰巨，由谁来挑起这副重担呢？

姚喆一路上的表现毛泽东看在眼中，经过深思熟虑后，他提议由姚喆任政治保卫团团长，专门负责遵义会议的安全警卫工作。毛泽东这样做，是对姚喆的百分百信任。临危受命，加上任务难度大，这让姚喆压力倍增。为了交给毛泽东一份满意的答卷，姚喆亲自勘察开会地点及会场附近的地形和环境，精心设计警备方案，严密部署兵力和哨卫。最后，姚喆带领全体政治保卫团官兵圆满完成了遵义会议的警卫任务，受到了党中央、中革军委领导人的高度赞扬。遵义会议后，姚喆继续率部保卫党中央、毛泽东一路北上，并顺利抵达陕北根据地。因长征路上表现突出，毛泽东曾评价姚喆"护驾有功"。

★

鏖战大青山

在抗战中，绥远省（今并入内蒙古自治区）大青山地区具有重要的战略地位，加上交通便利，是华北通向大西北的咽喉，是陕甘宁边区的北方门户。开辟这块根据地，可以牵制日军兵力，阻止日军西进宁夏、甘肃；可以与晋西北、晋察冀部队配合作战，扼制日军对陕甘宁边区的进攻；可以打通国际交通线，以便得到苏联的外援。党中央、毛泽东高瞻远瞩，很早就开始关注大青山地区。但要在这里创建根据地却难如登天，环境艰苦、语言不通、水土不服、兵力给养不足、民族政策、气候寒冷等因素都是绕不过去的难题。正是因为这些原因，毛泽东对派谁去大青山极为慎重。再三思考之后，毛泽东脑海中浮现出了一个名字：说到吃苦耐劳，处理关系，非姚喆莫属。最终，毛泽东将这个任务交给了姚喆。

1938年7月29日，姚喆率领大青山支队2500名将士从山西五寨出发，踏上了挺进大青山的征途。大青山地区岗峦起伏，村落稀疏，在崎岖的山地上，步兵行动十分困难。而日寇和伪军拥有众多骑兵，行动较为迅速。据此情况，党中央下达指示：大青山支队迅速将步兵改为骑兵，以适应斗争的需要。在党的领导下，姚喆创立了骑兵游击战新战法。很快大青山抗日游击支队成为一支强劲的骑兵部队。之后，又很快建立了大青山抗日根据地。大青山抗日根据地掣肘着日伪军，使其不敢贸然南犯和北进。

1940年3月底，西进河套的日军在遭受傅作义部队重创后，全部撤回大青山地区，之后便对大青山抗日根据地开展接连不断地"扫荡"。根据党中央指示，姚喆率领大青山骑兵支队以连为单位分散活动，对日军进行围攻及骚扰，致使日军发动的5次"扫荡"都未能得逞，姚喆这个名字就此传遍了大青山地区。日军知道姚喆率领骑兵的厉害后，在之后的战斗中能够避开就尽量避开。

1942年秋，日军集中所有驻绥远部队，并从华北专门调来两个机械化旅团，配有飞机、大炮等先进武器，对大青山抗日根据地发动了规模空前、极其残酷的大"扫荡"。战况极其紧张，姚喆当即命令部队主力向晋西北根据地转移，而自己仅率领2000多人留下抗击敌军。进攻的日军超过姚喆部队数量十多倍，企图一举消灭大青山抗日游击根据地。姚喆充分利用自己熟悉地形和山地便于游击活动的特点，不断变化战术，还根据敌强我弱的形势提出作战原则"保存自己，消灭敌人，有利就打，不利就走"。部队中有一些同志考虑到姚喆的安全，多次建议他回绥南支队司令部去，但姚喆斩钉截铁地说："为了随时掌握这里的敌情变化，便于坚持斗争，我不能走。我要和同志们在一起战胜敌人，渡过难关。"这番话如同战鼓奏响，鼓舞了战士们的士气。

严冬来临之后，战士们的生存条件变得恶劣起来。在零下30多度的冰天雪地中，士兵们连行走都非常困难，更别说对敌了。为了缩小目标，便于机动以及解决食宿困难，姚喆决定把部队化整为零，以连或班为单位单独活动。他自己则只带十几个人，拖着伤残的身体，在冰天雪地中同战士们钻窝铺、吃野菜，转战于大青山中。

日军历时一个月的"清剿"，在所有战士英勇顽强的抵抗下，最后以计划彻底破灭而告终。党中央、毛泽东十分关心大青山的斗争，曾多次给姚喆发报询问情况，他每次都坚定地回答："一定把大青山的斗争坚持到底，完不成党交给的任务决不下山。"姚喆坚韧不拔的革命精神，鼓舞了大青山军民的斗志。1945年8月，遵照毛泽东《对日寇的最后一战》的指示，姚喆指挥绥蒙地区的步骑部队昼夜兼程，向敌占区挺进，配合晋绥军区和晋察冀部队攻打归绥，迫使日本侵略军放下武器，并占领了平绥线除包头、归绥以外所有重要城镇。9月2日，日本在投降书上正式签字，抗日战争胜利结束，大青山抗日游击战争也取得最后胜利。从1938年7月到1945年日军投降，姚喆率领的部队牵制着日军，为抗战胜利作出了巨大的贡献。后来，毛泽东曾对内蒙古领导人乌兰夫说过："讲内蒙古革命史，不能不提到我的'小老乡'！"

★

难忘战友情

20世纪50年代，毛泽东打算派人去看望住在南昌的贺子珍。因姚喆和贺子珍在井冈山、长征途中建立的深厚战斗情谊，毛泽东再次想到了姚喆。

当时的贺子珍精神有些恍惚，很多红军时期的老同志去看她，她或闭门不见，或认不出来。可通报说姚喆来了时，贺子珍快步走出门口迎接，见面第一句话就是："老姚，你没死啊，你到哪去了？怎么现在才来看我！"贺子珍见到姚喆很高兴，两人交谈了近两个小时，主要是回忆井冈山时期、长征路上的一些人和事，时而大笑，时而伤感，临别时贺子珍还送了姚喆一包茶叶。当姚喆将与贺子珍见面的情况汇报给毛泽东时，毛泽东深感欣慰。

十年风雨飘摇时期，姚喆光明磊落，坦荡无私，如同大青山一样高大挺拔。虽然后来姚喆受到污蔑，但他都泰然处之，因为他相信毛泽东，相信共产党。对于林彪、"四人帮"蓄意制造武汉军区七二〇事件的阴谋活动，他坚决抵制并相信历史会作出公正的判决，对被打倒的军区司令员陈再道表示同情。之后，有同志表示感谢："姚喆者，尧哲也，有尧一样的仁者之心！"他却谦虚地说道："恻隐之心，人皆有之！落难之时，落井下石，非我所能为；人有不幸，尽力援手，一直是我的本色！"

晚年的姚喆一直在怀念着那位关爱他的老乡，怀念着他敬爱的毛泽东。1979年春，姚喆抱病赴京参加全国政协常委会议，5月27日，姚喆在返程途中突然休克，虽立即返京抢救，但因医治无效而去世，终年73岁。

人物简介：

姚喆（1906—1979），湖南邵阳人。参加了平江起义。1929年加入中国共产党。曾任红五军和红三军团班长、排长、连长、营长、团参谋长、团长，保卫团团长兼军委第二野战纵队代参谋长，八路军一二〇师三五八旅参谋长，骑兵支队支队长兼参谋长、司令员，绥蒙军区司令员，西北野战军第八纵队司令员，第一野战军第八军军长等职。新中国成立后，曾任志愿军二十三兵团副司令员，总高级步兵学校第一副校长、校长，武汉军区副司令员。1955年被授予中将军衔。第五届全国政协常委。

（谭 展）

"坚持执行屯田政策"

——毛泽东与晏福生

在1614名开国将帅中,共有10位独臂将军独具风采。毛泽东曾说:"中国从古到今,有几个独臂将军?旧时代是没有的,只有我们红军部队,才能培养出这样的独特人才!"在这些"独特人才"中,有一位特殊的人物不得不提。他就是抗战时期的"生产英雄",曾得到毛泽东题词表扬的开国中将晏福生。

护送蒋先云寻找毛泽东

晏福生,原名晏国金,1904年出生于湖南醴陵一个贫苦农民家庭。他从小随父习武，练就了一身拳脚功夫。12岁时，晏福生到杨家湾给地主家放牛，有时打短工赚点外快贴补家用。1922年，18岁的晏福生随姐夫到安源路矿谋生，这是晏福生人生中最重要的一个转折点。因为在这里，他遇到了影响他一生的人——毛泽东。

当时，江西还没有党组织，安源路矿与湖南联系密切，因此发动安源工人运动的责任，便交给了中共湖南党组织。时年29岁的毛泽东作为中共湘区委书记，以走亲访友的名义来到安源，准备在这里发动工人运动。随后，刘少奇、李立三等人先后来到安源，并以办学校为名开始了在安源的工作。

1922年1月，中国第一所工人补习学校在安源成立。其间，晏福生受到毛泽东、李立三等人的影响，通过上工人夜校，渐渐懂得了工人、农民为什么会受到资本家和地主的压迫和剥削，更懂得了只有跟着共产党干革命，穷苦老百姓才能翻身当主人。自此，他追随毛泽东积极投身到安源工人运动中。

后来，因为晏福生个子高，有力气，还会一些拳脚功夫，他在大罢工时被选为"十代表"，并被中共地下组织指派为交通员，主要负责路矿工人俱乐部、路矿工会与安源党组织之间的联络以及来往人员的护送工作。

1925年9月，安源"九月惨案"爆发，反动当局竭力破坏罢工运动，大肆搜捕共产党人。晏福生受组织委派护送蒋先云离开安源，到长沙去寻找毛泽东，说明情况，商量对策。

接到任务后，晏福生扮作菜贩子，在街心饭店旁叫卖，等待与他接头的蒋先云。这时，只见一位背紫红色油纸伞的青年朝着街心走来。晏福生小心地左右望望，装作漫不经心地上前问道："先生，买菜吗？"

青年停住脚步问道："有茭白吗？"

"有辣椒。"晏福生回答。

"我要茭白。"青年再次强调。

"那请你到前边去买。"晏福生说。

两人一问一答间对上了约定的暗语，晏福生才确定这个青年就是自己要找的蒋先云。晏福生观察了一下四周的情况，示意蒋先云先走，随后挑上箩筐远远地跟在后面。

当他们一前一后快要走出小街时，晏福生装作换肩，回头观察了一下情况，突然发现后面跟着两个矿警。他当即发出信号，高声喊道："新上市的青菜！卖新上市的青菜啦！"边喊边朝旁边的工区走去。蒋先云听到叫卖，意识到这是晏福生在报信，说明有人跟踪他们，便也迅速进入旁边的工区。

经过一番周折后，两人终于甩掉了跟踪他们的矿警。晏福生顾不上与蒋先云寒暄，说："情况紧急，快换上我的衣服，我掩护你出城，迟了出不去了。"他边说边脱下自己的衣服，把箩筐递给蒋先云。

蒋先云离开一小会儿后，晏福生为了掩护蒋先云安全转移，故意走到追捕他们的矿警视线内，吸引注意力。矿警紧紧地跟在晏福生身后，边追边呵斥："前面的人站住！不然老子开枪啦！"晏福生只好装作跑不动的样子，慢慢停下来。两个矿警立马扑上来，这才发现，眼前的人不是他们要追捕的"共党要犯"。

就在这时，其中一个矿警突然喝问道："你叫晏国金，在下士畈坑道做工是不是？"晏福生灵机一动回答道："老总你认错人了，我叫晏福生，晏国金是我叔伯哥，他老爹病重，让我来安源找他回去。"矿警看他不像心虚的样子，就放他离开了。

就这样晏福生骗过了矿警，迅速赶往事先约定的地点，与蒋先云会合，继续护送他前往长沙。最终，历经千辛万苦，两人终于在长沙找到了毛泽东，并向毛泽东汇报了当时安源的情况，顺利完成了组织交办的任务。从此以后，晏国金索性就改名为晏福生了。

★ 毛泽东题词表扬的"生产英雄"

晏福生一生征战无数，大小战役不知打了多少场，在战斗中右臂被弹片割断，还有两次还差点牺牲，被同志们开了"追悼会"。对此，他从不放在心上，还曾风趣地说过："敌人还没有消灭，革命还没有成功，阎王爷还不忍心收咱们呢！"但是，很多人不知道的是，晏福生不仅打仗厉害，屯田也很厉害，还因此两次得到毛泽东的题词表扬。

1938年，八路军一二〇师三五九旅七一七团政委刘礼年在战斗中壮烈牺牲。战争正处于关键时期，部队需要指派新的团政委。毛泽东立即想到了正在延安抗日军政大学学习的晏福生，就派人把晏福生叫到杨家岭。

晏福生赶到杨家岭见到毛泽东后，心情非常激动，紧紧地握着毛泽东的手。毛泽东对晏福生说："福生同志啊，三五九旅七一七团的刘礼年同志牺牲了。你是六军团出来的，对七一七团的情况比较熟悉，你就接替刘礼年同志任政委吧。"

"坚决服从组织的安排！"晏福生用仅剩的左手向毛泽东敬了一个军礼回答道。不久后，晏福生被正式任命为三五九旅七一七团政委，东渡黄河，奔赴晋西北抗日战场。

1939年冬，三五九旅被调回陕北，驻防绥德，不久开进南泥湾，屯田垦荒。晏福生率领的七一七团驻扎在金盆湾。为了打破国民党顽固派的经济封锁，晏福生在党中央的领导下，组织部队开展了大生产运动。

大生产期间，晏福生经常身体力行，深入生产第一线，做宣传鼓动工作。他不仅把自己身边的警卫员抽出来参加一线劳动，还经常挥着伤臂亲自参加开荒种地。

有一天清晨，天刚蒙蒙亮，三连的战士刚到山上准备干活，突然发现不远处的山坳中飘起一股浓烟，只见两个人影正在来回奔跑着引火，其中一个人一只空荡荡的袖筒还在随风飘舞。

"好像是晏政委！"三连连长这才想起昨天晚上，晏福生来连里了解生产情况，没有回团部，就住在连里。

三连长赶紧带着大家跑过去，抢下晏福生手中的棍子说："晏政委，你昨晚为开荒的事和我们商量到了很晚，我们都回去睡觉了，结果你却跑到山上来帮我们做准备工作，看你眼睛都熬红了。""没有的事，是让烟熏的。"晏福生摆手道。但是，三连长哪里肯听，硬是推着晏福生离开山坳，让他回营地休息。

后来，团里的其他领导同志见手脚极不方便的晏福生都带着警卫员上了山，纷纷也带着自己的警卫员、通讯员上山参加劳动。战士们因此深受鼓舞，干劲更足。终于，在晏福生的带领下，三连成了全团的开荒先进连，七一七团的生产成绩名列全旅、全边区之首，晏福生也因此被推选为"生产英雄"。

1942年，晏福生出席了中共中央西北局高级干部会议。会上，毛泽东称赞三五九旅是陕甘宁边区大生产运动的一面旗帜，不仅起到了保卫边区的作用，还解决了边区政府的供给难题，并赞誉三五九旅为"发展经济的先锋"。大会还对王震等22名在大生产运动中作出突出成绩的干部进行了奖励，晏福生排名第三。毛泽东亲笔给生产英雄题写奖状，给晏福生的题词是："坚持执行屯田政策"。

晏福生就像是一把火，走到哪里，哪里的生产就热火朝天。西北局高级干部会议后，晏福生被调到警备第一旅任副政委，负责全旅的大生产。在晏福生的带动下，警备第一旅很快取得了丰硕成果，晏福生也被再次推选为"生产英雄"。同时，还被选举为党的七大代表，出席了在延安召开的党的七大。

毛泽东批示湘西剿匪"民气大伸"

晏福生在抗日战场上的优异表现，得到了党中央和毛泽东的高度评价。后来，晏福生又转战东北，任东北独立一师改编的十纵第二十八师政委。

1949年6月，晏福生任解放军第四十七军副军长兼一三九师政委。按照毛泽东、朱德关于《向全国进军的命令》和中央军委的战略部署，晏福生率领的四十七军受命挺进湘西地区。

湘西是蒋介石为保大西南设置的第一道防线。为了阻止解放军进军大西南，蒋介石除了命令宋希濂部一二二军布防在大庸（今张家界市永定区）一带外，还收编了10多万土匪，企图扼险而守。四十七军党委在认真研究分析敌情之后，决定兵分三路合击大庸，由晏福生带领一三九师负责正面攻击。

1949年10月，三路大军按照预定计划完成了对大庸的合围任务。晏福生当即派出四十七团一营营长阎太云、三连连长曲贤圣带领一个排，捣毁了敌军的指挥机关，并亲自指挥四一六、四一七两个团攻入城内，分割围歼敌人，胜利完成战斗。此役共毙降国民党军5000多人，活捉敌军军长张绍勋，师长黄鼎勋、谢淑周，瓦解了蒋介石保护大西南的第一道防线，成功打开了解放湘西的大门。

10月下旬，以四十七军为主力开路，第二野战军顺利经过湘西，挺进大西南。晏福生受命留驻湘西沅陵、黔阳一带，执行保护交通、征粮支前、清剿土匪的任务。晏福生抓住这一契机，迅速展开政治攻势，迫使土匪和游杂武装纷纷向解放军投诚，很快就收编或收降了当时国民党的湘西总队、绥保守备司令聂鹏升和暂编一军副军长汪援华等1.2万匪众。另外，还有一些土匪头子也先后派人与解放军接洽，表示愿意接受解放军的领导。自此，解放军西进大军的后方安全得到了有效的保障。

1950年1月，湘西行政公署成立，晏福生任行政公署主任，兼任湘西军区司令员。此时，参加了解放重庆和成都的四十七军一三九师、一四一师也相继返回湘西。同月，中共湖南省委召开党代会，正式宣布剿匪。晏福生率领湘西军区响应号召，发动春季攻势，经过3个月的进剿，歼降土匪1万多人，先后解放了乾城、古丈、麻阳、会同、绥宁等县城。

随后，晏福生又提出"剿匪重于整顿，先清缴后整顿"的工作方针，创造性地提出开展"父劝子、子劝父、亲劝亲、友劝友、妻劝夫、弟劝兄、匪劝匪"的"七劝"运动，迫使大小土匪惊魂丧胆，纷纷来降。最终，历时两年的湘西剿匪斗争，在晏福生的带领下，取得了彻底的胜利。

1951年1月17日，毛泽东在审阅湘西行署、湘西军区关于湘西剿匪的情况报告后，作出重要批示："顷接中南局转来湘西四十七军关于镇压反革命情况的报告，在湘西二十一个县中杀了一批匪首、恶霸、特务四千六百余人，准备在今年由地方再杀一批，我以为这个处置是必要的。只有如此，才能使敌焰下降，民气大伸。"同时，还要求将这个报告批转全国。由此可见，这是毛泽东对晏福生领导的湘西剿匪工作的高度赞扬。

到1951年底，四十七军肃清了潜藏各地的匪特，湘西的局势完全稳定下来，湘西人民从政治上、经济上获得了彻底翻身，过上了安居乐业的幸福生活。1952年9月，湘西行署撤销，晏福生调任湖南省民政厅厅长。1963年，他调任广州军区副政委、军区党委监委书记。1984年4月7日，晏福生因病在广州逝世，终年80岁。

人物简介：

晏福生（1904—1984），湖南醴陵人。1926年加入中国共产党。1928年参加中国工农红军。曾任湘东南独立师三团副官，红六军团十八师政委、十六师政委，八路军一二〇师三五九旅七一七团政委，南下第二支队政委，三五九旅政委，东北民主联军独立第一师政委，第二十八师政委，第四野战军四十七军副军长等职。新中国成立后，曾任湘西行政公署主任、湘西军区司令员，湖南省民政厅厅长，湖南军区副政委、第二政委，广州军区副政委、顾问等职。1955年被授予中将军衔。

（刘　诚）

毛泽东与湘籍开国少将

"现在要靠民兵，民兵组织要搞好"

——毛泽东和龙书金

虽然毛泽东与龙书金见面的次数不多，但每次见面，都饱含着毛泽东对他的关心与爱护。即便是身边将领如云，毛泽东也始终不忘这位智勇双全、战功赫赫，为中国革命事业作出重大贡献的"短臂将军"。而对龙书金来说，哪怕是与毛泽东短暂的寒暄，一句亲切的"我的小老乡"，便足以让他一生难忘，他始终是毛泽东坚定的支持者和追随者。

"守桥连长"初见毛泽东

龙书金1910年出生于湖南茶陵县一个农民家庭。1930年，他加入工农红军，被编入红十二军。1932年2月，龙书金加入中国共产党。他参加了历次反"围剿"斗争和长征。长征途中，龙书金与毛泽东的一次短暂交谈，令龙书金一辈子无法忘怀，也让毛泽东对这位"守桥连长"老乡留下了深刻的印象。

红军长征来到毛儿盖，1935年8月3日，红军总部将红一、四方面军会合混编为右路军和左路军。龙书金随右路军行军，任红五团一连连长。途中，龙书金率领的一连一直是红五团的先锋，在过草地时，动作迅速，伤亡少，受到上级的认可和赞扬。8月下旬，毛泽东等率领的右路军到达班佑，准备与张国焘等率领的左路军会合。不料，张国焘提出种种借口，不愿北上，并要右路军南下。毛泽东识破张国焘企图分裂党和红军的阴谋后，便决定立即挥师北上。这时，红五团仍继续充当北上的先锋团，龙书金率领的一连为先锋连。离开班佑后，龙书金率部行进到甘肃境内一条河边时，发现横亘在河上的木桥早已被胡宗南部队拆毁了。龙书金便马上率部采伐树木，将桥架起来，确保部队顺利通行。恰好此时，龙书金接到中央命令，由他率部据守这座桥，直到中央机关过桥为止。这期间，敌人不时向桥两端开枪，或将石头从山上滚下来，肆意干扰和破坏，但都被龙书金率连队战士击溃。

几天后，毛泽东率领中央机关来到了桥边。毛泽东问："这里谁是连长呀？"

龙书金赶紧立正报告："我是。"这是龙书金第一次和毛泽东如此近距离交谈。

毛泽东听到这熟悉的乡音，脸上露出了笑容，问道："哦，我们是老乡啊！你是哪个县的，叫什么名字呀？"

"我是茶陵县的，名叫龙书金。"龙书金回答说。

"哦！龙书金，龙书金……"毛泽东喃喃道，并紧紧握着龙书金的手，压低声音说："四方面军和我们分手了，你知不知道？"龙书金据实答道："不知道。"

"不过不要紧，他们还会回来的！"毛泽东用坚定的语气说着，顺势用手拍了拍龙书金的肩膀，继续往前走。龙书金率部紧随毛泽东和中央机关人员过桥继续行进。

长征结束后，龙书金参加了抗日战争、解放战争。1939年2月，他指挥了山东陵县大宗家战斗。在战斗中，为抢救一名战士而左手负伤，导致左手终身残疾，比右臂短了一截。此后，被人称为"短臂将军"。

再次见面汇报民兵工作

毛泽东和龙书金的再次见面，已是 1962 年。当年的"守桥连长"已成长为湖南省军区司令员。再次见到毛泽东，龙书金备感亲切。这次见面，毛泽东充分肯定了龙书金的民兵工作。

1962 年，蒋介石企图反攻大陆。6 月 11 日，毛泽东为视察战备情况，经杭州、南昌来到长沙。一天晚上，湖南省委第一书记兼省军区第一政委张平化打电话通知龙书金："主席来了，主要了解战备情况，你来一下。"当时，省军区政委陈志彬不在，龙书金便打电话给省军区副政委方国南一同前去。

他们来到湖南省委蓉园一号楼，在会客室等了几分钟。看见毛泽东来了，龙书金立即走上前敬礼。毛泽东边握手，边亲切问他："我们过去见过面吧？"龙书金说："见过，见过哩！"

坐下寒暄了一阵后，毛泽东和他们交谈起备战的事来，听取他们关于湖南备战工作和民兵工作的情况汇报。毛泽东对他们说道："原计划在海边消灭反攻大陆的国民党军队，但这样就会让敌人跑掉。现在我们准备放敌人进来，让他们进到龙岩地区，这样就跑不掉了。你们这里敌人是到不了的，主要是防空的问题。"

之后，毛泽东便询问起长沙备战的情况。这时，张平化对龙书金说："书金同志，你向主席汇报一下，当前备战工作是怎么抓的？"

龙书金汇报说："省军区直接掌握的部队不多，还担负着机关警卫和外地施工任务。为弥补兵力不足，就在长沙动员了 2000 多民兵控制制高点岳麓山，一个点放了一个基干连，配了一挺机关枪，还将参谋训练队调来长沙做机动部队。由省军区和长沙军分区派出干部来指挥民兵，问题不大。"

毛泽东听了以后很高兴，对龙书金的汇报非常满意，马上说："这样很好呀，现在要靠民兵，民兵组织要搞好，要做到组织落实、政治落实、军事训练落实。"这段对话成为毛泽东提出民兵工作"三落实"的最初由来。之后，毛泽东关于民兵工作的"三落实"指示迅速传遍了全国。

毛泽东的这一指示，为20世纪60年代蓬勃发展的中国民兵建设提供了正确的指导方向，成为指导民兵工作的基本原则，是民兵建设的重要法宝和基本遵循，具有重要的战略意义和历史意义。龙书金按照毛泽东的重要指示，始终坚持将"三落实"贯彻于湖南的民兵工作中。

"龙书金，我的小老乡！"

党的八届十二中全会召开前夕，龙书金接到前去新疆任职的命令。1968年10月，新疆军区司令员龙书金应邀参加党的八届十二中全会。会议开幕，由毛泽东亲自主持。他念着与会人员的名字，点到龙书金的名字时，坐在会场最后一排的龙书金站起来大声应答。毛泽东听到后，望了他一眼，若有所思地"哦"了一声，接着说："龙书金，我的小老乡！"然后挥手让他坐下。

毛泽东在这么重大的场合，亲切地称龙书金为"我的小老乡"，足以表明毛泽东对他的印象及情谊之深。这段话一直还录存于毛泽东在八届十二中全会上讲话的录音带里。

人物简介：

龙书金（1910—2003），湖南茶陵人。1930年参加中国工农红军，同年加入中国共产主义青年团。1932年转入中国共产党。曾任红一军团政卫连班长、排长、连长，八路军一一五师教导六旅十七团团长，冀鲁边军区副司令员，渤海军区副司令员，东北野战军第十七师师长兼党委书记，第四野战军四十三军军长等职。新中国成立后，曾任四十三军军长兼粤西军区司令员，中共广东省委常委、广东军区司令员兼党委书记，中共湖南省委常委、湖南省军区司令员兼党委书记，新疆军区司令员兼党委书记，中共新疆维吾尔自治区委第一书记等职。1955年被授予少将军衔。第九届中央委员。

（李 玲）

"黎东汉同志肩负的工作很重要"

——毛泽东与黎东汉

在中国人民解放和社会主义建设事业的漫漫道路上，在血与火、生与死、泪与歌的峥嵘岁月里，毛泽东，一个立志"改造中国和世界"的热血青年，运筹帷幄，力挽狂澜，指点江山，叱咤风云，逐步确立其在全党全军的领导地位，成为开国领袖；黎东汉，一个红小鬼通信兵，与红色电波同行，在隐蔽战场上曲径救国，日夜坚守，默默奉献，历经革命的淬炼和洗礼，成长为共和国开国将军。毛泽东斩钉截铁地说："黎东汉无论如何不能死。"黎东汉铮铮誓言道："请转告毛主席放心，我们保证完成任务。"他们都功勋卓著，一个如太阳，一个如星星，永远璀璨，也将永远激励后人在新时代新征程中奋勇前进。

红色电波连通党中央和毛泽东

1914年，黎东汉出生于湖南省浏阳县黎家大屋。1927年，他的父亲、叔叔和姑姑先后参加轰轰烈烈的土地革命。同年，在家庭的熏陶和影响下，黎东汉加入中国共产主义青年团。大革命失败后，他想方设法保护区委存放在家中的10余担秘密文件，顺利完成了党交给的任务。

时代催化了黎东汉的觉悟，1930年8月，黎东汉加入湘鄂赣红军独立一师，同年加入中国共产党，坚定地踏上了为人民解放和民族独立的奋斗之路。1933年6月，湘鄂赣独立一、二师合编为红十八师后，缴获了敌人1部电台，黎东汉被派往江西万载县红军通信技术学校学习无线电技术。8月，红十八师编入红六军团。黎东汉结业后，成为红六军团无线电中队的一名报务员，开始了与红色电波同行的漫漫长路。

1934年10月，第五次反"围剿"失败后，中央红军主力8.6万余人开始了艰苦卓绝的长征。早在7月下旬，黎东汉所在的红六军团奉命先行开拔向西入湘，为中央红军战略转移探路。10月24日，红六军团与贺龙领导的红三军在贵州印江木黄会合。会合后红三军恢复红二军团番号，由军团长贺龙、政委任弼时统一指挥。贺龙说："电台和你们这些弄电台的人都是'心肝宝贝'，你们给我带来了'眼睛'和'耳朵'。"此后，红二、红六军团统一行动，创建了湘鄂川黔根据地。黎东汉所在的电台队也直接捕捉和见证了中央关于通道会议、黎平会议、猴场会议、遵义会议以及红一、四方面军会师等系列消息和指示，架起了黎东汉所在的红十八师，红二、红六军团以及后来的红二方面军与党中央特别是毛泽东的红色电波桥梁。

1934年12月初，中央红军强渡湘江损失惨重，人数锐减到3万多。12日，中革军委临时决定在通道召开紧急会议，通过了毛泽东提出的放弃原定与红二、红六军团会合的计划，改向敌人力量薄弱的贵州前进的主张。这是毛泽东自第五次反"围剿"以来，第一次在中央有了发言权。中革军委于当日19时半下达了"万万火急"的电令:"我军明十三号继续西进的部署";"其第一师如今日已抵洪洲司,则应相继进占黎平。"同时寻机北上,与红二、红六军团会合。野战军司令部在13日《我军进入贵州动作的部署指示》中指出:"我军已迅速脱离桂敌,西入贵州,寻求机动,以便转入北上。"14日,野战军司令部给二、六军团的指示重申:"我西方野战军已西入黔境,在继续西进中寻求机动,以便转入北上。"要求活动于常德一带的红二、红六军团,策应中央红军北上。

为策应中央红军长征,1935年6月,红二、红六军团主动向鄂敌发起进攻。贺龙、任弼时命令电台队昼夜侦听敌军电台。黎东汉他们的电台队破译了国民党湘鄂川边"剿总"总司令徐源泉急调纵队司令兼四十一师师长张振汉率部增援的电报。贺龙得知后,立即下令部队连夜急行军120里,抢先敌人1小时赶到忠堡设伏,掌握战场先机,经过三天三夜的激战,将敌军歼灭,并活捉张振汉。在忠堡战斗中,黎东汉发现敌方阵地构皮岭有电台天线摇晃,便报告电台队政委江文。江文希望争取敌电台,指挥黎东汉等人利用之前侦听到的张振汉电台的"SA"呼号把敌台呼叫出来,又向其发了一份明报,意思是:你们已被红军紧紧包围,很快就要被消灭,希望你们保护好电台,交给红军,可得到优待。若对抗,后果自负。通过江文、黎东汉等人的不懈努力,部队缴获2部完好无损的电台,彭洪志等敌方无线电人员全部加入红军,后成长为红军通信业务骨干。贺龙对电台队在忠堡战斗中的表现给予充分赞赏:"一部电台比一个团还强!"

1935年9月,蒋介石调集约130个团的兵力"围剿"湘鄂川黔根据地。11月,红二、红六军团主力决定撤离湘鄂川黔根据地,转向敌人力量薄弱的地区。为迷惑敌人,决定留下黎东汉所在的红六军团十八师掩护,由张正坤任十八师师长兼政委。临行前,王震代表总部探望红十八师全体指战员,给红十八师调拨了一部无线电台,组织成立无线电分队,选派黎东汉任队长。王震特别叮嘱他的"小老乡"黎东汉:"电台是十八师的千里眼、顺风耳。一定要像保护自己的生命一样保护好电台。"红十八师只有3000多人,敌我力量悬殊,敌军装备精良,黎东汉知道接下来的战斗会很严酷,但也做好了充分的思想准备。

1935年12月,蒋介石发现红二、红六军团已转移,便调集10万之敌瞄准红十八师,企图彻底摧毁湘鄂川黔根据地。在频繁的行军转移和残酷激烈的战斗中,黎东汉积极率领无线电分队肩负通信兵和步兵的双重责任,除了保持与主力红军的通信联络外,还直接参加了杀出重围的浴血奋战。12月26日,电台随师部进入中堡地区时，遭到敌人的猛烈阻击，无线电分队和师直属队奋起反击，刚与敌人脱离接触，电台运输班长向黎东汉报告：运输员负伤，电台丢失。黎东汉惊呆了，军用地图在先前突围时已丢失，每天的行军路线要靠总部电台指挥，没有电台，红十八师就成了聋人、盲人。他决绝地说："就是死也要把电台找回来！"他立即带着电台的干部和监护班、运输班在枪林弹雨中原路返回，最终找到了电台并救回了运输员，避免了部队一次巨大损失。

1936年1月10日，黎东汉抄收了与主力会合前的最后一份电报，军团总部电令十八师次日到江口归建。1月11日，军团首长萧克、王震亲自出城20多里迎接英雄的红十八师，并称赞他们是"一支拖不垮、打不烂的英雄部队"。在这两个月，黎东汉所在的红十八师浴血奋战，2000多名指战员血洒战场，牵制敌人近10万众，转战15个县，行程近4000里，顺利完成了掩护主力转移的任务。黎东汉等600多名红十八师指战员幸存下来，与主力会合后，回归红六军团建制，历经艰险，与红四方面军于1936年7月初在甘孜会师后，汇入红二方面军长征的铁流之中。

★ "黎东汉无论如何不能死"

1947年，国民党军队投入胡宗南等部25万人的兵力向延安发动突然袭击。3月18日，中央决定主动撤离延安，开始了艰苦的陕北转战。29日，毛泽东在陕北清涧枣林沟召开中共中央会议。会议决定：由毛泽东、周恩来、任弼时率中共中央和人民解放军总部的精干机关（称"前委"），继续留在陕北指挥全国各战场作战；由刘少奇、朱德、董必武等组成中央工作委员会（称"中委"），到华北开展中共中央委托的工作；由叶剑英、杨尚昆等组成中央后方委员会（称"后委"），转移到晋西北统筹后方工作。会后，中央军委三局局长王诤给时任中央军委三局通信总台副台长黎东汉交代了一项特殊任务："中央决定在中央前委成立一个通信联络大队，由你任大队长，带3部电台负责保障统帅部对全国全军的指挥。"接着，王诤带他向周恩来、任弼时报到。周恩来亲切地拍了拍黎东汉的肩膀说："欢迎你，黎大队长。这次中央留在陕北，电台是毛主席指挥全国全军的唯一通信工具，一定要确保毛主席的指挥畅通无阻。"黎东汉非常激动地说："请周副主席转告毛主席放心，我们保证完成任务。"

周恩来非常重视电台工作，在一次干部会议上笑称："中央委员加电台等于党中央。"任弼时也说："你们看，一大队是电台（通信），二大队是电台（情报），四大队还是电台（新华社），我们4个中央委员（毛、周、任、陆定一）加上你们3个电台大队，不就是党中央吗？"周恩来还补充道："我们这个司令部，一不发钱，二不发粮，只发电报！"

黎东汉负责的一大队下属3个队：一队负责与东北野战军联络，二队负责与晋察冀和华东野战军联络，三队负责与西北和中原野战军联络，后来又增加1部电台成立四队，负责联络中央后委。能够为毛泽东和党中央直接服务，黎东汉深感使命光荣且艰巨。转战陕北的艰苦，黎东汉觉得和长征比有过之而无不及，经常在犬牙相错的围追堵截中周旋，紧急情况下还要冒大雨夜行军。一大队因其特殊的工作性质更是危急、艰难。中央领导要转移，黎东汉必须先带人去打前站，值机人员必须在中央领导走后撤机，且还要赶在中央领导到达之前架好电台。只要一停下来，毛泽东第一件事不是翻阅收到的电报就是通过电报指挥千里之外作战。

1947年4月12日，毛泽东率中央机关转移到靖边县王家湾（今属安塞区），在这里停留了50多天。在瞬息万变的转战中，各地战斗都进入白热化状态，全国每天大小战役多达数百场，作为中枢指挥神经和耳目的一大队异常繁忙，黎东汉累倒了。他患上了急性肠炎，危在旦夕，骨瘦如柴，只能靠担架行军。中间休息时，他说走也是死，敌人来了也是死，要大家放下他，以免拖累部队。毛泽东闻讯后，第一时间派人弄来一瓶生理盐水。不料，黎东汉在输液时出现了休克等不良反应。毛泽东问医务室主任任玉洪："就没有别的药了吗？"任玉洪闪烁其词地说："还有两个外国人留下的一点磺胺，但这药不能用。"毛泽东明白他的意思，斩钉截铁地说："我的身体很好，不需要药，当务之急是抢救黎东汉同志。黎东汉同志担负的工作很重要，黎东汉无论如何不能死！"黎东汉知道后感动得潸然泪下。有了毛泽东的关怀，黎东汉当时得到了最好的照顾，稍有好转他就投入到繁重的工作中。

★ "这就好了"

在频繁行军转移的恶劣条件下，通信器材特别是干电池奇缺，而干电池是通信畅通的物质基础。黎东汉指示机务参谋怀福田冒险穿过敌人封锁线弄回150节电池，焊接成5块B电池，给每部电台分1块，又修理了10多块旧矿灯蓄电瓶，烧制蒸馏水，配制苛性钠电液，供蓄电池用。行军时报务员贴身提着电液，像保护眼球一样爱护着它。四大队的B电池被雨淋湿无法正常工作，黎东汉将一块备用B电池给他们解燃眉之急，四大队队长范长江亲自跑去当面感谢黎东汉。

中央前委电台数量少，且功率小，所以中央与各野战军一些往来电报有时需经过中央后委总台转发。一天晚上11点多，中央有一份急电要发给华东野战军，就发到中央后委总台转发，但迟迟未确认华东野战军是否顺利收到，毛泽东非常着急。黎东汉彻夜值守在电台前，电请总台火速查明原因。早上7点多，总台终于传来消息，电报已于凌晨5点交到华东野战军首长手中。黎东汉立即报告了毛泽东。毛泽东长舒了一口气，开心地说道："这就好了。"

★ "在陕北，天下大事我都可以知道"

1940年元旦，毛泽东应邀为新创刊的通信刊物题写了磅礴大气的"通信战士"刊名的《通信战士》正式出版发行。并在《通信战士》创刊一年多的1941年10月，为通信老一代题词"你们是科学的千里眼、顺风耳"，发表在《通信战士》当年第12期，王铮说这是"对全军通信战士最高的奖赏和信任"。毛泽东的题词已伴随着《通信战士》走过79个春秋，鼓舞着包括黎东汉在内的一代又一代通信兵。

在王家湾期间，正是以黎东汉为代表的通信兵的兢兢业业和无私奉献，才使中央前委《关于西北战场的作战方针》《蒋介石政府已处在全民的包围中》等114份电文通过神奇的红色电波安全、迅速、准确地传达至全国、全军。

当时，国民党用新测向仪侦察到王家湾有电台群，胡宗南电令"快速偷袭王家湾，活捉毛泽东"。中央前委当时只有4个连，可谓"险象环生"。为了毛泽东的安全，任弼时命令队伍东向转移，黎东汉带领一大队打前站。毛泽东却坚持向西转移，坚称"电台加毛泽东决不离开陕北"。周恩来从中斡旋，最终队伍向北转移。当黎东汉他们接到命令时，部分队伍已过黄河。根据周恩来的指示，黎东汉安排电台静默3天，只收不发。部队与敌斗智斗勇，克服重重困难，最终成功摆脱了敌军。

因敌人测向仪的前车之鉴，中央实行"前轻后重"的战时通信体制，即中央前委一大队和各野战军使用电波相对较弱、难以辨别的移动小电台，中央后委以大功率电台建立军委通信总台。黎东汉领导的一大队顺利完成了中央前委特别是毛泽东安全转战陕北期间指挥全国各战场的艰巨任务，为新中国的成立贡献了无可替代的通信力量。后来毛泽东感慨："到哪个地方都有通信联络，在陕北，天下大事我都可以知道。"这是对黎东汉他们的通信保障工作的高度评价。

"你们是人民解放军的模范人物"

新中国成立后，远离了硝烟的通信兵并没有远离伟大领袖的关爱，黎东汉先后担任军委通信兵部干部处和业务处副处长，长期担任通信院校和通信兵领导职务，是中国人民解放军通信兵的创始人和杰出领导者之一，为中国国防通信事业的发展和我军现代化建设作出了重要贡献。1955年，黎东汉以师级干部的身份被授予少将军衔，是少数几位通信兵出身的开国将军之一。

1950年9月25日，黎东汉被评为模范通讯工作者，参加第一届全国战斗英雄代表会议和全国工农兵劳动模范代表会议，全国正式代表350名，其中军委直属单位代表仅27名。毛泽东代表中共中央向两会致祝词，称赞英模们"是全中华民族的模范人物，是推动各方面人民事业胜利前进的骨干，是人民政府的可靠支柱和人民政府联系广大群众的桥梁"，并题词："战斗英雄们，你们是人民解放军的模范人物,希望你们继续努力,更加进步,为建设强大的国防军而奋斗。"毛泽东等党和国家领导人于 26 日中秋佳节在北京饭店设晚宴亲切接见黎东汉等英模们,还邀请他们在天安门观礼台观看阅兵仪式和国庆游行活动,表达了中央领导对英模们的重视和关怀。

"20 年来,艰苦奋斗,身经百战,长期埋头于通讯联络工作。苦心钻研,在各种艰险与困境中,屡次保证了通讯工作任务之完成。"这是黎东汉出席全国战斗英雄代表会议时组织给他的评语,也是他传奇红色电波人生的一个写照。

人物简介:

黎东汉(1914—2007),湖南浏阳人。1930 年参加中国工农红军,同年加入中国共产党。参加了长征。曾任湘赣军区电台机务员,红二方面军司令部电台特派员,红十八师电台队长,红六军团电台队长,三五九旅电台队长、区队长,三五九旅司令部三科科长,中原军区司令部通信处处长,陕北中央前委通信科科长、西北军区通信处副处长,一兵团司令部参谋处副处长兼三科科长等职。新中国成立后,历任军委通信兵部干部处副处长、业务处副处长,通信学院第一副院长,军事电讯工程学院院长,总参通信部顾问等职。1955 年被授予少将军衔。

(刘金凤)

"革命不分先后嘛"

——毛泽东与姜齐贤

毛泽东破例为姜齐贤的母亲题字祝寿,是绝无仅有的一次。这不仅是对姜齐贤的极大鼓舞,更激励着广大八路军将士和全国人民的革命热情。从毛泽东与姜齐贤的点滴交往,可以感受到他俩坚定的人格力量、超凡的思想魅力、博大的家国情怀。

★
"革命不分先后,红军欢迎你"

1931年8月,姜齐贤所在的国民党部队奉令进驻江西,对红军进行第三次"围剿"。9月8日,其部队在兴国与泰和之间的老营盘被红军击溃。姜齐贤被俘后自愿参加了红军，在红三军七师任军医，1931年冬调任红三军军医处医务主任兼医务科科长。1932年1月，姜齐贤被提升为红三军军医处处长。

上任不久，一次突发事故让姜齐贤顾虑重重。红三军正在积极准备攻打漳州的关键时刻，有两个伤病员失去了联络。作为刚刚上任的军医处长，特别是又有在国民党部队那样一段经历，他心里十分不安，甚至产生了逃离队伍的念头。这时，红三军政治部主任李卓然找他谈话，既指出部队伤病员在战前失去联络的严重性，又宽慰地说："你才到任，对情况不熟，不会责怪你的。"李卓然的话打消了姜齐贤的顾虑。

漳州战役打响后的一天，毛泽东遇见了姜齐贤，向他询问伤病员的救护情况后说："伤病员都是我们的阶级兄弟，要全力抢救，让他们早日恢复健康，重返战斗岗位。"

毛泽东见姜齐贤操湖南口音，便问他叫什么名字，哪里人。姜齐贤第一次见到毛泽东这样高级的红军首长，心情有些紧张，很拘谨地回答："我叫姜齐贤，湖南省湘乡人。"

毛泽东见他不太自在，便以家乡话说："我也是湘乡人，我们还是老乡哩！"

一旁的李卓然向毛泽东介绍说，姜齐贤是国民党军队过来的，毕业于湘雅医学专门学校，在那边（国民党军队）是中校军医，现任红三军军医处处长。

毛泽东听了很高兴，拍着姜齐贤的肩膀说："好啊，革命不分先后嘛！你愿意参加革命队伍，走革命的道路，红军欢迎你。"接着，毛泽东又勉励姜齐贤："红军是无产阶级的队伍，是为穷人打天下的，现在帝国主义与国民党反动派想把我们红军吃掉，让中国人民永远受他们的统治与压迫，我们要消灭国民党反动派，解放全中国人民。你既然参加了红军，就要努力为红军工作，把所学的医疗技术全部贡献于人民的解放事业。"毛泽东的话，给了姜齐贤极大的鼓舞和鞭策，令他终生难忘。谈话中，毛泽东还问及姜齐贤家里还有什么人，家境如何，姜齐贤都如实做了回答。

"我可以做你的入党介绍人"

1935年1月，党中央在贵州遵义召开了政治局扩大会议，毛泽东重新回到中央领导岗位。此后,毛泽东一直与姜齐贤所在的红一军团一同长征。一次,毛泽东来到红一军团卫生部检查工作。在听取姜齐贤的工作汇报后,毛泽东非常满意,问姜齐贤:"你入党了没有?"

姜齐贤有点不好意思地回答:"还没有。"

毛泽东又问:"你为什么还不入党呢?"

这一问,姜齐贤顿时感到一股暖流传遍全身,内心非常激动,眼睛也湿润了。可是,想到自己是从国民党军队里被俘过来的,担心党组织不能吸收自己,姜齐贤委婉地以问代答:"像我这样的人也能入党吗?"

毛泽东看出了姜齐贤的心思,笑着说:"你从国民党军队来到红军,就是加入了革命的队伍。你过去加入国民党是为个人找出路,如今参加红军,是为消灭国民党反动派解放全国人民,这是一个很大的进步。你在红军中革命意志坚定,工作成绩很大,应该申请加入中国共产党。你若想入党,我可以做你的入党介绍人。"

毛泽东的话搬开了压在姜齐贤心上的石头,他紧握着毛泽东的手,激动万分地说:"好,好,我马上写申请!"

红军到达贵州安顺地区后的一天晚上,毛泽东召集军团干部开会,了解队伍的行军情况。会议开始后,毛泽东发现姜齐贤迟到了,便查问迟到的原因。姜齐贤立即报告说:"卫生部里有个伤病员拉肚子,其他4人护着他走。夜深行军,道路又窄,岔路多,不知大部队去向,5名伤病员都掉队了。我组织人员去寻找,找到他们后,我背着这个伤病员赶回宿营地,所以迟到了。"毛泽东站起身来夸赞姜齐贤:"好样的,了不起!"与会人员也都对他报以热烈的掌声。

这年12月,姜齐贤由陈赓、黄励介绍,在陕北秋林镇加入了中国共产党。

毛泽东提名姜齐贤负责军委总卫生部的工作

1935年11月,中共中央组建西北革命军事委员会,恢复了红一方面军的番号。姜齐贤任红一方面军卫生部部长。翌年2月,他随部队东渡黄河,进入山西,开辟抗日根据地。姜齐贤日夜奔波,重新组建医院,开办训练班,培养医药卫生人员,筹集药品。

当时，部队在山西补充的新兵中，有不少人患有鸦片烟瘾。姜齐贤指挥全军卫生人员马上开展戒烟工作，大讲吸食鸦片的危害，制定戒烟纪律和办法，使吸食鸦片的恶习没有在部队流传，提高了部队的战斗力。

1936年5月，中央军委任命姜齐贤为后方卫生部部长兼红军医院院长。10月，红一、二、四方面军在甘肃会宁会师后，中央军委总卫生部和总医院移驻陕北。当时，中央决定派原总卫生部长贺诚护送王稼祥去莫斯科治病，军委总卫生部长一职空缺，经毛泽东提名，由姜齐贤任军委总卫生部副部长，负责全面工作，继而改任代理部长，后任部长兼红军前敌总指挥部卫生部部长。

长征之后，总卫生部开展医疗卫生工作面临许多困难，如基本条件很多不具备，卫生机构不健全，特别是医院急需重新建设，医疗设备急需重新添置。姜齐贤上任后，重新整编，组建红军医院和部队的卫生机构；扩建红军卫生学校，招收新学员进行培训；创办制药厂，大量收购和采集中草药，自制药品及医疗用具。经过一年多的努力，红军卫生工作不仅得以恢复，甚至超过了中央苏区时的医疗卫生水平。同时，对历次战斗负伤的2800多名残疾军人进行了妥善安置，后来还成立了八路军残废军人总医院。

1938年春，国共合作的卫生勤务会议在武汉召开。经毛泽东提名，中央军委指派姜齐贤以特派员身份代表八路军医务工作者出席会议。毛泽东提名姜齐贤去武汉实际上还有一个目的，就是要姜齐贤将来华援助中国抗战的加拿大籍医生白求恩大夫请到延安去。

在武汉，姜齐贤受周恩来委托，拜会了白求恩，向白求恩详细介绍了八路军在敌后抗击日寇和八路军医疗卫生工作的情况。了解到前方药品不足、器材短缺的情况后，白求恩决心再补充一些药品、器械带往前线。武汉会议后，姜齐贤又到西安与国民党军医署驻陕办事处协商八路军的医药供应问题，然后才返回延安。

3月底，姜齐贤在延安热情地接待了白求恩，并陪同他去见了毛泽东，白求恩与毛泽东进行了长时间的谈话。之后，他又陪同白求恩参观边区政府机关、医院、学校，并为中共中央领导同志检查身体。他还邀请白求恩到边区医院给伤病员做手术。4月下旬，白求恩坚决要求到前线去医治伤病员，姜齐贤奉命陪同。

毛泽东为姜齐贤母亲祝寿

1938年夏，中央军委前方总卫生部撤回延安，与后方卫生部合并，姜齐贤仍任中央军委卫生部部长。7月28日是姜齐贤母亲刘氏七十大寿的日子。因久离家乡，他对母亲产生了深切的眷恋之情，但因抗战需要无法脱身回家为母亲祝寿，深感内疚。7月中旬的一天，姜齐贤与毛泽东、朱德、林伯渠等领导同志在谈论工作之余，顺便谈到自己的母亲70寿诞快到了，最近还收到母亲的来信，鼓励自己努力工作，将日本侵略者赶出中国，为民族解放作贡献。毛泽东听后，深受感动，随即叫身边的工作人员找来一块红绸布和笔墨，请林伯渠代为在红绸布上书写了"国之贤母"4个大字，然后，自己又亲手在右上方写上"姜母刘太夫人七十寿诞志庆"，在左下方签署了"毛泽东敬祝"字样。接着朱德也找来一块红绸布，题写了"人生七十古来稀，孟母贤劳说断机，哲嗣医疗称妙手，楼兰未斩尚戎衣"的祝寿诗。毛泽东亲自把两幅祝寿绸幛交给姜齐贤，嘱咐他寄回家，以表达八路军战士的心意。并叫姜齐贤写上一信，说明因抗战需要，暂时不能回家为母亲祝寿，待抗战胜利后，再为母亲大人隆重祝贺。姜齐贤将这两幅珍贵的寿幛寄回家（原件现收藏于中国人民革命军事博物馆），并汇了40元钱，表达他对母亲的敬意。

毛泽东、朱德很少为人祝寿，也不提倡祝寿，而这次破例为姜齐贤母亲题字祝寿，既赞誉了这位"贤母"的高风亮节，又表彰了姜齐贤对革命医务工作的忠诚。这不仅是对姜齐贤的极大鼓舞，更体现了八路军将士与人民心连心，表达了领袖对全国人民和千千万万个革命母亲的爱，激励着广大八路军将士和全国人民的革命热情。

后来，毛泽东和朱德又分别给姜齐贤母亲赠送了一张题名照片。在毛泽东的一生中，给人赠送寿幛和个人题名照片，是绝无仅有的一次。姜齐贤将两幅珍贵的寿幛和毛泽东、朱德的题名照片寄回家以后，又全心全意地投入到抗日战争中。

毛泽东要求姜齐贤"多学一些马克思主义理论"

姜齐贤在抗日前线指导战地卫生工作中,发现红军总卫生部制定的《卫生条例》已不适应敌后抗日根据地的卫生工作,因此,他在调查研究的基础上,主持重新制定了《卫生部门暂行工作条例》《暂行卫生法规》两个指导性文件。这两个文件,为进一步做好全军的卫生工作起到了积极的指导作用。

1939年5月,姜齐贤响应党中央的号召,总结卫生工作的新经验,撰写了《持久抗战中野战卫生勤务的实施》,发表在《八路军军政杂志》上。该文对野战卫生勤务的基本任务、各级卫生组织的形成、行军和作战中的卫生工作以及医务管理、业务技术、政治工作等,都做了比较详细的论述,对指导我军持久抗战中的卫生工作具有重要意义,深受毛泽东、朱德、周恩来等中央领导的赞赏。

1939年秋,毛泽东在延安的一次干部会上,号召全军干部都要学马克思主义理论,提高马克思主义理论水平。会后,毛泽东勉励姜齐贤说:"你要用钻研医疗技术的精神多学一些马克思主义理论,不断提高自己的政治理论水平。"得到毛泽东的指点后,姜齐贤认真地反思:从国民党军队到红军,由中央苏区到陕北根据地,由于长期的革命战争和长征,很少有机会系统学习政治理论,也没有把学习政治和革命理论放在心里,认为只要把业务技术工作做好了就行,因而马克思主义理论水平不高,给领导工作带来了很大不利。

毛泽东的指点,给姜齐贤指明了学习的方向。从此,每天晚上,他不顾白天的工作劳累,坚持学文件、看书报。每当中央领导作报告、讲形势,他都积极参加,认真聆听。1939年冬,姜齐贤向党组织提出去马列学院学习的请求,党组织批准了他的请求。在马列学院近一年半时间的学习中,姜齐贤掌握了马克思主义的基本原理,提高了政治理论水平。特别是通过学习刘少奇的《论共产党员的修养》和陈云的《怎样做一个共产党员》等重要著作,他进一步了解了共产党的性质、纲领和目标,明确了共产党员的标准和义务,立志要做一个合格的标准的共产党员。

新中国成立初期,姜齐贤被调到解放军高级后勤学校任副校长兼教育长。1954

年9月，中共中央批准了姜齐贤的请求，任命他为兽医局局长兼政委。1956年5月，国家农垦部成立，王震任部长，姜齐贤任副部长，具体分管高级兽医学校和畜牧工作。1961年，他任代理农垦部党组书记。1976年6月3日，姜齐贤不幸在北京友谊医院逝世，终年71岁。

人物简介：

姜齐贤（1905—1976），湖南湘乡（今娄底）人。毕业于湘雅医学专门学校。1931年参加工农红军，后参加长征，1935年12月加入中国共产党。曾任红三军第七师医务主任、军医处处长，红一军团卫生部副部长、部长，红一方面军总卫生部部长，中央军委后方卫生部部长兼红军医院院长，中央军委总卫生部副部长、代部长、部长，八路军总卫生部部长等职。新中国成立后，曾任军委卫生部副部长、部长，解放军高级后勤学校副校长兼教育长，总后勤部兽医局局长兼政委，国家农垦部副部长等职。1955年被授予少将军衔。

（朱习文）

"龙开富真是一头'茶陵牛'啊"

——毛泽东与龙开富

在"挑夫将军"龙开富的履历表里,任战士、班长及排长的证明人都是毛泽东。从给毛泽东当"书童"开始,龙开富在毛泽东身边工作了18年。毛泽东是他的启蒙老师,教他认字写字、读书看报。在毛泽东的指导下,龙开富成长为一名开国少将。

毛泽东的"小书童"

许多年后,龙开富回忆往事时,曾感慨地说:"如果我的那些战友不倒下,毛主席文稿会留下更多，《毛泽东选集》也就不止五卷了。"这还得从他给毛泽东当"书童"说起。

1908年，龙开富出生于湖南茶陵一个贫苦的农民家庭。4岁时，母亲病逝，他被过继给了舅舅，后又跟着当泥水匠的爷爷学做泥瓦工，还跟邻居学了些武术。

1926年，正值大革命高潮时期，农民运动风起云涌。少年时所遭受的压迫与剥削，燃起了龙开富心中反抗的怒火，他总想着有一天要打破这黑暗的旧世界，于是参加了农民协会。他积极地与地主豪绅进行斗争，成了他们的眼中钉。在一次与土豪劣绅的斗争中，他用刀捅伤了地主家的少爷。在家乡待不下去了，于是龙开富决心外出寻找革命队伍。

1927年11月，工农革命军打下茶陵县城，龙开富在茶陵见到了毛泽东。毛泽东亲切地问他是哪里人，多大了，为什么要从家里跑出来。龙开富告诉毛泽东："湖南茶陵人，18岁了。在家捅伤了地主家少爷待不下去，就跑出来了。"

"你18岁就敢捅伤地主家少爷，将来准会有出息。"毛泽东称赞道，然后对他说："咱们还是老乡呢！跟我走吧。"龙开富当时不知道他就是毛泽东，旁边一位同志跟他说："他就是党中央派来的毛委员！"

龙开富一听，兴奋极了，连声说："行，行，太好了！"

就这样，龙开富来到以毛泽东为首的前敌委员会工作，在前委警通排当了一名警通员。当时，为了知己知彼，更好地与敌人进行斗争，每解放一个城镇，毛泽东就会收集敌人逃跑后留下的报纸和书刊并带回来进行分析，从中了解敌人动向。毛泽东看龙开富很机灵又忠诚，便给他布置了任务："部队打到哪里，你就去哪里找报纸、找书。找到后，就背回来给我看。我不要了的，也由你负责烧掉，要留下的由你保管。"前委机关所有的印章、文件以及毛泽东的文稿、书籍，全装在两个大皮箩里由龙开富挑着走，日夜看管。毛泽东对机警的龙开富很是喜欢，常亲切地叫他"小书童"。

有一次，龙开富按毛泽东的指示随三十一团一营前往茶陵高垅的谭延闿家收集报纸。中途，部队奉命折往江西永新，长途奔袭赣敌，留下他一个人挑着六七十斤重的书报。他冒雨步行100多里山路，走了三天才回到茅坪，没有淋湿更没有丢失一份资料。

在险象环生的长征途中，龙开富竭尽全力守护着毛泽东的书稿和文件。遵义会议之后，毛泽东要龙开富再找几个人，单挑中央文件、材料。于是，龙开富找了七八个人和他一起负责运送、保管文件。很多时候挑着皮箩不便行走，龙开富他们就会把毛泽东的书稿和文件打成一个包袱，背在身上。到达陕北后，给毛泽东背文件的只剩下他和另外一个人，其余的同志都英勇牺牲了。由龙开富背的文稿，却一页都没丢，全部带到了陕北。凭着"命在文稿在"的信念，龙开富挑着皮箩、背着文件走完了二万五千里长征。

★ 毛泽东手把手教他识字

1928年2月下旬，工农革命军攻克了江西宁冈的新城，龙开富立即从城里的田赋管理处将两大箩筐"书报"挑回来给毛泽东。他满以为毛泽东会表扬自己，谁知毛泽东伸手在箩内翻了翻，无奈地笑着说："唉，开富这小鬼，你挑来的是一担田赋清册，哪里是什么书刊报纸？"

龙开富苦笑着："毛委员，我也不知道你究竟要些什么书报？"

"我要的是马列主义的书，反动派的报纸，懂吗？"毛泽东注视着龙开富。

龙开富十分着急："我睁眼不识半个字，怎能认得出什么马列主义的书？"

毛泽东理解地说："哦，你不识字，这也难怪。来，我教你认字，首先就教你认'马列主义'4个字吧。"从此，毛泽东就亲自辅导龙开富学文化，并手把手教他写字。

当时井冈山上，纸张十分匮乏，毛泽东就把抽烟剩下的香烟盒收集起来，裁成扑克牌大小，每个纸块上写一个字。毛泽东教学方法十分灵活。他每天先教龙开富等几个警卫员认一个字，几天之后，再把这几个字拿出来，让他们连起来读。几个字连在一起就是一句革命口号，如"共产党是革命的组织，我们工农红军是老百姓的队伍"等。有时他还会把警卫员们都叫过来，练听写并考试。大家交卷后，毛泽东则会一一批阅，把错字改正后才去休息。即使行军了一天，在十分疲倦的情况下，毛泽东仍然会考查龙开富当天的学习情况。在毛泽东的耐心教导下，龙开富学识字进步很快。从最开始的一天只识几个字，变成了后来一天学会30多个字。龙开富认识的字越来越多，几个月之后，居然还能试写些东西了。

龙开富学习用功，工作不怕艰苦，革命意志坚定，思想觉悟提高很快，于1928年4月由谭政介绍加入了中国共产党。

第一次反"围剿"胜利后，红军缴获了敌总指挥张辉瓒的两支派克金笔。在那个时候，别说金笔了，就是普通的钢笔都少有。毛泽东很高兴，将其中一支笔送给龙开富，并鼓励他说："继续好好学习。"而另一支笔送给了周恩来。

多年来，龙开富一直不忘毛泽东的嘱咐："干革命，不光要会打仗，还要懂得马列主义；要懂得马列主义，就得学文化。"在毛泽东的亲自教导与安排下，龙开富认真学习文化和革命理论，并在毛泽东的安排下先后四次进入军校、党校学习。龙开富从一个大字不识的贫苦农民，逐步成长为共产党的高级干部。

大柏地与毛泽东一起上阵杀敌

1929年1月，为应对敌人对井冈山革命根据地的"会剿"，毛泽东提出内线作战与外线作战相结合的策略，第三十团、三十二团留守井冈山，毛泽东、朱德率二十八团、三十一团及军部特务营、独立营3600多人出击赣南。龙开富挑着皮箩跟随毛泽东一起下了山。

2月10日，大年初一这天，红四军在大柏地将"追剿"的刘士毅旅两个团诱入伏击圈。双方正在激战，突然一股敌兵冲到毛泽东及警通排附近。毛泽东发现此时已没有了退路，便立即命令警通排上阵杀敌。排长贺庆元请示毛泽东："我们去杀敌，谁来保护您？"

"我不要保护了，"毛泽东说："我也上！给我枪，一起去冲锋。"

一直守着一担皮箩的龙开富见毛泽东要冲锋了，便马上拿起扁担冲到毛泽东面前，说："我也去冲锋！"

毛泽东急了："你守着皮箩，那些文件很重要！"

贺子珍此时身怀有孕，不方便上阵，就立即对毛泽东说："皮箩我来守。"

龙开富把装有文件的皮箩交给贺子珍保管，拔出双枪护在毛泽东身前。谁知毛泽东劈手从他手中夺过一支驳壳枪，高喊着："冲啊！"率先向敌人冲去。警通排的战士立即冲上战场，与敌军拼杀。贺庆元和龙开富等人紧挨着毛泽东，一边保护他的安全一边英勇杀敌。在毛泽东的带领下，警通排以一当十，干净利落地消灭了敌人。其他红军战士知道后，受到极大的鼓舞，鏖战至11日下午，全歼被围之敌。这是红军下井冈山以来的第一次大胜仗。在这命悬一线的战场上，龙开富目睹了毛泽东举枪冲锋的英姿。

到达瑞金后，部队整编，要对警通排3个班的人员进行补充和调整。这时，毛泽东提议："龙开富力大无穷，扁担能打仗杀敌，去当班长。"于是，龙开富任警通排一班班长。

"不管你去哪里，我都跟着"

1929年6月22日，红四军党的第七次代表大会在福建龙岩召开。大会改选前委，原由中共中央指定的前委书记毛泽东没有当选。会后，毛泽东离开红四军主要领导岗位，以前委特派员身份到闽西休养并指导地方工作。当时，龙开富所在的警通排隶属红四军编制，不允许跟着毛泽东到地方上去。失去军权又屡遭打击的毛泽东问龙开富："你跟不跟我走？"

龙开富毫不犹豫地回答："不管你去哪里，我都跟着。"于是，龙开富带着警卫班担负起了护送毛泽东去上杭蛟洋参加中共闽西一大的重任。

7月20日至29日，毛泽东出席并指导中共闽西一大，但中途病倒了。毛泽东疟疾病情反复，卧床不起。为让毛泽东安心治病，龙开富带着警卫班用担架抬着化名为"杨先生"的毛泽东，几经辗转，来到了离永定县城60里的岐岭乡牛牯扑的青山下安顿。

不料消息走漏，敌人认定"杨先生"就是共产党的大人物，集结了六七百名民团兵向岐岭扑来。面对敌强我弱的形势，中共岐岭支部书记陈兆祥急促地安排赤卫队队员将"杨先生"紧急转移。当时毛泽东因疟疾复发，高烧无力，不能行走。赤卫队的陈奎裕、陈添裕等人就用担架抬着毛泽东走。刚一动身，敌人就冲了过来。龙开富带着警卫班顽强阻敌，掩护陈奎裕他们护送毛泽东撤离，直到晚上才摆脱敌人。第二天，毛泽东在警卫班和赤卫队的护送下，一站接一站，被秘密护送到上杭，终于脱离了险境。面对敌人的枪口，龙开富做好了为保护毛泽东牺牲自己的准备。在危难时刻，他表现出对毛泽东的无比忠诚。11月下旬，陈毅根据中央九月来信，到上杭来接毛泽东参加红四军党的九大，龙开富带着警卫班跟着毛泽东重回红四军。

1934年10月，中央红军主力开始长征，毛泽东被编进第一野战纵队的中央队。那时的毛泽东被排挤，处境孤立，心情郁闷，用他自己的话说"连鬼都不上门"。而龙开富已是红一军团司令部第四科科长，听说毛泽东在中央队，便急匆匆地赶了过来，说："主席，我还是跟您走！"毛泽东问道："你跟我走，那个科长怎么办？"龙开富回答道："两边当着，保证不误事！"毛泽东看了看他，欲说无言，很是感动。

龙开富一来就找了一副皮箩担子，对毛泽东说："主席，您的那些文件、书稿很重要，还是由我来挑。"毛泽东感激地看着他，不再言语。

从此，龙开富又像从前那样，挑着一担皮箩，跟在毛泽东的身边。他早已磨炼出了一副"铁肩"，两皮箩东西，不论轻重，一挑上肩后都能疾步如飞。毛泽东看他如此起劲便笑说："龙开富真是一头'茶陵牛'啊！"

★ "龙开富怎么没来？"

1937年的一天，曾上井冈山的一些老战友们一起看望毛泽东。谈话间有人提议："主席，我们井冈山下来的同志们一起合个影吧！"毛泽东是个很重感情的人，当即十分爽快地答应了。

此时，摄影师已经架好了相机，大家迅速围在毛泽东身边站好准备拍照。突然，毛泽东发现人群中少了龙开富的身影，就问："龙开富怎么没来？"当毛泽东听说他上山去开荒了，连忙说："大家等一等，把他叫来。"

龙开富听说毛泽东叫他，立即把镢头一放，跑下山来，满身是汗，来不及洗脸换衣服，就赶到毛泽东身边。毛泽东说："你不戴帽子怎么行，快戴上我这顶吧。"等龙开富把帽子戴好才合影。

多少年过去了，龙开富一直将这张照片带在身边。无论是在机关，还是下连队，走到哪里他就将相片带到哪里。龙开富说："看到照片上主席那熟悉的目光，就是一种鞭策、一种鼓励、一种关爱，催人奋进。"

★ "今后还是抽空多来走走"

毛泽东是个很念旧和重感情的人，总是细致入微地关心着身边工作人员的学习和生活。1950年，毛泽东给龙开富写了一封亲笔信，信中写道：你现在是一个领导干部了，要注意谦虚谨慎，好好学习，多为人民服务。做领导干部，要多深入实际，调查研究，密切联系群众。这封信让龙开富明白了：现在全国的解放只是万里长征走完的第一步，以后的路更长，任务更艰巨。他暗下决心要在革命的道路上勇往直前。

1956年，龙开富因为工作原因到了北京，他实在太想毛泽东了，所以一到北京就去看望了毛泽东。

一进门，毛泽东便笑容满面地拉着他的手问："你怎么好久没有来？"龙开富不好意思地回答说："事情太多，工作太忙了，早就想来了！""忙？好啊！"毛主席笑着说："但也要劳逸结合，今后还是抽空多来走走。""一定会来！"龙开富肯定地回答。

毛泽东要龙开富留下来吃饭，两人边吃边交谈。毛泽东问："你现在学习怎么样？"龙开富回答说："读主席的书，看报纸都没有问题！""这就好，这就好！学无止境，贵在坚持！"接着毛泽东又问："身体怎么样？"龙开富拍着胸脯，像个孩子似的说："身体很好，还没有住过医院哩。"毛泽东高兴地笑了。

龙开富从18岁起就跟随毛泽东，在他身边工作了18年，不管毛泽东处于何种境地，不管遇到多少困难危险，他都始终坚定不移地跟着毛泽东。1976年9月9日，毛泽东逝世。龙开富得知这一噩耗后，当即瘫坐在椅子上。

1977年初，已经是肺癌晚期的龙开富病情加剧，时而昏迷时而清醒。1月28日，龙开富突然神志清醒了一会儿，他既没向家人交代任何事，也没向组织提任何要求，只说了一句："我跟了毛主席一辈子，还想回到他身边。"不久，龙开富病逝，终年69岁。

人物简介：

龙开富（1908—1977），湖南茶陵人。1927年参加湘赣边界秋收起义，后编入工农革命军。1928年加入中国共产党。曾任红军总政治部通信排长，中央军委警卫团连长兼连政委，红一军团炮兵营政委、军团第四科科长，中央军委直属政治处主任，中央军委警卫营营长，商业管理处处长，辽西军区后勤部部长，东北民主联军第七纵队后勤部部长，第四野战军四十四军后勤部部长等职。新中国成立后，曾任东北军区后勤部卫生部副部长，沈阳军区后勤部副部长、后勤部第二政委等职。1955年被授予少将军衔。

（曹　阳）

"管图参谋当了警卫团长"

——毛泽东与黄霖

提到延安时期的中央军委警卫团，首先想到的就是曾被毛泽东称为"管图参谋"，22岁就调入中央军委警卫团成为首任团长的黄霖。黄霖与毛泽东共事时间不长，但在那段时间却是朝夕相处，他直接为中央首长服务，保卫着中央领导机关的安全。从那时起，毛泽东亲切的乡音、慈父般的关心以及悉心的教导，就已经深深刻在了黄霖的心中。

"管图参谋"

红军长征到达陕北不久，1935年11月，黄霖所在的红一方面军利用有利地形，在直罗镇打了一场漂亮的进攻战。在战斗中，黄霖腹部受了重伤，开始在医院进行治疗，后随部分团、营干部转蟠龙镇养伤。当得知毛泽东率领渡河东征的主力部队凯旋，待不住的黄霖便同部分病友赶往当时的中央驻地瓦窑堡，一心想着找到主力部队好上前线。

主力部队未找到，倒是在永平镇碰到了周恩来。黄霖曾在1933年第四次反"围剿"的高虎垴战斗中与周恩来见过面。没想到3年过去了，周恩来还是一眼就认出了他。几番寒暄，了解情况之后，黄霖就在周恩来的安排下回到了瓦窑堡。

养伤的这几个月可把黄霖憋坏了，现在回到瓦窑堡，他就时刻想着周恩来能安排自己上前线，至少也得有个事做。周恩来经不住黄霖的"泡蘑菇"，考虑到黄霖伤还未愈，索性就安排他在军委统帅部里管地图，对今后指挥作战也有好处。

管地图这事，听着简单，实际相当麻烦。军用地图不仅数量众多，还必须根据每天的情报密件进行实时更新。对于每支部队专用的小军用图，有时甚至需要具体记清楚部队的减员和增补情况，以备在首长看地图时详细汇报，特别考验耐性和记忆力。但也只有这种精准细致的作战地图，才能让指挥员一目了然地看清敌我形势，作出正确的作战部署。

一天晚上，首长们像往常一样聚在一起研究战况，挤满了一屋。毛泽东见人都到齐了，便招呼大家："来，来，都坐下，听我们的'管图参谋'讲讲吧！"这话引得满屋子一阵笑声，黄霖的脸一下子红了。从此，毛泽东给他封的这个"管图参谋"就在军委统帅部传开了。也就是从那次起，首长们一来研究战况就点名要"管图参谋"先给大家讲讲情况。

毛泽东每次来都有个习惯，总是坐在地图近处，点一支烟，一边听黄霖介绍，一边琢磨，每听到关键信息，总会发问"为什么"，有时一连好几个"为什么"，把黄霖搞得心怦怦跳，脸红扑扑的。这项工作对于好动、性子急、文化水平低的黄霖来说，能做好实属不易。毛泽东见黄霖十分卖力，又很积极，常鼓励他，让他在一时答不上的时候认真想想，说他读书虽少，接受能力却挺快，学识图没几天就晓得了这么多东西，不简单。

这份不简单，黄霖可花了不少功夫。

"军事接管"

1936年底红军进驻延安前,中央军委决定组建警卫团,由原来的军委警卫营和红四方面军总部通讯营合编而成,年仅22岁的"管图参谋"黄霖调任中央警卫团团长。据黄霖回忆,毛泽东曾开玩笑说:"'管图参谋'当了警卫团长,高升了哇!哈哈……管地图,没人偷,是丢不了的,这管活人,弄不好,当心走溜了哟!"逗得大家哈哈大笑。黄霖明白,毛泽东是在提醒他警卫团工作的重要性。

那时候,警卫团不仅是处理中央军委各项日常事务的工作队,还是联系各统帅部门、战斗部队和人民群众的服务队,更是随时应付内外敌人破坏的战斗队。1937年1月,中央领导机关由保安县迁往延安就是黄霖率警卫团打的前站。

延安城位于黄河中游,处在宝塔山、清凉山、凤凰山三山鼎峙,延河、汾川河二水交汇之处,在历史上有着"边陲之郡""五路襟喉"的特殊战略地位,向来是兵家必争的咽喉要地。根据西安事变和平谈判签订的有关协议,驻扎在延安的东北军两个师退出延安,由我军接管。所谓"打前站",实际上是由红一团和中央警卫团提前进驻延安,实施军事接管,保证中央机关的安全迁入。当时,国民党军队虽已全部撤离延安城,但是延安府衙、警察和宪兵专署等机构的人员都还留在这里。这些人明里不敢捣乱,暗地里却到处搞破坏,这让身为警卫团团长的黄霖丝毫不敢松懈,总琢磨着怎么把这些残留人员全部赶走。为了不破坏国共两党的合作协议,黄霖也只能先做好防备,等待时机。于是,黄霖便在保安团通向总部机关的必经之地布置战斗力强的连队;在毛泽东等中央领导的住处增派岗哨;在制高点宝塔山、清凉山及各城门相连接的城墙上都进行了详细部署。

恰巧机会来了。一天深夜,黄霖从保卫局回来的时候,在大砭沟发现两个身穿警服的国民党延安府衙人员在偷剪电话线。这可把黄霖气坏了,当场就开枪撂倒了一个,另一个窜进附近的府衙。黄霖带人冲进府衙抓人,把府衙里的伪县长给惊动了。这个姓马的伪县长见过黄霖,现在人证物证俱在,他只能哈着腰,哑口无言地站在那里。

后经交涉，国民党伪县政府的所有机构都搬到延安城南门外的七里铺。这事传到毛泽东那里，他满意地对黄霖说："黄团长啊，这事办得不坏嘛！所谓'军事接管'，本身就是权力啊，也不排除使用军事嘛。他们好好在这里，共同抗日救国，我们欢迎；他不抗日救国，安静玩乐，我们也不欺负他；他要是捣乱破坏，这就不允许了嘛！叫他们离开点，也好。不坏，不坏呀！"毛泽东的一番表扬，让黄霖满心欢喜，更增添了保卫中央领导机关安全的责任感。

时隔不久，1937年2月，国民党扬言进攻延安。宜川、西安一线的二十四军李之奎，榆林一线的八十四军高双成，米脂、瓦窑堡一线的八十六军高桂滋相继进犯。黄霖考虑到外调主力部队回延安时间太长，而本地武装和警卫团人数又有限，他只能紧急动员，把城内所有机关人员都调动起来，就地设法守卫延安。

毛泽东倒是淡然，依旧吸着烟，把黄霖喊到跟前，说："警卫团长，你成了延安的守备司令了哇。你说说，如果敌人一个步兵团进攻清凉山，你打算怎么守？"

黄霖自打当了警卫团长，对延安城的情况倒也熟悉，时常又跟在首长们身旁研讨战术。见毛泽东发问，他便把想法说了出来："控制高地，阻敌前进嘛！"

毛泽东又问："能守多久？"

黄霖迅速回答："一个步兵连守三天三夜没问题。"

"两个团来了呢？"毛泽东神情稍显严肃地又问。

"我至少可守两天两夜。"黄霖顿了顿，又说，"还要看哪个部队进攻，要是高桂滋八十六军的那些土匪烟鬼们，我还可守它一个星期哩！"

毛泽东很满意黄霖的回答，黄霖的确成长了不少。之后，黄霖也不时给首长们送些惊喜。他带领4个手枪排来了个主动还击，突然戳进敌军驻甘谷驿的师部，不仅把敌师部吓退，还活捉160多个俘虏。黄霖手底下的二连硬是在宝塔山把一个想突袭的保卫团给打退了，并主动追击敌人，俘获了八九十名敌兵。后来，他又安排政委侯正果来了个急行军，赶到延长县城，将敌军阻击在城门以外。黄霖率部时而主动进攻，时而多点出击，时而坚守拒敌，靠着这些出其不意的战术，把来犯的敌人打得晕头转向，使他们不敢再贸然进攻。

自力更生渡时艰

中央领导机关迁驻延安之初，生活条件很艰苦，每人每天只有4分钱的菜金。由于国民党对延安地区的封锁，粮食供应短缺，衣服、鞋子那更是稀罕品。

为了解决缺粮、缺物资的困境，毛泽东提出用老法子，发动群众，自己出主意、想办法。黄霖按照毛泽东的方法，召开了几次专门会议，听取了大家的意见后，就带着警卫团的战士开垦荒地，种点蔬菜瓜果，还养了些羊和鸡。毛泽东知道这事后，专门夸奖警卫团做得好："红米饭南瓜汤，这是我们井冈山的传统嘛！长征吃树皮、草根也撑过来了。延安短几天粮，怕么事嘛，熬黑豆、炒野菜，不也可以过嘛。你们种了菜，做得好嘛。自己动手，艰苦奋斗，用双手才能摆脱困难哟！"

黄霖见毛泽东等中央领导日理万机，吃的却是跟战士一样的白菜、萝卜，人都瘦了，就总想着弄点什么好吃的给他们补一补。刚好有一天，黄霖见团部桌上多了一碗肉，赶忙问警卫员，原来是步兵二连打了一头野山羊。延安周围都是山，山里的野味也不少，这可给黄霖提供了一个改善大家伙食的好办法。经总参谋部同意，在保证安全和不伤害老百姓家畜的前提下，黄霖让二连再打点野味，改善改善伙食。野味是打回来了，给中央领导挑着送过去的时候，毛泽东坚持大家分着吃，只送给他应分的一份就行。毛泽东处处讲究平等，始终为大家着想，给黄霖留下了深刻的记忆。

后来，战士们找到了藜子草，由老红军教着打起了草鞋；弄到了木坨坨，安个铁丝钩子，转动着纺起毛线，制作起毛背心。黄霖把这些团里自己开展生产、自己动手的事跟毛泽东汇报，毛泽东不时点头微笑，说："穷不要怕，苦也不要紧。这是暂时的、短时期的。我们要有志气，有门道。有了志气，有了门道，一切穷苦和困难，都能被我们克服嘛！"

受命营救遇险的周恩来

党中央迁驻延安时，流窜在周边的土匪有数千人，他们主要受国民党顽固派操纵利用，在苏区抢劫掳掠、杀人放火，破坏我党的地方政权组织，暗杀党的高级干部和工作人员，被称为"政治土匪"，主要头目是姬延寿和李清伍。他们获知周恩来要经西安前往南方参加国共两党谈判的情报后，准备攻击周恩来的车队。

劳山是陕北黄龙山的余脉，东西走向，横亘在延安与甘泉县之间，是延安南边的门户。当周恩来的卡车行进到劳山北麓的湫沿山时，遭遇埋伏在此土匪的袭击。黄霖是看着周恩来一行上车向西安进发的，但是他没料到他们会在劳山被土匪袭击。好在警卫团在附近山上设有一个通信班，虽被割断了一条与甘泉联系的电话线，但是还有一条直接通往延安总参谋部的电话线。当听到此起彼伏的枪声，通信班迅速与延安总参谋部取得联系，上报情况。

毛泽东闻讯后，命黄霖带领警卫团去营救周恩来。黄霖冲出团部，迅速集合警卫团的部分战士。总参谋长刘伯承则命令将供中央首长使用的马匹统统牵来。毛泽东匆匆赶到中央警卫团，面带忧色地叮嘱黄霖："什么也不需要顾虑，无论如何要把周副主席救回来！"在毛泽东急切的目光中，黄霖领着警卫团的战士策马飞奔，向劳山方向赶去。

往日，即使天塌下来的事儿，运筹帷幄的毛泽东都是轻轻松松的，有时还乐观地开玩笑。但是，这次周恩来劳山遇险，着实让他心惊了一把，心中也是诸多疑问。虽已将身边的警卫团长黄霖派出去营救，但毛泽东还是稍显焦虑。

黄霖马不停蹄赶到劳山遇袭处，看到土匪正在卡车上哄抢财物，立马开枪击毙两个，其他土匪被这突来的枪声吓蒙了，仓皇逃跑。黄霖在附近的树丛里找到了突围出来的周恩来，心中悬着的石头总算是落了地。按照毛泽东的指示，黄霖的首要任务是将周恩来安全地护送回延安。

回到延安城，毛泽东见到周恩来很是激动。毛泽东用少有的方式，紧紧握住周恩来的手，彼此望着对方好一阵子，才开始交谈。

这次血的教训之后，黄霖更加小心谨慎地保卫着中央领导们的安全，严密控制中央领导活动的消息。

难忘主席教诲

黄霖曾回忆说："我当中央警卫团团长……在我印象中的毛泽东，随和、亲切、幽默、风趣，完全没有帝王之尊，神灵之气。他像慈父般地关心我、疼爱我，有时还跟我们开玩笑，把我逗得哭笑不得、尴尬难言。可我还是喜欢他，尊敬他，爱戴他……"黄霖能够从一个连长成长为后来的开国少将，在很多方面都得益于毛泽东在延安时期的悉心教诲。

毛泽东最初见到黄霖的时候，就询问过他关于学习文化的经历。黄霖的老家在湖南省浏阳文家市，就是毛泽东1927年率领秋收起义部队会师的地方。他家里穷苦，8岁时母亲去世，父亲拼命干活养家，供他上了半年学。后来参加了红军，当上了连长，黄霖发现自己连全连人员的花名册也认不全，才再次识起字来。他要求当时身边的文书，不管再忙也要每天教他认三到五个字。也就这样，花了近一年的时间才算是把简单的识字关给过了。讲这些的时候，刚好黄霖的老首长刘亚楼也在，毛泽东就半开玩笑地指着刘亚楼，笑着说："你这个师政委可要挨批哩！光要人家连长冲锋杀敌，怎么不考虑他喝点墨水，学点马列和孙武兵法呀？你给他安排嘛，在适当的时候，给他一个学习机会嘛！"

"是！"刘亚楼笑着当场点头答应。后来，他还真给黄霖安排了去抗大学习。

除了这次，毛泽东还亲自教过不少工作方法和革命道理给黄霖。有一次，毛泽东留黄霖一起吃饭，聊到各地饭菜做法不同的时候，突然发问："'调查研究'4个字，你懂它的意义吗？"

黄霖按照他自己理解的意思粗略地讲了一遍。毛泽东点点头，补充说："'调查'两个字，就是去了解、查问嘛；'研究'两个字，就是在了解和查问过程中，经过自己头脑分析和理解嘛！我们的工作，要讲实事求是，从实际出发，这就一刻也离不开调查研究啊！"

对于黄霖来说，这顿饭不仅是填饱了肚子，还填充了脑子，学习了革命工作方法。

　　毛泽东还同黄霖讲起过井冈山时期、长征路上，以及到达陕北后同当地群众相处的故事。毛泽东教导黄霖，作为团长不仅要带好兵、打好仗，还要将做好老百姓的工作当成大事来抓，并告诫黄霖："我们的军队，我们的党，不同于国民党的根本一条，就是我们是来自人民，服务于人民的，也是爱人民的。我们不是把自己称为人民的子弟兵吗？我们不是把我们的战争叫做人民战争吗？我们不仅过去靠了人民，现在还要靠人民群众，将来赶走日本鬼子，建立人民政权，都得靠人民群众！正因为这样，我们必须重视人民群众的工作，搞好军民关系。"

　　毛泽东的这番教诲，后来一直铭刻在黄霖的心里，时刻提醒着他，指引着他。

人物简介：

　　黄霖（1914—1986），湖南浏阳人。1929年参加中国工农红军。1931年加入中国共产党。参加了中央苏区历次反"围剿"和长征。曾任中央警卫团团长、八路军一二〇师三五九旅教导营营长、新四军第五师二纵队司令员兼政委、河南挺进兵团司令员、河南军区司令员兼政委等职。新中国成立后，曾任益阳军分区司令员兼益阳地委书记、中南军区防空司令部副司令员、广州军区防空军副司令员、广州军区空军副司令员等职。1955年被授予少将军衔。

（许　兴）

参考文献

［1］中共中央党史研究室. 中国共产党的九十年［M］. 北京：中共党史出版社，2016.

［2］《彭德怀传》编写组. 彭德怀传［M］. 北京：当代中国出版社，1995.

［3］李智舜. 毛泽东与十大元帅［M］. 北京：中共中央党校出版社，1996.

［4］少华，大立. 彭德怀与毛泽东［M］. 湖南：湖南人民出版社，2018.

［5］汤胜利. 出兵朝鲜决策中的毛泽东和彭德怀［J］. 福建党史月刊，2000，10（15）16-19.

［6］孙东升. 横刀立马的彭大将军——史说毛泽东《六言诗·给彭德怀同志》［J］. 新湘评论，2008，10（10）：62-63.

［7］王福生. 毛泽东与贺龙［M］. 北京：中国青年出版社，2008.

［8］刘秉荣. 建国后的贺龙［M］. 北京：当代中国出版社，2007.

［9］中共中央文献研究室. 毛泽东年谱［M］. 北京：中央文献出版社，1993.

［10］贺龙年谱编写组. 贺龙年谱［M］. 北京：中共中央党校出版社，1988.

［11］欧阳青. 延安时期的毛泽东与贺龙［J］. 湘潮，2006（6）：4-8.

［12］王颖. 毛泽东与贺龙：一个欣赏，一个尊重［J］. 湘潮，2018（7）14-17.

［13］邓力群，马洪，武衡. 罗荣桓传［M］. 北京：当代中国出版社，1991.

［14］张雄文. 多是横戈马上行：野战主将粟裕［M］. 北京：中国文史出版社，2016.

［15］张雄文. 名将粟裕珍闻录［M］. 太原：北岳文艺出版社，2009.

［16］中共湖南省委党史研究室. 共和国第一大将粟裕［M］. 长沙：湖南人民出版社，2008.

［17］毛泽东. 毛泽东军事文集［M］. 北京：军事科学出版社、中央文献出版社，1993.

［18］中共江苏省委党史工作办公室. 粟裕年谱［M］. 北京：当代中国出版社，2006.

［19］唐正芒，张春丽."日常谈话"视域下的毛泽东与湘籍将帅情［J］. 毛泽东思想研究，2019，36（3）：32-40.

［20］史真. 粟裕：高风亮节三让位［J］. 党史文汇，2017（9）：36-37.

［21］何梓林，夏远生. 二十世纪湖南人物［M］. 长沙：湖南人民出版社，2001.

［22］郑博，肖思科. 黄克诚大将［M］. 北京：解放军文艺出版社，2005.

［23］李智舜. 毛泽东与十大将［M］. 北京：中共中央党校出版社，1995.

［24］滕建平，夏文君，潘伟德，昭质. 史海探迹［J］. 新四军第三师在盐城，2014（03）：56.

［25］丁星. 勇于直言的黄克诚［J］. 铁流，2013（08）：90-99.

［26］王子君. 黄克诚：毛泽东三次点将的人［J］. 湘潮，2018（01）：29-33.

［27］李柱江，刘建皋，马长志. 九起九落黄克诚［J］. 百年潮，2013（9）：8-16.

［28］李春林. 黄克诚：讲了一辈子真话的人——《黄克诚自述》编辑札记［J］. 出版科学，2004（6）：78-79.

［29］《黄克诚传》编写组. 黄克诚传［M］. 北京：当代中国出版社，2012.

［30］华小勇. 黄克诚的三大突出贡献［J］，党史文苑，2013（7）：28-31.

［31］穆欣. 陈赓大将［M］. 北京：新华出版社，1985.

［32］朱奎玉. 陈赓大将画传［M］. 四川：四川人民出版社，2009.

［33］剑钧. 毛泽东与大将陈赓［J］. 党史博采，2001（01）：6-9.

［34］廖可. 陈赓酒谏毛泽东［J］. 党史纵横，2011（10）：46-47.

［35］乔希章. 谭政大将［M］北京：解放军文艺出版社，2005.

［36］孙国. 毛泽东与萧劲光的特殊情谊［J］. 兰台内外，2010（5）：48-49.

［37］王嘉翔. 大将许光达［M］. 辽宁：辽宁人民出版社，1998.

［38］晓佩. 毛泽东与将帅［M］. 湖南：湖南少年儿童出版社，1993.

[39] 张树德. 许光达大将［M］. 四川：四川人民出版社，2009.

[40] 何立波. 情系人民装甲兵的毛泽东［J］. 世纪风采，2018（10）：3-9.

[41] 何立波. 共产党人的明镜［J］. 新湘评论，2016（13）：22.

[42] 刘岩. 明镜——新中国将帅让衔美名扬［J］. 党史博览，2007（11）：30-34.

[43] 姚新婧. 毛泽东与许光达大将的革命情谊［J］. 湘潮，2018（11）：10-13.

[44] 中国人民解放军《中国人民解放军高级将领传》编审委员会，中国中共党史人物研究会《中国人民解放军高级将领传》编纂委员会. 中国人民解放军高级将领传［M］. 北京：解放军出版社，2007.

[45]《王震传》编写组. 王震传［M］. 北京：人民出版社，2008.

[46] 梅兴无. 毛泽东器重的爱将王震［J］. 党史博采，2018（05）：39-44.

[47] 王保成. 毛泽东称赞王震将军"有创造精神"［J］. 党的建设，1993（05）：40-41.

[48] 张纪，兵者. 邓华画册［M］北京：中央文献出版社，2005.

[49] 石海. 我军优秀政工干部——甘泗淇［J］. 老年人，2014（7）：25-28.

[50] 吕健，王奇. 毛泽东群众路线思想的历史演进研究［J］. 辽宁广播电视大学学报，2019（2）：12-14.

[51] 孟红. 朱良才：被毛泽东称为"军之良才"［J］. 党史纵览，2017（09）：36-40.

[52] 叶介甫. 第一个主动退出领导岗位的开国上将［J］. 文史博览，2016（08）：30.

[53] 朱新春. 军之良才——回忆我的父亲朱良才［J］. 党史博采（纪实），2015（11）：29-34.

[54] 朱新春. 朱良才发表四篇文章的前前后后［J］. 湘潮（上半月），2013（02）：20-23.

[55] 中共平江县委党史办、平江县民政局. 平江将军传［M］. 北京：海潮出版社，1991.

[56] 苏振兰. 苏振华在抗日军政大学的烽火岁月［J］. 湘潮，2010（8）：20-23.

[57] 夏明星，苏振兰. 军政兼优的开国上将苏振华 [J]. 党史博采, 2010 (11)：8-11.

[58] 良驹. 毛泽东与苏振华上将 [J]. 党史天地, 2007 (06)：9-15.

[59] 唐洲雁. 毛泽东与新中国外交方针的确立 [J]. 毛泽东研究, 2011 (03)：19-20.

[60] 中共湖南党史研究室. 中国共产党湖南历史 [M]. 湖南：湖南人民出版社, 2008.

[61] 李聚奎. 李聚奎回忆录 [M]. 北京：解放军出版社, 1986.

[62] 李卫雨，陈法僧. 上将李聚奎 [M]. 北京：中共党史出版社, 2009.

[63] 叶介甫. "将圣" 李聚奎 [J]. 文史春秋, 2014 (12)：48-54.

[64] 赤男. 首任石油部长李聚奎上将的短暂任期和离职之谜 [J]. 党史博览, 2003 (09)：37-41.

[65] 马宏骄. 毛泽东与战将李聚奎 [J]. 文史春秋, 2007 (05)：23-26.

[66] 肖思科. "将圣" 李聚奎 [J]. 党史博览, 2002 (07)：30-35.

[67] 李智舜. 毛泽东与他的开国上将 [M]. 北京：中共中央党校出版社, 1995.

[68] 舒云. 百战将星丛书. 杨勇上将 [M]. 北京：解放军文艺出版社, 1999.

[69] 夏明星，吴宏伦. 勇冠三军的解放军上将杨勇 [J]. 党史博采（纪实）, 2007 (04)：8-11.

[70] 杨得志. 杨得志回忆录 [M]. 北京：解放军出版社, 1993.

[71] 中共湖南省委党史研究室、湖南省中共党史人物研究会. 二十世纪湖南人物 [M]. 长沙：湖南人民出版社, 2001.

[72] 峥嵘. 杨得志对毛泽东的记忆 [J]. 党史纵横, 2016 (3)：8-9.

[73] 毛菊芳，张志辉. 杨得志在保卫延安的日子 [J]. 湘潮, 2011 (2)：48.

[74] 毛应民. 一生中关键的一步——16年前听萧克将军回顾人生转折点 [J]. 文化交流, 2010 (3)：58-61.

[75] 玉建，易木. 萧克与保卫石家庄的两出 "空城计" [J]. 湘潮, 2008 (6)：18-20.

[76] 尹振亮. 百岁将军萧克的传奇人生 [J]. 档案时空, 2008 (7)：18-21.

[77] 宋任穷. 宋任穷回忆录 [M]. 北京：中国人民解放军出版社, 2007.

[78] 梦菲. 清廉为民宋任穷 [J]. 世纪风采, 2015 (11)：15-19.

[79] 常浩如. 开国上将宋任穷的传奇人生 [J]. 世纪风采, 2009 (11): 16-20.

[80] 宋崇实. 虎将宋时轮 [M]. 北京: 知识产权出版社, 2013.

[81] 军事科学院宋时轮纪念文集编辑组. 武功文事彪炳青史: 缅怀宋时轮将军 [M]. 北京: 军事科学出版社, 1997.

[82] 宋崇实. 忆我的父亲宋时轮 [J]. 湘潮, 2007 (09): 41-44.

[83] 宋崇实. 说说我父亲的"三严"——一个老将军留给女儿的回忆 [J]. 党建, 2018 (10): 29-31.

[84] 丁公量. 接到毛主席的电报以后——宋时轮将军在朝鲜战场上的一段往事 [J]. 中国会议, 2010 (10): 24-27.

[85] 夏明星, 陈华瑜. "一代儒将"宋时轮 [J]. 党史纵横, 2007 (12): 27-31.

[86] 葛美荣. 走向新生的国民党陆军中将陈明仁 [J]. 党史文汇, 2009 (5): 26-31.

[87] 钟德灿. 周恩来四救陈明仁 [J]. 湖南党史, 1994 (1): 2.

[88] 钟期光. 钟期光回忆录 [M]. 北京: 解放军出版社, 1995.

[89] 刘旭. 钟期光 [J]. 湖南党史, 1997 (6): 34-35.

[90] 刘旭. 钟期光在军事科学院 [J]. 湘潮, 2019 (12): 8-12.

[91] 唐伯藩. 浏阳英雄儿女传 [M]. 解放军出版社, 1995.

[92] 星火燎原编辑部. 解放军将领传 [M]. 解放军出版社, 1987.

[93] 李玉炜. 唐亮整顿军政大学 [J]. 湘潮, 2010 (6): 17-20.

[94] 何立波. 被誉为"军中老实人"的唐亮上将 [J]. 党史博采, 2009 (11): 8-12.

[95] 新疆生产建设兵团史志编纂委员会, 新疆生产建设兵团史料选辑编辑部. 新疆生产建设兵团史料选辑 [M]. 乌鲁木齐: 新疆人民出版社, 1996.

[96] 张治中. 张治中回忆录 [M]. 北京: 文史资料出版社, 1985.

[97] 陈峰, 江炳忠. 中国人民解放军湘籍将领 [M]. 长沙: 湖南出版社, 1992.

[98] 凌辉, 熊明. 平江将军传 [M]. 北京: 海潮出版社, 1991.

[99] 毛峥嵘. 智勇双全的开国上将傅秋涛 [J]. 党史博采 (纪实), 2009

（06）：15-19.

［100］李晨鸽. 传奇上将傅秋涛［J］. 文史春秋，2010（07）：51-54.

［101］石海. 上将傅秋涛［J］. 老年人，2014（08）：36-37.

［102］熊清泉，董志文. 三湘开国将帅图传［M］. 北京：中央文献出版社，2007.

［103］章亮基. 抗大七分校的回忆［J］. 福建党史月刊，1990-7（7）18-20.

［104］刘汝宁. 彭绍辉校长在抗大七分校［J］. 百年潮，2016-12（12）43-48.

［105］魏维钧. 我在抗大七分校女生队［J］. 百年潮，2017-6（6）65-71.

［106］张瑞安. 毛泽东亲笔题词表彰的文年生［J］. 党史博采. 2018（2）：53-58.

［107］顾娜. 血色征程（下）毛泽东和他的开国将领［M］. 北京：长征出版社，2003.

［108］施昌学. 世纪风流开国战将方强人生写真［M］. 北京：海潮出版社，1998.

［109］方强. 红军战士话当年［M］. 杭州：浙江人民出版社，1988.

［110］凌辉. 毛泽东与方强："我们还有些关系"［J］. 湘潮（上半月），2012（04）：4-9.

［111］王国宇. 开国中将方强的戎马生涯［J］. 档案时空，2012（07）：31-35.

［112］张瑞安. 愿做"小官"的方强中将［J］. 党史博采（纪实），2017（02）：41-45.

［113］方多根. 方强长征中两次被错误关押［J］. 湘潮，2010（02）：18-20.

［114］杜玉臻. 方正平与毛泽东［J］. 湘潮，2010（8）：14-18.

［115］杜玉臻. 方正平与起义部队的新生［J］. 湘潮，2009（8）：4-6.

［116］何立波. 粟裕的得力参谋长刘先胜［J］. 党史博采（纪实），2018（1）：57-61.

［117］吴志平. 刘先胜：从秋收起义走出的开国中将［J］. 湘潮，2019（4）：35-37.

［118］申晓东. 忠勇名将杨梅生［J］. 湘潮，2006，01：23-27.

［119］张震. 张震回忆录［M］. 北京：解放军出版社，2003.

［120］李聪. 张震将军在南京［J］. 世纪风采，2017（05）：23-29.

[121] 冯晓蔚. 能参善谋的百岁开国将军张震 [J]. 党史纵览, 2014 (11): 28-33.

[122] 史文敏. 一颗留在张震上将身上近十年的子弹头 [J]. 党史纵览, 2013 (06): 30-31.

[123] 马辂. 张令彬将军 [M]. 北京: 解放军文艺出版社, 2001.

[124] 中共中央文献研究室. 毛泽东年谱（修订本）[M]. 北京: 中央文献出版社, 2013.

[125] 张瑞安. "红色管家" 张令彬中将 [J]. 党史博采, 2016 (11): 37-41.

[126] 周燕. 毛泽东的统战特使张经武 [J]. 世纪, 2008 (7): 10-15.

[127] 王锡堂. 红军长征途中的师长张经武 [J]. 文史天地, 2006 (09): 26-29.

[128] 王锡堂. 新中国首任 "驻藏大臣" 张经武（上）[J]. 协商论坛, 2009 (04): 52-54.

[129] 赵慎应. 中央驻藏代表——张经武 [M]. 西藏: 西藏人民出版社. 1995.

[130] 欧阳毅. 欧阳毅回忆录 [M]. 北京: 中共党史出版社, 1998.

[131] 欧阳毅. 缅怀毛泽东·深切怀念毛泽东同志 [M]. 北京: 中央文献出版社, 1993.

[132] 中共中央党史研究室. 中国共产党历史第一卷 [M]. 北京: 中共党史出版社, 2002.

[133] 吴钰. 独腿将军钟赤兵的长征路 [J]. 湘潮（上半月）, 2012 (02): 17-19.

[134] 杨飞. 独腿虎将钟赤兵的传奇人生 [J]. 湖北档案, 2007 (11): 33-37.

[135] 刘明钢. 长征中的红军: "革命理想高于天" [J]. 党员文摘, 2021 (4): 18-20.

[136] 刘培一, 乔希章, 瞿定国. 中将风云录（二）[M]. 北京: 中国大百科全书出版社, 1997 (7): 294-320.

[137] 中共安仁县委编. 唐天际生平纪实 [M]. 北京: 蓝天出版社, 1994.

[138] 徐宝来. 唐天际在汝城苏区 [J]. 湘潮, 2016 (9): 20-23.

[139] 安仁县《唐天际传》编撰委员会. 唐天际传 [M]. 长沙: 湖南人民出版社, 2004.

[140] 夏明星，高桃源. 曹里怀——毛泽东心目中的"天下英雄"［J］. 党史博采，2017（05）：34-38.

[141] 何立波. 人民空军的开拓者［J］. 中华魂，2013（07）：45-48.

[142] 陈文. 曹里怀［J］. 湖南党史月刊，1993（07）：32-33.

[143] 谢虹，龙泽慧. 从衡阳走出去的开国将帅——中将篇［J］. 衡阳通讯，2019（06）：45-46.

[144] 夏明星，张宁，朱雄来. 黄埔一期毕业的悍将彭明治［J］. 党史博采（上），2018（07）：31-35.

[145] 欧阳青. 驻波兰首任将军大使彭明治［J］. 党史纵览，2006（09）：39-44.

[146] 王树人. 开国将帅一览［J］. 党史博览，1997（03）：19.

[147] 熊清泉，董志文. 三湘开国将帅图传［M］. 北京：中央文献出版社，2007.

[148] 忠红，华明. 赖毅将军的回忆：毛委员教我们宣传发动群众［J］. 党史纵横，1995-3（3）35-36.

[149] 凌辉. 毛委员在连队建党——访赖毅将军［J］. 湖南党史通讯，1984-7（7）13-14.

[150] 韩纪民. 从秋收起义中走出的赖毅中将［J］. 党史博采（纪实），2017-11（11）48-52.

[151] 王锡堂. 赖毅：毛泽东为他主持入党仪式［J］. 党史纵览，2010-11（11）14-17.

[152] 李涛. 秋收起义的三个"第一"［N］. 学习时报，2017-9-11（5）.

[153] 吴晨. 赖毅：由毛泽东领着入党的开国中将［J］. 湘潮，2019（06）33-35.

[154] 付闪. 毛泽东与秋收起义中的关键抉择［J］. 湘潮，2017（09）18-21.

[155] 廖汉生. 廖汉生回忆录［M］. 北京：八一出版社，1993.

[156] 胡绳. 中国共产党70年［M］. 北京：中共党史出版社，1991.

[157] 中共中央文献研究室. 毛泽东传［M］. 北京：中央文献出版社，2010.

[158] 中共党史人物研究会. 中共党史人物传［M］. 北京：中共党史出版社，2020.

[159] 谈志兴. 十八军进藏的艰苦辉煌 [J]. 文史春秋, 2018 (05)：8-14.

[160] 降边嘉措. 第二次长征——进军西藏、解放西藏纪实（故事梗概）[N]. 文艺报, 2016-09-02 (06).

[161] 关良桂, 夏明星. 谭冠三中将在西藏 [J]. 党史文苑, 2006 (19)：22-27.

[162] 张嵩山. 跟随毛委员出安源：开国中将丁秋生传 [M]. 北京：解放军出版社, 2013.

[163] 邓果, 尚力科. 好政委丁秋生 [M]. 济南：黄河出版社, 1997.

[164] 张瑞安. 丁秋生与毛泽东的革命情谊 [J]. 党史文苑, 2017 (15)：10-13.

[165] 张瑞安. 甘苦与共患难相扶——丁秋生与毛泽东深厚的革命情谊 [J]. 党史纵横, 2017 (07)：55-57.

[166] 慕安. 丁秋生中将在毛泽东的教育与影响下 [J]. 党史纵览, 2007 (04)：42-46.

[167] 张嵩山. 受处分也要上前线的丁秋生中将 [J]. 党史纵览, 2011 (08)：32-36.

[168] 周后平. 毛泽东三点姚喆将 [J]. 档案时空, 2017 (01)：30-31.

[169] 梅兴无. 大青山抗战第一功臣 [J]. 党史博采（纪实）, 2018 (06)：46-55.

[170] 宋凤英. 毛泽东题词表扬的独臂将军晏福生 [J]. 党史纵横, 2010 (12)：30-32.

[171] 叶介甫. 曾"牺牲"两次的独臂战将晏福生 [J]. 党史纵横, 2013 (01)：34-37.

[172] 晏建立, 谭朝霞. 独臂将军晏福生的两次"追悼会" [J]. 文史博览, 2010 (03)：47.

[173] 陈峰, 江炳忠. 中国人民解放军湘籍将领 [M]. 长沙：湖南出版社, 1992.

[174] 胡涤非. 是非曲直有定评——初访龙书金 [J]. 湖南党史, 2000 (02)：31-33.

[175] 夏远生. 新中国建立后毛泽东回湖南侧记⑩ [J]. 新湘评论, 2008

(10)：60-61.

[176] 周怀立，周萍. 毛泽东与茶陵的红色情缘 [N]. 湖南日报，2005-5-19 (06)；

[177] 中国人民解放军通信部编研室. 红军的耳目与神经——土地革命战争时期通信兵回忆录 [M]. 北京：中共党史出版社，1991.

[178] 黄伟. 长征中的红色电波——"追寻红军长征的足迹"文辑之七 [M]. 北京：中国学术期刊（光盘版）电子杂志社有限公司，2018.

[179] 梅兴无. 黎东汉：与红色电波同行的开国将军 [J]. 湘潮，2016（12）：17-21.

[180] 梅兴无. 红十八师：长征中孤军奋战两个月 [J]. 党史文汇，2016，11(12)：25-29.

[181] 梅兴无. "在陕北，天下大事我都可以知道" [N]. 北京日报，2017-9-18.

[182] 曾友情，张冰. 毛泽东与通信兵情结 [J]. 党史博览. 1999（04）：29-34.

[183] 李锦华. 跟随毛主席转战陕北 [J]. 党史博采（纪实）. 2015，4（5）：58-61.

[184] 冯晓蔚. 姜齐贤：毛泽东器重的军医少将 [J]. 党史纵览. 2009（09）：45-49.

[185] 毛春旺. 毛泽东与姜齐贤的点滴交往 [J]. 湘潮（上半月）. 2014（10）：7-9.

[186] 李智舜. 毛泽东与开国少将 [M]. 北京：中共中央党校出版社，1997.

[187] 韩纪民. 龙开富将军家风 [J]. 百年潮，2017（07）：43-49.

[188] 韩纪民. 毛泽东的警卫员龙开富 [J]. 百年潮，2017（02）：52-60.

[189] 尹烈承. 毛泽东的警卫员龙开富 [J]. 湘潮（上半月），2013（12）：19-21.

[190] 黄霖. 延安轶事 [M]. 北京：解放军文艺社. 1982.

[191] 牛兴华，叶期平，任学岭. 毛泽东在延安 [M]. 北京：中央文献出版社. 1999.

后记

《毛泽东与湘籍开国将帅》是中共湖南省委批准立项、中共湖南省委党史研究院组织编纂的《湖南红色基因文库》书目之一，由湖南党史陈列馆和湖南省毛泽东思想研究会共同组织编纂。全书共收录了毛泽东与53位湘籍开国将帅之间的交往故事，以此展示一代伟人毛泽东和湘籍开国将帅的光辉风采，展现他们在革命战火中锤炼出的伟大情谊。

本书的编纂出版得到了中共湖南省委党史研究院的大力支持和指导。省委党史研究院院长胡振荣、副院长谢承新担任本书主编，对本书的写作方向、写作角度、框架结构、行文风格等进行了精心指导。在编写过程中，胡振荣院长多次关心本书的编纂情况及遇到的困难，并指导解决相关问题。原中共湖南省委党史研究室主任庄超，中共湖南省委党史研究院副院长王文珍、王小平，原中共湖南省委党史研究室副主任张学军等对本书也一直给予悉心指导，关心本书的编纂出版。在此，我们一并致以诚挚的谢意。

本书的编纂出版是湖南党史陈列馆全体干部职工精诚协作、齐心协力的智慧结晶。自2019年本书立项开始，湖南党史陈列馆馆务会高度重视，数次召开专题座谈会，讨论研究本书编纂有关事宜。馆长朱习文牵头组织审定本书提纲和框架，审核把关全书内容，并及时协调处理编纂过程中出现的问题。副馆长马宁对本书编纂方案的制定、内容的把握、写作的标准等进行层层把关，多次组织修改、完善提纲，提出具体编纂意见和建议。李玲负责本书编纂出版的组织协调和统筹。本书初审由曹阳、田翔、李玲、马宁负责。曾欢、邓晓璇等为协助查找档案资料做了大量工作。原中共湖南省委党史研究室副主任张学军、湖南师范大学教授莫志斌审读了本书。

  本书编纂过程中，我们还得到了中共湖南省委党史研究院《湖南红色基因文库》编纂办公室、湖南人民出版社以及相关专家学者的倾力相助和支持。在此，谨向所有对本书编纂和出版工作给予帮助、支持的单位和个人致以诚挚的谢意！

  因本书涉及党史人物、党史事件年代久远，收集史料困难较大，加之掌握的资料有限，仅收录了毛泽东与部分湘籍开国将帅的交往故事，有待今后进一步补充完善。由于编写者党史研究水平有限等原因，疏漏及错讹在所难免，若有不妥之处，欢迎专家学者及广大读者不吝赐教，以便再版纠正。

本书编纂组
2020 年 4 月